叢書・ウニベルシタス 1178

デカルトにおける生命の原理

アニー・ビトボル＝エスペリエス
香川知晶 訳

法政大学出版局

Annie Bitbol-Hespériès
Le principe de vie chez Descartes
© Librairie Philosophique J. Vrin, Paris, 1990.
www.vrin.fr

This edition is published by arrangement with
Librairie Philosophique J. Vrin
through le Bureau des Copyrights Français, Tokyo.

目　次

はしがき　1

序論　自然と生命　3

第Ⅰ部　デカルトと生物学の諸問題　15
第1章　デカルトの仕事における生物学的文書の位置　17
第2章　デカルトの情報源とデカルトの生命の原理の独自性　35

第Ⅱ部　霊魂，心臓，生命　69
第1章　心臓の熱，デカルトにおける生命の原理　71
　A）予備的考察　73
　　心臓の説明のための図解　77
　B）心臓の運動に関する諸問題の枠組み　83
　C）デカルトによる回答　89
第2章　先人たち　141
　A）ヒポクラテス全集　142
　B）アリストテレス　153
　　付論：トマス・アクィナスの心臓論　193
　C）ガレノス　197

iii

第Ⅲ部　血液循環と動物精気循環の問題 ……………… 223

序　論　225

第1章　ヒポクラテス全集，アリストテレス，ガレノスと後継者たち　229

　A）古代における血管の理解：『ヒポクラテス全集』，アリストテレス，およびガレノス　229

　B）古代における血液の経路を表わすメタファー　240

　C）古代からハーヴィへ　247

第2章　ハーヴィの血液循環説　253

　A）血液循環，心臓・太陽，生命の原理　254

　B）心臓の運動の経時変化　258

　C）『心臓と血液の運動』の受容とデカルトの態度　262

　D）デカルト生理学における動物精気の循環とハーヴィの解答。腺Hの起源　270

　　カスパール・ボアン『解剖劇場』第3巻表10　277

結　論　299

文献表　311

あとがき──2025年日本語版のために　329

訳者あとがき　340

人名索引　347

凡　例

1) デカルトからの引用は基本的にアダン・タヌリ版（ATと略記）全集（一部の書簡はAMと略記するアダン・ミョー版）の巻数（ローマ数字）と頁数（アラビア数字）を示し，対応する邦訳を：の後に略記した訳書名（とローマ数字の巻数）と頁数を示した．

　　AT＝アダン（Ch. Adam）とタヌリ（P. Tannery）編纂の『デカルト全集（*Œuvres de Descartes*）』（Paris, 1897-1909）の，C.N.R.S.が編集協力した新版（J. Vrin, 1964-1974）．

　　AM＝アダン（Ch. Adam）とミョー（G. Milhaud）編纂の『デカルト書簡集（*Correspondance de Descartes*），Paris, F. Alcan, Presses Universitaires de France, 1936-1963．

　　例，『人間論』AT, XI, 120：『著作集』IV, 225．➡これはデカルトの『人間論』アダン・タヌリ版『全集』第11巻120頁，邦訳『デカルト著作集』第4巻『人間論』，225頁を指す．

　　プレンピウスからデカルト宛，1638年1月，AT, I, 497：AM, II, 79：『全書簡集』II, 70-71．➡これはアダン・タヌリ版第1巻497頁，アダン・ミョー版『書簡集』第2巻79頁，邦訳『デカルト全書簡集』第2巻，70-71頁を指す．

デカルトの関係の邦訳版略称一覧
　　『著作集』＝『増補版デカルト著作集』全4巻，白水社，1993．同著作集に収録の著作に関してはそこで採用されている著作名を採用した．ただし，『哲学の原理』については，次の全訳版による．

　　『哲学の原理』＝井上庄七・水野和久・小林道夫・平松希伊子訳『哲学の原理』朝日出版社，1988．

『全書簡集』＝山田弘明ほか訳『デカルト全書簡集』全 8 巻，知泉書館，2012-2016.

『医学論集』＝山田弘明・安西なつめ・澤井直・坂井建雄・香川知晶・竹田扇訳『デカルト 医学論集』法政大学出版局，2017。

『数学・自然学論集』＝山田弘明・中澤聡・池田真治・武田裕紀・三浦伸夫・但馬亨訳『デカルト 数学・自然学論集』法政大学出版局，2018。

2) 引用文献についてはすべて脚註に明記されており，邦訳が参照できる場合には原著の指示に続いて，その頁を示した。

例，モリエール（Molière）『病は気から（*Le Malade imaginaire*）』第 2 幕第 6 景（鈴木力衛訳，岩波文庫，1970，54 頁）。

なお，基本的に引用の訳文は既訳がある場合には，それに従っている。各訳者に深謝するとともに，場合によっては本文との関係で部分的に修正してあるところもあることをお断りしておきたい。

3) 本書全体の参考文献の詳細は巻末の文献表を参照いただきたい。

はしがき

　本研究はジュヌヴィエーヴ・ロディス＝レヴィス教授を指導教官とし，パリ＝ソルボンヌ（パリ第4）大学で公開口頭審査の行われた博士論文を基としている。

　公開審査委員会の委員は，ジュヌヴィエーヴ・ロディス＝レヴィス教授（パリ＝ソルボンヌ大学），ピエール・オーバンク教授（パリ＝ソルボンヌ大学），ジャン＝マリ・ベイサッド教授（パリ＝ソルボンヌ大学），ジャック・ロジェ教授（パリ第1，パンテオン＝ソルボンヌ大学）であった。

　私は何よりもまず第一にこの博士論文の着想を与えてくださったジュヌヴィエーヴ・ロディス＝レヴィス教授に，深い感謝を捧げたい。教授の教えにあずかり，教授からの研究中の絶えざる激励と，芸術の香りに満ちたお宅での厚遇なしには，この仕事は可能とはならなかったはずである。

　ピエール・オーバンク教授にはその講義に出席し，アリストテレスの生物学に関してきわめて刺激的な研究の指導をしていただいたことに感謝したい。

　ジャック・ロジェ教授には情熱をもって指導されていた木曜日午後のセミナーにご厚意から私をこころよく受け入れてくださり，多くのご教示をたまわったが，その教えを生かせたことを期待している[1]。

---

1)　1989年2月6日にこの博士論文の公開口頭審査が行われたが，それから

ジャン=マリ・ベイサッド教授には私の研究に関心を示され，助言を与えてくださったことにお礼を申し上げたい。また教授が1988年5月14日のソルボンヌにおける「デカルト研究集会」[2]の際にこの博士論文の一部を発表する許可を与えてくださったことにも感謝したい。

　同じく，ルーアンのフランソワ・ルペクールには，ギリシア・ラテンの著作家たちについて興味深い議論ができたことを感謝したい。

　私は本書を夫ミシェルに捧げる。ミシェルが，本研究中にその医学に関する知識と蔵書をおしげもなく分け与え，激励してくれたことに感謝したい。同じく，私たちの娘アンヌ=フロランスにも本書を捧げる。加えて，姪のセリーヌにも本書を捧げたい。

　手を入れて出版するまでに1年以上が経過した。ジャック・ロジェ教授にはこの博士論文に関連する研究の進捗状況について定期的に報告してきたが，完成した本書を見ていただくことができなかった。教授は，ファイヤール書店からビュフォンの伝記を出版された後，わずか数ヶ月後に急逝されたからである。私はここにジャック・ロジェ教授の思い出に敬意を表したい。

2) 1988年5月14日のデカルト研究集会はデカルト研究センターが主催し，『情念論』に捧げられていた。報告された口頭発表の全体は『フランスおよび外国の哲学雑誌（*La Revue Philosophique de France et de l'étranger*）』（Presses Universitaires de France）の第4号（1988年10–12月号）に掲載されている。

序 論

自然と生命

　生命の原理を問うことは自然の秩序についての一般的な見方と不可分である。その見方の第一のグループからすると，生命は説明すべきものではなく，自然の事実の総体を理解するために一つのモデルを提供してくれるものだということになる。それは，R. ルノーブルが次のように指摘している通りである。

　　「「自然」とはある生き物の発達の原理であり，生気論・アニミズムに起源をもつ概念に他ならない。この意味で，ラテン語の「自然（natura）」は「生まれる（nasci）」を語根とし，何よりもまず，生む行為，成長を意味する語であり，ある生き物の「自然本性」とはこの最初の意味から派生した比喩的意味なのである。ちなみに，まったく同様の語源的関係はギリシア語の「自然（φύσις）」と「生む（φύειν）」の間にも見出される」。[1]

　生物個体のもっとも明白な特徴は運動である。その運動は，この種の見方からすると世界の生命のもっとも一般的な発現に由来すると想定される。そうした世界生命の原型の一つが風や息である。ギリシア語の「プネウマ（πνεῦμα）」，ラテン語の「スピリトゥス（spiritus）」はそうした息を意味する。「プシュケー（ψυχή）」とい

---

1) R. ルノーブル（Lenoble）『自然の観念の歴史（*Histoire de l'idée de nature*）』(Paris, Albin Michel, 1969), 229頁。

う語もしばしば息との関係で説明され[2]，アウグスティヌスは「ストア学徒たちにとっては，霊魂は息（spiritus）に他ならない」[3]と書いている。この宇宙の息が身体の中に挿入され，人間の生命を維持し，人間は小宇宙になぞらえられる[4]。かくて，この息が生命の原理と同一視される。

　第二の原型は変化の象徴，とりわけ運動の象徴を一身に集める火である。この火は起源を天にもち，生物の熱を説明可能にする。生命現象を説明するのにもっとも好都合な概念としての霊魂はしばしば火と同一視されてきた。こうして，G. ヴェルベークが指摘するように，霊魂のストアの定義は「二つの要素を含んでいるように思われる。（…）すなわち，息と火である」[5]。この火の息は体全体に広

---

2) オナイアンズ（R. B. Onians）『身体，精神，霊魂，世界，時間と運命についての西洋思想の起源（*The origins of European thought about the body, the mind, the soul, the world, time and fate*）』（Cambridge, the University Press, 1951），93頁。

　プラトン『クラテュロス』（400a–400b：『プラトン全集』2，水地宗明訳，岩波書店，1974，55–56頁）におけるソクラテスとヘルモゲネスとの議論，参照。

3) アウグスティヌス『神の国』第14巻第2章（『アウグスティヌス著作集』13「神の国」(3)，泉治典訳，教文館，1981，212頁以下）。

4) こうして，ガレノスは「動物は，古代の人々がいうように，自然の驚異が書き込まれた小さな宇宙のようなものなのである」（『身体諸器官の用途について（*De usu partium*）』第3巻第10章，邦訳第1巻，坂井建雄・池田黎太朗・澤井直訳，京都大学学術出版会，2016，166頁）と書くことになる。このガレノスからの引用はヴェサリウスの『ファブリカ（人体の構造）（*De humani corporis fabrica*）』（Basel, 1543）初版序文とカスパール・ボアンの『解剖劇場（*Theatrum anatomicum*）』序文冒頭で繰り返される。大宇宙／小宇宙の対比はアリストテレスに見出せる（『自然学』第8巻第2章 252 b 26, l'édition de H. Carteron, tome II, Paris, Les Belles Lettres, p. 106：『アリストテレス全集』4，内山勝利訳，岩波書店，2017，382頁参照）。

5) ジェラール・ヴェルベーク（Gérard Verbeke）『ストア派からアウグスティヌスに至るプネウマ説の展開（*L'Evolution de la doctrine du pneuma du*

がっている。だとすれば、問題はその生命の担い手たる息がどのようにして体の部分に入り込み、心臓を部分として含む呼吸の器官や、脳や、発生の器官に対して、それぞれにまったく固有の重要性を付与するのか[6]を知ることとなる。火の本性は霊魂を構成するものだが、正確に言うと、それは「職人的な火（πῦρ τεχνικόν）」であり、「粗雑な（ἄτεχνόν）」火とは区別される[7]。さらに、この職人的な火は成長と感覚の原理であるとともに、天球と太陽の構成要素でもある。このストア派の生命原理は天の物体と親近性を再び見出すことになるが、その点はアリストテレスがすでにその『動物の発生について』[8]のなかではっきりと述べていた。

　自然のもつ創造するさまざまな力がしだいに結集し、ついには唯一の神という観念に至りつくと、それに伴って生命の原理という概念の意味も変化した。

　自然はもはや源泉ではなく貯水池なのであるから、生命は神の力に直接由来するものと想定されることになる。聖書では、生命の原理としての霊魂は神によってまず与えられ、次に奪われる。

　アウグスティヌスの著作、特に『二つの霊魂』では、霊魂によって授けられる生命は完全に卓越した価値をもっており、そのことは、「ハエの霊魂でさえこの物体的な光よりも価値をもつのか」という問いに与えられる「その通りだ」という答えによっても確かめられ

　Stoïcisme à Saint Augustin)』（Louvain, 1945），21 頁。
6) ハーヴィに至るまで。
7) ヴェルベーク，同上。
　「職人的な火」はストア固有のものではなく、エピクロスの著作にも同じように登場している。
8) 『動物の発生について』第 2 巻第 3 章, 736b35–737a1（l'édition de P. Louis, Les Belles Lettres, 1961, p. 61：『アリストテレス全集』11, 今井正浩・濱岡剛訳, 岩波書店, 2020, 128 頁）。

る。この肯定的な答えは以下の指摘によっても確認される。

　「ハエが小さなものであることは私にとって何の妨げにもならず，それが生きているという事実が私の答えを保証してくれるであろう。なぜなら，何がこのように小さな肢体を生かし，自然の欲求に従ってここかしこへとこのように小さな身体を導き，走るときに足を順序よく動かし，飛ぶときに小さな羽を調節し，ふるわせるのかが問題だからである。その原理がどのようなものであれ，よく考えれば，こんなに小さなものにおいてもこれほど秀でたものなのであるから，それはわれわれの目を眩ませるいかなる輝きよりもまさっているのである」。[9]

このように，霊魂と生命はアウグスティヌスでは分かちがたく結びついている。そしてアウグスティヌスは，一方で人間に特有な理性的霊魂の上位部分である知性を空気や物質的な息さらには火によって定義することを拒否していながら[10]，他方では同じ考え方から，知性が自己を知る知解の働きを，存在し生きていることに結びつけ

---

9) 『二つの霊魂について (De duabus animabus)』第 4 巻第 4 章（「ふたつの魂」『アウグスティヌス著作集』7, 岡野昌雄訳, 教文館, 1973, 18 頁）。
　このように，「霊魂 (anima)」は, 人間や動物といった生物の身体にまさに生命と運動を付与するものである。アウグスティヌスは「精神 (animus)」という語を使って人間の霊魂, すなわち, 「生命の原理であるとともに理性的実体でもあるもの」を特徴づけている (Cf. ジルソン (E. Gilson)『アウグスティヌス研究入門 (Introduction à l'étude de Saint Augustin)』(Paris, Vrin, deuxième édition), 56 頁注 1)。人間の霊魂については「霊〔息〕(spiritus)」という語も, アウグスティヌスでは, 人間の霊魂の上位の部分すなわち理性的能力という動物には欠けている能力を特徴づけるためによく使われているので, E. ジルソンは用語法が「かなり揺れている」ことを強調している。「心 (mens)」という語は人間の霊魂については, 霊魂の上位の部分を意味する (Cf. ジルソン, 同上)。
10) 『三位一体 (De Trinitate)』第 10 巻第 10 章第 13-16 節（『アウグスティヌス著作集』28, 泉典治訳, 教文館, 2004, 296-299 頁）参照。

る[11]）。

　「そして，デカルトの時代のプラトン主義者たちはこうした生命的霊魂の働きを世界中に押し広げていったが，その原理は霊的次元にあるものであった」[12]。こうしたプラトン主義の潮流に世界霊魂説と汎心論の擁護との関連で結びつくのが17世紀前半におけるヘルメス思想哲学の復興であり，その哲学はルネサンスの密教的神秘主義のカバラ主義者たちの影響のもとにあった[13]。ところが，デカルトは汎心論を主張するカンパネッラの著作を告発した[14]。

---

[11]　『三位一体』第10巻第10章第13節（泉訳，2296頁）参照。

[12]　ジュヌヴィエーヴ・レヴィス（Geneviève Lewis）「プラトンとデカルトにおける生命の原理（Le principe de vie chez Platon et Descartes）」『フランス語哲学学会第7回会議記録（*Actes du septième congrès des sociétés de philosophie de langue française*）』（Paris, P. U. F., 1954），328頁。

[13]　たとえば，ロバート・フラッド（Robert Fludd）を考えてみればよい。フラッドにはメルセンヌ神父が1623年の『創世記の諸問題（*Quæstiones in Genesim*）』，さらには1627年の『普遍的調和論（*Traité de l'Harmonie universelle*）』で論戦を挑み，それらの著書の多くの章でフラッドの『二つの宇宙，大宇宙と小宇宙の形而上学的，自然学的，技術的歴史（*Utriusque cosmi, majoris scilicet et minoris, metaphysica, physica atque technica historia*）』（1617年から1624年）を論駁している。そうしたメルセンヌによる世界霊魂論駁については，ルノーブル（R. Lenoble）『メルセンヌあるいは機械論の誕生（*Mersenne ou la naissance du mécanisme*）』（Paris, Vrin, seconde édition, 1971），p. 153–156, et la note 6, p. 156–157 参照。

[14]　デカルトはカンパネッラの『事物の感覚と魔術について（*De sensu rerum et magia*）』（澤井繁男訳，国書刊行会，2022）を読んでおり，「15年前に私は『事物の感覚について』という書を読みましたが，（…）すぐに彼の著作には堅固なところはほとんどないことが分かりました」（ホイヘンス宛，1638年3月9日，AT, II, 48：『全書簡集』II, 168）と述べている。同じく，メルセンヌ宛書簡，1638年11月15日，AT, II, 436：『全書簡集』III, 127-128 も参照。

　メルセンヌが『創世記の諸問題（*Quæstiones in Genesim...*）』でカンパネッラの汎心論を攻撃していることも指摘しておこう。

> 「デカルトが『事物の感覚と魔術について』のうちに見出したのは，普遍的アニミズムと終始一貫した霊魂と物体の混同が，度を越して断言されていることだった」。[15]

霊魂と生命の結びつきは同じく医学書でも主張されている。たとえばジャン・リオラン（子）の『人類誌学（*Anthropographie*）』である。その 1629 年刊行のフランス語版『人類誌学』は次のように主張している。

> 「人間は霊魂と身体という大きく異なる二つの本性から構成されている。その身体と結合した霊魂が生命とあらゆる活動の原理であり，したがって人間の形相にして完成である」。[16]

医師たちが霊魂を語るときに典拠とするのはアリストテレスである。リオラン（子）もアリストテレス著作集では，『霊魂について』が『動物誌』の前に置かれていることを指摘している[17]。

デカルトがこうした文脈のなかで提案するのは生命の原理の概念についての根本的に新しい理解であり，そのために新たな「人間学（anthropologie）」[18] が企てられる。その証左が『宇宙論』のうちの

---

15) ジルソン「デカルト，アウグスティヌス，カンパネッラ（Descartes, Saint Augustin et Campanella）」『デカルトの体系の形成における中世思想の役割についての研究（*Etudes sur le rôle de la pensée médiévale dans la formation du système cartésien*）』(Paris, Vrin, 1975), 264 頁。
16) 『ジャン・リオラン氏著作集（*Les Œuvres anatomiques de M. Jean Riolan*）』は，ピエール・コンスタン（M. Pierre Constant）によって，全体が編集しなおされ，訂正，分割，注釈が施され，「王の允許」（第 1 巻第 1 篇第 1 章 3 頁）とともに 1629 年に刊行された（Paris, Denys Moreau）。ラテン語の『人類誌学（*Anthropographia*）』は 1626 年刊行である。
17) フランス語版『人類誌学』第 1 篇第 7 章 85 頁。
18) この語のフランス語のもっとも早い使用例の一つは，ピエール・コンスタンがジャン・リオラン（子）の『人類誌学（*L'Anthropographie*）』の翻訳で使

『人間論』に捧げられた部分となる。

　デカルトは身体にとって外在的な原理をいっさい排除し，身体の運動と生命を説明する。実際，デカルトにおいては，「運動と生命の原理」[19]は身体〔物体〕を支配する法則に内在的である。身体は「機械装置の規則のみによって」[20]，「諸器官の配置」[21]によって説明され，「いかなる植物的霊魂も，いかなる感覚的霊魂」[22]も持ち出されることはない。霊魂は「身体とは区別される実体であり，その本性は思惟することに他ならない」[23]。自ら明らかにしているように，デカルトがまず第一に定立するのは，人間を構成している延長実体と思惟実体という根本的な二元性である[24]。この二元論がデカルトの著作

　　用したものにあるように思われる。実際，そこでは次のような記述がされている。「人間学（l'Anthropologie）を心理学と身体学の二つの部分に分ける人たちもいる。それは人間が，一つは霊的な霊魂と呼ばれるものと，もう一つは身体という物質的なものという二つの本性から構成されているからである」。コンスタン訳『ジャン・リオラン氏の解剖学的著作集（*Œuvres anatomiques de M. Jean Riolan*）』（op. cit.）第1篇『人類誌学』第7章 85頁参照。

19) 『人間論』AT, XI, 202：伊藤俊太郎・塩川哲也訳『著作集』IV, 286.
20) メルセンヌ宛書簡，1640年10月28日，AT, III, 213：『全書簡集』IV, 188.
21) 『人間論』AT, XI, 120：『著作集』IV, 225 に見られるこの表現の初出である。この表現は『方法序説』AT, VI, 57：三宅徳嘉・小池健男訳『著作集』I, 59 と『情念論』30, 38, 211節，AT, XI, 351, 358, 486：花田圭介訳『著作集』III, 180, 184, 277 に見られる。
22) AT, XI, 202：『著作集』IV, 286.
23) メルセンヌ宛書簡，1637年4月20日頃，AT, I, 349-350：『全書簡集』I, 349.
24) 『掲貼文書への覚え書』AT, VIII, 348：村上勝三訳『著作集』IV, 519. デカルトによる「自分の新機軸と，したがって，自分のプライオリティー」の主張については，マリオン（Jean-Luc Marion）『デカルトの形而上学的プリズム（*Sur le prisme métaphysique de Descartes*）』（Paris, PUF, 1986）74-75頁を参照。

における生命の原理の定義を形而上学的に基礎づけている。デカルトは「霊魂と生命との間の（…）排除（…）と分離」[25]を設定し，動物機械に関する議論によって説明する[26]。ここで特に興味深い点として指摘したいのは，「ケンブリッジのプラトニスト」のうちでもっとも有名なヘンリー・モア（モールス）が，デカルトとの書簡のなかで，動物機械論に同意することを拒否する裏づけとして，マルシリオ・フィチーノの「世界の生命」という理論に訴えていることである[27]。そのフィチーノの理論はモアによる「ウェルギリウスとそのプラトニストたち」[28]への言及と，『アエネーイス』第Ⅵ歌の抜粋の引用に比較されるべきである[29]。

---

25) ブーイエ（F. Bouillier）『生命原理と思惟する霊魂（*Le principe vital et l'âme pensante*）』（deuxième édition revue et augmentée, Paris, librairie Académique Didier, 1873）。引用は初版の序文からで，第2版でもⅨ頁で採録されている。

26) 最初の言及である『方法序説』第5部，AT, VI, 57-59：『著作集』I, 57-60参照。同じく，モア宛ラテン語書簡，1649年2月5日，AT, V, 276-279：『全書簡集』VIII, 122-124を参照。

27) モアからデカルトへ，1649年3月5日，AT, V, 310：『全書簡集』VIII, 153. ラテン語のテキストは「世界の諸生命（vitae mundi）」と言っている。というのは，モアは，フィチーノとキリスト教カバラ主義者たちに倣って，生命を複数あるものとして理解していたからである。こうして，『霊魂の不死』にささげられた著作のなかで，ヘンリー・モアは，上昇する階層的秩序のなかで，植物から動物と人間の霊魂を経て天使に至る多数の「生命の段階」に言及している。『哲学的著作集（*A collection of philosophical writings*）』（London, 1662）所収の英語版『霊魂の不死性（*The immortality of the soul*）』第1巻第8章34頁およびラテン語版『哲学的著作全集（*Opera omnia, Scriptorum philosophicorum*）』（London, 1679）第Ⅱ巻309頁参照。

28) モアのデカルト宛の最初の手紙，1648年12月11日，AT, V, 240：『全書簡集』VIII, 96.

29) 指摘しておくべきはアグリッパが『オカルト哲学（*De occulta philosophia*）』の詩人や哲学者たちの伝統に従って世界の霊魂にささげた章に同じ『アエネーイス』の詩歌をより長く抜粋，引用していることである（アグ

さらに，たとえば火[30]，熱[31]，運動[32] といった生命の原理の研究において他に鍵となる用語も，デカルトにおいては新たな意味をとることになる。それは『宇宙論』第 7 章でデカルトが与えている次のような自然の定義からの帰結であった。

　　「知っていただきたいことは，ここで自然という言葉によって，私が何かの女神や何か別の種類の架空の力を言っているのではないということである。私は物質そのものという意味でこの言葉を用いており，その物質を私がそれに帰したあらゆる性質をそっくり含むものとして，また神がその物質を創造されたのと同じ仕方で保存し続けるという条件の下で，考えている」。[33]

　こうして，デカルトにおける生命の原理とその先人たちを取り上

リッパは『アエネーイス』第 VI 歌から 724-731 行の 8 行を引用しているのに対して，モアが引用したのは 726-727 行である）（アグリッパ『オカルト哲学』第 2 巻第 55 章，1533 年版 201 頁参照）。アグリッパのテキストについてさらに興味深いのは，この著作がルネサンス期の新プラトン主義の普及に重要な役割を果たしたことである（イエイツ（F. A. Yates）『魔術的ルネサンス──エリザベス朝のオカルト哲学（*The occult philosophy in the Elizabethan Age*）』(London, Routledge, 1979)（内藤健二訳），晶文社，1984，第 5 章「オカルト哲学と魔術──ハインリクス・コルネリウス・アグリッパ」参照)。）

30) 『宇宙論』，特に AT, XI, 7 et 24 : 野沢協・中野重伸訳『著作集』IV, 134-135 et 147-148 を参照。

　デカルトは『宇宙論』第 2 章でアリストテレス由来のスコラの自然理解を批判している。「それゆえ，もし他の人がこの木の中に，火の形相，熱の性質，および木を燃やす作用がそれぞれまったく異なるものとしてあると想定するとすれば，そうするがよい。私としては，必ずそこになければならぬと知っているもの以外に何かを仮定することで誤ることのほうを心配しているので，そこにあると考えるのは木の諸部分の運動だけにとどめておこう」（AT, XI, 7 :『著作集』IV, 134)。

31) 『宇宙論』AT, XI, 7 et 9 :『著作集』IV, 134 et 135–136 参照。
32) 　モア宛書簡，1649 年 8 月，AT, V, 404 :『全書簡集』VIII, 242.
33) 　AT, XI, 36–37 :『著作集』IV, 157.

げる本研究の正当性が明らかとなる。その正当性は、デカルトが「生命の原理」概念をすでに『人間論』[34]から用いており、その後もこの概念は書簡[35]に登場し、生前に刊行された最後の著作の『情念論』[36]にも見出されるという事実にある。この概念を理解すること、そこに本書の目的はある。この研究によってとりわけデカルトの著作のいくつかの点を再吟味するように促される。そこには、デカルトが生命の原理と呼んだ心臓の熱の問題[37]とともにデカルトの生物学に関する情報源の問題も含まれる。われわれのアプローチによって、デカルトは心臓の熱の産出の問題とその熱の性質の問題について説明する際に、たんに古代ギリシア・ローマの著作家たちに由来する多数の要素を寄せ集めただけではなかったことが示されることになる。その点が本研究の独創性であり、ジルソンの重要な研究[38]以降の数多くの研究者たちが寄せ集めを強調してきたのとは異なる。

われわれの計画は以下のとおりである。第Ⅰ部はデカルトがその著作において生命現象と生命の原理の問題に対してどのような関心をもっていたのかを明らかにする。特に第Ⅰ部では、デカルトは生命の原理をどのように理解していたのかを吟味し、デカルトの生物

---

34) AT, XI, 202：『著作集』IV, 286. 本書第Ⅰ部参照。
35) たとえば、メルセンヌ宛、1640年7月30日、AT, III, 122：『全書簡集』IV, 108.
36) 『情念論』第107節、AT, XI, 407：『著作集』III, 218.
37) 特に『人間論』AT, XI, 202, :『著作集』IV, 407 および『情念論』AT, XI,『著作集』III, 218.
38) ジルソン「デカルト，ハーヴィとスコラ (Descartes, Harvey et la scolastique)」『デカルトの体系形成における中世思想の役割についての研究(*Etudes sur le rôle de la pensée médiévale dans la formation du système cartésien*)』(Paris, Vrin, quatrième édition, 1975) 所収。この重要な論考である「デカルト，ハーヴィとスコラ」は1921年にストラスブール大学の出版物に発表され、1930年に論文集『デカルトの体系形成における中世思想の役割の研究』に採録された。

学と医学に関する情報源は何であったのかを検討する。

　第Ⅱ部では，生命の原理としての心臓の熱がデカルトにおいてはどのように理解されていたのか説明し，またアリストテレスとハーヴィに対比しながら，デカルトにとってはきわめて重要な心臓の運動についての理論[39]がどのようなものであったのかを説明する。心臓内に含まれている火の性質をはっきりさせるために，デカルトによる説明をケプラーのものと対比する。これらの点が把握されてようやく，デカルトが引き出し，変化させていくことになる概念的な資源が定義されるのである。心臓の理解としてわれわれが検討するのは，ヒポクラテス全集，アリストテレスの著作そしてガレノスの著作である。さらに，アリストテレスの研究の延長線上にあるトマスの心臓論に言及する。

　第Ⅲ部はもっぱら血液循環の問題を扱う。ハーヴィによって発見された血液循環をデカルトは確かに擁護している。血液循環について検討することは生命の原理を扱う著作では不可欠である。というのも，もし心臓の熱が「あらゆる運動の原理」であるとすれば，血液は心臓内にある「熱を維持するのに役立つ」からである[40]。しかし，『動物における心臓と血液の運動』の検討から始めてハーヴィの発見を説明するのに先立って，古代における血液の経路の問題と，古代からハーヴィに至るまでの間に行われた主要な探求で血液循環の発見にとって欠くことのできない道しるべとなったものも吟味することにしたい。そうすることでハーヴィの発見の新しさと，デカルトがその発見の重要性を認めたことの新しさを明確にすることが可能となるのである。さらにデカルトにおける動物精気の循環の問題を研究し，動物精気に関するハーヴィの立場を明確にする。最後に，

39）『方法序説』AT, VI, 1, et 46-47：『著作集』I, 11 et 51 参照。
40）『人体の記述』，AT, XI, 226：『医学論集』, 149. 同じく『情念論』108 節, 109 節，AT, XI, 409：『著作集』III, 219-220, 参照。

序論　自然と生命　　13

デカルトの記述したところに従いながら，人間の身体における動物精気の経路と特に松実腺に対する関係を吟味することによって，われわれはデカルトの解剖学的知識にとってもっとも重要な情報源を特定した。それによって，『人間論』において松実腺がどうして腺Hと命名されたのかが説明可能となったのである。

第 I 部

デカルトと生物学の諸問題

第 1 章

デカルトの仕事における生物学的文書の位置

　デカルトがその仕事のなかで，多くの労力を払って大いに発展させようとしたものは，われわれが生物学と呼ぶものである。ただし，生物学という名称はようやく 19 世紀初頭になってから登場したものにすぎない[1]。しかし，この生物学の概念をデカルトに当てはめ

---

1) 「生物学」という語の使用は，19 世紀のごく初期，特に J. B. ラマルクと G. トレヴィラヌスの著作にまで遡る。「生物学」という語のラマルクによる最初の用例は，1801 年 12 月ないし 1802 年 1 月にパリで刊行された『地質学すなわち水が地球表明に及ぼす影響についての探求 (*Hydrogéologie, ou recherches sur l'influence qu'ont les eaux sur la surface du globe terrestre*)』に現れる。地球の自然学はそこでは，気象学，地質学および生物学，すなわち生物の理論の三つの部分に分かたれている。しかし，生物学が書かれることはまったくなく，生物学は 1809 年に『動物哲学 (*Philosophie zoologique*)』に置き換えられた。とはいえ，ラマルクの草稿の一つには，「生物学すなわち生命体の本性，能力，発達と起源に関する考察 (*Biologie, ou considérations sur la nature, les facultés, les développements et l'origine des Corps vivants*)」という表題がつけられている。「生物学」という語の印刷物での最初の用例は 1797 年にまで遡り，T. G. A. ローゼ (T. G. A. Roose) の『生命力についての学説の要点 (*Grundzüge von der Lehre von der Lebenskraft*)』の序文に現れている (*Nature*, vol., 302, 28 April 1983, p. 744 および『大百科事典 (*L'Encyclopaedia universalis*)』764 頁，1985 年新版『コーパス (*corpus*)』第 18 巻 807 頁に再掲のカンギレム (G. Canguilhem) による項目「生命 (*Vie*)」および 1984 年版『大百科事典 (*L'Encyclopaedia universalis*)』の『コーパス (*corpus*)』第 3 巻 641 頁のテトリ (A. Tétry)

るのはアナクロニズムになるのではないのかという疑念は,「生物学」という語の語源を考えた場合の第一の意味,すなわち,生命についての学問ないし生命現象の研究という意味を思い起こせば取り除かれるであろう。その語源的な意味での生物学はデカルトのきわめて明確な関心事であった。その上,数多くの解剖実験を行い,ときには生体解剖にまで訴えていること[2]を見ると,リアールが次のように強調したのも肯定できる。

> デカルトは「ウシやトリの胎児をさまざまな発生段階において解剖している。デカルトが,胎児学を創設するまでにはいかなかったにしても,少なくとも胎児学を予感させることは間違いない。おそらく初めて,デカルトは生体解剖を行うことで,生命の秘密を,反応のない死体ではなく,生きている動物において探究しようとしていた」。[3]

もし生物学の概念において働くロゴスが理性に基礎づけられるべきものだとすれば,生物学はやはりデカルトの著作に現れていることになる。まさにそうなのではあるが,機械論から導き出される説明が生物学の可能性の条件となるとすれば,逆説的に思われるかもしれない。たとえば,『方法序説』第5部,『情念論』第1部および『哲学原理』のいくつかの節は生物学的問題,さらに特定すればデカルトの生理学の要点を述べている。そのうえ,デカルトの存命中に刊行されたこうした著作に加えて,没後刊行の文書の『人間論』[4]

による項目「生物学（*biologie*）」参照）。
2) 生きている動物の解剖実験は魚,さらにはウサギで試みられている。生きているウサギへの実験はプレンピウス宛,1638年2月15日,AT, I, 526-527：『全書簡集』II, 97 で問題にされている。
3) リアール（Liard, L.）『デカルト（*Descartes*）』（Paris, Germer Baillière, 1882), 113頁。
4) デカルトは『人間論』（第18章から始まる）を『宇宙論』（草稿は第1章に始まり,第15章で中断されている）の一部として構想していたが,ガリレイの有罪判決のために出版しなかった。ただし『方法序説』第5部は,

と『人体の記述』[5]もあげられる。

　なおまたこれらのテキストの内容については，書簡の数多くの文章だけではなく，オランダ定住直後にデカルトの試みた解剖学研究を引き合いに出して解説している未刊の文書[6]によっても説明されている。たとえば，1630年4月15日付のアムステルダムからの書簡で，デカルトはメルセンヌ神父に「私は現在化学と解剖学をまとめて研究しています」[7]と書いている。デカルトは数か月前の1629年12月に同じメルセンヌに述べていた「解剖学を学び始めたい」[8]

「いささか検討した結果……出版することができずにいる」(AT VI, 41：『著作集』I, 47)『宇宙論』の人間に関する部分の要約になっている。『人間論』が書かれたフランス語で初めて刊行されたのは1664年のパリにおいてである。刊行したのはクレルスリエであり，ルイ・ド・ラ・フォルジュが「考察」を附している。『人間論』はその2年前に，ライデンでラテン語版 (*Renatus DESCARTES De Homine, figuris et latinitate donatus a Florentino Schuyl*) が刊行されていた。

5) 『人体の記述』は1648年に執筆され（デカルトはそこで『哲学原理』を引用している。AT, XI, 248, 255, 275：『医学論集』168, 174, 192），同じく1664年にクレルスリエによって『人間論』に附される形で刊行された（Cf. シャルル・アダンによる『人体の記述』緒言，AT, XI, 220 à 222)。

6) これらの未刊の文書はハノーファーの草稿をライプニッツが筆写したノートをもとにフーシェ・ド・カレイユが1859年と1869年に刊行した。これらの文書には（1631年から1648年に至る）さまざまな時期の断章が含まれている。文書の年代については，P. メナール (P. Mesnard)「デカルト生理学の精神 (*L'esprit de la physiologie cartésienne*)」『アルシーヴ・ド・フィロゾフィ (*Archives de philosophie*)』(13, 1937)，190-191頁，およびロジェ (J. Roger)『18世紀フランス思想における生命の科学 (*Les sciences de la vie dans la pensée française du XVIIIe siècle*)』(Paris, A. Colin), 1971, 142-150頁を参照。ピエール・メナールの論文は，ジャック・ロジェの著作のデカルトに関する部分とともに，ロディス゠レヴィス (Geneviève Rodis-Lewis) 編『デカルトにおける科学 (*La science chez Descartes*)』(Garland Publishing, Inc., New York, 1987) に収録されている。

7) AT, I, 137：『全書簡集』I, 129.

8) メルセンヌ宛，1629年12月18日，AT, I, 102：『全書簡集』I, 101.

という願いを実現していたのである。おそらく、解剖がしやすいことが、デカルトがアムステルダムに住居を定めた大きな理由だったはずである[9]。1629年の冬に、デカルトはアムステルダムのカルフェルストラート、つまり子牛通りに住むことになる。10年後に、このことをデカルトは次のように語っている。

> 「……私はある冬にアムステルダムにいたときに、毎日のように肉屋に行き、動物を処理するのを見ていましたし、そこから私の住まいまで、もっと心ゆくまで解剖したいと思う部位を運ばせていました」。[10]

解剖学、生理学、胎児学といった医学研究が、こうして、デカルトの哲学ではかなりの場所を占めることになる。そしてデカルトの生理学が『方法序説』の第5部で述べられて、それが公刊されるや

---

[9] P. メナールは上掲論文、190頁で「解剖がしやすいかどうかが、デカルトがオランダの住居を選ぶことにはたいして関係がないなどと誰が分かるというのか」と書いている。P. メナールの言葉は、「アムステルダムの住居」と書いてあったほうがより正確であったろうと思われる。というのも、デカルトがオランダに着いたときにはフリースラントのフラネケルにいて、形而上学と光学に時間を割いていたからである。1630年4月15日付のメルセンヌ宛書簡（AT, I, 144：『全書簡集』I, 134）では、デカルトははっきりと「少なくとも私は、どうすれば形而上学の諸真理を幾何学の証明よりも明証的な仕方で証明できるかを見出したと思います……この国に来て最初の九カ月は他のことをせずにおりました」と説明している。また、光学研究については、フェリエ宛の書簡（1629年6月18日、AT, I, 13–16：『全書簡集』I, 37–39；1629年10月8日、AT, I, 32–37：『全書簡集』I, 45–49；1629年11月3日、AT, I, 53–69：『全書簡集』I, 67–79）およびメルセンヌ宛（1630年3月18日、AT, I, 129：『全書簡集』I, 122–123）、参照。最後のメルセンヌ宛書簡ではオランダ滞在の最初の数か月間フェリエとともに企てた光学研究について述べている。

[10] メルセンヌ宛、1639年11月13日、AT, II, 621：『全書簡集』III, 269.

かなりの反響を，特に「外国人たち」[11] すなわちルーヴァンのフロモンドゥスとプレンピウス，それにユトレヒトのレギウス[12] といった人たちの間に喚び起こした。

この点に関しては，『方法序説』の刊行によって，W. ハーヴィが1628年に『心臓の運動について（動物における心臓と血液の運動について）』で説明した血液循環の発見を広く知らしめることにデカルトが貢献したことに触れておくのがよいだろう。当時，血液循環の概念が登場すると多くの医師たちの間に激しく，止むことのない抵抗を呼び起こすことになった。その点は，たとえばモリエール[13] やマルブランシュ[14] が証するとおりである。

---

11) メルセンヌ宛，1638年6月29日，AT, II, 191–192 :『全書簡集』II, 285–286.
12) レギウス（Henricus Regius, Henri de Roy）はプレンピウスと同じく医師であった。メルセンヌ宛1640年11月11日，「私の哲学を信ずる旨を公然と表明し，自然学の特殊講義まで行い，古い哲学の全部を嘲弄できるように弟子たちを数か月間で仕立ててしまうような一人の医学教授がユトレヒトの彼らのアカデミーにはいるのです」（AT. III, 231 :『全書簡集』IV, 201）参照。
13) モリエール（Molière）『病は気から（*Le Malade imaginaire*）』第2幕第6景（鈴木力衛訳，岩波文庫，1970，54頁）。この1673年に書かれた作品は『方法序説』の刊行から36年後のものになるのだが，そこでモリエールは医師のディアフォワリュスとその息子で「三日のうちに医学博士を授与されるはずの」トマが「血液循環やその他似たり寄ったりの説をめぐる世紀の大発見と称されるものの根拠と実験」を馬鹿にしている様子を描いている。さらに，モリエールはトマ・ディアフォワリュスに血液循環説派の人々に対して，ラテン語の circulator という「旅回りのインチキ薬売り」を意味する言葉を使って，「インチキ循環論者」という言葉を使わせている。
14) マルブランシュ（Malebranche）『真理の探究（*De la Recherche de la Vérité*）』第2巻第2部第3章。そこでマルブランシュは「理性に依拠する真理と伝統に依拠する真理」を対立させ，「血液循環」に関する議論に言及している。ロディス＝レヴィス（Geneviève Rodis-Lewis）編『著作集（*Œuvres*）』（Bibliothèque de la Pléiade, Gallimard, 1979）213頁参照。

デカルトの没後に『宇宙論』と『人間論』が刊行されたために，デカルト生理学の影響は続くことになる。特に『人間論』を読んだ三人に影響が及ぶ。すなわち，デカルトの死後刊行の著作のためにクレルスリエに協力した医師ルイ・ド・ラ・フォルジュ，弁護士ジェラール・ド・コルドモワ，そして誰よりもオラトリオ会修道士ニコラ・マルブランシュに対する影響である[15]。

心臓の運動はデカルトが自分の哲学において重要だと判断していたテーマのひとつであり[16]，本研究でもわれわれの観点から取り上げるテーマである。そのテーマをめぐるデカルトの理解についてエティエンヌ・ジルソンの述べた次の指摘が今なお有効性を失っていないことには驚くほかはない。

1921年にジルソンは，

> 「今日，デカルト哲学のこの部分は自然学の残りの部分と同じ忘却の底に眠っている」

と書いていたのである[17]。

同じく，1937年に，ピエール・メナールは「デカルト生理学の精神」[18]についての研究で次のように認めている。

> 「もし今日のわれわれがデカルトの幾何学主義によって自然科学にもたらされた著しい貢献を認める点で意見が一致するにしても，デカルトの生物学は多くの批評家たちには，同等の名声をもたない

---

15) マルブランシュ『著作集』（上掲）「全体の序論」XI頁（および同頁の注2），XV頁。
16) たとえば，『方法序説』AT, VI, 1：『著作集』I, 11 参照。
17) ジルソン「デカルト，ハーヴィとスコラ（Descartes, Harvey et la scolastique）」『中世哲学研究（*Etudes de philosophie médiévale*）』（Strasbourg, 1921）。この論文は『デカルトの体系の形成における中世思想の役割についての研究』（Paris, Vrin, quatrième édition, 1975）第2章に採録されている。
18) メナール「デカルト生理学の精神」『アルシーヴ・ド・フィロゾフィ』（13, 1937），181頁。

どころか，デカルトの科学的な仕事におけるまったくの汚点のように見えることをはっきりと認めなければならない」。[19]

しかし，こうしたジルソンとメナールの主張には留保をつけることが大切である。その後，ごく最近になって，忘れ去られていたデカルトの著作に注目する研究者たちが出てきたからである。たとえば，ジャック・ロジェの『18世紀フランス思想における生命科学』は「デカルトから『百科全書』へ至る動物の発生」という副題にその内容が示されているが，その第1部「ルネサンスの終わり」の第3章「明晰な観念の探究」の一段落がデカルトに充てられ，特に『人体の記述』，『思索私記』，『解剖学摘要』といったテキストが「無視してすむようなものではない」ことが指摘されている[20]。また，ピエール＝アラン・カネーはその著『もうひとりのデカルト，哲学とその言語』のなかで『人間論』の直喩の特に文体論的側面を分析し，バロックの文章に刻み込まれている詩的側面を抽出している[21]。さらには，ジュヌヴィエーヴ・ロディス＝レヴィスはデカルトのテキストとそれが呼び起こした研究者たちの分析と論評を紹介する際にデカルトの生理学に多くの紙幅を割いている[22]。

---

19) このようにデカルトの生物学的研究が忘却の淵に沈んできたことはソルボンヌとフランス国立科学研究センターにおける『方法序説』350年記念祭という重要な催しの際にもなお明らかであったと言えるだろう。というのも，そのときにはこの有名なテキストの第五部を対象とした報告はひとつもなかったからである。
20) ロジェ（Jacques Roger）『18世紀フランス思想における生命の科学——デカルトから『百科全書』に至る動物の発生 (*Les sciences de la vie dans la pensée française du XVIIIe siècle, La génération des animaux de Descartes à l'Encyclopédie*)』(A. Colin, Paris, seconde édition complétée, 1971) 143頁。
21) カネー（P.-A. Cahné）『もうひとりのデカルト，哲学とその言語 (*Un autre Descartes : le philosophe et son langage*)』(Paris, librairie Vrin, 1980)。
22) ロディス＝レヴィス（G. Rodis-Lewis）『デカルト，テキストと論争 (*Descartes: Textes et Débats*)』(Librairie générale française, 1984)。

同様に忘れず言及しておくのが望ましいのは，G. ミケリによるイタリア語訳のデカルトの科学的著作集のうち生物学関係にあてられた1巻[23]，G.-A. リンデボームの著書『デカルトと医学』[24]，およびリチャード・B. カーターの著作『デカルトの医学哲学，心身問題の有機体的解決』[25] である。

この最後の著作はその書名にもかかわらず，デカルトが生物学に捧げた多くの頁の科学的内容と形而上学的基礎をしばしば誤解しているように思われる。この欠点は従来の多数の研究にも同じように見られる事実であり，そうした研究はデカルトの生物学的主張に対して微妙な差異に気がつかないまま，判断を下してきた。たとえば，B. ド・サンジェルマンは1869年にその著『生理学者および医師として見たデカルト』[26] のなかで，次のように書いている。

「これほど高い知性をもつ人なのに，人体の構造ほど厳密にして複雑な機構の形成を説明するために，どうしてこんな仮説を提示できるのか，いつも不思議になる」。

同様に，ジャン・ロスタンは，ルイ・ショヴォワの『デカルト，

---

[23] ミケリ (G. Micheli) 訳編『デカルト科学著作集 (*Opere scientifche di René Descartes*)』第1巻「生物学」(Torino, Unione tipografico-editrice torinese, 1966)。
[24] リンデボーム (Dr. G. A. Lindeboom)『デカルトと医学 (*Descartes and Medicine*)』(Rodopi, Université libre d'Amsterdam, 1979)。
[25] カーター (R. B. Carter)『デカルトの医学哲学，心身問題の有機的解決 (*Descartes'medical philosophy, the organic solution to the mind-body problem*)』(Baltimore and London, the Johns Hopkins university press, 1983)。
[26] サン=ジェルマン (B. de Saint-Germain)『生理学者および医師として見たデカルト (*Descartes considéré comme physiologiste et comme médecin*)』(Paris, Masson et fils, 1869) 142頁。ちなみに，この著作はヴィクトール・クーザンの思い出に捧げられているが，クーザンは『思索私記』がデカルトの著作でないと宣言し，自分が編纂した『デカルト著作集 (*Œuvres de Descartes*)』に収録することを拒否していた。Cf. AT, XI, p. 501–502.

生理学におけるその方法と誤謬』[27]という表題を見ただけで内容が推測できる著作のために序文を書き，そのなかで次のように断言する。

「デカルトはその天賦の才にもかかわらず，お粗末な生理学者であり，誤謬に誤謬を重ね，あらゆる種類のおめでたい言動と大失敗を振りまいた」として，1950年に出た論文ですでに述べられた批判のいくつかを繰り返している。ただし，「機械論的偏見が及ぼした有益な影響」[28]については言及することを忘れてはいない。

『医科学の歴史』のなかで，シャルル・ダランベールはルネ・デカルトの生物学研究に厳しい評価を下している。

「デカルトが（生理学で）考え出していることはデカルトが却下していることほど価値はないし，（…）生理学者も医学者も自分たちが獲得した積極的な成果に関してデカルトの偉大な精神に負うところなど何もない」。[29]

1963年の『医学の歴史（*Histoire de la médecine*）』のなかで，M. バリエティと Ch. クリーは先行するシャルル・ダランベールの判断を引き継いでいるように見える。

「かくも偉大な思想家が医学に関する事柄を論じるとなると支離

---

27) ショヴォワ（Dr. L. Chauvois）『デカルト，生理学における方法と誤謬（*Descartes, sa méthode et ses erreurs en physiologie*）』（Paris, les éditions du Cèdre, 1966）。ロスタン（J. Rostand）の序文はその書の最初の頁。
28) ロスタン「デカルトと生理学（Descartes et la biologie）」『科学史雑誌（*Revue d'histoire des sciences*）』第3巻，1950，265–269頁。
29) ダランベール（Ch. Daremberg）『医科学の歴史（*Histoire des sciences médicales*）』（Paris, J.-B. Baillière, 1870, 2 volumes）第2巻，702および705頁。ダランベールはさらに生理学的問題を扱っているときのデカルトにはもはやデカルトを見いだせないとブールハーフェ（Boerhaave）が述べた言葉を引いている。

滅裂となることには，唖然としてしまう」。[30]

　しかし，デカルトが自分の生物学的研究の重要性を強調していることから分かるように，発生や人間に関する論考を書いていたときのデカルトには，専門的知識を得たいといったたんなる欲求を超える野心があった。実際，デカルトは 1629 年 11 月 13 日の書簡で，メルセンヌにこう打ち明けている。

　　「私はひとつの現象のみを説明するのではなくて，自然のすべての現象，すなわち自然学全体を説明しようと決心しました」。[31]

　まさにこうした文脈のなかでこそ，デカルトが 1629 年 12 月 18 日の書簡で述べ，1630 年の春に試みた「解剖学」・「化学」研究[32]は理解されるべきなのである。それらの研究によって，デカルトの仕事で重要な位置を占める生命現象への問いの輪郭を明確にすることが可能となる。

　生命への問いは，デカルトにあっては，生命に伴う多数の機能，「たとえば，肉の消化，脈拍，栄養の配分，(…) それに五感」[33] を記述する際に登場してくる。

---

30) バリエティ (M. Bariéty) & クリー (Ch. Coury)『医学の歴史 (*Histoire de la médecine*)』(Les grandes études historiques, Paris, Fayard, 1963), 477–478 頁。
31) AT, I, 70：『全書簡集』I, 80.
32) メルセンヌ宛，1629 年 12 月 18 日 (AT, I, 102：『全書簡集』I, 101) および 1630 年 4 月 15 日 (AT, I, 137：『全書簡集』I, 129) 書簡。
33) メルセンヌ宛，1632 年 11 月または 12 月，AT, I, p. 263：『全書簡集』I, 228.「私は『宇宙論』では，人間について，考えていたよりも少し多くのことを語るつもりです。というのも，私は人間の主要な機能をすべて説明しようと試みているからです。生命に属している機能についてはすでに書き終えました，たとえば，肉の消化，脈拍，栄養の配分等々，それに五感についてです」。

しかしすぐに明らかになると思われるのは，こうした生命に属す機能は力学によって説明され[34]，何よりもまず，生命の原理を「いかなる，(…)植物霊魂も，感覚霊魂も」[35] 想定せずに基礎づける可能性を現に論証するものであるということである。

　人間の身体の機能を分析することによって導出される生命の原理は生命現象を説明する際の理性的な第一項ないし基本定理として理解される。しかし，生命の原理が生命現象の起源といった時間的順序の意味に理解されると，前後関係が逆転する。すなわち，そのときには発生が動物の機能を説明する基礎となる。こうして，1648年4月16日の「ベークマンとの対話」で，デカルトは，研究し終えたばかりの『動物論（*Animalis tractatu*）』に関して，たんに動物の諸機能を説明するだけではなく，「起源から（ラテン語は「ab ovo（卵から）」）動物の形成を説明する必要があり，そうしないと動物の諸機能もほとんど説明できないだろう」と分かったと明確に述べるのである[36]。

　さらに言えば，もしデカルトが生命の原理の概念を構成するこうした二つの側面について絶えず思いをめぐらせていたとすれば，『人間論』についての研究の最初から，生物の発生の問題に欠くべからざる地位を与えていたはずであると思われる。『方法序説』第5部は「生命のない物体や植物の記述」[37] よりも生理学的問題に多くの

---

34) 『人間論』, AT, XI, 121：『著作集』IV, 226,「……ここで必要なのは，もっぱら，これらの運動を順を追って説明することだけである」。
35) 『人間論』AT, XI, 202：『著作集』IV, 286.
36) 　AT, V, p. 170-171：三宅徳嘉・中野重伸訳『著作集』IV, 379：ベイサッド (Jean-Marie Beyssade) の翻訳注釈による『ビュルマンとの対話 (*L'entretien avec Burman*)』(Paris, Presses Universitaires de France, 1981) 参照。
37) 　AT, VI, 45：『著作集』I, 50．実際，生理学は AT, VI, 45, 23行目：『著作集』I, 50 から 56, 9行目：『著作集』I, 57 で述べられているのに対して，「生命のない物体や植物の記述」は同じ版のほぼ3分の1を占めるだけで

紙幅を割いているが，そのなかでデカルトは生物に関してすぐ直前に自然学に対して適用された発生論的方法を適用することはできないと説明している。デカルトは次のように認める。

> 「しかし，これらのことについてまだ十分な知識を持っていなかったので，他のことと同じ流儀で話すわけにはいかず，つまり原因によって結果を論証し，自然がどんな種子からどんな具合にそうした結果を生み出すはずであるかをみせながら話すことができなかったために，私は，神が一人の人間の体を，私たちのなかの一人と手足の外形も器官の内部構造もそっくりに形作ったと想定することで満足した。神はこれまでに記述した物質と別な物質でその人間の体を合成したのでもなければ，その人間のなかに理性的霊魂も，そのほか植物的霊魂や感覚的霊魂としてそこで役立つようなものも，最初は何一つ置かず，ただ私がすでに説明した光のない火の一つをその人間の心臓の中に掻き立てた。それは干し草を乾燥しないうちにしまい込むと干し草に熱をもたせる火や，新しい葡萄酒をしぼりかすといっしょにねかして発酵させると葡萄酒を沸騰させる火とは違った性質のものとは私は考えていなかった」。[38]

『宇宙論』の『人間論』となるこの部分がちょうど執筆されているとき（すなわち1632年6月），つまり5年後の1637年に刊行される『方法序説』では第5部で想起されることになる時期に，デカルトはデフェンテルに居を移すためにアムステルダムを離れ，メルセンヌに次にように書いている。

> 「私の『宇宙論』のなかで，動物の発生がどのようなものかを記述するかどうかを一か月前から迷っております。そして，結局，それは長い時間を要することになるので，そのことについては何も書

　　ある。実際には，登場するのはAT, VI, 41, 21–45行，22行：『著作集』I, 47–50である。
38)　AT, VI 45–46：『著作集』I, 50.

かないことにしました」。[39]

　数年後の 1639 年にデカルトは生物の発生論的説明というテーマを再び取り上げる。そして，同じくメルセンヌに宛てて，解剖学の論文をいくつも読み，「11 年前から」「さまざまな動物」の解剖を行ってきており，「特に動物の形成については，『気象学』のなかで塩の粒や雪の小さな星型の結晶を説明したのとまったく同じように，自然的原因から説明できる」と考えていることを明言している。

　この楽観的な文章に続けて，デカルトは，「仮にもう一度，動物の体についてはすっかり形成されているものと仮定し，その機能を示すことで満足していた『宇宙論』に取りかからなければならないとすれば，動物の形成と誕生の原因についても示すように企てるでしょう」と書いているものの，「その点についてはまだ十分には知っておらず，たんなる発熱でさえ治療できない」と告白している[40]。

　1646 年 5 月の手紙のなかでデカルトはエリザベト王女に献呈した『情念論』の「最初のデッサン」について王女が寄せた意見に応えて，次のように指摘している。

　　「また私は，それぞれの情念に伴う血液の運動がどのようなものであるのかを解明するために用いた自然学の諸原理のすべてを，そこに盛り込んだわけではありません。なぜなら，それらの原理を十分に詳述するには，人間の身体のあらゆる部分の形成を説明しなければならないからです。それはきわめて難しいことなので，あえてまだ企てておりません」。[41]

　1648 年 1 月 31 日付のエリザベト宛の別の手紙では，デカルトはあらためて動物の発生の問題に触れ，「私は，思い切って（といっ

39）　メルセンヌ宛，1632 年 6 月，AT, I, 254：『全書簡集』I, 221.
40）　メルセンヌ宛，1639 年 2 月 20 日，AT, II, 525：『全書簡集』III, 198-199.
41）　エリザベト宛，1646 年 5 月，AT, IV, 407：『全書簡集』VII, 62.

ても，ここ1週間ないし10日前からのことに過ぎませんが)，動物がその発生の始まりからいかにして形成されるかをあわせて説明してみたいと考えました」[42]と書いている。デカルトは自分の探究に精力を注ぐつもりであることを強調しながら，自分の研究の対象が「動物一般」であって，「特に人間だけ」ではないことを明らかにしている[43]。『人体の記述』でデカルトが説明しているところによれば，デカルトは自分の「もっていたすべての考えを実証するために十分な実験をまだ遂行できていない」ために，「この問題に関する見解を書こうとはこれまで思わなかった」のである[44]。これらのテキストから，デカルトにとって動物の発生という現象は重要であるとともに極端に難しい問題であったことが異論の余地なく明らかとなる。そのため，デカルトはこの問題に1629年，1630年，1632年，1633年，1637年から1638年，1642年から1643年，1648年，「そしておそらくは1649年末まで」[45]幾度となく立ち返ることになったのである。

さらに，1701年に編纂された遺稿集が読まれ，生命の原理について数多くの考察が生まれることになる。たとえば，『動物の発生についての最初の思索』のなかで，デカルトは成長した生物の体が形成されるに至る一連の過程を何とかして理解しようと努め，発生の原理として「熱の力」[46]を指定していた。

この「熱の力」という原理は身体の形成のあらゆる段階に関与し，

---

42) エリザベト宛，1648年1月31日，AT, V, 112：『全書簡集』VIII, 6. 112頁に関しては，AT版は誤って欄外に1648年1月25日と印刷してあるが，111頁にあるこの書簡の日付は正しく1648年1月31日となっている。
43) AT, V, 112：『全書簡集』VIII, 6.
44) AT, XI, 252-253：『医学論集』, 172.
45) 『動物の発生についての最初の思索 (*Primae cogitationes circa generationem animalium*)』への Ch. アダンの緒言，AT, XI, 503.
46) 『動物の発生についての最初の思索』1頁目「熱の力 (vi calons)」，AT, XI, 505：『医学論集』, 96.

心臓の炉に位置づけられる[47]。これは，つまるところ，普遍的運動[48]の表現であり，窮極的には神によって[49]確立される「自然の永遠なる法則」[50]にほかならない。

　こうした関係が生命の原理と神によって設定された自然の法則との間に一挙に確立され，そこに生命の原理をめぐるデカルトの研究の形而上学的基礎が示されることになる。実際，デカルト哲学の狙いのひとつは物体を延長によって定義する新たな機械論的自然学[51]

---

[47] 「……これらの粒子が同時に共同して，まず第一に生命を心臓にもたらす。次いで，心臓では血液と動物精気が絶えざる闘争をすることになり……」，AT, XI, 506：『医学論集』, 96.
　「しかし，心臓のなかで血液と精気が混じり合うと，そこで継続的な闘争が始まる。その闘争にこそ動物の生命は成り立つ。その点では，ランプのなかの火の生命と何ら変わらない」．AT, XI, 509：『医学論集』, 101.
　「ここに動物は存在し始める。というのは生命の火が心臓のなかにともされたからである」．AT, XI, 509：『医学論集』, 102.

[48] 『オリュンピカ (*Olympica*)（思索私記）』（AT, X, 218：『数学・自然学論集』, 84）の頃から，デカルトは「持続を伴う運動は生命を意味する」（アルキエ（F. Alquié）版『デカルト哲学著作集（*Œuvres philosophiques de Descartes*）』（Paris, Garnier, 1963 à 1973）第 1 巻 62 頁の翻訳による）と書いていた。このテキストにおける生命／運動の組み合わせの象徴体系に関しては，アンリ・グイエ（Henri Gouhier）『デカルトの初期思想，反ルネサンスの歴史に寄せて（*Les premières pensées de Descartes, contribution à l'histoire de l'anti-Renaissance*）』（Paris, Vrin, 1979）101–103 頁を参照。

[49] メルセンヌ宛，1630 年 4 月 15 日，「あたかも王が自分の王国に法を確立するように，自然のなかにこれらの法を確立したのは神である……」（AT, I, 145：『全書簡集』I, 135）。また，メルセンヌ宛，1639 年 2 月 20 日，「この自然が力学の厳密な法則に完全に従って振る舞い，それらの法則を自然に課したのは神に他ならないと想定しさえすれば……」（AT, II, 525：『全書簡集』I, 135），参照。

[50] 「自然の永遠なる法則（Naturae leges aeternas）」，AT, XI, 524：『医学論集』, 121.

[51] 『宇宙論』VII, AT, XI, 36–37：『著作集』IV, 157.

と「思惟することのみを本性とし」[52]，コギトによってその優位性が定立される[53]霊魂との間の接点を確立するところにある。

しかし，この接点を明確にする前に，延長と思惟の概念がそれぞれ作用する領域の境界を明らかにすることが重要である。

第一の解決策は自然を「霊魂を付与された」存在の全体として捉え，その運動が生命の原理とされる霊魂に起源をもつと考えるものである。この解決策はカンパネッラ[54]やルネサンス期の新プラトン主義者たち[55]のものである。それはデカルトの後期の文通相手の一人でケンブリッジのクライスト・カレッジの博士，ヘンリー・モアの著作[56]にも見出される。

---

52) メルセンヌ宛，1637年4月20日頃，「霊魂 (l'âme) は身体とは区別された実体であり，その本性は思惟することに他ならない」(AT, I, 349-350：『全書簡集』I, 349)。『方法序説』第5部，AT, VI, 46：『著作集』I, 50.『省察』第2省察，第6省察。『掲貼文書への覚え書』AT, VIII, 347：『著作集』IV, 518 (ロディス=レヴィス (G. Rodis-Lewis) 編『レギウス宛書簡と人間の精神の説明に関する考察 (Lettres à Regius et Remarques sur l'explication de l'esprit humain)』(Paris, Vrin, 1959) 155頁)。『情念論』第1部第47節 (AT, XI, 364, lignes 16 à 26：『著作集』III, 189)。

53) 『方法序説』第4部，AT, VI, 32-33：『著作集』I, 39.「私は思惟する，ゆえに私は存在する」については，ベイサッド『デカルトの第一哲学 (La Philosophie première de Descartes)』(Paris, Flammarion, 1979) 第5章217-265頁参照。

54) カンパネッラをデカルトはホイヘンス宛書簡，1638年3月9日 (AT, II, 48：『全書簡集』II, 168) で「15年前に私は『事物の感覚について』という書を読みましたが，(…) すぐに彼の著作には堅固なところはほとんどないことが分かりました」と批判している。

55) フィレンツェのプラトン・アカデミーの指導者であったマルシリオ・フィチーノの著作，ならびに H. C. アグリッパの『オカルト哲学』。この点については本書の「序論」参照。

56) ヘンリー・モア (モールス) はデカルトとの書簡による論争の後で，たとえば「霊魂は生命の原理よりも高貴である」と断言している。1659年刊行の『霊魂の不死性 (The immortality of the soul)』第2巻第14章，『哲学

デカルトはこうした折衷案を拒否する。というのは,その案はデカルトが何よりもまず定立すべきだとする思惟実体と延長実体との根本的な二元性[57]と両立しえないからである。かくしてデカルトが見出すのが,運動を基礎としているがゆえに延長の側に明確に位置づけられる生命の原理である[58]。

　第二に,デカルトはもともとの二元論を尊重しながら,霊魂と身体との区別を明らかにする。そして,「多くの人たちが陥っているかなり重大な誤謬」[59]を回避するために,「一般的な意見に反対して」,霊魂はもはや心臓[60]や身体[61]の運動の原理の役割はもたず,

---

　著作集 (*A collection of several philosophical writings*)』上掲,120頁参照。
57) 「それというのも,思惟を非物体的な実体の始元的属性として,延長を物体的な実体の始原的属性として考察したのは,私こそが初めてなのだから」『掲貼文書への覚え書』(AT, VIII, 348:『著作集』IV, 519:ロディス゠レヴィス版 (Paris, Vrin, 1959), p. 157)。

　　E. ジルソンは「デカルトの独創性はこの区別(霊魂と物体のアウグスティヌス的区別)を,機械論的自然学との関連で熟考したこと,アウグスティヌスが霊魂の権利を主張したのと同じように物体の権利を主張することとの関連で熟考したこと,そして霊魂の精神性の論証の系として身体の物質性を論証したことにある」と指摘している(「デカルト,アウグスティヌス,カンパネッラ (Descartes, Saint Augustin et Campanella)」『デカルトの体系形成における中世思想の役割についての研究』(Paris, Vrin, quatrième édition, 1975), 267頁。
58) 『宇宙論』第7章。また,プレンピウス宛,1638年2月15日,AT, I, 523:『全書簡集』II, 92-93,参照。
59) 『情念論』第1部第5節(AT, XI, 330:『著作集』III, 167)。
60) プレンピウス宛,1638年2月15日,AT, I, 523:『全書簡集』II, 92-93.
61) 『情念論』第1部第4, 第5, 第6節, AT, XI, 329 à 331:『著作集』III, 166-167. モア宛,1649年2月5日,AT, V, 276:『全書簡集』VIII, 123-124 (レヴィス (G. Lewis) 編『アルノー,モアとの書簡集 (*La correspondance avec Arnauld et Morus*)』(Paris, Vrin, 1953), 123頁)。さらに『人体の記述』AT, XI, 225:『医学論集』, 147.『省察』第二省察, AT, IX, 20-21:所雄章訳『著作集』II, 39-40.

もっぱらそうした運動に，松実腺を介して，意志の力によってひとつの方向を与える中枢の役割を果たしているのだ[62]と説明するのである。

---

62) アルノー宛，1648年7月29日，「しかし，われわれは，精神（mens）が神経を動かすその活動のすべてを，そのような活動が精神のうちに存する限りにおいて，自覚しています。実際，そのような活動には，あれこれの運動への意志の傾き以外には何もないのです。そして，意志のその傾きに続いて，神経への精気の流入や，かの運動のために必要とされる残りのことが生じるのです。このようなことは，一つには適切な身体の構造によって生じますが，精神はこのことを知らずにいることが可能です。また，精神と身体との合一にもよりますが，精神はこのことを確かに自覚しています。実際，そうでなければ，精神は自らの意思を，四肢を動かすべく傾けはしなかったことでしょう」（AT, V 221-222：『全書簡集』VIII, 77-78：前注『アルノー，モアとの書簡集』，89頁）。
　この訳文中の「精神が神経を動かすその活動」とは「霊魂が神経中に運動を生み出す」という意味である。

第 2 章

デカルトの情報源と
デカルトの生命の原理の独自性

　デカルトの関心には生命の原理についての考察が組み込まれていることが，その哲学の独創性のひとつを成している。

　デカルトが生命の原理概念に関する独自の理解を述べるために直接・間接に汲み取った主たる情報源は医学，解剖学，生理学の著作であり，それらについてデカルトは書簡のなかで，すべてではないものの，明確にはっきりと言及している。

　古代の情報源としては，言うまでもなく，アリストテレス[1]，ヒポクラテス[2]，ガレノス[3] があり，それに時代的にデカルトに近い情

---

1) まずプレンピウスが言及し（プレンピウスからデカルトへ，1638 年 1 月，AT, I, 496：『全書簡集』II, 70），次にデカルトが 1638 年 2 月 15 日付でのプレンピウスへの回答で論評し（AT, I, 521：『全書簡集』II, 92），それが『人体の記述』で繰り返されている（AT, XI, 244–245：『医学論集』164–166）。同じく，レギウス宛 1642 年 6 月，AT, III, 566：『全書簡集』V, 164 参照。
2) レギウス宛，1642 年 4 月始め，AT, III, 559：『全書簡集』V, 150.『動物の発生についての最初の思索』(AT, XI, 532：『医学論集』, 130) も参照。
3) 前注のレギウス宛，1642 年 4 月始めの書簡（AT, III, 559：『全書簡集』V, 150)。『動物の発生についての最初の思索』(AT, XI, 531：『医学論集』, 130) も参照。

報源としては，フェルネル[4]，ヴェサリウス[5]，アクアペンデンテの
ファブリキウス[6]，ボアン[7]がある。デカルトとこれらの著作家たち
との関係については，デカルトとハーヴィ[8]，さらにはデカルトと
ケプラー[9]との関係と同じく，本研究のなかで吟味したい。生命の
原理についてのデカルトの考え方は，その機械論的性格によって，
スコラの身体の形相としての霊魂という概念と当時かなり流行して
いたプラトン主義的思潮[10]を帯びた生気論（ただし厳密にはこの言
葉遣いは18世紀末に登場するのだが）を破壊することによって革
命を引き起こすことになる。しかし，生命の原理をめぐるデカルト
の考え方について，その情報源を研究することはそうした革命を理
解するにとどまらぬ意義をもっているのである。

　グイエによれば，問題となる情報源の研究が属す歴史研究の次元

---

4) プレンピウス宛，1638年2月15日，AT, I, 533：『全書簡集』II, 103. し
たがって，G. ジェファーソン（G. Jefferson）が「デカルトがフェルネルのこ
とを聞いたことがあるといういかなる証拠もない」と書いているのは誤って
いる。『情念論』300年祭のときに刊行された論文，ジェファーソン「ルネ・
デカルトにおける霊魂の位置づけ（René Descartes on the localisation of the
soul）」『アイルランド医科学雑誌（*The Irish Journal of Medical Science*）』
285号（september 1949）694頁参照。
5) メルセンヌ宛，1639年2月20日，AT, II, 525：『全書簡集』III, 198.
6) メルセンヌ宛，1646年11月2日，AT, IV, 555：『全書簡集』VII, 187.
7) 『解剖学摘要』，AT, XI, 591 et 592：『医学論集』，54 et 55.
8) 特に，メルセンヌ宛，1632年11月または12月，AT, I, 263：『全書簡集』
I, 229；『方法序説』第5部，AT, VI, 50：『著作集』I, 53.
9) メルセンヌ宛，1638年3月31日，AT, II, 86：『全書簡集』II, 192-193.
AT版は言及されている著作を『光学（*La Dioptrique*）』としているが，正
確にはむしろ『ウィテロへの補遺（*Paralipomènes à Vitellion*）』であると思
われることを付け加えておく。シュヴァレ（C. Chevalley）訳編『ウィテロ
への補遺』（Paris, Vrin, 1980）41-45頁参照。
10) この点については，本書「序論」のカンパネッラ，フィチーノ，アグリ
ッパおよびヘンリー・モアに関する記述を参照。

は次のようなものである。

> その「歴史的説明の次元では，情報源が隠された負債を意味しない。その研究によって学院での記憶，間接的な認識等々を見抜くことができるのである」[11]。

ラフレーシュ学院での思い出に関して，エティエンヌ・ジルソンはコインブラ学院の『自然学小論（*Parva naturalia*）』を挙げているものの，それが「入門的性格」[12]をもつことも強調している。従来，デカルトはポワティエ大学で医学の勉強をしたとされてきたが，われわれはそうは考えていない[13]。その点については，デカルトが1629年12月18日付のメルセンヌ宛の手紙で書いていることをまさに文字通りに受け取るべきだと思われる。すでに引用したその手紙でデカルトは，「私は解剖学を学び始めたいのです」[14]と書いていたが，少なくとも管見の限りでは，1629年以前にデカルトが解剖学などの問題に関心をもっていた形跡は見当たらないのである。このことはベークマンの『日記』からも裏づけられる。ベークマンの『日記』では医学的問題が「かなり大きな部分を占めている」[15]にもかかわらず，ベークマンが医学博士の公開口述審査を終えたばかり

---

11) グイエ『17世紀におけるデカルト主義とアウグスティヌス主義（*Cartésianisme et Augustinisme au XVIIe siècle*）』(Paris, Vrin, 1978) 8頁。
12) 『自然学小論（*Parva naturalia*）』に関しては，ジルソン「デカルト，ハーヴィとスコラ」op. cit., p. 52.
13) ジルソン『方法序説注解（*Commentaire du Discours de la méthode*）』(Paris, librairie Vrin, cinquième édition, 1976) 105, 119頁。この点に関してはロディス＝レヴィス『デカルトの著作と体系（*L'Œuvre de Descartes*）』上掲，第2巻注38（部分訳，小林道夫・川添信介訳，紀伊國屋書店，1990，ただしこの注38の翻訳はない）参照。
14) AT, I, 102：『全書簡集』I, 101.
15) ロディス＝レヴィス『デカルトの著作と体系』上掲，第2巻434頁注39および第1巻24頁（邦訳22頁）。

の1618年末にデカルトと出会った頃の医学的問題に関する記述には，デカルトのことは登場しないのである。他方デカルトは光学は研究しており，1630年よりも前に『ウィテロへの補遺』を読んでいた[16]。その際にデカルトは解剖学と生理学に関連する問題と出会った。ケプラーはこの著作の第5章で目の解剖学と視覚とを論じている[17]。いずれのテーマも『人間論』[18]と『屈折光学』[19]で重要性が強調されているものである。『ウィテロへの補遺』第1章第32命題は動物における熱に関するものであるが，後で見るように，おそらくは同じくデカルトの注意を引きつけたと思われる[20]。デカルトの書簡で「医師」についての最初の言及は1629年10月8日のメルセンヌ宛書簡に現れる。そこでデカルトは次のように書いている。

　「希薄化については，私はその医師と一致しています。私はいまや哲学のすべての基礎について態度を決めました。しかし，「エーテル」については私はおそらく彼のようには説明しないでしょう」。[21]

この医師はセバスティアン・バッソン[22]であることが突き止めら

---

16) マリオン『デカルトの白紙の神学について (Sur la théologie blanche de Descartes)』(Paris, PUF., 1981) 201頁。
17) シュヴァレ (C. Chevalley) 訳『ウィテロへの補遺 (Les paralipomènes à Vitellion)』(Paris, Vrin, 1980), 303頁以下。
18) AT, XI, 151 ff.：『著作集』IV, 247 ff.
19) 『屈折光学』の特に第3講から第6講末まで。
20) 『ウィテロへの補遺 (Les paralipomènes à Vitellion)』(op. cit.) 133–136頁。この点に関しては，心臓内の火の性質に関してデカルトとケプラーを対照して検討している本書第II部第1章を見よ。
21) AT, I, 25：『全書簡集』I, 47.
22) アダン・ミョー版 (l'édition Adam et Milhaud)『デカルト書簡集 (Correspondance de Descartes)』第2巻369頁にある第1巻50頁についての訂正を参照。この訂正をアルキエ版『デカルト哲学著作集』第1巻225頁注2は考慮していない。アダン・タヌリの新版は第1巻665頁（補遺）で問題の医師はバッソン (Sébastien Basson) であることを指摘している。デカル

れている。その希薄化に関する記述は希薄化を濃厚化に対立する「性質」とするアリストテレス的な理解に異議を唱えており、デカルトを感動させた[23]。デカルトはさらにこの問題を『宇宙論』第4章[24]でも論じ、希薄化の働きに物理的現象を説明する際の決定的な役割を与えている。すぐに見るように、希薄化は生理学的現象でも大きな役割を演じている。

指摘しておくべきもっとも重要なことは、その1629年10月8日の手紙のなかで、希薄化との関連でデカルトが「いまや哲学のすべての基礎について態度を決めました」と断言していることである。こうした形而上学と生理学も含む自然学との関連については、永遠真理創造説に関するきわめて重要で有名な1630年4月15日のメルセンヌ宛書簡でもはっきりと述べられている。デカルトは「自然学のあらゆる問題」に対して「態度を決め」、「自然学の基礎」が形而上学によることを確認している[25]。同じ書簡のなかで、希薄化の

トはバッソンを「革新者たち」の一人として再度1630年10月17日付のベークマン宛書簡（AT, I, 158；『全書簡集』I, 147）でも引き合いに出している。バッソンは1621年刊行の教科書『反アリストテレス的自然哲学12巻（*Philosophiae naturalis adversus Aristotelem libri XII*）』の著者である。

23) 『医術に才があり、プラトンを愛し、ソクラテスを愛し、そして何よりも真理を愛するセバスティアン・バッソンによる、反アリストテレス的自然哲学12巻（*Philosophia naturalis adversus Aristotelem libri XII (...), A Sebastiano Bassone, dottore medico, amicus Plato, amicus Socrates, sed magis amica veritas*）』（Genève, 1621）（われわれが参照した国立図書館の版の出版年は鉛筆書きで示されていて、頁の下部は破れている）、322, 332-333, 517頁参照。

ジルソン『スコラ・デカルト索引（*Index scolastico-cartésien*）』（Paris, Vrin, seconde édition revue et corrigée, 1979）、50-51頁の「濃厚化／希薄化（condensation／raréfaction）」の項参照。

24) AT, XI, 22-23：『著作集』IV, 146.
25) AT, I, 144：『全書簡集』I, 135. 永遠真理創造説の分析に関しては、ロディス゠レヴィス『デカルトの著作と体系』第1巻、上掲、125-140頁（邦訳、

問題[26]にも再度取り組んでいることを述べるとともに，デカルトは次のように書いている。

　　「今は化学と解剖学をまとめて研究しており，毎日，書物では見つからないことがらを学んでいます」。[27]

書物にあることに反対しているという言明によって，この書簡が書かれた時点では，デカルトが言及している二つの領域の書物を調べ続けていたことが証明される。したがって，デカルトとともに解剖を行ったこともある医師のプレンピウスが，1629年，当時アムステルダムにいたデカルトについて書いた次の記述は割り引いて考える必要があることになる。

　　「誰からも知られることなく，デカルトは，子牛にちなんだ名前の通りにある毛織物商人の家に身を隠していた。……私はかなり頻繁にデカルトに会ったが，私が見出したのは，書物を読むことはせず，書物はまったくもっておらず，もっぱら孤独な省察にふけり，それを紙に書きつけ，時に動物を解剖するひとりの人であった」。[28]

　137-153頁）参照。
26)　AT, I, 139-140：『全書簡集』I, 131.
27)　AT, I, p. 137：『全書簡集』I, 129.
28)　プレンピウス『医学の基礎 (Fundamenta medicinae)』1654年，354頁。翻訳はコーアン (G. Cohen)『17世紀前半のオランダにおけるフランスの著作家たち (Les écrivains français en Hollande dans la première moitié du XVIIe siècle)』(Paris-La Haye, Champion, 1921), 468頁。A. スーク (A. Souques) によれば，かくして「博士たちと書物に満足できず，もう真理は自分自身と自然という書物のうちにしか求めまいと決心した。それにデカルトはほとんど本を読まなかった。とはいえ，ヴェサリウスや他の解剖学者，とりわけアリストテレスとさらにはガレノスは読んでいた」(「デカルトと神経系の解剖病理学 (Descartes et l'anatomopathologie du système nerveux)」『神経学雑誌 (Revue neurologique)』tome 70, N° 3, septembre 1938, 参照）。この論文はロディス＝レヴィス『デカルトの科学』（上掲）に採録されている。

しかし，実際には，デカルトは自分が調べたり，「目を通し」[29]「読み」[30] たいと思った書物を自分で借り出したり，郵送してもらっていた[31]。その上，1637年の春には，デカルトはメルセンヌ神父に「私

---

29) 『方法序説』AT, VI, 5：『著作集』I, 15.
30) メルセンヌ宛, 1632年11月または12月, AT, I, 263：『全書簡集』I, 229.
31) デカルトから某（医者？）へ（1637年8月30日, AT, I, 394：『全書簡集』I, 395）は，「あなたのご著書を受け取りました。二晩水上にあったにもかかわらず，まったく濡れもせず損なわれてもおりません。私はすでに医学の研究を本格的に始めております」と述べている。こうした医学への言及は「健康の維持」を論じている『方法序説』第6部の文脈（AT, VI, 62：『著作集』I, 62）のなかに置き戻されるべきであるように思われる。というのも，解剖学と生理学は『序説』第5部ですでに扱われているが，それは1632年執筆の『人間論』を要約したものだからである。さらにデカルトはコンスタンティン・ホイヘンスと交わした1637年秋の書簡で，自分の老化の最初の兆候に関心を持っていることを述べ，「あっという間に増えてきた初めての白髪」について触れ，そのために「白髪を遅らせる手段以外のことについてはもう研究」すべきではないと断定していることにも注意しよう（AT, I, 434-435：『全書簡集』II, 24）。ただし，『情念論』第1部7節（AT, XI, 331：『著作集』III, 167-168）にある「少しの医学」についての言及が『方法序説』第5部で扱われている解剖学と生理学とを意味していることが『序説』の紹介によって裏付けられていることにも留意しておこう。デカルトは『方法序説』第5部では「心臓の運動と他の医学に属すいくつかの難問の説明」（AT, VI, 1：『著作集』I, 11）をしていると紹介している。さらにデカルトが解剖学と生理学というこれら二つの学問を，『方法序説』の末尾（AT, VI, 78：『著作集』I, 76）に見られるように，治療に結びつけていることも付け加えておこう。そして，『哲学の原理』フランス語版の「著者から仏訳者にあてた手紙（仏訳序文）」に出てくる，哲学の木という有名な比喩である。その比喩では，医学は機械学および道徳とともに，三つの「枝」の一つで，形而上学を根とし，自然学を幹とする木から出てくるとされている。こうして，デカルトの目標の統一性とともに，木の「果実」を摘み取るという実践的な関心も同時に説明されている。

書物の問題については，デカルトが1631年10月にアムステルダムからメルセンヌに宛てて，「あなたの特別のお計らいでお送りくださった本をようやく受け取りました。心から謹んで感謝申し上げます」と書いていること

は，解剖学に関してはいかなる新しい事柄も，解剖学について書いている人たちの間で論争となっているいかなる事柄も，前提にしなかった」[32]と書いている。1639年2月20日，同じメルセンヌに宛てて，「11年前から」[33]専念している解剖学の実験とともにさまざまな書物も読んだことにも言及しながら，次のように明言している。

> 「実際，私はヴェサリウスやその他の人々が解剖学について書いたことだけではなく，彼らが書いているものよりいっそう特殊な多数の事柄を考察しましたが，それらは私が自らさまざまな動物を解剖することによって見出した事柄でした」。[34]

そして，1637年12月4日のホイヘンス宛の手紙でデカルトは，「今以上にはるかに長く，はるかに幸福な老年に達する」手段の研究に没頭しており，「今は『医学提要』を書いています。その一部は書物から，一部は私の推論から引き出したものです」と明言している[35]。

それゆえ，1643年5月，デカルトが新しい住居に落ち着いてすぐにソルビエールの友人が訪問してきて，次のように尋ねたのに対してデカルトは機知に富んだ答えをしたのだと思われる。

> 「もっとも重視し，もっとも普通に読んでいる自然学の書物は何

とも参照（AT, I, 219-220:『全書簡集』I, 196）。さらに，メルセンヌからデカルトに本が送付されたことについては，たとえば，メルセンヌ宛1632年5月3日（AT, I, 244-245:『全書簡集』I, 213）およびメルセンヌ宛1637年6月前半（AT, I, 376-377:『全書簡集』I, 376）も参照せよ。

32) メルセンヌ宛，1637年6月前半（AT, I, 378:『全書簡集』I, 377）。
33) デカルトはしばしば最初の年（1629年）と最後の年（1639年）を入れて年数を数えている。ロディス＝レヴィス『デカルトの著作と体系』上掲，第2巻498頁注32参照。
34) メルセンヌ宛，1639年2月20日，AT, II, 525.
35) ホイヘンス宛，1637年12月4日，AT, I, 507;『全書簡集』II, 51-52. 同じく，ホイヘンス宛，1637年12月4日，AT, I, 649:『全書簡集』II, 52参照。

なのか，と問われて，彼（デカルト）は，それをあなたにお見せしよう，どうか私についてきてくださいと答え，住まいの裏手の小さな庭につれていき，一頭の子牛を見せ，明日解剖に取りかかるつもりだと述べたのである」。[36]

デカルトが何度も繰り返し述べているように[37]，さまざまな発達段階にある子牛の解剖を実際に行ったというのが正しいにせよ，この引用に続いてソルビエールが指摘していることにわれわれは完全に同意する。ソルビエールは次のように述べている。

「私はデカルトがもはやほとんど読書をしていなかったというのは本当だと思う。だが，かつては読書をしたのに，多くを忘れてしまい，思い出したことを自分が発明したのだと思い込むということは，人間にはしばしば起こることである。そうなるのは，思い出したことが精神に入ってきたのがどこだったのかということなど，もはや考えないからである」。[38]

そうだとすれば，こうした読書を証拠立てるものは間接的で，「思い出を変形し，つねに創作とない交ぜになっている記憶」[39]のうちに刻み込まれているものであるほかはない。デカルトがどのような本を読んだのかを検証するには，デカルトが受け入れているいくつかの概念を検討してみる以外にはない。たとえば，もっとも熱い器

---

36) ソルビエール（Sorbière）『手紙と論説（*Lettres et discours*）』689 頁，AT, III, 353 に引用。
37) 『解剖学摘要』AT, XI, 549, 553, 556, 574, 577：『医学論集』21, 24, 28, 42, 45.
　　さらにこれらのテキストには 1637 年 11 月の日付のある断片（AT, XI, 583：『医学論集』，49–50）も追加すべきである。
38) ソルビエール，同上，AT, III, 353.
39) アルキエ『デカルトにおける人間の形而上学的発見（*La découverte métaphysique de l'homme chez Descartes*）』（Paris, Presses Universitaires de France, deuxième édition revue, 1966），27 頁。

官としての心臓という概念である。これは『宇宙論』第 4 章[40]で主張されて以降，デカルトは何とか検証しようと努めている概念である。また，動物精気[41]のように，用語的には過去の遺物であるように見えるものの，デカルトが機械論的説明を与えているいくつかの概念がある。またそうした概念が現れるのは，デカルトが，過去のさまざまな研究にそれとなく反対しながら，身体の諸部分を貫いて身体の運動を決定する自然の原理が身体のどの場所に置かれているのかを明らかにしようとするときでもある。

デカルトにとっては，この身体の運動を決定する原理は純粋に機械論的であったのに対して，プラトンとアリストテレスにとっては，霊魂ないし霊魂の部分が問題となる。1632 年の『人間論』執筆時から，デカルトは次のように断言している。

「これらの機能がすべて，この機械においては，器官の配置のみに由来する自然の結果だということを考えてみていただきたい。これは時計やその他の自動機械の運動が，おもりや歯車の配置の結果であるのとまったく同様である。したがって，これらの機能のために，機械のなかに，いかなる植物霊魂や感覚霊魂も，またいかなる運動の原理や生命の原理も想定してはならず，その心臓で絶え間なく燃えていて，無生物体のなかにある火と異なる性質のものではない火の熱によって運動させられている血液と精気だけを想定すべきなのである」。[42]

---

40) 『宇宙論』AT, XI, 21：『著作集』IV, 145．また，『人間論』AT, XI, 123：『著作集』IV, 227；『人体の記述』AT, XI, 226-227, 228, 231：『医学論集』148-149, 150, 153；『情念論』第 1 部第 8 節・第 9 節 AT, XI, 333-334：『著作集』III, 168-169.
41) 『人間論』（AT, XI, 129-130：『著作集』III, 232）。また，フォルスティウス宛 1643 年 6 月 19 日（AT, III, 686-688：『全書簡集』V, 291-294），『情念論』第 1 部第 10 節（AT, XI, 334；『著作集』III, 169-170）。
42) AT, XI, 202：『著作集』IV, 286．『方法序説』第 5 部 AT, VI, 45-46：『著作集』I, 50-51 も参照。

生前刊行された最後の著作『情念論』のなかで，デカルトはギリシア思想を継承する中世的な霊魂観に反対であることを再度表明している。

> 「かくて，われわれが生まれながらにもつ熱と身体のすべての運動は霊魂に依存するのだと根拠もなく信じ込まれた。しかし実は反対にこう考えるべきである。すなわち，人が死ぬとき霊魂が去るのは，熱がなくなり，身体を動かす器官が壊れるからにほかならない」。[43]

こうした「生命の原理」と霊魂の同一視をデカルトは告発するが，この見方をはっきりと打ち出していたのはプラトンとアリストテレスであった。『パイドン』では霊魂が「生命の原理」[44]であり，『ティマイオス』は同じく霊魂と生命を同一視している[45]。アリストテレスはその『霊魂について』のなかで，こう断言している。

> 「霊魂は第一義的な原理であって，〈それによってわれわれが生き，感覚し，思惟するところのもの〉である」。[46]

---

[43] 『情念論』第1部第5節 AT, XI, 330：『著作集』III, 167 および第6節 AT, XI, 330-331：『著作集』III, 167. 後者の第6節でデカルトは「生体と死体との間にはいかなる相違があるのか」を説明し，「運動の物体的原理」を引き合いに出している。

[44] 『パイドン』105c-d，「生命の原理（φέρουσα ζωήν）ペルーサ・ゾーエン」としての霊魂。特に，「してみると，霊魂は，自分が占有するものが何であっても，つねに，それを生命をもたらすものとして，やってくるのではないか」「たしかにそのようなものとして，やってきます」（*Phédon*, 105 c-d, texte établi et traduit par P. Vicaire, Paris, Les Belles Lettres, 1983, p. 88：『プラトン全集』1, 松永雄二訳, 岩波書店, 1975, 313頁）を参照。

[45] 『ティマイオス』69a-70a（*Timée*, texte établi et traduit par A. Rivaud, Paris, Les Belles Lettres, 1970, p. 195-196：『プラトン全集』12, 種山恭子訳, 岩波書店, 1975, 126-128頁）。

[46] 『霊魂について』（*De l'âme*, II, 2, 414 a 12-13, texte établi par A. Jannone; traduction et notes de E. Barbotin, Paris, Les Belles Lettres, 1966, p. 35：『アリストテレス全集』7,「魂について」中畑正志訳, 2014, 74頁）。仏訳

プラトンとアリストテレスにあっては，生命の原理は上位の位階にある実体に由来する。プラトンでは，マクロコスモス（大宇宙）の断片である「宇宙霊魂」[47]がそれにあたる。アリストテレスでは，生命の原理は霊魂であり，身体の「現実態（エンテレケイア）」，身体の「形相」として理解される[48]。デカルトにとっては，生命の原理は自然の法則，とりわけ運動の保存の法則に関係している[49]。その自然の法則は神によって課されたものであり，特に『宇宙論』第7章で定義されている。デカルトは次のように明確に述べている。

> 「そこで第一に知っていただきたいことは，ここで自然という言葉によって，私が何かの女神や何か別の種類の架空の力を言っているのではないことである。そうではなくて，私はこの自然という言葉を物質そのものを示すために用いている。その物質とは，私が物質に帰したすべての性質を全部同時にもつものとして考えられる限りでの物質であり，神がそれを創造されたのと同じ仕方で保存し続けられるという条件の下にある物質である」。[50]

　　版35頁の注1は「πρώτως（第一義的プロトース）は διχῶς（一様にディクソース）に対比すべきである。霊魂は第一義的かつ根源的な意味で生命の原理である」ことを明言している。
　　同様に，同書の「霊魂は生きている身体にとって原因にして原理（ἀρχή アルケー）である」（415b7-9, op. cit., p. 39：中畑訳，80頁），また，「生きることが，生物にとっては，その存在そのものであり，生物の原因にして原理（ἀρχή）は霊魂である」（415b13-14, op. cit., p. 39：中畑訳，81頁）。霊魂は同様に「栄養摂取し，感覚し，思惟する」諸能力と「運動の」原理でもある（413b10-13, op. cit., p. 33：中畑訳，71頁）。

47)　『ティマイオス』34c（op. cit., p. 147：種山訳，148頁）。
48)　『霊魂について』412a29-30, 412b10-11（op. cit., p. 68-69：中畑訳，66-67頁）。
49)　『宇宙論』第7章 AT, XI, 41：『著作集』IV, 160.
50)　AT, XI, 36-37：『著作集』IV, 157. さらに，AT, I, 213-214がバイエの『デカルトの生涯（*La Vie de Monsieur Descartes*）』, tome I, 1691, p. 206（山田弘明・香川知晶ほか訳『デカルトの生涯』（上）工作舎，2022，397頁）か

デカルトにあっては，プラトンとアリストテレスの場合と同じく，生命の原理の基礎となっているのは，少なくとも比喩的には，心臓内にある火である。

　たとえば，プラトンは『パイドン』のなかでソクラテスに，「あるものが熱くなるのは，その物体のうちに，いったい何が生じてくるからなのか」という問いに対して，「さらに手の込んだ答え」は「火」であると言わせている[51]。そして，『ティマイオス』では，その火は死すべき動物の心臓のなかで燃えていると明確に述べられている[52]。

　アリストテレスは『動物の諸部分について』のなかで，こう明言している。

> 「さて，心臓と肝臓はすべての動物にとって必然的になければならないものである。心臓は，熱さの原理（始原）であるがゆえに必要である（すなわち，その中に動物の自然本性を燃え立たせるものが置かれる，何か竈のようなものがなければならない）」。[53]

　デカルトについて言うと，その著作全体にわたって生命の原理は「心臓のなかで絶えることなく燃えている火の熱」[54]と同一視され続ける。この理論は，『人間論』で述べられて以降，特に『情念論』で繰り返されることになる。

> 「なおここでも簡単に次のことを述べておきたい。すなわち，わ

　　ら引用している1631年夏のヴィル＝ブレッシュー宛書簡の要約，「偉大なる機械装置は，神が自らの作品の表面に刻み付けたもの，普通われわれが「自然」と呼んでいるものにほかならない」という言葉も参照せよ。
51) 『パイドン』105c（上掲, p. 87：松永訳, 312頁）。
52) 『ティマイオス』78d-e-79a（上掲, p. 209：種山訳, 148頁）。
53) 『動物の諸部分について』670a22-25（*Les parties des animaux*, texte établi et traduit par Pierre Louis, Paris, Les Belles Lettres, 1956, p. 89：『アリストテレス全集』10, 濱岡剛訳, 岩波書店, 2016, 134頁）。
54) 『人間論』AT, XI, 202：『著作集』IV, 286.

れわれが生きている間は心臓に絶えることのない熱があり、これは静脈の血液によって維持される一種の火であるが、この火が肢体のいっさいの運動の物体的原理である」。[55]

この『情念論』の章句は、デカルトが「私はすでに他の著作で若干触れているが」と述べて、この説明に自分の著作で与えた重要性に注意を促した後に登場している。特に関連している著作は『方法序説』であり、そこでは心臓と動脈の運動の論証がデカルト自然学の典型を示す重要性をもっていた[56]。

『情念論』第107節では、デカルトはさらに「生命の原理である熱」[57]（という注釈者たちからしばしば忘れ去られている主張[58]）に

---

55) 〔訳注〕『情念論』第1部第8項 AT, XI, 333 :『著作集』III, 168–169.
56) 『方法序説』第5部, AT, VI, 45–55 :『著作集』I, 50–56, より正確には AT, VI, 45–49 :『著作集』I, 50–53.
57) AT, XI, 407 :『著作集』III, 218.
58) たとえば、ブーイエ (F. Bouillier) は「デカルトはどこから動物に生命を与える生命と感覚の原理を引き出しえたというのだろうか」（『デカルト派哲学の歴史 (Histoire de la philosophie cartésienne)』(Paris, Ch. Delagrave, et Cie, 1868, reprint Garland, New York, 1987) 第1巻第7章, 166頁）と書いている。

テルナー (R. Toellner) もその論文「血液循環の発見の論理的および心理学的側面 (Logical and psychological aspects of the discovery of the circulation of the blood)」（『ボストン科学哲学研究 (Boston studies in the philosophy of science)』「科学的発見について——エリス講義, 1977年 (On scientific discovery, The Erice lectures, 1977)」volume 34, 1980) の249頁で「熱は運動の結果であって、生命の原理でではない」と書いている。この論文は内容的に同じ著者による「心臓の運動に関するデカルトとハーヴィの論争 (The controversy between Descartes and Harvey regarding the nature of cardiac motions)」（デイバス (A. G. Debus) 編『ルネサンスにおける科学, 医学および社会——ヴァルター・パージェル顕彰論文集 (Science, Medicine and Society in the Renaissance. Essays to honor Walter Pagel)』(New York, Science History publications, 1972) 所収）で展開された分析を繰り返したものであり、引用はこの論文集の81頁にある。

ついて述べ，1646年5月にはエリザベト王女に自分が『情念論』で用いた「自然学の諸原理」のうちには，「心臓のなかにあって絶えず維持される必要のある火」があることを付け加えている[59]。さらに，デカルトはその書簡のなかで少なくとも二度にわたって，生命の実質は心臓の熱にあり，筋肉の運動にはないのであり[60]，この「心臓の熱だけ」による生命の定義は結果としていかなる動物にも生命があることを「否定」しないと明言する[61]。このテーゼは『省察』「第6答弁」でも同じ言い方がされている[62]。加えて，1649年2月5日のモア宛書簡で，デカルトは「われわれが子どもの頃から抱いてきたあらゆる偏見のうちでもっとも大きなもの」，すなわち「動物は思惟すると信じるという偏見」を告発し，どうして自分が「物体的で機械的な」唯一の原理を定義し，「動物には思惟する霊魂が存在するとはいっさい証明しえないことを論証した」と考えるに至ったのかを説明している[63]。動物＝機械に関連する叙述は，最初に『方法序説』第5部[64]に登場し，霊魂と生命現象の切断というまさ

---

59) AT, IV, 407：『全書簡集』VII, 63.
60) メルセンヌ宛，1635-1636年，「なぜなら生命は，筋肉の運動のうちにではなく，心臓のうちにある熱に存するからです」（AT, IV, 686：『全書簡集』I, 293）。
61) モア宛，1649年2月5日，「その代わりに，私は思惟については語ったが，生命や感覚については語らなかったということをお知らせしておきたいと思います。実際，生命は心臓の熱だけによって成立すると私は判断していますので，いかなる動物にも生命は否定していません」（AT, V, 278：『全書簡集』VIII, 124）。
62) AT, IX, 228：河西章訳『著作集』II, 487.
63) AT, V, 276-277：『全書簡集』VIII, 123. また，レネリを介してポロへ，1638年4月または5月，AT, II, 39：『全書簡集』II, 223 を参照。
64) AT, VI, 55-59：『著作集』I, 56-60. われわれは，ジルソン（『方法序説，テキストと注釈』上掲，421頁）とは違って，動物＝機械のテーゼは，バイエの指摘するように（Baillet, tome I, p. 52：『デカルトの生涯』（上），167頁），1619年から1620年にかけて「おおよその輪郭が作られ」，1625年に

にデカルト哲学の目標のひとつを実現する。それによって心身二元論の順守が可能となり、身体は「その諸器官の配置（disposition）」によって機能することが示される。この説明は『人間論』[65]以来のもので、デカルトの著作ではつねに繰り返され[66]、刊行された最後の著作の『情念論』にも第30節、38節そして211節では文字通りに登場しており、また第16節では「構成（conformation）」と言い換えられている[67]。『人体の記述』の冒頭は『情念論』のいくつかの節とまったく同じく、しかもより詳しい形で、身体のあらゆる運動に関する「原理は霊魂だと信じる」「誤り」に立ち返り、「身体が動かされるのは通常、他の身体〔物体〕によるのであって、霊魂によってではない」のであり、したがって「思惟に依存することをわれわれが経験していないあらゆる運動の原因は霊魂ではなく、もっぱら器官の配置のみに帰すべきである」と断言している[68]。

そして、デカルト自身が認めるように、「たしかに、諸器官の配置のみによって、われわれのうちに思惟によっては決定されない運動のすべてを生み出すのに十分であると考えるのは困難であるとすれば」[69]、その困難は1639年2月20日のメルセンヌ宛書簡の言葉を思い出せば取り除くことができるはずである。その書簡でデカルトは次のように書いていた。

「動物の神経、血管、骨や他の部分の数が多く、順序立って整えられているからといって、自然が動物を形成するには十分ではないと示されるわけでは少しもありません。ただ自然が力学の厳密な法則に従って動いており、神こそがそうした法則を課したのだと想定

はデカルトの精神のなかで「完全に固まった」とは考えない。
65) AT, XI, 120：『著作集』IV, 225.
66) 『方法序説』AT, VI, 57：『著作集』I, 58, 参照.
67) AT, XI, 351, 358, 486, 341：『著作集』III, 180, 184, 277（「状態」）, 174.
68) AT, XI, 224-225：『医学論集』, 147.
69) AT, XI, 226：『医学論集』, 148.

すれば足りるのです」。[70]

　心臓に優位性を与え，生命と心臓の熱を同一視し，心臓を主たる器官とする血液循環の生命的機能に重要性を認める際に，デカルトは，最善を尽くして確認しようと努めている着想[71]，つまり心臓が身体のうちでもっとも熱い器官である[72]という着想をまさにアリストテレスに負うている。しかし，すぐに示すように，心臓の熱の産出と心臓の熱の本性の問題についてはデカルトは明確にアリストテレスに反対するのである。

　しかしすぐに明言しておけば，われわれは，心臓の熱についてのアリストテレス的な考え方とデカルトの考え方の間に緊密な関係を立てる多くの研究者たちの見解に与しない。われわれが反対するのは，たとえば，「血液を熱くする心臓の熱という考え方には，〈生得的な熱（calor innatus）〉という古いアリストテレス的な考え方が容易に認められる」とするリンデボームの解説[73]やグルメクの解説[74]から，「デカルトはまた〈calor innatus（生得的な熱）〉の概念

---

70) AT, II, 525-526：『全書簡集』III, 198.
71) 『方法序説』第5部，「指で感じることのできる熱」，AT, VI, 50：『著作集』I, 53.
72) ちなみにこの点をプレンピウスはデカルトに指摘することになる（プレンピウスからデカルトへ，1638年1月，AT, I, 497：『全書簡集』II, 70）。なお，『人体の記述』AT, XI, 244-245：『医学論集』, 165 参照。
73) リンデボーム（G. A. Lindeboom），op. cit., 69 頁。
74) グルメク（M.-D. Grmek）「17 世紀の生理学における生命の機械論的諸解釈についての考察（Réflexions sur des interprétations mécanistes de la vie dans la physiologie du dix-septième siècle）」『エピステーメー（Epistêmê）』第1巻，1967, 22 頁。しかし，グルメクはその論文「生命の延長と老化のメカニズムについてのデカルトの思想（Les idées de Descartes sur le prolongement de la vie et le mécanisme du vieillissement）」『科学史雑誌（Revue d'histoire des sciences）』（第21巻，1968）の 298 頁では，「老化の理論は生命の熱に関するデカルトの概念のうちでアリストテレス的ではない側

を古代人たちから借りてきている」と指摘するテルナーの解説[75]やモノワイエの解説[76]に至る見解である。しかし指摘しておきたいのは、デカルトが心臓のうちにある熱を「生得的な熱」という表現や「生得的」という形容詞[77]を用いて特徴づけようとは決してしていないことである[78]。これに対して、すぐに見るように、古代からデカルトの同時代に至る著作家たちまで、心臓を論じる著作では「生得的な熱」という表現に訴えることがつねに行われていたのである。

面を測る真の試金石たりうるように思われる。……われわれの哲学者によれば、老化はスコラ学で言われる生得的な熱の喪失ではない」と書いている。

75) テルナー「血液循環の発見の論理的および心理学的側面」『ボストン科学哲学研究』(vol. 34, 上掲), 248頁。同じく、ケルナーの「心臓の運動に関するデカルトとハーヴィとの論争」参照。われわれが今引用した部分はこの論文の81頁にすでに登場している。

76) モノワイエ (J.-M. Monnoyer)『デカルト情念論 (Descartes, *Les passions de l'âme*)』序文「デカルト的悲壮 (*La pathétique cartésienne*)」(Paris, Gallimard, 1988), 50頁。モノワイエは「大きなデカルトによる断絶」を語っているにもかかわらず、指摘されるのは、デカルトは「アリストテレスに由来し、ガレノスが体系化した生得的な熱(ないし「生れつきの熱」)という古い観念」を繰り返しているということである。

77) ちなみに、「生得的」という形容詞は17世紀では使用されることが稀であった。そのため、デカルトが「第3省察」のラテン語原文で提示した観念の3分類に対しては、『省察』の翻訳者であるリュイーヌ公はデカルトが「生得的な (innatae)」と特徴づけた観念を「私とともに生まれた (nées avec moi)」と訳している (『省察』「第3省察」AT, VII, 38:『著作集』II, 55, 参照)。『省察』の1647年のリュイーヌ公が翻訳したフランス語版はデカルトによる校閲を経ている。関連する部分は、『省察』のフランス語訳 AT, IX, 29 参照。同じく、観念の3分類については、1641年6月16日メルセンヌ宛書簡 AT, III, 383:『全書簡集』IV, 351–352, 参照。

78) こう述べた R. テルナーは、「心臓の熱をデカルトは生得的とは決して呼ばなかったが、それは伝統的には埋め込まれた熱ではなく、「光のない火」である」という指摘はするものの、その点を展開してはいない。Cf.「血液循環の発見の論理的および心理学的側面 (*Logical and psychological aspects* …)」, 上掲, p. 248, et *The controversy…*, p. 81.

さて，生得的な熱という概念は心臓を特徴づけるものなので，その本性，さらには，逆説的なことに，「生得的」という限定辞の語源的意味を考慮しつつ，その熱の源を問うように促される。われわれからすると，そこで生命の原理についてのデカルトの考え方の本質的な点に触れることになる。というのも，その考え方は先人たち，とりわけその影響力が決定的であったアリストテレスに対立するものだからである。

　実際，アリストテレスによれば，「動物に内在している熱は火ではなく，また火のなかにその原理〔始原〕をもつわけでもない」。そのことは，『動物の発生について』が断言するとおりである[79]。この生命の熱は精液のなかに蓄えられ「諸天体の基本要素と類比的なもの」であると，同じ『動物の発生について』[80]は主張している。したがって，この熱の本性を解明できるのはアリストテレスの宇宙論，とりわけ『天界について』[81]であることになる。

　ガレノスでは，気息(プネウマ)（πνεῦμα）が身体に「宇宙の霊魂」の断片をもたらすとされる[82]。ガレノスの心臓についての理解はプラトンの哲学だけではなく，アリストテレスの哲学にも結びついたものだが，

---

79) 『動物の発生について』第2巻，737a5-7（*De la génération des animaux*, édition P. Louis, Paris, Les Belles Lettres, 1961, p. 61：『アリストテレス全集』11, 今井正浩・濱岡剛訳，岩波書店，2020, 129頁)。
80) 同上, 736b37-737a1（上掲, p. 61：今井・濱岡訳，128頁)。
81) 『天界について』第2巻 289a34-35（*De caelo*, texte établi et traduit par P. Moraux, Paris, Les Belles Lettres, 1965, p. 71-72：『アリストテレス全集』5, 山田道夫訳，岩波書店，2013, 103-104頁)。
82) シンガー（Ch. Singer）とレイビン（C. Rabin）のヴェサリウス『6葉の解剖図（*Tabulae Anatomicae Sex*）』（C.U.P., 1946）序文「近代科学への前奏曲（*A prelude to Modern Science*）」XXXVII頁，参照。宇宙の霊魂の概念は，プラトン（『ティマイオス』34b：種山訳，40頁）に由来し，ストア派によって変えられたものだが，この概念によってガレノスは生命的原理が生成されていくさまざまな段階を説明している。

それを思い起こせば，心臓の熱によって生命の原理を説明するデカルトの独創性をよりよく理解できるように思われる。デカルトの説明は「心臓のなかの火」というガレノス的な考え方をもはや繰り返すものではないのであって，G. ジェファーソンの断定[83]には反対せざるをえない。ガレノスにとって，心臓は生命の原理と身体の熱の源泉という二重の役割をもつ。

> 「心臓は動物に生命を与える生得的な熱の炉にして源泉のようなものであり，そのあらゆる部分はきわめて大きな重要性をもち，あらゆる動物における生命を維持する働きを最初に担うのである」。[84]

しかしガレノスにとって，心臓の熱を特徴づける「生得的」という形容詞はそれだけで熱の産出と熱の本性の問題に対する説明となるものである。

アリストテレスとガレノスの熱に関するこうしたテーゼは同じくフェルネルにも見られる。フェルネルはその『生理学（*Physiologia*）』で生命を「生得的な熱（innatus calor）」に結びつけ，死をこの生得的な熱の消滅によって定義している。このテキストで，フェルネルは生得的な熱をエンペドクレスの四元素説にあるような元素としての熱から注意深く区別している。この後者の四元素についての研究は，後に『生理学』と呼ばれる『医学の自然的要素について（*De naturali parte Medicina*）』という論考の第 1 節で行われている。フェルネルはこの著作の別の節で生得的熱を吟味し，生得的な熱は唯

---

83) ジェファーソン「ルネ・デカルトにおける霊魂の位置づけ」『アイルランド医科学雑誌』（上掲）696 頁は，デカルトにおける心臓の熱をガレノス医学における「心臓のなかの火（fire in the heart）」と同一視している。

84) ガレノス『身体諸部分の用途について（*De usu partium*）』(*Œuvres anatomiques, physiologiques, et médicales*, traduction Ch. Daremberg, Paris, 1854, tome I, p. 399：『身体諸部分の用途について』2, 坂井建雄・池田黎太郎・福島正幸・矢口直英・澤井直訳，京都大学学術出版会，2022，115 頁)。

一世界のうちに生命をもたらす太陽の役割に比肩しうるものであって，その起源を，アリストテレスが立証したように，天界にもつと主張する[85]。『病理学 (*Pathologia*)』で，フェルネルは生得的熱の問題を再度論じている。フェルネルによれば，生得的ないし生命的な熱は元素由来の熱よりも上位にあり，火と本性を同じくしてはいない。死は生得的な熱の喪失であり，その熱が元素の混合によって生じたものではいっさいないことがまさに死によって論証される，というのも死んでしまっても，身体はその構成要素たる元素と形を保持しているからである，と繰り返し語られている。フェルネルはさらに生命が去ってしまっても友人を見分けることは確実にできるのだから，生得的な熱は必然的にその源泉を元素以外のうちにもつことになるという結論を引き出している[86]。

　生得的な熱に関してフェルネルが展開したこのテーゼに言及することは，われわれの主題にとって重要だと思われる。というのも，まず第一にこのテーゼは多くの人たち，ことにジャン・リオラン（父）[87]とプレンピウス[88]によって詳しく論評されていたからであり，第二に，デカルトはこのテーゼに完全に反対しているからである。デカルトは実際にそうしたテーゼを知っており，研究者たちが強調してきたように，デカルトは1638年2月15日のプレンピウス宛書簡でフェルネルを「権威」[89]として言及している。しかし，フェル

---

85) フェルネル (Fernel)『生理学 (*Physiologia*)』第4巻第1章。
86) フェルネル『病理学 (*Pathologia*)』第5巻第2章。
87) 『パリの医師アミアンのジャン・リオラン (Ioannes Riolanus Ambianus) の全集 (Ioannis Riolani Ambiant, medici Parisiensis, *Opera Omnia*)』(Paris, 1610), 特に「ジャン・リオランのフェルネルの書『霊と生得的な熱について』注釈 (Ioanni Riolani ad Fernelii librum *De spiritu et calido innato* commentarius)」第2章, 第3章, 参照。
88) プレンピウス (Vopiscus Fortunatus Plempius), 『医学の基礎 (*Fundamenta Medicinae*)』(Louvain, 1654) 第2巻第6章, 特に86-87頁参照。
89) デカルトは間欠熱をめぐる論争に関して医師のプレンピウスの質問に答

ネルの「『病理学』第4巻第9章」と（デカルトとしてはめったにないことではあるが）正確な個所を示して引用し、フェルネルがそこで述べている間欠熱の考え方を血液循環と両立可能だとして擁護しているものの，同時にデカルトは引用個所に制限をつけて，「熱について私が考えていることは述べないことにし，ひとつの困難から別の困難へと引きずり込まれないようにするつもりです」[90]と述べている。

この心臓の「生得的ないし生命的な熱」というテーゼはアクアペンデンテのファブリキウスの著作にも同じように登場している[91]。

カスパール・ボアンはどうかといえば，『解剖劇場』のなかで心臓の熱を神的な熱になぞらえ，人間たちに生命を与えたプロメテウ

え，「権威をまた別の権威であるフェルネルによって論駁するために」引用している。この言明を特に強調したのがジルソン「デカルト，ハーヴィとスコラ」（上掲, p. 52）であり，それをカンギレム（G. Canguilhem）『反射概念の形成（*La formation du concept de réflexe aux XVIIe et XVIIIe siècles*）』（Paris, Vrin, seconde édition revue et corrigée, 1977, p. 23：金森修訳，法政大学出版局，1988, 31頁）が繰り返している。

90) AT, I, 533：『全書簡集』II, 103. このラテン語の書簡の引用は，アダン・ミョー版書簡集（la *Correspondance de Descartes*, en huit volumes, établie par Ch. Adam et G. Milhaud, parue à la librairie F. Alcan, puis aux Presses Universitaires de France, entre 1936 et 1963）による。ここでの引用はその第II巻, 115頁。以下，このアダン・ミョー版の書簡集からの引用はAMと略し，巻数をローマ数字，頁数をアラビア数字で示す。

91) たとえば，『卵とヒナの形成について（*De Formatione ovi et pulli*）』（アーデルマン（H. B. Adelmann）編『アクアペンデンテのヒエロニムス・ファブリキウスの発生学論（*The embryological treatises of Hieronymus Fabricius of Aquapendente*）』（Ithaca, New York, Cornell University Press, 1942, réimpression 1967）所収のファクシミリ版，58頁を見よ。同じく，このテーマに関しては特に，『呼吸とその道具について（*De respiratione et eius instrumentis*）』（Padova, 1615）参照。この著作は他の『動物の場所的運動について（*De motu locali animalium*）』のような著作とともにパドヴァで1625年に刊行されたファブリキウス著作集に収められている。

スのことに触れている[92]。

　アリストテレスにあっては，この熱は火によるものではなく，月よりも上の天界に由来するものであり，天界は天界が動かすとされる物体と同じ法則には従っていない。またこの熱は，ガレノスにあっては説明可能なものではなく，フェルネルによれば元素とは区別されるものであり，アクアペンデンテのファブリキウスにとってはやはりアリストテレスを参照することで理解されるものであり，ボアンにあっては心的な本質をもつものである。これに対して，デカルトにあってはこの熱はひとつの火にほかならず，この火は自然の永遠にして唯一の法則に支配されているのである。そもそも，このことはデカルトの著作では生物体の熱という語にしばしば付されている「自然な」という形容詞がまさに意味していることにほかならない。こうして，「自然な熱」[93]は「われわれの心臓のうちにある絶えることのない熱という一種の火」に由来し，「その火はわれわれの肢体のいっさいの運動の物体的原理」[94]なのである。したがって，まさにそこにこそデカルトが言う心臓内で燃える火の本性に関連する多数の比較対象による考察の中心問題はあるように思われる。たとえば，有名な個所として『方法序説』は，すでに『人間論』[95]で言われていたことを繰り返し，「光をもたないこれらの火のひとつ」は「乾燥しないうちに封じ込めたときに干し草を温かくしたり，ブドウの搾りかすの上で発酵させるときに新しいブドウ酒を沸騰させ

---

92) ボアン（Caspar Bauhin）『解剖劇場（*Theatrum anatomicum*）』（Frankfurt, 1605）第 2 巻第 21 章 42 頁。
93) 『情念論』第 5 節，AT, XI, 330：『著作集』III, 167（「生まれながらにもつ」）。
94) 『情念論』第 8 節，AT, XI, 333：『著作集』III, 169 参照。
95) 『人間論』AT, XI, 123：『著作集』IV, 227.

る火と少しも変わらぬ本性」[96) をもつとしている。また，ニューカッスル候宛書簡では，その火を「かなり多量の鋼鉄の粉末を硝酸液に入れたときにその中で引き起こされる火や，あらゆる発酵のときの火に」なぞらえている[97)。『哲学の原理』第4部第92節は「沸騰させたり，温めたりするが光らない火」と「化学でふつうにみられる発酵」の原因を運動によって説明し，再度干し草との比較を行ってこの現象の理由を述べ，ここでもまたその理由を運動に求めている[98)。『人体の記述』では，デカルトは心臓の熱の本性を「何らかの体液すなわち酵母との混合」[99) にたとえているが，『哲学の原理』第4部第93節はさらに同じように運動によっても説明している。また『人体の記述』は，『哲学の原理』を参照していることがはっきりしており[100)，その問題点を明確に定義するべく以下のように繰り返している。

「そして，心臓における火や熱としては，ただ血液の微粒子の動揺だけしか私は知らないし，この火を維持するのに役立ちうる原因としては，拡張時に大部分の血液が心臓から出るとき，そこに残っている微粒子が心筋の内部に入ること以外にはなく，そこでは，それらを取り巻くのは第一元素の物質でしかないように小孔が配置され，繊維が強く揺すぶられる」。[101)

『情念論』はこうした反アリストテレスの立場を「静脈の血液によって維持される一種の火」（第8節）という指摘によって端的に示しているように思われる。

---

96) 『方法序説』第5部 AT, VI, 46：『著作集』I, 50.
97) 1645年4月，AT, IV, 189：『全書簡集』VI, 232.
98) 『哲学の原理』第4部92項表題および本文 AT, IX, 250：『哲学の原理』, 237.
99) AT, XI, 228：『医学論集』, 150.
100) AT, XI, 248, 255, 275, 281：『医学論集』, 168, 174, 192, 282.
101) AT, XI, 281–282：『医学論集』, 197–198.

したがって，デカルトが示すこうした例がエティエンヌ・ジルソンのいう「想像による表現」[102]に過ぎないとは考えられない。われわれにはむしろ，デカルトのあげる例は，ジョルジュ・カンギレムが指摘するように[103]，「生きた解剖学(anatomia animata)」という「生理学の出発点となり，その後も長く生理学であり続けた」もの，つまり「『身体諸部分の用途について (*de usu partium*)』の論考」に属すように思われる。そうした「論考は解剖学的演繹に基づくように見えるものの，実際には器官の形態や構造から連想される道具や機械の使用法に当てはめて器官の機能についての認識を引き出していた」のである。そしてデカルト自身，自分の著作で使用している数多くの比較が説明として有用であることを強調し，たとえばモランには以下のように指摘している。

　　「なるほどスコラで使い慣れている比較というのは，物体的なものによって知的なものを，偶有性によって実体を，あるいは少なくともある性質を別の種の性質によって説明するので，ほとんど何も教えてはくれません。しかし私が用いている比較におきましては，ある運動を他の運動に比較したり，ある形象を別の形象と比較するなど，要するに，その小ささのためにわれわれの感覚には感知できないものを，感知できる他のものと比較しているだけで，そもそも大きい円が小さい円と異なるくらいにしか違わないのですから，人間の精神が手にしうる限りで自然学上の真理を説明するためには，もっとも適切な手段であるし，さらには，自然に関してこうした比較によってはいっさい説明されないような何ごとかが断言されるなら，それは偽であると論証によって分かると考えるほどであると主張いたします」。[104]

---

102) 「デカルト，ハーヴィとスコラ」(op. cit.)，82頁。
103) カンギレム『科学史・科学哲学研究 (*Etudes d'histoire et de philosophie des sciences*)』(Paris, J. Vrin, 1979) 306頁（金森修監訳，法政大学出版局，1991，357頁）。
104) モラン宛，1638年9月12日，AT, II, 367–368：『全書簡集』III, 74.

こうした比較の理解もまた同じく，後で見るように，心臓の運動の説明に関してデカルトをハーヴィに対立させる。しかし，この問題を検討する前に指摘しておきたいのは，デカルトはまさにハーヴィから，心臓を中心とし，原理とする循環構造の理論的な有用性と隠喩としての力を学んだ，ということである[105]。たとえば，ニューカッスル候には次のように書いている。

> 「この火は血液によって維持されており，イギリスの医師ハーヴィが非常に見事に発見した血液循環説によれば，血液は絶えず心臓の中を流れているのです」。[106]

デカルトがハーヴィの著作（1628年にフランクフルトで刊行された『動物における心臓と血液の運動に関する研究（*Exercitatio de motu cordis et sanguinis in animalibus*)』を「見た」のは1632年末のことであった。つまり，『人間論』を脱稿した後であったが，血液循環に関してはその前にメルセンヌが説明しており[107]，その結論

---

105) ハーヴィ（W. Harvey)『動物における心臓と血液の運動に関する解剖学的研究（*Exercitatio anatomica de motu cordis et sanguinis in animalibus*)』，1628. ロシェ（C. Richet）訳『血液の循環（*La circulation du sang*)』(Paris, Masson et cie, 1962)（『動物の心臓ならびに血液の運動に関する解剖学的研究』暉峻義等訳，岩波文庫，1961）参照。
106) ニューカッスル候宛，1645年4月，AT, IV, 189：『全書簡集』VI, 232.
107) 「私はあなたがかつてお話になった『心臓と血液の運動』を見ました」（メルセンヌ宛，1632年11月または12月，AT, I, 263：『全書簡集』I, 229）.
　この指摘にもかかわらず，ジョルジュ＝ベルティエ（A. Georges-Berthier)は次のように主張する。「デカルトはいたるところでハーヴィに対して「この問題について氷を初めて割った」ということで，ハーヴィをはっきりと称讃することになる。にもかかわらず，デカルトは『心臓の運動について』を決して読まなかったように思われる。実際，デカルトが次のように書いているのである。いわく，「私はハーヴィを血液が動脈から静脈へと流れていく小さな通路を見つける驚くべき発見を最初にした人だとみなしている」（この部分のジョルジュ＝ベルティエの引用箇所の指示は不正確である。

をデカルトは受け入れていたのである。実際，ハーヴィは『心臓と血液の運動』第 8 章で，次のように書いている。

> 「このように心臓は生命の原理であり，小宇宙の太陽である（…）心臓の能力と拍動によって血液は動き，完全なものにされる（…）それは生命の基礎にしてあらゆるものの作者である」。[108]

ところで，デカルトは M. フーコーが「小宇宙というあまりにも有名なカテゴリー」[109] として名指しているものを拒否する。『規則論』冒頭で，フーコーが強調するように[110]，デカルトはこう書いている。

> 「人々の習慣として，二つのものの間に何らかの類似を認めるたびに，両者の実際上の相違点に関してさえ，一方について真なるを確かめた事柄を両者いずれについても主張するものである」。[111]

『人体の記述』AT, XI, 239：『医学論集』，157–158 参照）。ジョルジュ＝ベルティエは続けて言う，「さて，動脈と静脈の吻合部がマルピーギによって発見され，確認されるのは，ようやく 1661 年になってからである。ハーヴィは（…）吻合部を仮定することしかしていない」(「デカルトの機械論と 17 世紀における生理学 (Le Mécanisme cartésien et la physiologie au XVIIe siècle)」『イシス (*Isis*)』(II, 1914), 1914, 58 頁。

R. テルナーは「デカルトは『心臓と血液の運動』を子細に研究した……」と判断している (「血液循環の発見の論理的および心理学的側面」上掲，248 頁参照)。同じ指摘は，論文「心臓の運動に関するデカルトとハーヴィの論争」(op. cit.), 80 頁でもされている)。

E. ジルソンはもっとも明確に，われわれからするともっとも忠実にデカルトのハーヴィに対する立場を述べている研究者である (「デカルト，ハーヴィとスコラ」上掲，73–74 頁，参照)。

108) 『心臓と血液の運動』(C. Richet 訳，p. 99：暉峻訳，93 頁)。
109) 『言葉と物 (*Les mots et les choses*)』(Paris, Gallimard, 1966), 46 頁（渡辺一民・佐々木明訳，新潮社，1974, 56 頁）。
110) 『言葉と物』, 65 頁（渡辺一民・佐々木明訳，76 頁）。
111) 『規則論』規則 1（ブランシュヴィック (J. Brunschwig) 訳，アルキエ

この小宇宙−大宇宙の関係を拒否している点には,「類似に対するデカルトの批判」[112] が表現されている。生命の原理としての太陽,太陽と心臓の平行関係はルネサンスの著作家たち,特にアグリッパの『オカルト哲学について』[113] によってしばしば取り上げられたテーマである。その後,このテーマはロバート・フラッドの著作[114] にも現れる。デカルトはこのテーマには特にフェルネルとケプラー[115] の著作で出会っているが,太陽＝心臓という対比や太陽と心臓との間の連結といった考え方は継承していない。われわれからすると,この態度はデカルトが太陽と心臓の間に立てられた関係の底に横たわる説明,つまり生命的原理は星に由来するという主張による説明を拒否したという事実にも由来するように思われる。付言す

版『デカルト哲学著作集』第 1 巻,77 頁:大出晃・有働勤吉訳「精神指導の規則」『著作集』IV, 11)。

112) 『言葉と物』66 頁(渡辺一民・佐々木明訳,77 頁)。
113) アグリッパ (Agrippa)『オカルト哲学について (*De occulta philosophia libri tres*)』第 2 巻第 27 章,1533 年版,104–105 頁。
114) たとえば,フラッド (Robert Fludd)『二つの宇宙 (*Utriusque cosmi*)』第 2 巻「内的な小宇宙について (De microcosmo interno)」,1619 年,第 1 論考第 8 巻,176 頁参照。同じく第 1 論考第 1 部 83 頁の図に記せられた言葉「太陽すなわち心臓の軌道」,さらには,105 頁参照。
115) ケプラー (Kepler)『ウィテロへの補遺 (*Les paralipomènes à Vitellion*)』第 1 章命題 32(上掲),133–134 頁。同じく『新天文学 (*Astronomia Nova*)』(岸本良彦訳,工作舎,2013)第 33 章,参照。

　フェルネル (Fernel)『生理学 (*Physiologia*)』第 4 巻「精気と内在熱について (*De spiritibus et innato calido*)」。そこでフェルネルは生得的な内在熱を太陽に比し,元素の熱に対立させている(『アミアンのジャン・フェルネルの生理学 7 巻 (Joan Fernelii Ambiani physiologiae libri vij)』の 1602 年版 94–95 頁,参照)。

　ジルソンはジャン・フェルネルは「ルネサンス期の医師」であると断言し,注でフェルネルの精神は「いわゆるスコラ的な人間ではなくルネサンスの人間の精神」であると説明している(「デカルト,ハーヴィとスコラ」(上掲,p. 52, et note 3),参照)。

れば，デカルトはハーヴィの主張の意味をかなり変更しており，『哲学の原理』第4部第65節[116]で血液循環説について述べる際には，『宇宙論』以来の主張に続いて「世界において生じる運動はすべて何らかの仕方で循環的である」[117] ことを指摘している。実際，ハーヴィは『心臓と血液の運動』第8章で動物における血液の運動を循環的と名づけるときに，風と雨の運動が天球の循環運動を模倣しているとするアリストテレスの主張を説明の典拠としていた[118]。

そもそも『哲学の原理』第4部第65節は，ハーヴィの名前への言及がないとはいっても，内容的には，この有名なイギリスの医師に対するデカルトによる讃辞と解釈できる。最初に出版された『方法序説』から最後に出版された『情念論』に至るまで，デカルトはハーヴィを血液の循環の発見者として賞賛しており，『人体の記述』でも同じように「きわめて有用な創案」を行った人として讃え，書簡でも讃辞を繰り返している。たとえば，ニューカッスル候宛の書簡でデカルトは次のように書いている。

「この火［すなわち，「動物が心臓のなかにもっている一種の火」］は絶えず心臓のなかを，イギリスの医師ハーヴィが非常に見事に発見したように，循環しながら流れている血液によって維持されているのです」。[119]

しかし，『心臓と血液の運動の研究』からデカルトが引き継いだのはその第2部の血液循環に関する部分だけで，心臓の動きを扱っ

---

116) 『哲学の原理』AT, IX-2, 237：邦訳，226.
117) 『宇宙論』AT, XI, 19：『著作集』IV, 143.
118) 『心臓と血液の運動』（上掲，p. 99：邦訳，92頁）。
119) この段落で述べた関連個所は，『方法序説』AT, VI, 50：『著作集』I, 53, 『情念論』第7節 AT, XI, 332：『著作集』III, 168, 『人体の記述』AT, XI, 239：『医学論集』, 159, ニューカッスル候宛の書簡, 1645年4月, AT, IV, 189：『全書簡集』VI, 232 である。

た第1部は受け入れていない。

かくして，なぜデカルトは心臓の運動についてのハーヴィの理解に賛同しなかったのかと問うことができる。それはおそらく，デカルトの評価では，心臓の運動の順番に関する自分自身の考え方だけが生命の原理として理解される心臓の熱の起源に与えていた説明と合致しうるからであった[120]。

実際，もし血液の放出が収縮期に起こるとすると（収縮期は，ハーヴィの主張では，心臓の腔が収縮している状態であり，したがって容積が減少する状態である），心臓壁内にある何かがこの収縮を起こさせたのでなければならない。『人体の記述』のなかでデカルトは次のように書いている。

> 「心臓がハーヴィの記述している仕方で動くと仮定するなら，その運動の原因となる何らかの能力を考える必要があるが，その本性はハーヴィがその能力によって説明しようと望んでいるどのような事柄よりもはるかに理解しにくい」。[121]

古代から受け継がれてきた能力概念を消去することこそが，1632年以来デカルトがハーヴィに仕掛けた論争の争点であった[122]。

心臓を動かす能力は『方法序説』を読んだプレンピウスが開始する論争においてはっきりと問題となる。1638年1月のデカルト宛の手紙で，プレンピウスは『序説』第5部で与えられている心臓の運動の証明に反対して，次のように指摘している。

---

120) 『人体の記述』AT, XI, 241-245：『医学論集』161-166.
121) AT, XI, 243：『医学論集』, 164.
122) ベヴェルヴェイク宛，1643年7月5日 AT, IV, 4：『全書簡集』VI, 6. ジルソンはこの点について，「この脈拍を生む能力が指すのは筋肉の収縮に他ならないことは明らかであるが，それがデカルトを困惑させる可能性はあった」と注記している（「デカルト，ハーヴィとスコラ」op. cit., p. 73）。

> 「われらのガレノスは，心臓はある能力によって動かされていると教えました。このことは今に至るまでずっと，われわれ医者のすべてが教えてきたことなのです」。[123]

そもそもプレンピウスの著作では能力は依然として大きな地位を占めていた。たとえば，プレンピウスの『医学の基礎』第 2 巻第 6 部第 5 章にその点は明らかである。その章は心臓の運動に捧げられており，プレンピウスはそこで，「アリストテレスとデカルトに抗して」，心臓の運動の原因は「脈拍を生む能力であって，血液の沸騰ではない」と主張している[124]。同じ章で，プレンピウスは『方法序説』を最初に読んだ際にまとめた批判に対してデカルトが回答した 1638 年 2 月 15 日と 3 月 23 日の書簡を引用している[125]。

さらに付け加えると，プレンピウスにとって心臓は生得的な熱の座であった。しかし，プレンピウスは，フロモンドゥスに続いて[126]，デカルトが干し草の熱を引き合いに出しながら心臓の熱について行っている分析は絶対に受け入れなかった。『医学の基礎』のなかで，プレンピウスは「生得的な熱さ（calidum innatum）」や「生得的な熱（calor innatus）」と「生まれつきの熱（calor nativus）」

---

[123] プレンピウスからデカルト宛，1638 年 1 月，AT, I, 497 : AM, II, 79 : 『全書簡集』II, 70–71.

[124] プレンピウス（Vopiscus Fortunatus Plempius）『医学の基礎（*Fundamenta Medicinae*）』（第 3 版，Louvain, 1654）第 2 巻第 6 部第 5 章 170 頁，「心臓の運動は拍動する能力によるのであって，アリストテレスやデカルトが言っているように，血液の熱によるのではない（motus cordis sit à facultate pulsificâ, non à fervore sanguinis, contra Aristotelem et Cartesius）」。

[125] 『医学の基礎』（同上）第 2 巻第 6 部「霊魂の諸能力について（de facultatibus animae）」第 5 章 170–181 頁。1638 年 2 月 15 日のデカルトのプレンピウス宛書簡は全体が 172–177 頁に引用され，1638 年 3 月 23 日の書簡は同じく全体が 178–180 頁に引用されている。

[126] フロモンドゥスからプレンピウスへ，1637 年 9 月 13 日，AT, I, 403 : 『全書簡集』I, 397.

を区別している。彼は「生得的な熱さ」を「実体」として定義し，それを出発点として身体が構成され，「生まれつきの熱さ」と呼ぶものが循環するとしている。「生得的な熱」はその実体の「形相」である。プレンピウスが「生得的な熱さ」と規定する熱は主に精子と心臓のなかにある。その熱は霊魂の最初の道具であり，生命的な機能との結びつきが主張されている[127]。プレンピウスは続いて「生まれつきの熱」と名づけているものの本性について論じる。「生まれつきの熱」に対する分析では，その熱の起源が天界にあるのか，それとも元素に関わるのかを決定することが問題になるのだが，その際に[128]，アリストテレスとフェルネルが引用され，「生まれつきの熱」の本性はスコラ学や医学書のなかで大きな論争となってきたことが認められている[129]。

こうした心臓の熱と心臓の運動の原因をめぐるプレンピウスの議論は，プレンピウスがデカルトの分析を知っていただけにいっそう対比が際立ち，生命の原理に関するデカルトの理解が際立った独自性をもつことを証明している。

デカルトはたといいくつかの要素をアリストテレスとハーヴィに

---

127) 『医学の基礎』（同上）第2巻第4部「精気と生得的な熱について（de spiritibus et calido innato）」第6章84-85頁。
128) 同上，第2巻第4部第7章86-88頁。
129) 同上，87頁。プレンピウスは例を一つもあげていない。しかし，たとえば，ジャン・リオラン（父）によるジャン・フェルネルのテキストの注解書をあげることができる（アミアンのジャン・リオラン（Ioannes Riolanus Ambianus）『全集（Ioannis Riolani Ambiani, *Opera Omnia*）』（Paris, Hadrianum Perier, 1610, édition posthume）参照）。30頁から44頁まではまさに『フェルネルの著書『精気と生得的な熱さについて』に対するリオランの注解（Ioannis Riolani ad Fernelii librum *De Spiritu et Calido Innato* commentarius)』と題されている。その部分はリオラン（父）のテキストの1578年版にもそのまま採られている。

負うにしても，彼ら二人とはきっぱりと袂を分かち，生命の原理を念入りに作り上げようとしている。その大きな独創性はこれまで強調されることがなかったと思われる。デカルトが明らかにする生命の原理は熱という物理現象によって基礎づけられているものだが，その本性の解明がわれわれの課題である。デカルトの生命の原理は心臓を座としており，心臓の運動を研究することによってその本性は直接的に明らかとなる。その解明が本研究の一部を成すことになる。

　この点で，心臓の運動に関する説明を『序説』でデカルトの述べた方法の最適例として提示することは，大きな意義をもつ。実際，先人たちとの関係からすれば，デカルトがこの問題に対して与えている証明には断絶，つまりは二重の領域での新しさがある。というのもデカルトは血液循環という最新の発見を心臓の熱に関する徹底的に機械論的な説明に結びつけ，その熱を生命の原理として理解するからなのである。

第 II 部

霊魂，心臓，生命

第 1 章

心臓の熱,
デカルトにおける生命の原理

　心臓の運動の理論はデカルトが自分の哲学のもっとも重要な課題と判断していたもののひとつである。そのため，1637 年 6 月 8 日にライデンのヤン・マイレ書店から『方法序説』初版を筆者名を明かさずに出版する際に，その前書きで自分を 3 人称で語りながら，デカルトは『序説』第 5 部では読者は「わけても心臓の運動の説明」[1]を見出すだろうとわざわざ明らかにしている。実際，第 5 部ではこの心臓の運動の説明がデカルトの方法を特によく示す実例として提示されており，その叙述は『人間論』[2]に登場するものよりもかなり詳細で，第 5 部のほぼ半分を占めている[3]。『情念論』で，デカルトは再び心臓の運動について説明するために，第 1 部の第 8 節と第 9 節を当てている[4]。デカルトは心臓の運動を理解することの重要性を認め，その点をこのように最初の著作『方法序説』と最後の著作『情念論』において述べたわけだが，さらにその重要性は書簡によ

---

1) AT, VI, 1 :『著作集』I, 11.
2) AT, XI, 123–125 :『著作集』IV, 227–228.
3) 『方法序説』第 5 部は AT, VI の 40 頁 21 行目（『著作集』IV, 46）に始まり，60 頁 3 行目（『著作集』IV, 60）で終わるが，心臓の運動の説明は 46 頁 26 行目（『著作集』IV, 51）から 55 頁 3 行目（『著作集』IV, 56）にわたる。
4) AT, XI, 333–334 :『著作集』III, 168–169.

71

っても，また未完成に終わった『人体の記述』によっても確認できる。たとえば，プレンピウスが『方法序説』を読んだ後に送ってきた批判[5]に応えるために1638年2月15日と3月23日に送った長文のラテン語の書簡[6]，メルセンヌ神父宛の1639年2月9日の書簡[7]，1643年7月5日に心臓の運動の問題を再度論じたベヴェルヴェイク宛の書簡[8]である。『人体の記述』では，『情念論』第1部第4節，5節，6節[9]に対応するテーマ，すなわち身体のあらゆる運動の「原理は霊魂であると信じる」という「誤り」[10]を論じた第1部に続いて，「心臓と血液の運動について」[11]という表題をもつ第2部はかなり詳細な議論を展開している。その第2部は最後に心臓の運動を解明することは非常に興味深い研究対象であることを述べて終えられている。

「とはいえ，心臓の運動の真の原因を知ることはきわめて重要であるので，それなしに医学理論に関して何かを知ることは不可能である。なぜなら，そこからの帰結に明らかに見て取れるように，動物の他のすべての機能はそれに依存しているからである」[12]。

実際，この『人体の記述』の第4部と第5部は「精液」における心臓の形成，心臓の運動の始まり，および心臓の熱を研究している[13]。

---

5) プレンピウスからデカルトへ，1638年1月（AT, I, 496-499：『全書簡集』II, 70-72）および1638年3月（AT, II, 52-54：『全書簡集』II, 159-161）。
6) プレンピウス宛，1638年2月15日（AT, I, 521-536：『全書簡集』II, 92-104）および1638年3月23日（AT, II, 62-69：『全書簡集』II, 172-178）。
7) AT, II, p. 500-501：『全書簡集』III, 181-182.
8) AT, IV, 3-6：『全書簡集』VI, 5-8.
9) AT XI, 329-331：『著作集』III, 166-167.
10) AT XI, 224：『医学論集』, 146.
11) AT, XI, 228-245：『医学論集』, 150-166.
12) AT, XI, 245：『医学論集』, 150-166.
13) AT, XI, 253-254：『医学論集』, 172-174, 277：『医学論集』, 194, et 280-

心臓の運動はデカルトが著作や書簡で自分の哲学においてもっとも大きな重要性をもつのだとはっきりと認めていたものであるが，その心臓の運動をどのように理解していたのかを知るためには，心臓の運動に関連するテーマとテーゼの一覧を作ることが欠かせない。そうした総覧を行うことによって，デカルトの機械論的理論を通じて，心臓の運動についての理解がどのように変化するのかを確実に把握できるのである。

デカルトの心臓の運動についての考え方を構成しているテーマとテーゼの一覧の歴史はデカルト以降の著作家たちによってその考え方が受け入れられたり，拒否されたり，置き換えられたりする歴史的経緯に限定されるものではない。実際のところ，関連する諸概念自体が異なる体系のなかに組み入れられることで進化し，心臓の運動には生物の器官相互の調和との関係で，さらにより一般的には大宇宙全体のただ中において異なる役割が振り当てられる。こうした概念の変貌のもっとも直接的な痕跡は心臓の解剖学と生理学を表現するのに用いられる語彙のうちに表現されている。こうして，デカルト以降の展開を念頭に置き，デカルトが医学用語をたいていはスコラと似た意味で用いていることを考慮すれば，重要なことはそうした医学用語を概観し，各用語の主たる用法を W. ハーヴィ以前の時代，17 世紀，さらには対応する現代医学の場合について確認することになる。

A) 予備的考察

この概念の分析は何よりもまず解剖学との関連で，心臓という語から始めるべきである。

282：『医学論集』，196-198.

心臓という語が今日意味するのは，二つの心室（ventricules），二つの心房（oreillettes），心房と心室あるいは心室と動脈を隔てる弁から構成される全体であり，その各部分に血管によって血液が送られる。

　これに対して，古代とスコラの解剖学にとって，ルネサンスの解剖学者たちや「解剖学上のいかなる新しい事柄も前提しなかった」[14]と明言するデカルトの場合と同様に，心臓はわれわれが現在二心室と呼んでいるもの，当時の言い方だと心臓の腔（cavités）に限定されていた。デカルトは『人体の記述』のなかで「心臓の解剖学」を述べる際に，「血液をたくさん蓄えることのできる二つの空洞（cavernes）ないし凹み（concavités）」について語っている[15]。アリストテレスにおいては，人間の心臓は三つの腔とされているが[16]，これに対してデカルトは胎生学的なデータに基づいて反対しており[17]，ガレノスに従っているとも言えるが，アリストテレスに反対している理由は異なっている[18]。

　心臓は，比喩的に頭と同一視され，二つの「耳（oreilles）」[19]（こ

---

14) メルセンヌ宛，1637 年 6 月前半，AT, I, 378：『全書簡集』I, 377.
15) 『人体の記述』AT, XI, 231：『医学論集』, 153 et 228：『医学論集』, 150.
16) 『動物誌』I, 17（J. Tricot による翻訳版，Paris, J. Vrin, 1957, tome I, p. 103：『アリストテレス全集』8（動物誌）上，金子善彦・伊藤雅巳・金澤修・濱岡剛訳，岩波書店，2015，64 頁）。
17) 「さらに，精液の空気的な微粒子こそが第二の腔が形成される原因であるのだから，かくて，その微粒子によって第三の腔が形成されるのが妨げられ，第二の腔に続いて形成されるのは肺となり，肺において空気的な微粒子の大部分が静止することになる」（『人体の記述』AT, XI, 260：『医学論集』, 179）。
18) ガレノス『静脈と動脈について』第 9 論究（キューン版，第 2 巻 817 頁）。
19) ボアン『解剖劇場』第 2 巻第 20 章参照。
　　ちなみに，『リオラン（子）の解剖学著作集（*Œuvres anatomiques de Riolan (le fils)*）』の翻訳者は「側面の突起」としている。さらに，ヒポクラテスに由来する「心耳」という命名を説明する際に，そのように命名され

れが「心房（oreillettes）」[20]の語源である）の上に乗っているのであり，デカルトは次のように述べている。

> 「この心臓の二つの部分は心臓の耳（心耳）と呼ばれているが，空静脈と静脈性動脈の末端に他ならない」。[21]

「部分」という語は少しも驚くにはあたらない。その語はもっぱら心臓の耳という比喩に合うように用いられており，ボアンを参照していることを立証している[22]。デカルトがこの心房［心臓の耳］とは何かを説明しようとしたとき，代わりにはっきりと述べられたのは，心房は対応する血管すなわち大静脈と静脈性動脈のふくらみに過ぎないということであった。

> 「この後の二つは心臓に入る前に広がり，二つの袋のようになっ

たのは「心耳が耳と関係があるからだが，ただし聞くためには何の役にも立っていない」と付け加えている（『人類誌学』上掲，p. 547 参照）。

20) 興味深いことにエティエンヌ・ジュール・マレー（Etienne Jules Marey）は1881年刊の『生理学的状態と病人における血液循環（*La circulation du sang à l'état physiologique et dans les malades*）』第2章のなかで次のように指摘している。「心臓の二つのポンプの各々は心臓の二つの弁を備えた心室を備えている。実際，心耳はきわめて副次的な役割しかもたない。それは一種の静脈の大きなふくらみであって，心室に隣り合わせたところにあって，かなりの量の血液を準備しておいて，ポンプが血液を送り出すたびにすぐさま腔を満たすのである」（『生理学的状態と病人における血液循環』（Paris, Masson, 1881）21–22頁参照）。

21) 『人体の記述』AT, XI, 231：『医学論集』，152. 同じく，レギウス宛，1640年5月24日，AT, III, 66：『全書簡集』IV, 65.

22) 指摘しておけば，ボアンは『解剖劇場』のなかで心臓の外側の部分と内側の部分を区別している（「心臓のひとつの部分は外側にあり，他方の部分は内側にある」）。外側の部分には心膜と心房が区別されている。内側の部分としては肉質部（substantia carnosa），心室，小弁がある（『解剖劇場』第2巻第10章「心臓について」1605年版411頁，1621年版217頁参照）。

第1章　心臓の熱，デカルトにおける生命の原理　　75

ているので,心臓の耳と名づけられる」。[23]

　現在では,血管の名称は,心臓に入る血管かそれとも心臓から出る血管かによって体系的に二つのグループに分けられ,血液を心臓内に導く血管は静脈,血液を心臓から他の器官へと導く血管は動脈と呼ばれている。反対に,ハーヴィ以前の用語法は異なる形で2種類の血管を定義していた。血液ないし粗大な粒子を運ぶ血管は静脈と名づけられる。そのため,心臓の右側の腔に至る血管も右側の腔から出てくる血管もいずれも静脈となる。他方,血液にしろ,空気にしろ,精気にしろ,すすけた蒸気にしろ,微細な粒子を運ぶ血管は動脈である。この点に関しては,動脈(artère)という語に対して提案されたギリシア語が語源的に「空気(aër)」という名詞と「保存する(terein)」という動詞を意味する語から作られていることを思い出す必要がある。そうすれば,空気が口から気管支へと至る通路がどうして気管動脈と呼ばれているかが理解できるのである[24]。

　心臓の左の腔から出る血管もその腔に入る血管もすべて動脈と呼ばれる。そうなるのは,当時の生理学では,少し後に見るように,心臓の左の腔とそこにつながっている管は関係する器官とともに呼吸機能を担うとされていたからである。

　心臓につながる主要な血管につけられた古代の名称はいずれも現代の読者には意外なものである。現代の人間からすれば,二つの大きな血管が血液を右心房に運ぶ。上大静脈と下大静脈である。ハーヴィ以前の命名法では大静脈は一つしか考えておらず,それが直接血液を心臓の右の腔〔右心室〕へと運ぶとされていた。つまりは,すでに指摘したように,右心房が大静脈の二つの管の単なる延長部分とみなされていたのである。こうして,三尖弁が,現代のように,

---

23) 『方法序説』第5部,AT, VI, 48:『著作集』I, 52.
24) 本書第Ⅲ部参照。

76　第Ⅱ部　霊魂,心臓,生命

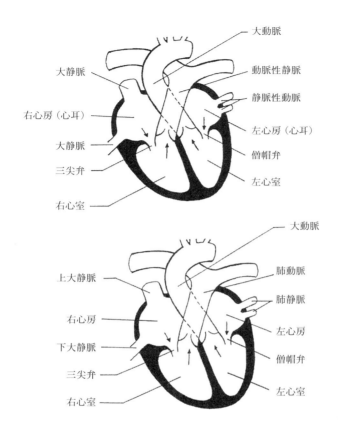

上図：ハーヴィ，デカルトの命名法による心臓模式図
命名としてはガレノスのものに近いとはいえ，各部分の機能は異なっている。特に心室間の隔壁（すなわち，二つの心室の仕切壁）に穴は開いていない。ハーヴィは自分の生理学の体系において隔壁を介した流通は役に立たないことを証明する。そこにハーヴィはさらに心室間の隔壁が厚いことに基づく議論を付け加えている。その点でデカルトはハーヴィに従っている。

下図：現代的な命名法による心臓模式図
違いは動脈性静脈が肺動脈，静脈性動脈が肺静脈になっている点にある。さらに心臓の「耳」〔心耳〕はそこにつながっている血管と明確には区別されていなかったものが，現在では心房として完全に区別されている。このことから，大静脈は下大静脈と上大静脈とに区別され，静脈性動脈は四つの肺静脈に区別される。

右心房と右心室を分けるのではなく，大静脈と右の腔〔右心室〕を分けるとされた。

現代では，右心室の血液を肺に運ぶ血管は肺動脈と呼ばれる。この血管を指す古代の用語は「動脈性静脈」である。こうした心臓の右の腔〔右心室〕から始まる血管がハーヴィ以前の体系では静脈と呼ばれることを理解すれば，「動脈性」という限定辞も明確になるはずである。「動脈性」という言い方は血管の膜が厚いことを考慮したことによる。この血管は静脈としてはかなり細いのに，管の厚さは動脈並みなのである。こうして，血管が静脈の集まりに属すと定義されるにもかかわらず，膜が厚いというので，複合的な名称が生まれることになった。そこでデカルトも次のように記すのである。

> 「動脈性静脈は静脈性動脈の被膜よりも明らかに硬く，厚い被膜から構成されているが，静脈性動脈の被膜は大静脈の被膜とまったく同じように柔らかくて薄い」。[25]

ところで，われわれは四つの血管が肺の血液を左心房に送っていることを知っている。それが肺静脈である。古代の解剖学者にとっては唯一の血管が心臓の左の腔〔左心室〕につながっており，それが静脈性動脈と呼ばれた。実際，左心房は今述べた四つの血管の延長部分とみなされていた。つまり，ただ一つの血管が心臓の左の腔〔左心室〕に通じており，僧帽弁によって隔てられているということになる。そうした血管は左の腔〔左心室〕に至るので一種の動脈に属すとされるものの，管の厚さは静脈のものであるので，同じように複合的な名称が与えられた。ガレノス[26]は静脈性動脈と動脈性静脈と

---

25) 『人体の記述』AT, XI, 235：『医学論集』，156.
26) ガレノス『解剖手技について (*De Anatomicis Administrationibus*)』第7巻第4章（シンガー (Ch. Singer) による英訳, Oxford University Press, 1956, 177頁。そこでガレノスはこの命名がギリシアの医師ヘロフィロスに由来すると述べている。

いう命名について注釈を加え、それがことにヴェサリウスによって継承され、またカスパール・ボアン[27]もその師アクアペンデンテのファブリキウス[28]に従って、その命名を継承している。デカルトは「動脈性静脈」と「静脈性動脈」の概念を継承しながらも、その両義的な命名を批判し、『方法序説』では次のように指摘している。

> 「動脈性静脈は、実際には動脈なのだから、間違って命名されたのだが……静脈性動脈は、静脈にほかならないのだから、同様に間違って命名されたのだが」[29]

これは『人間論』の次の指摘に呼応している。

> 「解剖学者たちが静脈性動脈と名づけた肺の静脈……解剖学者たちが動脈性静脈と名づけた動脈」[30]

これによってデカルトが実際に解剖を行っていたことだけではなく、どのような書物を読んでいたのかも知ることができる[31]。

---

27) 動脈性静脈については、ボアン『解剖劇場』第2巻第22章、427頁（1605年）、また静脈性動脈については、429–430頁参照。なお、1621年版では同じ指摘が228頁と229頁にある。
28) 『形成中の胚について（*De Formato fœtu*）』第2巻第8章、138頁。
29) AT, VI, 47：『著作集』I, 51.
30) AT, XI, p. 123–124：『著作集』IV, 227.
31) したがって、デカルトは静脈性動脈と動脈性静脈という命名の両義性を強調した最初の人ではないし、その点でAT, XI の230頁に引用されているジャン・ペケ（Jean Pecquet）の『血液の循環と乳糜の運動についての解剖学的論考（*Dissertatio anatomica de circulatione sanguinis et chyli motu*）』の文章は誤解を生じさせかねないことを指摘しておこう。

　ちなみに、マルブランシュは『真理の探究』のなかで相変わらず「動脈性静脈」と「静脈性動脈」という言い方を続けているものの、その第5版の注で、静脈性動脈は「肺の静脈」であり、「動脈性静脈」は「肺の動脈」だと述べている（『真理の探究』第2巻第1部、ロディス＝レヴィス編, bibliothèque de la Pléiade, Gallimard, 1979, 150–151頁参照）。なお、『真理

最後に心臓の左心室から出ている大動脈はその名前を残していることを確認しておこう。

　ちなみに，多数の解剖学者は小宇宙と大宇宙，心臓と太陽の間に対応関係を認めていた。たとえば，ジャン・リオラン（子）は，まさに心臓に関して，P. コンスタン翻訳の『人類誌学』第3巻第12章冒頭で次のように書いている。

> 「肺を実地検分してみるとあたかも手を取られるように心臓の実地検分へと導かれる。その心臓こそ，あらゆる部分のうちでもっとも卓越した部分であり，激しやすい霊魂の座，能力と生命の精気の原理，生まれつきの熱の起源，われわれの身体における太陽にして，その影響力が身体における内臓の活力，力，発育を支配しているものにほかならない。そこから，「宇宙の心臓」，「人間の太陽」といったすばらしい語り方が出てくる。そうして，そこにこそ太陽と心臓との間にきわめて豊かな対応を認めるに必要なものを求めるべきである。太陽と心臓の両者の熱と運動と位置には驚くべき関係があるのである。しかしそれはごくわずかなことに過ぎない。考えてもみるがよい，心臓の精気の燦然たる輝きは太陽の光のそれに匹敵するものであり，心臓の血管はわれわれの身体中に光線のように配置されており，心臓の鼓動は太陽というこの宇宙の美しい天体のそれと同じく規則的であり，心臓の弁膜の動きは黄道帯上で行われる惑星の逆行のきわめて本源的な写しであり，心臓の隆起の不規則性は天球の不規則性をわれわれの眼前に示すものであり，心臓の先端は丸みを帯びており，生命精気の絶えざる生成は太陽の生成に近いものである。一言でいえば，太陽がその実質においてもその運動においても何らの変化も被らないのと同様に，心臓は身体の部分でもっとも病気に対する抵抗力がある。心臓が病気に屈してしまえば，その後に他の身体部分は必然的に消滅することとなるのである」。[32]

　の探究』の初版は1674年，第5版は1700年である。
32) 『人類誌学』（上掲），537–538頁。

心臓を太陽に比較することはしばしば見かけられるものであるにしても，リオランはさらに，心臓の他の臓器に対する優越性を主張するために，もう一つ別の，大静脈・動脈性静脈・大動脈・静脈性動脈の四つの心臓の血管に関連する説明を付け加える。C. ボアンは『解剖劇場』の1621年版でこうした2種類の比較を使用している[33]。

　生理学的な理解は解剖学的分類よりもさらに深い変容を蒙っており，古代の生理学と近代の生理学とを図式的に区別しようとしても難しい。この点に関して言っておけば，器官の機能に関する科学としての生理学はたしかにジャン・フェルネル以前には存在していなかった。フェルネルの『医学的宇宙（*Universa Medecina*）』の第1部はまさに『生理学（*Physiologia*）』という表題がつけられており，1542年に書かれた論考の『自然の医学的部分について（*De naturali parte medicina*）』を繰り返していた。さらに，その『生理学』の序文のなかで，フェルネルは解剖学の生理学に対する関係は，地理学の歴史学に対する関係に等しく，前者はいずれもさまざまな出来事の舞台を記述するものであって，解剖学から生理学へ進むことは，われわれが見たり感じたりすることのできることから沈思黙考によってのみ認識され得るものへと進むことだと言う[34]。しかしながら，古代のテキストのなかには，諸器官の「有用性」に対する関心を見出すことができる。たとえば，ガレノスの『身体諸部分の用途について』に見られる関心である[35]。

　われわれの主題を理解するために言及しておくべき重要なことは，

33）　ボアン『解剖劇場』1621年版216および226頁参照。
34）　特に『生理学（*Physiologia*）』第2部序文（頁付けなし）を参照せよ。
35）　P. メナールはガレノスを「真の生理学の創始者」として語っている（上掲，「デカルト生理学の精神」，183（263）頁）。
　　フェルネル自身は生理学の創始者はアリストテレスだと考えている（Cf. 『医学の自然的要素について』第2巻，序言）．

いわば古代の生理学と近代の生理学といったものの間にある二つの大きな対立点である。第一は血管系の機能に関する対立であり，第二は収縮期と拡張期という用語の用法に関する対立である。

今日，血管系の機能は血液の循環によって代謝に必要なすべての分子とその代謝の結果として生じる分子の運搬を可能にするものとみなされる。これに対してスコラ学では，左側の心臓と動脈がもつのは呼吸機能であり，呼吸は心臓を冷却する機能として理解されていた。こうした理解はアリストテレス，特にその『自然学小論集』の終わりの三論文と『動物誌』に負うものである[36]。かくて，E. ジルソンはその点を「動脈の身体に対する関係は肺の心臓に対する関係と同じである」と要約する[37]。これに対して右側の心臓と静脈は肺や他の器官に栄養を補給するものとされるのである。

他方，収縮期と拡張期という用語は，その意味と内容を共に変化させた。今日では収縮期と拡張期について，心房の場合と心室の場合とは区別される。収縮期・拡張期という用語は心臓の四つの腔以外の他の臓器には用いられない。収縮期はそれら四つの腔の筋肉の収縮と血液の排出といった能動的な期を指すのに対して，拡張期は筋肉の休止と腔が満たされるという受動的な期を指す。これに対して，古代の意味はより広い意味をもち，拡張期はある臓器の容積の増加を指し，収縮期は臓器の容積の縮小ないし減少を指していた[38]。収縮期・拡張期という用語はたしかに心臓にも使われてはいるが，

---

[36] アリストテレス『自然学小論集』のたとえば「生と死について」第2章（トリコ（Tricot）版, Paris, Vrin, 1951 p. 171–174：『アリストテレス全集』7,「自然学小論集」, 坂下浩司訳, 岩波書店, 2014, 412–417頁。なお，「生と死について」の第2章という区分については同訳書, 409頁注（1）参照)，および『動物誌』第1巻第17章 496a（『アリストテレス全集』8, 金子善彦ほか訳,「動物誌 上」, 岩波書店, 2015, 64頁）参照。

[37] 「デカルト，ハーヴィとスコラ」（上掲）10頁。

[38] ボアン『解剖劇場』第2巻第21章 1605年版418頁, 1621年版221頁。

脈拍を構成する動脈の膨張や縮小，あるいは肺の吸気と呼気の運動にも使われていたのである。

最後に，生体内における血液の走行路の問題と中隔の問題を取り上げ，W. ハーヴィの役割と血液循環に関してデカルトに及ぼした影響を吟味することにしたい。

B）心臓の運動に関する諸問題の枠組み

心臓の解剖学と生理学で用いられる用語を細かく確認したので，次は心臓の運動の問題に着手することにしたい。まず心臓の運動の理論はデカルトが自分の哲学においてきわめて重要なものだと判断していたテーマのひとつであったことを確認し，心臓の運動の説明に関するデカルトの言明を含むテキスト群を示すことにしたい。それらのテキストは以下のとおりである。『人間論』[39]，『方法序説』[40]，『方法序説』の読了後[41]に批判を送ってきたプレンピウスに回答した 1638 年 2 月 15 日と 3 月 23 日付の長文の書簡[42]，また，同じく，1639 年 2 月 20 日のメルセンヌ宛書簡[43]，1643 年 7 月 5 日のベヴェ

---

[39] AT, XI, 123-125：『著作集』IV, 227-228.

[40] 『方法序説』第 5 部（AT, VI, 46-55：『著作集』I, 50-57），および第 5 部では，読者は「特に心臓の運動の説明」を見出すだろうと書いている『序説』序文を参照。『序説』初版はライデンのヤン・マイレ書店から 1637 年 6 月 8 日に著者名なしで刊行された。

[41] プレンピウスからデカルトへ，1638 年 1 月（AT, I, p. 496-499：『全書簡集』II, 70-72）および 1638 年 3 月（AT, II, 52-54：『全書簡集』II, 159-161）。

[42] プレンピウス宛，1638 年 2 月 15 日（AT, I, 521-536：『全書簡集』II, 92-104）および 1638 年 3 月 23 日（AT, II, 62-69：『全書簡集』II, 172-178）。

[43] メルセンヌ宛，1639 年 2 月 9 日（AT, II, 493-508：『全書簡集』, 176-180）。

ルヴェイク宛書簡[44]などがあり，さらに『情念論』[45]と『人体の記述』[46]である。指摘しておけば，この心臓の運動についての説明はプレンピウスを納得させなかった[47]。しかし，逆にこの説明はレギウス[48]とコルドモワ[49]によって採用され，M. マルピーギによる発見とも結びつけられ，心臓の運動についてのマルブランシュの考え方の基礎となった[50]。

こうしてわれわれは生理学をめぐって逆説的な状況に立たされることになる。デカルトの生理学は，特にその中心となる要素すなわち心臓の運動に関する理解はその後の医学研究に耐えうるものではなかったものの，その後の研究そのものにおけるまさに思考法を導入したのである。この逆説を取り去るには，心臓に関するデカルトの生理学の構成要素，それは医学史家たちがひとつひとつ吟味してきたものだが，そうした要素の全体と，そうした要素の内容と関係によって合理的説明に対して課せられる要請とを注意深く区別すればよいのかもしれない。この合理的説明の要請こそ，生理学思想のその後の展開全体を豊かにすることに成功したものに他ならない。

問題の主張のそれぞれはほとんど自律的な一つの歴史をもっており，古代から多様な体系を通じて発展し，17世紀以降も続いている。

---

44) ベヴェルヴェイク宛，1643年7月5日（AT, IV, 3-6：『全書簡集』VI, 5-8）。
45) 『情念論』第1部第9節（AT, XI, 333-334：『著作集』III, 169）。
46) 『人体の記述』（AT, XI, 228-245, 253-254, 280-282：『医学論集』, 150-166, 173-174, 197-198）。
47) 特にプレンピウス『医学の基礎（*Fundamenta medicinae*）』（第3版, Lovain, 1654, op. cit.）170-181頁。
48) 特にレギウス『自然学の基礎（*Fondamenta Physices*）』（1646）179-191頁。
49) 『コルドモワ著作集（*Œuvres de M. de Cordemoy*）』（Paris, 1704）第3講, 50-55頁。
50) 『真理の探究』第2巻第1部第3章（Bibliothèque de la Pléiade, op. cit.）150頁。

デカルトはもちろんそうした思想的遺産を十分に活用した。心臓の運動に関するデカルトの理解はまずはルネサンスの著作家たち，特にヴェサリウスとアクアペンデンテのファブリキウスに由来する解剖学と発生学に依拠しており，デカルトは2人の名を[51]，ボアンの名とともに[52]，あげている。さらにデカルトの理解にはアムステルダムに定住以降に実践された解剖をつけ加える必要がある[53]。

しかし，心臓の運動に関するデカルトのこうした理解は，ジルソンが説明するように[54]，(プレンピウスがデカルトに指摘する[55]）アリストテレスによる心臓の熱についての考察と，(デカルトが1638年2月15日のプレンピウス宛書簡で引用する[56]）フェルネル由来の生理学にガレノスによる拡張期と収縮期の順序というフェルネルの著作にもある考え方を合わせたものに尽きるわけではない。

本研究の目的はデカルトが特にアリストテレスに対して異議を唱えていること，さらにはすでに指摘したデカルトの説明がもつ特異性を際立たせるところにある。われわれの研究の独創性は明らかである。ジルソンの研究以降，ハーヴィとは違って，デカルトは古代由来の多様な要素を混ぜ合わせただけだと繰り返されてきたからで

---

51) ヴェサリウスは1639年1月20日のメルセンヌ宛書簡（AT, II, 525：『全書簡集』III, 198)，ファブリキウスは1646年11月2日のメルセンヌ宛書簡（AT, IV, 555：『全書簡集』VII, 187）で言及されている。

52) 『解剖学摘要』AT, XI, 591, 592：『医学論集』, 54, 55.

53) AT, II, 621：『全書簡集』III, 269. この1639年11月13日のメルセンヌ宛書簡で，デカルトは「解剖学に好奇心を寄せることは犯罪ではありません。私はある冬にアムステルダムにいましたが，毎日のように肉屋に行って，動物を処理するのを見ていましたし，そこから私の住まいまで，もっと心ゆくまで解剖したいと思う部位を運ばせていました。こうしたことを，私は何回も，自分が住まうところではどこでもいたしました」と書いている。

54) 「デカルト，ハーヴィとスコラ」(上掲) 57頁。

55) プレンピウスからデカルトへ，1638年1月，AT, I, p. 496：『全書簡集』II, 70.

56) プレンピウス宛，1638年2月14日，AT, I, 533：『全書簡集』, 103.

ある[57]。

　デカルトが心臓の運動に関する説明で目指したことは脈管の現象に一貫した記述を提供したいという欲求だけに還元することはとてもできない。脈管の現象に一貫した記述を提供することは，ハーヴィが『心臓と血液の運動』で見事に果たした課題であった。デカルトがそうした一貫性を確立したいと思った領域は実際にはハーヴィが賢明にも自分の領分とした『動物の心臓ならびに血液の運動に関する解剖学的研究』よりもはるかに広大である。デカルトにとって，『人間論』は『宇宙論』の一部を構成すべきものであった。『自らの理性を正しく導き，諸学問における真理を探究するための方法序説』が言うところでは，デカルトは心臓の運動を物体の運動全体に関する説明モデルとして選んだのである[58]。

　ところで，心臓の運動に関するデカルトの理論は医学の領域では思想史におけるのと同じ影響をもたらしたわけではない。生理学の論著は一般に18世紀の前半以来，この概念に言及するのをやめてしまう。デカルトの説明に類した最後の言及は，われわれが見出しえた限りでは，1715年にトゥールーズで刊行された有名な解剖学者のレモン・ヴュサンの著作『心臓の自然的運動の構造と原因新論（*Traité nouveau de la structure et des causes du mouvement naturel du cœur*)』のなかにある。デカルトの影響はディドロとダランベールの『百科全書』の「心臓」の項にまだ残っており，その項は心臓を「血液循環の主たる道具にして生命の原理」として説明し，「一種の生命の炎」に言及している[59]。

---

57) この意味での注釈としてもっとも新しいのは，1988年春のモノワイエが『情念論』の新しい版につけた序文「デカルト的悲壮」（Gallimard, p. 50）である。この点については，本書第I部参照。
58) 『方法序説』AT, VI, 46-47：『著作集』I, 51 参照。
59) 『百科全書，あるいは科学，芸術および技術の理論的辞典（*Encyclopédie ou Dictionnaire raisonné des sciences, des arts, et des métiers*）』，ディドロによ

かくて，すでに指摘したように，心臓の運動の概念を理解するには，一つは分析的な仕方で，この運動の各構成要素に関わる命題を集めることで特徴づけるやり方があり，もう一つは総合的な仕方で，その運動を生気づけている一般的な意図とそれが組み込まれている哲学を吟味するやり方がある。われわれの研究は本質的に分析的なものになるだろう。というのも，われわれの研究の目的はデカルトがこの概念的な基盤から何を引き出し，どのようにその意味と広がりを変えていくことになるのかを明らかにすることにあるからである。

　心臓の運動についてのさまざまな理論を分析するには，異なる著者たちの主張する命題が回答しようとしている問題の枠組みを根拠にできる。
　本研究の主題を理解してもらうために，問題を以下の五つのグループに分けることを提案したい。
　すなわち，心臓は身体の熱の原因であるのか否か。もし原因だとすると，どのようにして心臓はその熱を産出するのか。心臓は血液や血管内にある他の物質の運動の唯一の原因であるのか。心臓は呼吸の器官であるのか。この呼吸は身体を冷却したり，血液を精気に変化させることを機能としているのか。心臓は身体の運動全般の原

る「心臓」の項は593頁および595頁（1751–1780年にかけての初版のファクシミリ版全3巻は，Stuttgart-Bad Cannstatt, Friedrich Frommann Verlag, 1966）。

　この心臓の項はジャン＝バティスト・セナ（J.-B. Sénac）の『心臓の構造，その運動および病気についての論考（*Traité de la structure du cœur, de son action, et de ses maladies*）』（Paris, Vincent, 1749）に言及している。その本の序文で，セナは，心臓に関して，「心臓は生命の原理であり，心臓によってのみともる火の源にして，その諸部分を動かす最初のはっきりとした動因かつ最後にその活動を終わらせる動因である。それは，あらゆる生物体の物質的霊魂と言ってよかろう」と書いている。

第1章　心臓の熱，デカルトにおける生命の原理

因なのか。

　第2のグループの問題は，デカルト自身の表現によると[60]，心臓の「構造」とその内容に関わる。この問題の周辺には，以下のような諸問題がある。たとえば，筋肉とは何か。どのようにして心臓は作用するのか。心臓は神経線維を含むのか。また，心臓の左の腔と右の腔は同一の物質（血液）を含むのか，それとも異なる物質（精気，空気，左の腔に対応して霊化された血液）を含むのか。

　第3に，心臓の運動の期の順序に関連する諸問題がある。すなわち，左心室と右心室の拡張期と収縮期は交互に起こるのか，それとも同時に起こるのか。心室の拡張期と動脈の拡張期は連続しているのか，それとも同時なのか。心臓の運動の周期の間に心臓はどのような形をとり，壁の硬さを示すのか。

　次に第4は，心臓の周期的運動と血液による形の変化の原因に関する諸問題である。すなわち，拍動の能力は心臓の収縮の原因なのか。問題は心臓内に行き渡っている熱による心臓の内容物の膨張や収縮なのか，それともその内容物の発酵なのか。どのようにして，どこにおいて静脈に含まれる血液は動脈に含まれる物質に変化するのか。

　最後の第5の諸問題は隣接領域に関連するもので，そのうちもっとも重要なのは胚における心臓の形成に関わる問題である。すなわち，心臓は最初に形成される器官なのか。その他の問題としては，すでに第Ⅰ部で取り組んだもので，心臓と生命，心臓と霊魂，小宇宙たる動物と大宇宙たる宇宙，これらの間にある関係をめぐる諸問題があり，われわれの主題にとってきわめて重要である。

　こうしたテーマの展開を吟味し，その観点から特に，ヒポクラテス全集を執筆した医師たち，アリストテレス，ガレノスの考え方を分析することが本書の第Ⅱ部第2章の対象となる。その前にまずは，

---

60) 『人間論』AT, XI, 143-144：『著作集』IV, 241-242.

デカルトの解答をもとにその立場を，これまで述べてきた分析に従って，明らかにする必要がある。

C）デカルトによる回答

　デカルトにとって心臓は，何よりもまず，身体の運動全般の源である。というのも，心臓は「動物精気」の「源」[61]だからであり，このことは，『人間論』以来，身体を水力による機械になぞらえて[62]主張されている。後期の生理学的著作である『人体の記述』では，デカルトは一層はっきりと自分の主張の理由を明らかにしている。

> 「私が記述しようとしている〔身体という〕機械全体の一般的な概念をまず得るために，ここで私は次のことを言っておく。心臓のなかにある熱こそが，あたかも大きなゼンマイであるかのように，機械のうちなる全運動の原理である」。[63]

　この心臓のなかにある熱は身体の熱の起源でもあることを，デカルトはこの少し後の部分で指摘している。

> 「動脈はさらに別の管であり，心臓で熱せられて希薄になった血液は，動脈を通って身体の他のすべての部分へと流れ，その部分を維持するために熱と物質〔栄養〕とをそこへ運ぶ」。[64]

　このアイデアは特に『情念論』第1部第9節末尾[65]でも繰り返されることになる。

---

61) 『人間論』AT, XI, 131：『著作集』IV, 232.
62) AT, XI, 130-131：『著作集』IV, 232-233.
63) 『人体の記述』AT, XI, 226：『医学論集』, 148-149.
64) AT, XI, 227：『医学論集』, 149.
65) AT, XI, 334：『著作集』III, 169.

熱の産出のメカニズムについては、まず『人間論』ではほとんど記述されず、デカルトはただ次のように言うだけである。

> 「そして、ご承知おきいただきたいのは、心臓の肉は、その小孔の内部に、私がすでに述べたような、一種の光のない火をもっているということである」。[66]

デカルトは、この「光のない火」の説明として、少し前に消化を論じた際に記述したのと同じプロセスを念頭に置いている。すなわち、「乾ききる前に納屋にしまい込まれた新しい干し草」[67]が熱をもつようになるのと似た現象である。

「この火の糧となる」[68]のは、血液そのものである。『方法序説』には「光のない火」[69]という言い方が見出せるが、デカルトは「心臓にはいつも身体の他のどの場所よりも熱がある」[70]と指摘している。ここには『宇宙論』で確認された主張[71]が反映している。この主張の情報源はアリストテレスだけなのではない[72]。干し草との比較を繰り返してから、デカルトは、肝臓の穴の中を流れるものに関して、新しいワインとの比較を付け加えているが、この比較は『人間論』[73]ですでに使われていた。このブドウ酒の発酵との比較は新

---

66) AT, XI, 123：『著作集』IV, 227.
67) AT, XI, 121：『著作集』IV, 226.
68) AT, XI, 124：『著作集』IV, 227.
69) AT, VI, 46：『著作集』I, 50.
70) AT, VI, 48：『著作集』I, 52.
71) AT, XI, 21：『著作集』IV, 145.
72) このテーマに関しては、(後でも触れる)アルキエ「デカルトと心臓の熱 (Descartes et la chaleur cardiaque)」『ビュルタン・カルテジアン(デカルト会報 Bulletin cartésien)』13,『アルシーヴ・ド・フィロゾフィ(Archives de Philosophie)』47巻第3号、1984, 1-2頁の冒頭を参照。
73) AT, XI, 123：『著作集』IV, 227.

しいものではなく，フェルネルもガレノスを引きながら述べている[74]ものではある。しかし，逆に，その点こそ強調すべき重要な点であるように思われる。というのも，デカルトは，1638年1月にプレンピウスが表明した批判[75]を出発点として，より厳密な仕方で発酵の過程を援用することになるからである[76]。ただしデカルトは結局プレンピウスを説得することはできなかった[77]。それにもかかわらず，デカルトはその後も発酵による説明を繰り返すことになる。たとえばニューカッスル侯宛と思われる書簡では，デカルトは「かなり多量の鋼鉄の粉末を硝酸液に入れたときにその中で引き起こされる火に，また，あらゆる発酵のときの火」[78]に比較している。さらには，硝酸液への言及はデカルトの同時代人のファン・ヘルモントの理論を思い起こさせる点でも興味深い。

なるほどファン・ヘルモントはデカルトに一度も引用されていない。しかし，それは，ファン・ヘルモントの最初の著作は1648年刊[79]なのであるから，驚くにはあたらない。その代わり，デカルト

---

74) ガレノス『身体諸部分の用途について』第4巻第3章（『身体諸部分の用途について』2，坂井健雄ほか訳，京都大学出版会，2022，6-7頁）およびフェルネル『生理学』第6巻第3章155頁。ここで問題とされている熱は生得的熱であることを思い出しておこう。
75) プレンピウスからデカルトへ，1638年1月，AT, I, 496：『全書簡集』II, 70.
76) プレンピウス宛，1638年2月15日，AT, I, 521：『全書簡集』II, 92.
77) プレンピウスからデカルトへ，1638年3月，AT, II, 52：『全書簡集』II, 159.
78) ニューカッスル侯宛，1645年4月，AT, IV, 189：『全書簡集』VI, 232.
79) クロンビー（A.C. Crombie）『科学の歴史（*Histoire des sciences*）』（英語版のデルミ（J. D'Hermies）による仏訳，Paris, P.U.F., 1959, 第2巻，458頁：『中世から近代への科学へ』（下），渡辺正雄・青木靖三訳，コロナ社，1968，264頁（136））参照。
ファン・ヘルモント（Jan Baptista van Helmont）の最初の著作は『医学の起源（*Ortus medicinae*）』（Amsterdam, 1648）で，1662年に英訳（*Oriatrike*

は何度も繰り返して「化学者たち」に言及し，かなり頻繁にその無知を告発している[80]。しかしもしデカルトがファン・ヘルモントの理論を知ることができなかったにしても，ファン・ヘルモントの先駆者の幾人かはおそらくデカルトの注意を引いていたはずである。というのも，1630年4月15日のメルセンヌ宛書簡でデカルトは「化学と解剖学をまとめて研究」[81] していると述べているからである。さらに硝酸塩をめぐる議論の展開が，たとえばリバウィウスの著作で重要な位置を占め，酸への言及が発酵の過程を理解するのに役割を果たしているだけに，デカルトがファン・ヘルモントの先駆者たちに関心をもったと考えることは信憑性をもつと思われる[82]。

---

or physic refined, by. J. Chandler, London）が出ている（パージェル（W. Pagel）「ファン・ヘルモントの胃の消化と胃酸についての見解（Van Helmont's ideas on gastric digestion and the gastrid acid）」『医学史会報（*Bulletin of the history of medicine*）』第30巻第6号1956年11-12月号，525頁注3，参照）。

80) たとえば，ニューカッスル候宛，1646年11月23日，AT, IV, 569-570：『全書簡集』VII, 200，参照。

81) AT, I, 137：『全書簡集』I, 129.

82) マルトホーフ（R. P. Multhauf）「J.B. ファン・ヘルモントによる消化のガレノス説の改革（J.B. Van Helmont's reformation of the galenic doctrine of digestion）」『医学史会報（*Bulletin of the history of medicine*）』第29巻第2号，1955年3-4月号154-163頁参照。マルトホーフは身体内にあると仮定された酸と無機物の酸との比較に関して，ファン・ヘルモントの先駆者たちに言及している（同，161頁）。彼が言及しているのは，硫酸がしばしば「人工的なメランコリ」と呼ばれていることを強調したウァレリウス・コルドゥス（Valerius Cordus）とアンドレアス・リバウィウス（Andreas Libavius）である（リバウィウスについてはクロンビー上掲，458頁：邦訳，264頁も言及している）。

同じく，パージェル「ファン・ヘルモントの胃の消化と胃酸についての見解」『医学史会報』第30巻第6号1956年11-12月号524-536頁も参照。マルトホーフとパージェルはファン・ヘルモントに関して生気論的な着想があり，その著作に錬金術の理論の影響があることを強調してい

ところで，デカルトは『宇宙論』冒頭で「硝酸液」に言及した後，『人間論』のなかで三度にわたって，「硝酸液」との比較を使い，胃のなかで「肉」が消化されることをはっきり説明しようとしている[83]。

　ちなみに，『宇宙論』執筆時に書かれた 1632 年のメルセンヌ宛書簡で，デカルトは実験に打ち込み，「油，酒精すなわち蒸留酒，普通の水や硝酸液，塩などの間にある本質的差異を認識する」[84] ことに努めたことを説明している。

　ホイヘンスに，1638 年，デカルトは硝酸液の作用を引き合いに出し，「普通の硝酸液は金属を溶かす一方で，蠟は溶かしません。

る。もし前者の側面がファン・ヘルモント特有のものであり，それに対して錬金術の影響がファン・ヘルモントの先駆者たちにしばしばみられるものであるとすれば，そうした錬金術の影響が今見たようなデカルトの化学者たちに対する批判の発端となったというのは大いにありうることだろう。ファン・ヘルモントの先駆者たちのうちで，アンドレアス・リバウィウスの著作のタイトルがまさに『錬金術（Alchemia）』であることはこの点で示唆的である。デカルトは『方法序説』第 1 部で「あの悪しき学説については，私はすでに十分その正体を見定め，錬金術師が約束することにも，……もはや騙されたりはしないと考えた」（AT, VI, 9：『著作集』I, 18）と書いている。リバウィウスはフランセス・イエイツによって薔薇十字会の考え方への反対者の一人として引用されている（フランセス・イエイツ『薔薇十字の覚醒（The Rosicrucian Enlightenment）』, ARK paperbacks, 1986, p. 51–56：山下知夫訳，工作舎，1986，81–85 頁）。

83) それぞれ『宇宙論』AT, XI, 15：『著作集』IV, 140 および『人間論』AT, XI, 121, 127, 163：『著作集』IV, 226, 230, 258 頁。

84) メルセンヌ宛，1632 年 4 月 5 日，AT, I, 243：『全書簡集』I, 212.

　1597 年にフランクフルトで刊行された『錬金術』のなかで，リバウィウスは特に油（「油について（De oleis）」第 2 部第 21 章 327 頁）と酒精（「酒精について（De Spiritibus）」第 2 部第 26 章。ワインの酒精への言及は 337 頁）について研究し，第 27 章を硝酸液の研究にあてている。この書の第 1 部では，第 33 章（p. 48–49）で硝酸液による腐食が論じられている。

鉛よりもむしろ，鉄や鋼をより容易に溶解します」[85]と書いている。

『哲学の原理』第4部第120節で，デカルトは蒸留酒と硝酸液の区別に立ち戻り，その区別は「化学の実験によってきわめて明確にされる」とし，続く節で油の精製を説明し，火の力を変化させることで蒸留によって取り出せる「さまざまな液体」に言及している[86]。ニューカッスル候宛書簡では硝酸液との比較によって，心臓を座とする「光をもたない一種の火」が説明されている[87]。この硝酸液との比較はその後もデカルトによって用いられ，乳糜の精製が説明され，また，『人体の記述』では，胎生学との関連で登場している[88]。このように，デカルトによると，発酵は胎生学における諸現象の展開と消化を説明してくれ，それによって心臓の熱も説明される。デカルトは，『人体の記述』のなかで，発酵による説明を再度取り上げて，新たな類比を使って心臓の熱を特徴づけるその説明の独創性を強調している。

『人体の記述』における次の文言，すなわち「そしてこの熱は，一般のあらゆる熱，つまり何らかの体液すなわち酵母との混合から引き起こされ，それが宿る身体を膨張させる熱とは別の本性であると想像する必要はない」[89]という文言は，まさに生物学的現象の説明にデカルトが新たにもたらした断絶を明らかにするものであるように思われる。というのも，デカルトが訴えている熱は化学においてデカルトが観察し，ファン・ヘルモントとその先人たちが特に強調している発酵とまったく同じ「本性」をもつからである。

---

85) ホイヘンス宛，1638年8月19日，AT, II, 351：『全書簡集』II, 30.
86) AT, IX-2, 264–265：『哲学の原理』, 248–249.
87) ニューカッスル候宛，1645年4月，AT, IV, 189：『全書簡集』VI, 232.
88) それぞれ，ニューカッスル候宛，1645年10月，AT, IV, 327：『全書簡集』VI, 347と『人体の記述』AT, XI, 260：『医学論集』, 179.
89) AT, XI, 228：『医学論集』, 150.

デカルトにとっては, この心臓に位置する熱は「光をもたない火」という一つの火であって, 特に『哲学の原理』第4部第92および93節で説明される自然の法則によって決定されている。そこにこそ, デカルトの理解の独創性と批判的意味があると思われる。というのも, この理解はアリストテレス, さらにはガレノスに対立するからである。もちろん, アリストテレスにしろガレノスにしろ, 心臓内にある火という比喩を使っているし, その比喩は医学的な著作では実に広範に用いられたものではある。実際, アリストテレスによれば, 心臓は動物の熱の原理〔始原〕にして, 熱の座である[90]が, この動物の熱は,『動物の発生について』が指摘しているように,「普通の火」が生む熱とは明確に区別される[91]。またガレノスでは,「生得〔内在〕的」という形容詞によって心臓の熱が特徴づけられ, その形容詞のみによってこの熱の本性が説明されている[92]。これに対して, デカルトは熱を機械論的なプロセスとする理解によって, 熱を一つの状態とするアリストテレスとガレノスに対立することになる。そしてこの熱は元素についてのスコラ的な理解からすると「性質」のひとつであることになるが, それをデカルトは『宇宙論』第5部で批判するのである[93]。

　さらにデカルトは, 今述べたように, 心臓の熱を説明するために用いた比較を強調し, その熱の原因を運動の観点から説明する。『原

---

[90] 『動物の諸部分について』670a (『アリストテレス全集』10, 濱岡剛訳, 岩波書店, 2016, 134頁)。
[91] 『動物の発生について』第2巻第3章, 737a1 (l'édition des Belles Lettres, p. 61 :『アリストテレス全集』11, 今井正浩・濱岡剛訳, 岩波書店, 2020, 129頁)。
[92] ガレノス『身体諸部分の用途について』(traduction Ch. Daremberg, Paris, 1854, tome I, p. 399 :『身体諸部分の用途について』2, 坂井建雄ほか訳, 115頁)
[93] AT, XI, 25-26 :『著作集』IV, 148-149. ジルソン『スコラ=デカルト索引』op. cit., 93-94頁「元素 (éléments)」の項, 参照。

理』第 4 部第 92 節（そこには有名な「光をもたない一種の火」という有名な表現が再度登場する）は，「燃えたり，熱くしたりするものの，光を発することはない火の原因」と「化学でよく目にする発酵」の「原因」を運動によって説明し，また干し草との比較を取り上げ，この現象の理由をここでもまた運動に帰着させて説明する[94]。上で見たように『人体の記述』に登場する「何らかの体液すなわち酵母との混合」[95]との比較については，『原理』第 4 部第 93 節が同じく運動によって説明している。

さらに，心臓のなかで燃えている「光をもたない火」というこの有名な表現は，心臓の火に関するもう一つ別の考え方に対比すれば，よりよく理解できる。それはケプラーの『ウィテロへの補遺（*Ad Vitellionem paralipomena*）』で述べられている考え方である。

もしコペルニクスの体系のパラダイムがハーヴィの『心臓と血液の運動』における循環システムの心臓周辺部の構造にモデルを提供したとすれば，ハーヴィと同時代の天文学者がモデルを逆方向に展開したことが確認されることは印象深い。実際，ケプラーは心臓が身体の中心で生命の源泉であるという比喩を，コペルニクスの体系の有効性を立証する主たる論拠のひとつとしている[96]。

　　太陽は「世界の生命（すなわち天体の運動のなかに認められる生命）の源にして，全宇宙機構の装飾を構成する光の源であり，また

---

94) 『哲学の原理』第四部第 92 節表題，AT, IX-2, 250：『哲学の原理』, 237.
95) 〔訳注〕『人体の記述』AT, XI, 228：『医学論集』, 150.
96) コペルニクスとともに考察すれば，「かくて，太陽という物体そのものが惑星の運動の心臓部〔中心〕に見出されると結論することができる」。シモン（G. Simon）『天文学者，占星術者ケプラー（*Kepler astronome, astrologue*）』（Paris, Gallimard, 1979）334 頁，参照。

あらゆる生命の元たる熱の源」[97]を自らのうちにもっている。

　ケプラーはさらに，まず光と熱，次に熱と生命，そして最後に生命と霊魂の間に一連の厳格な等価性を認め[98]，それによって世界を一つの宇宙的生物として考察できることとなった。こうして生命のしるしがたんに生命の原型たる太陽のうちのみならず，惑星のうちにも求められることになる。そうしたしるしを見出すために，まさに熱と光の存在が基準として用いられる。たとえば，地球が生きているとみなされる理由は，発光する虫のような自然の発光源や，噴火する火山のような自然な熱源の存在に求められる。生命を宇宙とその構成要素に帰属させた結果，今度は逆に人間の身体と動物の身体のうちにある生命をめぐるケプラーの理解に影響が及ぶことになる。ケプラーにとっての霊魂は「内的な太陽」[99]であり，熱と運動に結びついた生命はその内部に光の源があることを予想させる。問題となるのは光を発する正真正銘の炎である。その炎は心臓のなかで点火され，肺からの送風によってかきたてられ，その煙は動脈を通じて発散される。これがケプラーが『ウィテロへの補遺』第1章の定理32で主張していることである。この定理はフェルネルの理論を推し進めたものである。その点を，別の個所でケプラーははっきりと述べている。

　　「……生物の熱は動脈を通ってその身体に行き渡っていることは確かである。もし動脈が詰まれば，身体はすぐさま冷えてしまう。熱が動脈に行き渡るのは心臓による。フェルネルによれば，心臓のなかにあるのは絶えることのない炎にも似た何ものかである。だが，私としては，心臓に見出されるのは真の炎であると恐れることなく

---

97) 『新天文学（*Astronomia nova*）』第33章，238頁（岸本良彦訳，工作舎，352頁）。シモン（上掲），334頁参照。
98) シモン（上掲），39頁参照。
99) シモン（上掲），201頁参照。

主張する。なぜなら，まさにこの炎のために，肺はふいごとなって空気を吸い込み，生命が消えてしまうことがないようにしているからである。空気がないと火が消えるように，生命も消えるのである。また，まさにこの炎のために，動脈という送風管は存在する。この脈管が炎の燃えた煤を送り出し，排出することによって小さな火が煙の煤で押しつぶされないようにする。さらに，まさにこの炎のために，心臓の秘密の松明はあり，血液が大静脈のひとつの支脈という特別な導管によって心臓へと導かれ，この炎に油を足すように栄養を補給する。私が主張しているのは，肺の吸気と動脈性静脈の血液はたんにこの炎の栄養にすぎないとか，動脈のなかは炎の煤以外のものは何も通過せず，すべてが心臓にあたかも一人の首領に対するがごとくに服従するほどになっているということではない。実際，私も心臓にはひとつの生物全体に奉仕する役割が与えられていることは認める。さらに，心臓へ戻っていくものすべては，あたかも滞在するためにひとつの建物へと導かれ，疲れを癒し，動脈という別の道を通って身体全体へと，必要な利益を目指して，再配分されるということも認める。だがしかし，引力と排出の形式そのもの，弁の自然の仕組みは力強い声でこう叫ぶ。心臓はそこに入って来る要素の力を借りて生命を維持し，その炎の煤と固有の産物と同じ道を通じて排出するために働く炎を内に含み，その炎すなわち生命の息吹を生み出すべく，定められている。そして，最後に身体全体の本性と身体内にある心臓の本性は身体が心臓の煤で完全に養われるように調整されているのだと叫ぶのである。というのも，もし自然がこの小さな炎を保持するように急き立てられていなかったとすれば，血液が心臓に入ったり，出たりするのにもっと穏やかに，もっと静かに，あたかも肝臓のように収縮と拡張の運動を必要とはしないようにもできたはずだからである。どのようにして火や炎が心臓がそうならざるをえないような閉じた壺のなかで完全に維持できるのか説明せよと要求し続ける反論に対しては，心臓の形成された仕方に従って開いたり，閉じたりして，維持されているのだと私は答える。そして，われわれは自らの目でこの光を見るべく定められており，いつの日か心臓という隠された場所を，日の光を避けて，その炎を

破壊することなく探索できるようになることを私は信じて疑わない。このように，生物の熱はこの光からくる。いうまでもなく，霊魂はそれ自体，本質からして光に似ていなければならない。そのために，霊魂は同じく熱にあずかることによって光と結びつかなければならない。光は霊魂の娘だからである」。[100]

　いくつかの点で生命の原理についてのデカルトの記述と類似しているとはいっても，ケプラーの場合，生命は「その形や大きさなど力学的機械論的因果性によるとは思えない」[101] 運動や変化のうちにあるとされている点で，大きな違いがあることを忘れてはならない。この点に関してデカルトがもたらした決定的な転換は，火それ自体についてデカルトが，『宇宙論』から『哲学の原理』まで一貫して与えている機械論的記述にはっきりと現れている[102]。デカルトは，ケプラーが『ウィテロへの補遺』においてフェルネルとともに開始した議論に関して，本物の火を認める立場を採るものの，ケプラーがいう心臓の火の感覚的性質の一つとしての光は取り除き，熱を運動によって説明し尽くしたのである。

　有名な「光をもたない火」は「機械の心臓のなかにある」とされ，『人間論』以降，「運動と生命の原理」[103] とされてきた。実際，『宇宙論』を参照する『人間論』の説明や『哲学の原理』第 4 部第 92

---

100) ケプラー「近代的光学の基礎」『ウィテロへの補遺』(1604)（シュヴァレ (C. Chevalley) 訳注, Paris, Vrin, 1980) 134–135 頁。
　　 ケプラーが参照しているフェルネルの引用は『生理学 7 書 (*Sept livres de la physiologie*)』第 3 巻第 3 章, 97 頁からのものであるように思われる。『医学的宇宙 (*Universa medicina*)』(Lyon, editio septima, 1602) 参照。
101) シモン（上掲), 183 頁参照。
102) 『宇宙論』AT, XI, 7–10 :『著作集』IV, 134–136.『哲学の原理』第 4 部第 80 節「火の本性について。また，火と空気との相違について」, AT, XI-2, 243–244 :『哲学の原理』, 231–232.
103) 『人間論』, AT, XI, 123, 202 :『著作集』IV, 227, 286.

節によれば，その火は運動によって説明されている[104]。

　生命の原理を心臓のなかで燃えている「光をもたない火」の熱によって定義するデカルトの独創性は，このように，ケプラーが心臓の炎について行っている分析と対比することによって評価できる。こうしてデカルトのケプラーに対する反応は確認されるが，デカルト自ら認めるように，ケプラーはデカルトにとっては「光学における最初の師」[105]であり，その影響は『人間論』における視覚の説明に明らかである[106]。

　デカルトにとって，血液の運動の起源はもちろん心臓内に位置づけられる。

---

104) 『人間論』, AT, XI, 202：『著作集』IV, 286.『哲学の原理』, AT, IX-2, 250-251：『哲学の原理』, 237-238.

105) 「ケプラーは私の光学の第一の師でしたし（…），このことについてかつてもっとも知悉していた人物であったと私は考えています」（メルセンヌ宛, 1638 年 3 月 31 日, AT, II, 85-86：『全書簡集』II, 192-193）。

　『ウィテロへの補遺』仏訳版のシュヴァレによる序文の付論（op. cit.）の 41-45 頁，特に 42 頁参照。そこで彼女はこのメルセンヌ宛書簡でデカルトが言及していると思われるのが『ウィテロへの補遺』であることを強調している。さらに，このテキストをデカルトが読んだ日時について述べている 43-44 頁も参照。

　この問題については，マリオン『デカルトの白紙の神学について』上掲, 200-201 頁も参照。マリオンは「残るのは 1604 年の『ウィテロへの補遺』であり，それが 1630 年よりも前に読まれたことは文句なく立証できる」と書いている。

106) 特に「水晶液」(『人間論』AT, XI, 152-153：『著作集』IV, 248) の問題を参照。視覚についてのデカルトの説明と『ウィテロへの補遺』との対比は，ミケリ（G. Micheli）も『人間論』のイタリア語訳のなかで言及している（上掲『デカルト科学著作集』第 1 巻, 97-98 頁註 65）。ケプラーのこのテキストの参照箇所について，ミケリは同書でさらに詳しく述べている（AT, XI, 155 に対する note 71, p. 100-101；AT, XI, 156 に対する note 73, p. 102-103；AT, XI, 158 に対する note 75, p. 104；AT, XI, 160 に対する note 78, p. 107-108）。

> 「血液がこのように心臓内でたえず膨張させられ，心臓から勢いよく動脈を通って身体のあらゆる部分に押し出され，そこから静脈を介して心臓へと還る」。[107]

　これに対して呼吸の主たる機能は血液の冷却と凝縮にあり，血液は右側の心臓から肺を通って冷却され，左側の心臓へ戻る。『人体の記述』でも，この点に関する議論に取り立てて進展は見当たらない。

　『人間論』でデカルトは

> 「肺の肉は隙間だらけで柔らかく，そのうえ，つねに呼気によって大いに冷やされるので，心臓の右心室を出て，解剖学者が動脈性静脈と名づけた動脈〔肺動脈〕を通って肺の中に入る血液の蒸気は，そこで凝縮し，もう一度血液に変化する」[108]

と述べていた。

　その17年後にデカルトは『人体の記述』のなかで次のように書いている。

> 「肺の主要な機能は，呼気によって心臓の右心室からくる血液を，左心室に入る前に，凝縮し，穏やかにすることのみにある。さもなければ，血液はあまりにも希薄で微細になり，それが心臓で維持している火に栄養を供することができないであろう」。[109]

　第2群の問題つまり心臓の構造に関する問題についていうと，デカルトにとって心臓の二つの心室が含むのは同じ物質であって，問題となるのは心臓内の熱によって多少とも希薄化された血液，つま

---

107) 『人体の記述』AT, XI, 245-246：『医学論集』166.
108) AT, XI, 123-124：『著作集』IV, 227. ミケリ（G. Micheli）も『人間論』のイタリア語訳のなかで言及している（上掲『デカルト科学著作集』第1巻, 97-98頁註65）。
109) AT, XI, 236：『医学論集』, 157.

りその構成要素のうち「もっとも微細な」粒子が「動物精気」を発生させる血液である[110]。このようにいずれの心室にも同じ物質が含まれるとされるのは，明らかにデカルトが血液循環の観念を採用したことによる。

> 「このようにして，同じ血液が，空静脈〔＝大静脈〕から右心室へ，次にそこから動脈性静脈を介して静脈性動脈へ，そして静脈性動脈から左心室へ，そこから大動脈を介して空静脈〔＝大静脈〕へと，何度も行っては還る。それは永続的な循環運動をなしている」。[111]

1638年2月15日のプレンピウス宛書簡で，デカルトは心臓のいずれの心室も完全に血液によって満たされていることを主張し，ことのついでに学問における「古代人たちの不毛性」を告発しながら，動脈はどれも血液に満たされているのだと付け加えている[112]。

心臓が筋肉の性質をもつかどうかはより微妙な問題である。この問題に答えるには，まずデカルトにとって筋肉とは何かを理解しようとするのがよい。

『人間論』では，筋肉は長く伸びた小さな管の神経を含む大きな管の全体であると見なされており[113]，収縮の現象が起きるのは筋肉が神経を介して流れる動物精気によって膨張させられる結果とされている[114]。そうだとすれば，心臓は筋肉ではありえないと思われる

---

110) AT, XI, 130：『医学論集』IV, 232. 同じく，『方法序説』（AT, VI, 54：『著作集』I, 56），デカルト生前最後の著作『情念論』第7, 10, 96節，『人体の記述』（AT, XI, 227：『医学論集』, 149）参照。
111) 『人体の記述』AT, XI, 238-239：『医学論集』, 159.
112) AT, I, 528-529：『全書簡集』II, 98-99.
113) 神経についてのデカルトの考え方に関しては本書の第III部で再度，触れることにする。
114) AT, XI, 133 et 134-135：『著作集』IV, 233-234, 234-235. デカルトによる二つの図がついている。

かもしれない。

　というのも、デカルトにとっては、「心臓は腫れたり、収縮したりするが、それはそうなるように心臓が含む血液が豊富で膨張することによって強いられている」[115]からであり、これは神経に導かれた動物精気が流入することを原因とする筋肉の膨張の場合とは異なるプロセスとなるからである。『情念論』第1部第7節は次のように要約している。

> 「最後に、これらの筋肉運動のすべてが、またあらゆる感覚が、神経の作用であることも知られている。神経は、すべて脳から出てくる細い糸または細い管のようなものであって、その内部には脳と同じくきわめて微細な空気または風を含んでおり、それが動物精気と呼ばれる」。[116]

しかし、『人間論』では、次のように指摘されている。

> 「そして、さらには次のことを考えるのも難しいことではない。動物精気は、神経が通じているすべての肢体に、その中には眼の瞳孔や心臓のように、目に見える神経が解剖学者によって見出されていないものがたくさんあるけれども、そうしたすべての肢体に運動を引き起こすことができる」。[117]

　このように心臓を、神経を見分けることが難しいような他の「肢体」と新たに関係づけていることから、デカルトがたとえ心臓を筋肉とはみなしてはいなかったにしても、心臓から筋肉としての性質を完全に排除していなかったことが分かる。この点は生まれたばかりの子牛の解剖の3頭目について述べている『解剖学摘要』のテキストを見れば、いっそう真実味を増すことが分かる。

---

115) この引用は『人体の記述』（AT, XI, 229：『医学論集』, 151）からのものだが、同じ言い方は『人間論』の例えば AT, XI, 123：『著作集』IV, 227 を参照。
116) AT, XI, 332：『著作集』III, 168.
117) AT, XI, 138：『著作集』IV, 238.

> 「そこでついに神経（第 6 対[118]と思われる）〔＝迷走神経〕が前方に向かって動脈と空静脈〔＝右心房〕の間で心臓に消えていくのを観察した」。[119]

この心臓の「小さな神経」は『人間論』から『情念論』に至るまで，デカルトがそのすべての生物学的著作において重要性を認めているものである。しかし，デカルトが心臓のこうした筋肉的側面に認めた役割はどちらかといえば副次的なものにすぎず，いずれにせよ現代的な観点からすれば見るべきところは何もない。

> 「しかし，何にもまして，末端が心臓にある小さな神経は静脈の血液と肺の空気が心臓に入る際に通る二つの入り口と，血液が動脈中に蒸発したり流れ込んだりする際に通る二つの出口を，拡大したり収縮したりできることによって，精気の性質に多大の変化を引き起こすことができる」。[120]

デカルトによれば，この心臓の「小さな神経」の役割は血管の開口部の開閉を調整することにある。その開閉によって血液の出入りや空気の流入が可能となるのである。そのことは続くテキストの述べる「錬金術師の使う閉じたランプの熱」との類比によって示唆されている。

> そのランプの熱は，「あるときは油その他の炎の養分が入ってくる導管を多く開けたり少なく開けたりして，またあるときは煙が出ていく導管を多く開けたり少なく開けたりして，さまざまな仕方で

---

118) この第 6 対の神経は，ガレノスの分類が基になっているものだが，神経についての現代の表記に対応していないことは，シンガー（Charles Singer）が校訂した『解剖手技について（*De Anatomicis Administrationibus, On Anatomical procedures*）』（Oxford University Press, 1956）の note 151 で指摘されている。この第 6 対は現代の表記では 9, 10, 11 に対応する。

119) AT, XI, 567：『医学論集』, 37. 同じく，AT, XI, 563：『医学論集』, 33 も参照。

120) 『人間論』AT, XI, 169：『著作集』IV, 261-262. このテキストには『情念論』第 15 節 AT, XI, 340：『著作集』III, 173 が呼応している。

調整できる」[121]のである。

　こうして，心臓の弁の開き方によって，血液の膨張は強くなったり，弱くなったりして，「多様な状態の精気が作り出される」[122]。これに対して，現代的な理解はハーヴィの理解の延長線上にあるが，それによれば，心筋の壁の筋肉が収縮することで心臓内の血液が排出される。

　デカルトの生物学的著作における心臓と筋肉との区別を理解するには，カンギレムがいうように，心臓の作用は「移動ではなく熱であるがゆえに」[123]筋肉のそれとは区別されるというだけでは十分ではないと思われる。すでに見たように熱はデカルトにとって運動の一形態に還元される。その説明をデカルトは『人体の記述』で再度，強調している。

　　「そして，心臓における火や熱としては，血液の微粒子のたんなる動揺以外に私は知らない」。[124]

とはいえ，ジョルジュ・カンギレムの次のような関連する指摘に同意できないわけではない。

　　「心臓のなかに宿るこの光のない火の存在によってこそ，この器官は身体の他の部分に比べて，生理学的，解剖学的に無二のものになっている」。[125]

　そもそも，デカルト自身が『情念論』第1部第8節において，心

---

121) 『人間論』AT, XI, 169-170：『著作集』IV, 262.
122) 『情念論』第15節，AT, XI, 340：『著作集』III, 173 参照。
123) 『反射概念の形成――デカルト的生理学の淵源』上掲，33頁（邦訳，1988, 40頁）。
124) AT, XI, 281：『医学論集』，197.
125) 『反射概念の形成』上掲，33頁（邦訳，41頁）。

臓内の「一種の火」にその前の節で記述した身体の「あらゆる機能の原理」という地位を与え,「われわれが生きている間」心臓のなかに座を占めている火が「われわれの肢体のすべての運動の物体的原理」であると主張しているのである[126]。

残る問題は, 今明らかにした区別にもかかわらず, なぜデカルトは「心臓の肉」を「筋肉の肉」として語るのか[127]を理解することである。それは, カンギレムが強調するように, 本当に「この言葉はデカルトにあっては非常に曖昧である」[128]ためなのだろうか。たしかに, デカルトはこの表現を同じように肺に関しても使用しており[129], さらに横隔膜と肝臓にも使用し, 『解剖学摘要』には「横隔膜の肉」と「肝臓の肉」という表現[130]が登場している。しかし, 注意すべきは, デカルト自身が「心臓の肉」という表現の意味を説明しており, それは心臓の「繊維」という概念とそもそも矛盾していないことである。デカルトは『人体の記述』で「心臓の肉」という表現を取り上げ, その意味を説明している。実際, 次のような指摘を参照する必要がある。すなわち, デカルトは『人間論』で「すべての皮膚, すべての肉が同様に多数の繊維すなわち細糸からできているように見える」[131]と述べており, さらに『解剖学摘要』では

---

126) AT, XI, 333 :『著作集』III, 168–169.
127) 『人間論』AT, XI, 123 :『著作集』IV, 227, および『人体の記述』AT, XI, 273 :『医学論集』, 191.
128) 『反射概念の形成』上掲, 33頁（邦訳, 41頁）。カンギレムはこのページの注の5（邦訳, 219頁, 注41）で, デカルトには「『筋肉の構造について (De musculi fabrica)』(1614) (Opera omnia, Leyde, 1738, p. 385) で筋肉を肉, 腱, 静脈, 動脈, 神経, 膜に分解したアクアペンデンテのファブリキウスほどの精密さ」はみられないことを強調している。
129) 『人間論』AT, XI, 123 :『著作集』IV, 227.
130) AT, XI, 558, 571 :『医学論集』29, 40.
131) 『人体の記述』はAT, XI, 280 :『医学論集』197,『人間論』はAT, XI, 201 :『著作集』IV, 285–286.

一つの解剖例を説明しながら,「心臓の肉自体を構成する繊維」の方向を観察し，左右の心室の肉の間には目立った相違は存在しないことを確認している[132]。『人体の記述』で，デカルトは同じく「心臓の肉にある小孔」についても言及し，小孔が「繊維の間に」[133] あることを確認するとともに，心臓が「心膜と呼ばれる被膜」によって包まれており，その被膜を生み出す原因は他のすべての被膜が形成される原因と異なるものではないことを指摘している[134]。

カンギレムはさらに，デカルトが「時に組織という語も用いている」ことを指摘しているが，言及は『人間論』の一か所にとどまる[135]。ところがデカルトは同じ『人間論』の冒頭ですでにこの組織〔織物〕という概念を使用しており[136]，それが同じように『人体の記述』にも登場している。そして，仮にデカルトが「組織学者としては語っていない」[137] という，いずれにせよ時代錯誤の指摘[138] があ

---

132) AT, XI, 565：『医学論集』34-35.
133) AT, XI, 281：『医学論集』198.
134) AT, XI, 283：『医学論集』199.
135) 『反射概念の形成』上掲，33頁（邦訳，41頁）。カンギレムは『人間論』AT, XI, 170：『著作集』IV, 263（「特別のしかたで織りなされている組織〔織物〕」）。
136) 「動脈は，まず無数の小さな分脈に分かれて小さな組織〔織物〕を形作り，まるでつづれ織りのように，脳の空室の底に広がった後に，心臓から血液〔ここで問題となっているのは動物精気〕を運んでくる（AT, XI, 129：『著作集』IV, 231）。
137) 『反射概念の形成』上掲，33頁（邦訳，41頁）。
138) 組織学は実際19世紀になって，ボルドゥ（Bordeu），それにビシャ（Bichat, 1771-1802）の研究以降に現れる概念である。彼らはすべての器官に「組織（tissus）」と呼ばれる基本的素材が存在することを示した。この組織学という語は現代では組織のミクロ解剖学を指すが，こちらの研究を創始したのはマルピーギ（1628-1694）であり，彼は顕微鏡の発明を利用して，さまざまな解離法を用いた。デカルト自身はといえば，その著作は生物学的組織の研究に顕微鏡の発明を組織的に利用するよりも前の時期に書かれている。デカルトが用いたのは「虫眼鏡」であった（『屈折光学』第7

てはまるとしても、この言葉遣いを理解しようとすれば、『人体の記述』のテキストを参照することが不可欠だと思われる。デカルトは『人体の記述』で次のように書いている。

> 「生命をもったあらゆる物体の諸部分に関して……血液,体液,精気のような流体と呼ばれる部分と骨,肉,神経,皮膚のような固体と呼ばれる部分との間には,後者の各粒子が前者のそれよりもかなりゆっくりと動くという違いしかない」。[139]

この文章が注目されるのはまず第一にデカルトの言明に一貫性があることが明らかにされているからである。運動はここでもまた,

講 AT, VI, 155:青木靖三・水野和久訳『著作集』I, 163 参照)。

ここで思い出されるのは、ライプニッツがデカルトと同じく生命現象の解明に情熱を燃やし、レーウェンフックの観察に大きな重要性を認めた最初の人たちの一人であったことである。ライプニッツは、1676 年末、パリ滞在に続いてアムステルダムに滞在していたときに、レーウェンフックに会いにデルフトを訪れている。

アントニ・ファン・レーウェンフック (Antonie van Leeuwenhoek, 1632–1723) はデルフトの下級官史で正式な教育は受けたことがなく、ラテン語も知らなかった。そのため当時の科学について情報はなかった。しかし、自学自習のおかげで、同時代の偏見に精神を惑わされることはなかった。彼は暇を見つけてはさまざまな種類のものを顕微鏡で調べるのに熱中した。使用する顕微鏡は自分で組み立てていたが、その品質はその時代では群を抜くものだった(ドゥベル (C. Dobell)『A. ファン・レーウェンフックとその『小さな動物たち』(*A. van Leeuwenhœk and his "little animals"*)』(London, 1932)、ロジェ『18 世紀フランス思想における生命の科学』上掲、294 頁、参照)。強調しておきたいのは、レーウェンフックが自分の発見を多くはロンドンの王立協会宛の手紙で述べていたことである。それらの発見はレーウェンフックが生きている間にまとめられ、ラテン語に翻訳されたものの、不完全なものだった。1673 年からは、レーウェンフックは自分の観察を王立協会の『哲学紀要 (*Philosophical Transactions*)』に発表している。

139) AT, XI, 247:『医学論集』, 167.

それが引き起こす速さの違いによって，区別の基準となっている。さらには，デカルトの用語の一貫性も示されている。「すべての固体部分は，さまざまに伸ばされ，折りたたまれ，時として絡み合った細糸から構成されるにすぎない」[140]ことは，すでに『人間論』がはっきり述べていた[141]。それに，デカルトにとって心臓が繊維あるいは糸から構成されていることは，すでに見たように，デカルトが説明する心臓の発生の過程によって確証される[142]。

さらに付言すると，筋肉概念に関する情報をデカルトは1640年7月30日のメルセンヌ宛書簡で書いている。

> 「ここで筋肉という場合，私は腹部，胸部そして横隔膜の筋肉だけではなく，腸や胃の全体も含めて考えています。実際，生体解剖された犬の腸は，呼吸をするかのように規則的な仕方で動いておりました」。[143]

このように，こうした指摘から，一方では，デカルトが心臓を「注意深く」しっかりと観察していたと結論できる。そのことは1638年2月15日の手紙でプレンピウスに対して断言されていることだし，また，『解剖学摘要』の多くのページがデカルトの行った動物の心臓の解剖，とくに子牛の心臓の解剖を行ったことを証明している[144]。他方，デカルトによる「心臓の肉」という表現の使用に対するカンギレムの厳しい判断は上述のデカルトのテキストと有名な医

---

140) 同上。
141) 「この細糸は，(…) 骨・肉・皮膚・神経・脳・その他の固体の肢体を作り上げている」(AT, XI, 126：『著作集』IV, 229)。
142) 『人体の記述』AT, XI, 277：『医学論集』, 194.
143) AT, III, 141：『全書簡集』IV, 121.
144) プレンピウス宛1638年2月15日（AT, I, 522：AM, II, 101：『全書簡集』II, 93)。『解剖学摘要』は特にAT, XI, 549–554, 560–564, 565–570, 571–573：『医学論集』, 21–26, 31–34, 34–39, 40–42.

師たちのテキストとの対比の情報を考慮していない。すなわち，カスパール・ボアンの『解剖劇場』，ジャン・リオランの『人類誌学』やウィリアム・ハーヴィがロンドンで行った『心臓と血液の運動』のような解剖学の講義といったテキストとの対比が考慮されるべきである。

1605年刊行の『解剖劇場』のなかで，ボアンは心臓の実質を厚い肉であると定義し，同じく腎臓の肉についても語っている[145]。

ジャン・リオラン（子）は「心臓の肉と糸」を記述している[146]。

W. ハーヴィは，特にボアンに従って，（1616年から行われた解剖学の講義『一般解剖学講義（*Prelectiones anatomie universalis*)』のなかで，心臓の実質を，腎臓と同じように，濃密で，厚く，固くしまった肉として定義し[147]，心臓の肉と糸について1628年の『心臓と血液の運動』[148]で語っている。

最後に，デカルトは心臓の運動をよりよく理解しようと，解剖学と心臓の「仕組み」ないし「構造」[149]に関心をもった。というのも，

---

145) 『解剖劇場』(Frankfurt, 1605) 第2巻第21章41頁。「心臓の実質は厚い肉である (Substantia cordis est caro crassa)」という同じ句は1621年版の220頁にもみられる。

146) 『人類誌学』第3巻 (op. cit.) 233頁，「心臓の実質である肉と糸」。この仏訳版の「心臓の肉と糸のすべては外側が脂肪によって覆われている」(仏訳版第3巻，同上，539頁) 参照。

147) 『一般解剖学講義』(1616年4月16日17日18日の講義, ウィトリジ (G. Whitteridge) 編, E. & S. Livingstone Ltd., Edinburgh and London, 1964) 262頁，「心臓の実質は腎臓と同じように，濃密で，厚く，固くしまった肉である (Substantia cordis : caro densa crassa dura compacta ut renes)」。

148) 『心臓と血液の運動』では序論から使われる表現である。

149) 「心臓の仕組み (Cordis fabricam)」（プレンピウス宛1638年2月15日, AT, I, 522 :『全書簡集』II, 93）はアダン・ミョー版 (AM, II, 101) によって「心臓の構造 (la structure du cœur)」として完璧に訳されている。デカルトは『人間論』のなかで「構造」の概念を，「機械全体の構造」(AT, XI, 143-144 :『著作集』IV, 242),「目の構造」(AT, XI, 151 :『著作集』IV,

心臓に関してデカルトにとってもっとも重要だったのは，自ら告白しているように[150]，筋肉の運動とは原因を異にする心臓の運動を研究することであったからである。こうして，いまや心臓の運動を検討することに専念しなければならない。

第3のポイントは心臓の運動の多様な期の順序の問題である。それをデカルトは躊躇することなく，特に『人体の記述』で記述している。

> 心耳が膨張する期と心室が膨張する期は，「心耳は心臓が収縮しはじめるときにのみ膨張しはじめるように」[151]，交互に行われる。

次に，動脈の拡張は心臓（すなわち心室）の拡張と同時に起こるが，これは動脈の拡張は拡張期の心臓からくる血液が流入するという単純な事実の結果である。

> 「そして，この希薄化された血液は，心室の中にあるときよりもはるかに多くの容積を必要とするので，これら二つの動脈のなかに何とか入ろうとし，そうすることでこれらの動脈は心臓と同時に膨張し，盛り上がる。このような心臓と動脈の運動こそわれわれが脈と呼ぶものである」。[152]

この文章はことにデカルトにとって心臓の二つの腔（すなわち，二つの心室）の運動が同時に起こるものだったことを示している。

247），「器官の構造」（AT, XI, 202：『著作集』IV, 286）といった形で用いている。『人間論』（AT, XI, 132：『著作集』IV, 233）に続いて，それを受けた『方法序説』（AT, VI, 55：『著作集』I, 57）では，デカルトは「神経と筋肉の仕組み」について語っている。

150) メルセンヌ宛1639年2月9日（AT, II, p. 501：『全書簡集』III, 181），『方法序説』第5部（AT, VI, 46-47：『著作集』I, 51），また特に，すぐに見るように，『人体の記述』（AT, XI, 245：『医学論集』, 166），参照。

151) AT, XI, 233：『医学論集』, 154.

152) AT, XI, 232：『医学論集』, 153.

こうして，心臓は形を交互に変化させ，「心臓が長くなり，収縮している」心臓の収縮期に始まり，「心臓が膨張し，硬くなり，そして少し縮む」拡張期が続くことになる[153]。

心臓と血液の運動の原因についての記述はこの運動の理論そのものの中心をなす。デカルトはまずその点を強調し，『人体の記述』ではさらに次のようにさえ書くことになる。

「心臓の運動の真の原因を知ることはきわめて重要であるので，それなしに医学理論に関して何かを知ることは不可能である。なぜなら，動物の他のすべての機能はそれに依存しているからである」[154]。

デカルトにあっては，滴る血液が心臓の腔に入ると突然希薄化されることが心臓の運動の真の原因である。希薄化された血液が腔を膨張させ，動脈の弁を開くのである。心臓の熱の問題との関連で，きわめて重要な詳しい説明が『人間論』から『人体の記述』に至る間に行われている。それはプレンピウスとの書簡のやりとりによって促されたものであり，プレンピウスに宛てたデカルトの最初の回答が書かれた1638年2月15日はまだ中間点に位置するものに思われる[155]。

実際，『人間論』は，すでに見たように，発酵を引き合いに出し，特に沸騰に近いプロセスについて語っている。

---

153) AT, XI, 231：『医学論集』，153.
154) AT, XI, 245：『医学論集』，166. 同じ『人体の記述』では，この少し後で，デカルトは「ここで考察すべきだと思われるもう一つのことは，心臓の熱が何に依存しているか，そしてその運動はどのようにして起こるのかである」(AT, XI, 280：『医学論集』，197) と言っている。
155) 本書第II部の重要な部分を書き終えた後に，米国サンノゼでのシンポジウムでマージョリー・グリーン (Marjorie Grene) と意見を交わす機会があった。グリーンはジルソンの研究を称賛しつつ，ほとんど研究されてこなかったデカルトとプレンピウスの書簡の重要性を強調していた。

> 「そして，私が今叙述している機械の心臓にある火は，(…) 血液を膨らませ，熱し，微細にすることだけに役立つ」。[156]

同様に，『方法序説』で，デカルトは次のように説明する。

> 「この熱は，血液が何滴か心臓の凹みに入ると，たちまち膨張し，膨らみ，どのような液体でもすべて，きわめて熱い皿に一滴ずつ垂らしたときのようにする」。[157]

プレンピウスは『方法序説』を読んでからデカルトに反論を寄せたが，その反論をデカルトは「じつに学識と才知に溢れた」[158]と評することになる。その書簡のなかで，プレンピウスは，フロモンドゥスを受けて[159]，ある器官のうちで血液の沸騰を語ることには困難がある，というのもその器官は血液のような液体を沸騰させることのできる人工的な道具ほど熱くはないのだからと記し，次のように説明する。

> 「それは困難を除去しません。なぜなら，心臓の熱は火の熱ほどのものでなく，それゆえ火がするようなことはできないからです。さらに，魚において熱はよりわずかでむしろ低温ですが，しかし魚の心臓はわれわれの心臓とまったく同じく，早く脈動しているからです」。[160]

---

156) AT, XI, 123：『著作集』IV, 227.
157) 『方法序説』第五部，AT, VI, 48-49：『著作集』I, 52.
158) プレンピウス宛 1638 年 2 月 15 日，AT, I, 522：『全書簡集』II, 92. 便宜上，デカルトとプレンピウスとの書簡は Charles Adam と Gaston Milhaud のフランス語訳 (*Correspondance* de Descartes) から引用し，AT 版の後に，AM と略記してその書簡集の巻と頁を示すことにする。ことは，AM, II, 100 となる。
159) フロモンドゥスからプレンピウスへ，1637 年 9 月 13 日，AT, I, 403：『全書簡集』I, 397. その書簡の指摘 3 参照。
160) プレンピウスからデカルトへ，1638 年 1 月，AT, I, 498：AM, II, 80：『全書簡集』II, 71-72.

デカルトはそうした沸騰を正当化しようと試みたのではあるが，その後で最終的には血液の膨張を発酵によって解釈することに賛成するに至る。

> 「しかし，私はここであなたに何も秘密にしないために，希薄化は以下のように生じるものとみなします。心臓の中で血液が沸騰し始めるとき，たしかにそのきわめて多くの部分は大動脈と動脈性静脈を通って外へと飛び出しますが，しかし同時に心臓の中には心室の隅の最奥を満たしている一定量の血液が残っており，それが再度一定の熱を獲得し，一種の酵母のようになるのです」。[161]

このデカルトの回答は，心臓内での温度の上昇と，血液量の増加が「沸騰」という語が連想させるほど大きな温度上昇なしに生じるという事実を説明しようとしたものである。これが注目されるのは，ここでデカルトが沸騰と発酵の概念を結びつけ，「発酵(fermentum)」の概念に初めて言及し，これ以降，この論点を絶えず繰り返すことになるからである。このプレンピウス宛書簡で，デカルトは，今引用した個所に続いて，（すぐに論じることになる）W. ハーヴィとの論争を想起しつつ，「あたかも沸騰のように」と書きながら自分独自の説明について語り，「この沸騰は発酵と同時に起こる」と付け加えている[162]。

しかしプレンピウスは，このデカルトの説明に納得しなかった。

> 「最後にあなたは，心臓の発酵 (*fermentum cordiale*) に逃げ込んでいます。それが血液を希薄化するというのですが，その発酵は虚構である恐れがあると思います。そして虚構でないとしても，私に言わせるなら，いかにしてそんなに速やかに希薄化するのでしょうか。まことに，それは発酵の本性と能力に反しています」。[163]

---

161) プレンピウス宛，1638年2月15日，AT, I, 530：AM, II, 113：『全書簡集』II, 100.
162) 同上，AT, I, 531：AM, II, 114：『全書簡集』II, 101.
163) プレンピウスからデカルトへ，1638年3月，AT, II, 54：AM, II, 175：

プレンピウスがこのように心臓内での発酵の存在を疑問視したのに対して，デカルトはこう答える。

> 「もちろん，発酵なしでも，私の見解を説明し，ごく簡単に論証することは私にはきわめて容易なことです」。[164]

こう述べてデカルトは，沸騰という語で述べた自分の最初の説明を一度は引っ込めるようなそぶりを見せる。しかしデカルトはすぐに続けてこう述べる。

> 「しかし，私の見解が受け入れられるなら，心臓で希薄化された血液の何ほどかが，心臓の一つの拡張から次の拡張まで残留しており，そこで新たにやって来る血液に混合することによってその血液の希薄化を助長する，ということもまた認められる必要があるのです。こうした点で，残留している血液は発酵の本性と能力のことを強く思い起こさせるのです」。[165]

この結果，発酵の観念こそ主要なものとなり，熱の産出の概念は副次的となるのである。というのも，実際，デカルトが1638年2月15日付の最初の回答ですでに指摘しているように，心臓の中には「ほどほどの熱」[166]があるからである。こうして，ニューカッスル候への手紙では，デカルトは「光をもたない一種の火」は「かなり多量の鋼鉄の粉末を硝酸液に入れたときにその中で引き起こされる火や，あらゆる発酵のときの火に似ている」[167]と説明する。同じ

『全書簡集』II, 161.「その発酵（*fermentum*）は虚構（*figmentum*）である恐れがあると思います（quod fermentum vereor ne figmentum sit）」は発酵（*fermentum*）／虚構（*figmentum*）の語呂合わせになっている。

164) プレンピウス宛，1638年3月23日，AT, II, 69 : AM, II, 195 :『全書簡集』II, 161.
165) 同上。
166) AT, I, 532 : AM, II, 115 :『全書簡集』II, 102.
167) ニューカッスル候宛，1645年4月，AT, IV, 189 :『全書簡集』VI, 232.

く特に『人体の記述』においてデカルトは次のように書いている。

> 「また，心室に残されていた微量の希薄な血液は，新たに入って来る血液とすぐに混じり合って一種の酵母のようになり，心臓を再び温めすぐに膨張させる」。[168]

この『人体の記述』ではさらに，デカルトは心臓の運動の原因の説明に関して，ウィリアム・ハーヴィの理論に反対していることを新たに強調している。加えてデカルトは自分の考えを説明しながら，1638年1月のプレンピウスの指摘を再び話題にする。プレンピウスは，心臓の運動の原因に関して『方法序説』の提示する説明はアリストテレスが『気息について』第20章で与えている説明を繰り返したものにすぎないのではないかと指摘していた。

これらの二つの点について順にみていくことにしよう。

1632年の末，デカルトは「解剖」を続けながら，心臓の運動に関する自分の理解を『人間論』で述べるために執筆を進めているときに，メルセンヌ宛書簡で初めてハーヴィとの意見の相違に言及している[169]。デカルトとハーヴィの対立点は血液が循環することにはない。すでに見たように，デカルトは血液循環説を受け入れ，ハーヴィの発見を称賛しさえしていた。問題は，『人体の記述』で強調されているように，心臓の運動に関するハーヴィの記述に対して，デカルトが次のように指摘していることである。

> 「心臓がハーヴィの記述している仕方で動くと想定するなら，その運動の原因となる何らかの能力を想定する必要があるが，そうした能力の本性はハーヴィがその能力によって説明したと称しているどの事柄に比べても，理解するのがはるかに困難である」。[170]

---

168) AT, XI, 231：『医学論集』, 153.
169) メルセンヌ宛，1632年11月または12月，AT, I, 263：『全書簡集』I, 229.
170) 同上。

実際，もし血液の排出が収縮期（つまり，ハーヴィが言うように，心臓の腔の収縮している状態であって，したがって容積が減少している状態であるが，ハーヴィは『心臓と血液の運動』のなかで心臓の周期を，一般に認められていた収縮期と拡張期の概念を逆転させ，再解釈している）[171] に起こるとすれば，心臓の壁の中にある何かがこの収縮を引き起こしたのでなければならないだろう。ジルソンが示したように[172]，古代から受け継がれ，フェルネルの著作にも登場する能力の概念を消去すること，それがデカルトがハーヴィに対して挑んだ論争の争点に他ならない。

　したがって，もし心臓壁内に存在する拍動するある種の能力に訴えることを避け，心室内からの血液の排出を血液そのものに起こる，たとえば発酵といった何らかの自然現象によって説明しようとすれば，血液の排出が起こるのは拡張期であって，収縮期ではないことになろう。

　こうしてデカルトは，1643 年 7 月 5 日の書簡で，ベヴェルヴェイクに対して，心臓の運動について提案している説明はもっぱら心臓の熱と諸器官の形態から導き出されるのだと言えることにな

171）　ハーヴィ『心臓と血液の運動』第 2 章。
　　　あいにくなことにシャルル・リシェ（Charles Richet）の翻訳（op. cit., p. 67）はハーヴィの提案している定義の意味を逆転させている。W. ハーヴィの原文に沿った訳を提示しておく。「物事は一般に信じられているのとはまったく別に起こることは明らかである。心臓が胸壁にぶつかり，その衝撃が外から感じられるとき，心室は弛緩することで，心臓は血液で満たされると考えられてきたが，実際には逆に心臓がぶつかるのは心臓の収縮と心臓が空になることに対応している。このように，拡張期と考えられていたのは実際には収縮期である。そして心臓が活動するのは実際には拡張期ではなく収縮期においてなのである。心臓が頑張るのは拡張期ではなく，収縮期に対応している。というのもそのときにこそ心臓は動き，自らを収縮させ，頑張るからである」（Cf. 岩波文庫邦訳，49-50）。
172）　「デカルト，ハーヴィとスコラ」（上掲），59 頁。

る[173]。『方法序説』は次のように言っていた。

　「今説明したこの運動も諸器官の配置と（…）心臓に指で感じることのできる熱と血液の本性から必然的に生じる」。[174]

また1638年2月15日のプレンピウス宛書簡もこう繰り返している。

　「このことと，実際，心臓の構造（*cordis fabricam*），その熱，血液の本性そのものはすべて一致している」。[175]

ただし，心臓の熱をめぐる考え方に関しては，ジルソンが宣言したのとは違って，もっぱら「デカルト思想における中世の残滓」にすぎないわけではないことを指摘しておくべきである。心臓の熱という主張の情報源は，ジルソンが引用しているように，アリストテレスやガレノスにまで遡ることができるものである[176]。『方法序説』で心臓内にある熱を「指で」感じ取れると述べた後，1638年2月15日のプレンピウス宛書簡は「主として魚を対象に」デカルトが実施した実験に言及している[177]。グルメクによれば，「デカルトにとって，心臓の熱は（…）経験的事実である」[178]。『ビュルタン・カルテジアン（デカルト会報）』第13号の巻頭言で，フェルディナン・アルキエは編纂した『デカルト著作集』でつけた注を補強して，「デカルトと心臓の熱」の問題を提起している。この心臓内にある熱は

---

173)　AT, IV, 4：『全書簡集』VI, 6.
174)　第5部，AT, VI, 50：『著作集』I, 53.
175)　AT, I, 529：AM, II, 111：『全書簡集』II, 99.
176)　ジルソン『方法序説註解』（第5版，上掲），400頁。
177)　AT, I, 523：AM, II, 102：『全書簡集』II, 93.
178)　グルメク「生命の延長と老化にメカニズムについてのデカルトの思想（Les idées de Descartes sur le prolongement de la vie et le mécanisme du vieillissement）」『科学史雑誌（*Revue d'histoire des sciences*）』第21巻，1968，298頁。

デカルトが「指で感じることのできる」点を強調していたが、アルキエはデカルトが次のように述べていることに注意を喚起している。

> 「デカルトは自ら言うように、心臓が他の器官よりも多くの熱をもつという自分の理論を観察から引き出した、あるいは少なくとも観察によって確認したのである」。

この「巻頭言」のなかで、アルキエはジェローム・ルジュンヌ (Jérôme Lejeune) 教授と交わした言葉を報告している。医師のルジュンヌ教授は最近アルキエを研究に参加させたが、それによって、いくつかの魚、「たとえばマグロやサメでは、心臓部分の体温は他の体の部分の体温（これは周囲の環境、つまり魚が泳いでいる水の温度と一致している）より10度以上高い」ことが明らかになったというのである。

F. アルキエはルジュンヌ教授が次のように書き送ってきたことも述べている。

> 「心臓の部分は他の体の部分よりも熱いのです。……実験で観察された10度の違いは触ってよく感じ取れます。手で1、2度の温度の差も容易に分かります。母親が熱のある子供の額に触って分かるのと同じことです。……デカルトがまだ心臓の動いているマグロを解剖しただけだったとしても、正しい観察をするために体温計を必要とはしなかったはずです」。[179]

ちなみに、1638年2月15日のプレンピウス宛書簡でデカルトは解剖した魚の種類については述べておらず、その代わりに、「かつて、かなり入念に、この実験を主として魚を対象に行いましたが、その心臓は切り離されても、陸上の動物よりもはるかに長く脈動していました」[180]と記している。

---

179) 同上。引用はこの巻頭言の2頁からのものである。
180) AT, I, 523：AM, II, 101–102：『全書簡集』II, 93.

第1章 心臓の熱、デカルトにおける生命の原理　119

1638年3月23日のプレンピウス宛書簡で，デカルトはウナギに対する実験を引いている[181]。さらに『解剖学摘要』では，実施した魚の解剖が報告され，魚はタラだとされている[182]。他のいくつかの書簡で，デカルトは魚の場合を例にあげているが，ここで問題にしているのとは文脈が異なっており，魚の種類についてもいっさい触れていない[183]。

　デカルトがプレンピウスに行っている指摘は，アリストテレスに対する関係を明らかにしてくれるものでもあるために，特に興味深い。実際，プレンピウスは，たしかにデカルトがアリストテレスよりも「もっと巧みに，もっと見事に」説明していることを認めつつも，心臓の運動に関して『方法序説』で提示されている分析はアリストテレスの『気息について』の説明に明らかに近いものだということをまず何よりも最初に指摘している。1638年1月に，プレンピウスはデカルトに次のように書いている。

　　　「……あなたのご意見は新しいものではありません。それは……古いもので，アリストテレスの書『気息について』第20章に由来します」

とし，プレンピウスはそこから引用してみせている[184]。

---

181) AT, II, 66：『全書簡集』II, 176.
182) AT, XI, 617 et 618：『医学論集』, 75-76（そこに出てくる «cabeliau» と «Schocfish» は AT の注がいうようにフラマン語でタラを指す）。
183) Cf. メルセンヌ宛，1639年2月9日，AT, II, 494-495：『全書簡集』III, 177；メルセンヌ宛，1640年8月30日，AT, III, 166：『全書簡集』IV, 147.
184) プレンピウスからデカルトへ，1638年1月，AT, I, 497：AM, II, 78：『全書簡集』II, 70.
　ジルソンは「ただしデカルトはこの比較にいささか面食らったように思われる。デカルトはもちろんアリストテレスの理論と，その理論に対してスコラ学者たちがいつもガレノスの名を持ち出して反対していたことは知

『人体の記述』で，デカルトはこの比較を再び問題にする。心臓の中にある熱と希薄化の現象は確かに新しいものではないとデカルトは譲歩しながら，

> 「心臓には身体の他のすべての部分よりも多くの熱があり，血液はその熱によって希薄化されうることがつねに知られていたこと（…）にはきわめて敬服する」

とはっきりと認める。
　しかしすぐにこう付け加える。

> 「にもかかわらず，これまで誰も，心臓の運動の原因が血液の希薄化のみにあることに気づいたことはなかった。というのも，アリストテレスはそのことを考えており，その著『気息について』第20章で「この運動〔心臓の鼓動〕は，熱によって体液が沸騰する働きに類似している」と言い，そしてまた鼓動が起こるのは「食べた食物の汁が心臓に絶え間なく入り，心臓のもっとも外側の被膜を持ち上げるからである」と言っているように思われるものの，しかしながら，彼はその個所で血液についても心臓の構造についても何も言及していないので，彼が真理に近い何かに言及したのは偶然にすぎず，彼はそれについては確かな認識をまったくもっていなかったことが分かるからである」。[185]

　この文章は1638年2月15日のプレンピウスへの回答を繰り返したものである。その書簡でデカルトは次のように指摘していた。

> 「たしかに私は，アリストテレスと同じように，心臓の拍動は心

　っていた。しかし，おそらくはそのことを忘れていたのだ」（「デカルト，ハーヴィとスコラ」上掲，86頁）と述べている。
　プレンピウスはその著『医学の基礎（*Fundamenta Medicinae*）』でアリストテレスの『気息について』第20章に再度言及している（『医学の基礎』第3版第2巻第6部第5章，上掲，170頁参照）。
185)　AT, XI, 244-245：『医学論集』，165.

臓で暖められた体液の膨張による，と言いました。しかし，私が体液ということで理解しているのは血液のことにほかなりません。そして，また，彼が言うように，「体液の膨張はつねに食物によってなされるが，それが心臓のもっとも外側の被膜を持ち上げる」，とは私は言っておりません。というのは，もし私がそのようなことを主張したならば，多くのきわめて明白な根拠によって，私は反駁されうるだろうからです。さらにまた，もしも私が，胃，血管，弁膜については黙したままで，ただたんに心臓のもっとも外側の被膜だけがもちあげられると断言するならば，私はどんな動物の心臓の構造（*cordis fabricam*）についても決して注意深く観察したことがなかったのだ，と当然ながら思われるでしょう。そして，間違った前提から偶然に真理を一度結論したからといって，（論理学者が言うように）そこから偽を引き出す人よりも，よりよく推論しているとは私には思えません。そしてまた，仮に二人の人が，一方の人は間違った道を，他の人は正しい道を歩いて（*alter rectâ viâ incedendo*），同じ場所へと到着したとしても，一方の人が他の人の足跡をたどっていたとみなすべきではありません」。[186]

『人体の記述』の別の章句にも同じように 1638 年 2 月 15 日付のプレンピウスへのデカルトの回答が反映している。問題はデカルトが発酵と血液の色の変化の説明とを結びつけたきっかけにある。

この発酵のプロセスによってデカルトは同時にもう一つ別の現象も説明できることになる。その現象は W. ハーヴィでは説明されずに残っており，デカルトが心臓の腔の内側で起こると考えていたものであった。問題は大静脈を通って到着する血液と大動脈を通って心臓から出ていく血液の色の変化にあった。デカルトは，実際，次のように主張している。

「この膨張のみで，心臓が私の述べた仕方で運動し，同時に血液の性質が実験によって示されるのと同じように変化するに十分であ

---

186) AT, I, 522 : AM, II, 101 :『全書簡集』II, 92-93.

る」。[187]

　同じ『人体の記述』の後の段落で、デカルトは、色についての機械論的な独自の理論に訴え、血液が赤い色を獲得する過程が血管のシステムが生成する間にどのようにして実現されるのかを、より詳細に説明している[188]。
　デカルトが回答する問題の最後のグループは心臓の運動を心臓が含まれるシステムないしプロセスにどのように組み入れるのかということに関わる。もっとも重要なのは胎児発生の問題群である。
　そもそもデカルトは二つの論考と発生学的観察に詳しく触れた注解を動物の発生の問題にあてており、その書簡からも分かるように、その問題には繰り返し関心があることを述べている。
　最初の論考は書かれた日付がさまざまなテキストを含んでおり、1701年にアムステルダムで刊行された『遺稿集（*Opera posthuma*）』に『動物の発生についての最初の思索（*Primae cogitationes circa generationem animalium*）』という表題で発表された。その断章のなかで、デカルトは心臓は3番目に形成される器官だと考えている。

> 「ここで注目すべきは、肺と肝臓があらかじめ必要な二つの基体であって、一方〔の肝臓〕は空動脈〔＝大動脈〕を通して、他方〔の肺〕は静脈性動脈〔＝肺静脈〕を通して、物質を放出し、それらの物質が共働することで心臓に動きを生じさせることである」。[189]

---

187) AT, XI, 244：『医学論集』、164–165. デカルトは1638年2月15日のプレンピウスへの回答のなかですでにこの点を強調している（Cf. AT, I, 531–532：『全書簡集』II, 102）。
188) 特にAT, XI, 255–256：『医学論集』、175を参照。
189) AT, XI, 506：『医学論集』、97. その原文は以下の通り。«Hicque notandum est, pulmonem et hepar esse illa duo subjecta praerequiseta, quae hoc per venam cavam, illud per arteriam venosam, materiam emittunt, ex cujus concursu fit agitatio in corde»

第1章　心臓の熱、デカルトにおける生命の原理　　123

ただし，心臓が胎児の発生の過程では3番目に発生するというこのテキストは，多くの研究者たちにこのテキストがデカルトのものであるかどうかを疑わせることになった。たとえば，『ジュルナル・デ・サヴァン』の1703年4月2日月曜日号は『遺稿集』の書評を載せ，次のように述べている。

> 「もしこの著作がデカルト氏のものだとすると，この哲学者はいつも同じ見解をもっていたわけではなかったことになる。なぜなら，『胎児形成論』〔すなわち，『人体の記述』。クレルスリエの版では，頁の上に『胎児形成論』と記されていた〕のなかで，最初に形成されるのは心臓であり，次が脳であり，肺と肝臓はその後になってはじめて発生するとしているのに対して，ここでは肺と肝臓がまず形成され，それが心臓や脳や残りのすべての原理となるとしているからである」。[190]

ただし，この点が強調されているわけではない。とはいえ，この『最初の思索』に見られる生命についての考察は興味深いものであるように思われる。というのは，そのテキストでは，心臓が，発生的な観点からすると3番目なのにもかかわらず，心臓が「母胎なしに」[191] 形成される動物の生命を定義するものであり，「実際，心臓が作られる以前にはまだ動物は存在しない」[192] とされているからである。同じく，「母胎内で」[193] 形成される動物の場合でも，心臓は肝臓と肺の後にようやく形成される[194]。そのとき，

> 「(…) 心臓の中で血液と精気が混じり合い，そこで継続的な闘争が始まる。その闘争にこそ動物の生命は成り立つ。その点では，ラ

---

190) 『ジュルナル・デ・サヴァン (*Journal des Savants*)』，220頁参照。その部分は AT, XI, 503 の note a に引用されている。

191) «sine matrice» (AT, XI, 505：『医学論集』, 96).

192) «nondum enim est animal, antequam cor factum sit» (AT, XI, 506：『医学論集』, 97).

193) AT, XI, 506：『医学論集』, 97.

194) 特に AT, XI, 508–509：『医学論集』, 99–101.

ンプのなかの火の生命と何ら変わらない」[195]。

さらにその瞬間に

「(…) 動物は存在し始める。というのも生命の火が心臓のなかに灯されたからである」。[196]

第二論考の少なくとも一部で動物の発生を論じているのは『人体の記述』である。この著作では、心臓こそが、精液の混合による発酵の過程に続いて形成される最初の器官であるとされている。

「(…) こうして熱が精液のうちに生じ、精液を構成する微粒子のいくつかが、発酵する新しいブドウ酒や乾燥しきる前に閉じ込められた干し草のなかにおけるのと同じ仕方で動きながら、精液が含まれている空間の特定の場所に集まり、そこで膨張し、周囲にある他の微粒子を圧迫する。こうして心臓は形成され始める」。[197]

器官が形成される順序に関して、このように最初に形成される器官が変化しているのは偶然ではありえないだろう。その点では、アリストテレス以来、ハーヴィに至るまで、デカルトが参考にした発生論の著者のアクアペンデンテのファブリキウスも含め、諸器官の形成の順序はそれぞれの著者の生理学的な理解を直接反映していることを考えてみればよい。こうして、今引用したデカルトのテキストがそれぞれ書かれた年月の間に、身体という機械の構造における心臓の位置がしだいしだいに大きな重要性をもつようになったと考えられるのである。この点ではハーヴィが決定的な役割を演じたと

---

195) «miscentur autem in corde sanguinis et spiritus, incipiuntque ibi continuum illud certamen, in quo vita constat animalis, non aliter quam vita ignis in lucemâ» (AT, XI, 509 :『医学論集』, 101).

196) «Hicque incipit animal esse, quoniam ignis vitae accensus est in corde» (AT, XI, 509 :『医学論集』, 102).

197) AT, XI, 254 :『医学論集』173.

思われる。メナールが強調しているように、ハーヴィによる血液循環の発見が発生学的研究を試みていたデカルトに「一条の光明」[198]をもたらしたと考えられる。しかし、デカルトがメルセンヌ神父から聞いた[199]血液循環のアイデアを採用後に『心臓と血液の運動』を読んだこと自体が重要であったことを付言しておきたい。というのも、W. ハーヴィはそこで、23年後に刊行される『動物の発生について (*De Generatione Animalium*)』に先立って、発生学研究に着手し、アリストテレスの主張を確認しながら、心臓が最初に登場する器官であると主張しているからである。『心臓と血液の運動』第4章で、ウィリアム・ハーヴィは、アリストテレスにはっきりと言及しながら、さまざまな発達段階にあるニワトリの有精卵についての観察を繰り返し、心臓が最初に登場する器官であると確認している。次いで、次のように主張する。

　「心臓は最初に生まれ、最後に死ぬ (primum vivens, et ultimum moriens)」。[200]

この定式はそもそもアリストテレスの『動物の発生について』の有名なテキストを受けたもので、フェルネルもリオラン（父）も繰り返し引用している[201]。そこでアリストテレスは次のように書いている。

　「最初に形成されるのは原理〔ギリシア語では ἀρχή（アルケー）〕である。すなわち有血動物では心臓であり、それ以外の動物では心臓と類比

---

198) 『デカルト生理学の精神』上掲, p. 194 (274).
199) メルセンヌ宛, 1632年11月または12月, AT, I, 263：『全書簡集』I, 229.
200) 『心臓と血液の運動』(上掲, 初版28頁, リシェ版76頁, 岩波文庫邦訳, 61頁).
201) ジャン・リオラン『全集 (*Opera omnia*)』(上掲)『フェルネル著『生気と生得的な熱』についてのリオランの註解』第12章, 68頁.

的なものであることは，すでにしばしば述べてきた通りである。心臓が最初に形成されることは，たんに観察が示すところであるだけではなく，死のときに起こることからも示される。心臓は生命が最後に立ち去る器官である」。[202]

デカルトは，書簡のなかで一度だけ，心臓を「最初に生まれ，最後に死ぬ」とするこの定式を取り上げ，その正しさを強調している[203]。すでに引用した『人体の記述』のテキストでは，心臓は胚の発生過程の最初に形成される器官であることが示され，『解剖学摘要』が述べている実験の要約が付け加えられている。その『解剖学摘要』はニワトリの卵では 2 日目に心臓が形成され，胚発生の 5 日目には，心臓が脈打ち，鼓動するのが完全に観察できることを指摘していた[204]。

まとめると，デカルトにおいては，心臓は最初に形成される器官で，生命を定義するものであり，「爆発的な発展を促す一種の動力」[205] として機能している。縮まり，収縮して停止状態にあるとき，心臓の腔は心耳からくる血液の滴りを受け入れる。その滴りは，心臓の腔にある穴に残るそのほかの血液と混じり合うことで熱くなり，膨張するが，その滴りを含む腔は一緒に膨張し，拡張期を迎えることになる。沸騰／発酵期にある血液の圧力によって動脈の弁が開き，次いで動脈が膨張する。最後に，心臓の腔から血液が動脈へと排出されると腔の腫れは引くが，動脈は含まれている血液が冷えて凝縮

---

202) 『動物の発生について』, II, 5, 741b16–19 (P. Louis 版，上掲，p. 74：『アリストテレス全集』11, 今井正浩・濱岡剛訳，岩波書店，2020，150 頁)。
203) メルセンヌ宛，1635–1636 年，AT, IV, 695：『全書簡集』I, 300.
204) AT, XI, 620：『医学論集』, 77.
205) ジルソン「デカルト，ハーヴィとスコラ」上掲，83 頁。リンデボーム（上掲，p. 72）は「膨張の原動力（expansion motor）」という言い方をしている。

することによって収縮し，再び収縮期を迎えることになる。

デカルトの生理学において心臓の占めるこうした根本的な位置がデカルトの哲学体系全般にとっても重要であることは，『情念論』が証する通りである。

『情念論』第1部で，デカルトは「多くの人が陥っているかなり重大な誤り」，つまり「死体にはすべて熱がなく，したがって運動もないのを見て，そのように運動や熱を終わらせたのは霊魂の不在だと想像したことによる」誤りを告発する。それに続いて，次のように断言する。

> 「かくて，われわれが生まれながらにもつ熱と身体のあらゆる運動とは霊魂に依存する，と誤って信じられた。しかし実は反対に，こう考えるべきである。すなわち，人が死ぬとき霊魂が去るのは，熱がなくなり，身体を動かす器官がこわれるためにほかならない」。[206]

運動と感覚的な機能のこうした喪失は，スコラでは霊魂に原因があるとされていたが，それが誤りであることは『方法序説』第5部がすでに説明しており，重要な革新をなしていた。ただし，それはフロモンドゥスに最初の反論の材料を提供するものであった。このルーヴァン大学の哲学教授は，プレンピウスがデカルトから送られてきた3部の『方法序説』と『三試論』のうちの1部を届けた相手であった[207]。フロモンドゥスは『方法序説』第5部に対する最初の反論を次のように表明している。

> デカルトは，「干し草を発酵させるような熱が，理性的な霊魂に固有の活動を除けば，人間の身体におけるあらゆる動物的な作用を

---

206) AT, XI, 330：『著作集』III, 167（第5節「霊魂が身体に運動と熱とを与えると考えることは誤りであること」）。
207) プレンピウスからデカルトへ，1637年9月15日，AT, I, 399：『全書簡集』I, 403, 参照。

引き起こしうる，と言っているように思われます。それゆえ干し草の熱は，感覚的な他の霊魂などなくとも，見たり聞いたりすることができるわけです。これほど高等な作用が，これほど下等で無感覚な原因から生じうるとは思われません」。[208]

1637 年 10 月 3 日の回答で，デカルトは『序説』のなかですでに強調していた人間と動物との違いを引き合いに出し，視覚を例に説明する。

「動物は，われわれが見ていると感じているときのように，見てはいません。ただたんにわれわれが上の空になっているときのように見ているだけです。そのとき，たしかに外的な対象の像がわれわれの目の網膜に描かれ，おそらくその像によって視覚神経に形成される印象がわれわれの手足をさまざまに運動させもするでしょうが，われわれはそれらをまったく感じていないのです。その場合，われわれもまた自動機械と同じように動いているにほかなりません。そして自動機械を動かすためには，熱は十分な力とはならないとは誰も言わないでしょう」。[209]

1640 年 7 月 30 日のメルセンヌ宛書簡のなかで，デカルトはこの理性をもたない動物ないしは「野生の動物」[210] は自動機械であるというテーマも同じように再び取り上げ，ボズウェル宛とされる手

---

[208] フロモンドゥスからプレンピウスへ，1637 年 9 月 13 日，AT, I, 403：AM, I, 384：『全書簡集』I, 398. 反論はすでに引用した『序説』の章句（AT, VI, 46：『著作集』I, 50）に関わるものである。その『序説』の引用部分は『人間論』末尾（AT, XI, 201-202：『著作集』IV, 286）に対応している。

さらに注意しておくと，「感覚的な他の霊魂などなくとも」という言い方は『人間論』（AT, XI, 202：『著作集』IV, 286）と『方法序説』（AT, VI, 45-46：『著作集』I, 50）に対応した表現である。

[209] プレンピウス宛，1637 年 10 月 3 日，AT, I, 412-413：AM, II, 6：『全書簡集』II, 6-7.

[210] AT, III, 121：『全書簡集』IV, 107〔ただし邦訳では「野生の」（動物（bêtes brutes））は訳されていないように思われる〕。

紙[211]で，生命を心臓の熱によって定義している（「生命は（…）心臓の中にある熱に存する」）。1649年2月15日のモア宛のラテン語の書簡は同じ言い方でこの心臓の熱による生命の定義を再び取り上げ，まず「動物から思考を取り去る」理由に言及してから，生命の定義の必然的帰結として「生命は心臓の熱のみによって成立するとしていますので，いかなる動物にも生命を否定してはいません」と述べている[212]。

デカルトは「思惟する実体」と定義される「非物体的」原理，「すなわち精神ないし霊魂」をよりよく区別するために，野生動物の運動を説明するこの「機械論的で物体的な原理」を「物体的霊魂（anima corporea）」と呼ぶまでに至る[213]。J. B. セナは，1749年に刊行した『心臓の構造，行動，その病気について』のなかで，今引いたデカルトの書簡を1世紀後におうむ返しに繰り返し，「心臓はすべての生きている物体の物質的な霊魂である」と書いている[214]。

こうして，二元論の形而上学がデカルトの生物学を基礎づけ，「生命」あるいは「物体的霊魂」[215]の領域は思惟の領域とは根本的に区

---

211) 〔訳注〕AT, IV, 686ではボズウェル宛（?），1646年（?）とされている書簡は，現在では，メルセンヌ宛，1635-1636年（『全書簡集』I, 293）と考えられている。
212) モア宛，1649年2月5日，AT, V, 278：『全書簡集』VIII, 124. この書簡のクレルスリエによる仏訳はレヴィス校訂による『デカルト，アルノー，モア往復書簡集（Descartes, Correspondance avec Arnauld et Morus, Texte latin et traduction）』（Paris, Vrin, 1953）127頁に採録されている。
213) モア宛，1649年2月5日，AT, V, 276：『全書簡集』VIII, 122.
214) ジャン＝バティスト・セナ（Jean-Baptiste Sénac）『心臓の構造，行動，その病気について（Traité de la structure du cœur, de son action, et de ses maladies）』（Paris, 1749），第1巻「序文」V頁。
215) 『省察』「第六答弁」第3節，AT, IX-1, 228：VII, 426：『著作集』II, 487.

別される。

　思惟に関して，デカルトは次のように主張する。

>「私こそ初めて，思惟を非物体的実体の主要属性とみなし，延長を物体的実体の主要属性とみなしたのである」。[216]

　身体（物体）は霊魂に「実体的に合一」していると，デカルトは「第6省察」で書いている[217]。1643年5月21日のエリザベト王女への手紙のなかで，デカルトは次のように付け加える。

>「われわれがとくに身体についてもつのは延長の概念であり，そこから形と運動の概念が出てきます。霊魂のみについては，われわれがもつのは思惟の概念にほかならず，そこには知性の認識や意志の傾向が含まれています。最後に，霊魂と身体とを合わせたものについては，われわれがもつのは霊魂と身体の合一の概念だけであり，その概念に，霊魂が身体を動かし，身体が霊魂の感情や情念を引き起こして霊魂に作用する力の概念が依拠しています」。[218]

　しかし，この「合一」を理解させることはできなかった。そこで，デカルトはさらに霊魂と身体の合一は「各人が哲学することなしにいつも自分自身において経験している概念」であるとして，次のように説明する。

>「すなわち，各人は身体と思惟をともにもつひとりの人間であり，思惟は身体を動かし，身体に生じる出来事を感じることができるような本性をもっているのです」。[219]

---

216) 『掲貼文書への覚え書』AT, VIII, 348：『著作集』IV, 519. マリオン『デカルトの形而上学的プリズムについて』上掲，74-76頁参照。
217) 『省察』「第4答弁」, AT, IX-1, 177：廣田昌義訳『著作集』II, 277参照。
218) AT, III, 665：『全書簡集』V, 265.
219) エリザベト宛, 1643年6月28日, AT, III, 693-694：『全書簡集』V, 302.

霊魂と身体の合一の意識を生の経験のレベルに関連づける際に，デカルトは霊魂の身体への合一の身体的な結節点として松実腺を指定することもあれば[220]，霊魂が「身体全体に」合一していると言う場合もあり，後者の言い方は『哲学の原理』第4部第189節で定式化され，さらに『情念論』第1部第30節でも繰り返されている[221]。

---

220) この問題について，ベイサッドは次のように考察している。「ひょっとしたら，霊魂を直接脳全体に，それもこうした流動つまり動物精気が脳のくぼみに描きだす流れのシステムに合一させることも考えられたかもしれない。しかしデカルトは「霊魂を川の水なら馬鹿げているとみなされかねないような形で絶えず出たり入ったりしている動物精気に合一させる」といった可能性の直前で身を翻す。そこにあるべき「固体粒子」の要請のなかには，ニーチェの友でもあれば，哲学者の偏見とさらには何らかの原子論の必要性を見抜けるかもしれない。また，制度史家であれば，近世的君主たるデカルト的な霊魂には，その固有の身体として主要路の交差するところに位置する宮殿が必要であり，中世初頭のフランク王国最初のメロヴィング朝のような不安定な足場に立って統治することはもはやできないと言うかもしれない。(…) 松実腺は不可避の通過点となる。松実腺，さらには松実腺を介して関係する身体全体に対して受動的である場合には，霊魂は松実腺のうちにある多様な運動と同じだけの多様性をもつ感覚（感じるという動詞のもっとも広い意味における感覚）を経験するであろう。松実腺，さらには身体全体に対して能動的な場合には，霊魂は「われわれの身体のうちに終結する行為」（『情念論』第1部第18節）といったものを欲することによって，腺のなかに多様な運動を生じさせるであろう。まず「脳の多様な運動」（『情念論』第1部第13節）として記述されていたものが，こうして「この腺における多様な運動」（『情念論』第1部第34節）となる。こうして導出された中心は脳内の研究を精錬するように要求することになる」。「反射あるいは驚き。デカルトによる感覚運動機構について（*Réflexe ou admiration. Sur les Mécanismes sensori-moteurs selon Descartes*）」『理性の情念，F. アルキエ献呈論文集（*La passion de la raison*, Hommage à F. Alquié）』(Paris, P.U.F., Epiméthée) 117-118頁参照。
221) この松実腺は松の実の形から名づけられたもので現代では松果体と呼ばれる。これをデカルトが下垂体から注意深く区別していたことは，たとえ

この霊魂と身体の合一はさらに，デカルトにおいては，自然学の法則を構成する際にも組み入れられる。つまり，まさに運動の量のみが保存され，運動の方向は保存されないがゆえに，意志には少なくともそうした運動の過程を変化させる可能性があることになるのである[222]。

　さらに，E. ジルソンが強調するように[223]，デカルトが再定義する実体的合一のただなかで，実体の一方が人間存在の個体性[224]，す

ばメルセンヌ宛 1640 年 12 月 24 日の書簡（AT, III, 263：『全書簡集』IV, 233）から分かる。
222）　指摘しておくと，この最後の議論をめぐって，ライプニッツが実体的合一についてのデカルトの考え方に対する批判をすることになる。Cf.『モナドロジー（*Monadologie*）』，80 節。
223）　もしデカルトが，スコラに倣って，霊魂と身体（物体）の実体的合一のテーゼを受け継いでいるとしても，そのテーゼには異なる意味が与えられており，デカルトは霊魂のスコラ的理解も身体のスコラ的理解も，実体的合一のスコラ的理解も認めていない。トマスによれば，霊魂と身体（物体）は「不完全実体」であり，E. ジルソンが指摘するように，「まさに人間の霊魂が不完全実体であるがゆえに，霊魂は身体というもうひとつ別の不完全実体と合一することによって人間というこの完全実体の実体形相となる」。ジルソン『デカルト方法序説註解』（上掲）432 頁参照。また同様に，『スコラ＝デカルト索引』277-278 頁，「デカルトの生得主義と神学」『中世哲学研究』146-150 頁参照。

　これに対してデカルトは，物質は完全実体だと断言する。「というのも，質料（物質）を真で十分な実体と考えるわれわれにとっては，なぜそれが自然的物体であることが否定されるのかが分からない」（レギウス宛，1642 年 6 月，AT, III, 565：『全書簡集』V, 163）のであり，霊魂もまた完全な実体なのである（「第 4 答弁」，AT, VII, 222：『著作集』II, 272，参照）。
224）　レヴィス『デカルトによる個体性（*L'Individualité selon Descartes*）』（Paris, Vrin, 1950）参照。

　その国家博士論文主論文の序論で，G. レヴィスは「かくて，文字通りにはデカルトが直接個体性を扱っているテキストは稀で，二次的な関心の対象でしかないように見えるにもかかわらず，そこに含まれるあらゆる問題によって，この問題はデカルト哲学全体を照らし出すものなのである」（8

第 1 章　心臓の熱，デカルトにおける生命の原理　　133

なわちスコラ的定式で行けばその数的同一性を確保することになる。すなわち，デカルトが繰り返すように，それが「身体の形相」としての霊魂なのである。メラン神父宛の書簡で，デカルトは「人間の身体の数的一性はその質料（物質）ではなく，形相すなわち霊魂に依存するのです」[225]と書いている。さらにデカルトは霊魂に「実体的形相」（ただし「真の実体的形相」[226]であるが）という形容辞を用いることまでしている。ただし，フェルネル，ヴェサリウス，リオラン（父），プレンピウス，そしてとりわけハーヴィとは反対に[227]，デカルトは哲学と同じく，医学を「実体的形相」から解放しようと望んだのである[228]。

頁）と指摘している。
225) メラン宛，1645年あるいは1646年，AT, IV, 346：『全書簡集』VI, 377.
226) レギウス宛，1642年1月，AT, III, 505：ロディス＝レヴィス編『レギウス宛書簡集』，93頁：『全書簡集』V, 114.
227) Cf. フェルネル『生理学』第5巻第18章。

　1543年の『ファブリカ』第VI巻の終わりの2章で，ヴェサリウスは（心臓を研究した後の，第7巻で脳の解剖に着手する直前のところで），ガレノスの議論を受けて，心臓の機能について論じ，身体の部分，特に心臓への霊魂の局在論について言及する。ヴェサリウスは心臓を霊魂の座とする議論をめぐって行われていた宗教的検閲を批判し，霊魂の局在論の問題を医術の実践の問題に結びつける。特に1543年版『ファブリカ』594頁参照。

　リオラン（父）『全集』「フェルネル『動物の諸能力について』註解」（上掲）45-73頁。

　プレンピウス『医学の基礎』第2巻第6部第1章「動物の諸能力について（*De facultatibus animae*)」，特に160頁。

　ハーヴィ（Harvey）『一般解剖学講義』（ホイットリジ版，上掲，12-13頁）は身体部分の区別をその部分が表している霊魂の役割に関係づけている。
228) メルセンヌ宛1640年10月28日書簡でデカルトは「学院（スコラ）の哲学」を引き合いに出し，「学院ではこの物質（質料）は十分に説明されていません。物質は「純粋な可能性（*pura potentia*）」とされ，実体形相と実在的性質という突飛な思いつきに過ぎないものが付加されているいるからです」と説明している（AT, III, 212：『全書簡集』IV, 187）。

この「真の個体性」は人間の身体が霊魂から受け取るもので,「物質的対象の見掛け上の個体性」から区別される[229]。レヴィスの博士論文『デカルトによる個体性』はつぎのように強調する。

> 「物質の粒子を突き動かす渦状運動の多数性のなかで, 一つの身体を特徴づける運動の単一性は主観的かつ一時的な感覚可能な切り分けに関係する。「それはちょうど, ロワール川は, 水が10年前とはもはや同じ水でもないし, おそらくはその水を取り巻いていた同じ地面のいかなる部分ももはやなくなっているにもかかわらず, 10年前と同じ川であるということができるのと同様なのです」」。[230]

　1645年2月9日のメラン宛書簡で, デカルトは機能する能力をもつ有機体の同一性というテーマについても触れている[231]。こうし

　『方法序説』(AT, VI, 21–22:『著作集』I, 28) 参照。またこの点に関しては, ジルソンの『方法序説註解』(上掲) 226–227頁も見よ。

229) 引用はレヴィスの学位論文『デカルトによる個体性』(上掲) 60頁からである。

230) 同上, 60頁。デカルトからの引用は1645年2月9日のメラン神父宛書簡 (AT, IV, 165:『全書簡集』VI, 210)。
　この1645年2月9日のメラン神父宛書簡からの見事な引用はトマス・アクィナスの「セーヌ川がこの川であると言えるのは流れている水のためではなく, その源流と川床のためであり, そこからセーヌは流れているのは別の水であるにもかかわらずこの同じ川だとつねに言われるのである」(『霊的な被造物について (*De Spiritualibus Creaturis*)』, q.I, a. 9, ad 10m.) という言葉に比較されるべきであることを強調しておこう。この言葉は, P.-N. メイヨー (P.-N. Mayaud) 神父がパリのサントル・セーヴルで1988年1月末に行われた「個体と個体化 (*Individu et individuation*)」をめぐる研究会の開会講演で引用したことから知ることができた。そのセミナーの記録は, ビトボル゠エスペリエス (Annie Bitbol-Hespériès) とメイヨー (Pierre-Noël Mayaud) (共編)『個体化の問題 (*Le Problème de l'individuation*)』(Paris, Vrin, 1991) として刊行され, メイヨーの論文「近代科学による自然における個体と個体化 (Individu et individuation dans la nature selon la science moderne)」(同書, 147頁以下) が収められている。

231) AT, IV, 166–167:『全書簡集』VI, 212.

て，個体性，個体の連続性はその霊魂の関数となる。その点は，ハーヴィが発見し，デカルトがその全著作で擁護した血液循環によって証明されるように，身体が絶えず更新されていても，また身体の切断が起こっても変わらない。

ロディス゠レヴィスは次のように書く。

> 「すでに，「カルテシウス（*Cartesius*）」と呼ばれる手稿のなかで，切断手術を受けた人の幻覚を例に挙げ，切断手術が霊魂の個体的同一性には何の影響も及ぼさないことを主張し，『パイドン』と同じではあるが，まったく独自の仕方で，霊魂・身体調和説を批判しようとしている。その調和説は霊魂と身体との関係をシタールの何本かの弦を切れば響きが消失するといったことと同じように考えようとする。デカルトの立場はこれとはまったく逆で，「霊魂は完全無欠のままであり続けるので，時によっては腕を一本失っても，それを意識できないことがあるほどである」とするのである」。[232]

しかし，身体がその同一性を保持し，絶えず更新され続けていくためには，身体の切断が生命を可能にしている器官の組成に影響を及ぼすようなことがあってはならない。

> 「身体は一つであって，またある意味では不可分である。それというのも，身体の諸器官の配置はどれか一つの器官を除けば全身に欠陥をきたすほど器官相互に密接に関係しているからである」。[233]

『情念論』第6節はこの点に関して「身体の主要部分」に言及する。この概念の意味はさらに『動物の発生についての最初の思索』のテ

---

232) 「カルテシウス」，AT, XI, 649：『数学・自然学論集』，220. このラテン語原文のロディス゠レヴィスによる仏訳はロディス゠レヴィス『デカルト，テキストと論争』（上掲）376頁。また，『哲学の原理』第4部196節によって，デカルトが内科医や外科医を頻繁に訪れたことによってこうした所見を得ることになったのが1629年から1630年以降であることが分かる。
233) 『情念論』30節，AT, XI, 351：『著作集』III, 180.

キスト[234]と比較すると，明らかとなる。そこでデカルトは脾臓に言及し，脾臓を「高貴ではない，卑しい臓器」だとし，身体のうちでも「卑しい (*ignobile*)」としている。カスパール・ボアンは，『解剖劇場』の序文で,「三つのもっとも高貴な内臓」として「脳，心臓，肝臓」をあげている。ボアンはガレノスに準拠しながら，これら三つの臓器は「原理 (*principia*)」であり，肝臓は自然な部分の原理，心臓は生命的な部分の原理，脳は動物的な部分の原理だと説明している[235]。生命的な部分を扱う第II巻で，ボアンは，アリストテレスを引用し，横隔膜が「卑しい」部分と「もっとも高貴な」部分とを分ける機能を持つと主張している[236]。

ところで，P. オーバンクが示すアリストテレスのテキストでは，まさに次のように指摘されている。

> 「死は (…) 異なる器官や生命の異なる機能の間の不可欠さの度合いを明らかにしてくれる。人間は指や手がなくとも生きていけるが，心臓や脳がなければ，生きることができない。心臓や脳はこうして第一のもの (κύρια) である〔とオーバンクはアリストテレスを引用して議論を進める〕。それらにこそロゴスと本質 (οὐσία) がある」。[237]

---

234) AT, XI, 516–517：『医学論集』, 110.
235) 『解剖劇場』1621年版（上掲）序文6頁。1605年版はヒポクラテスを典拠としていた。
236) 同上，第11章「横隔膜すなわち第7横膜について」。
237) オーバンク (P. Aubenque)『アリストテレスにおける存在の問題 (*Le problème de l'être chez Aristote*)』(Paris, P.U.F., 1962, 4ᵉ édition 1977), 470頁。
引用は『形而上学』第7巻第10章1035 b25（『アリストテレス全集』（旧版）12，出隆訳，岩波書店，1968，240–241頁）。

P. オーバンクはさらに議論を進め，次のように書く。「逆に，指と手は生命には不可欠ではない。しかし，指や手は生物全体から切り離されては存在しえないということから，生命は指や手にとって不可欠であるということが帰結する。それゆえ，死んだ指は同じく指とはいっても同形異義であるにほかならない（第7巻第10章1035 b24：邦訳，240頁）」。続いて P. オーバンクが典拠としているのは，『カテゴリー論』第1巻第1章1a2–3（『ア

人間の個体性は身体の形相である霊魂によって確保される。しかし，このように，そうした個体性に加えて，別の水準の同一性が霊魂には帰される必要がある。すなわち，人体の構造が前提とする同一性である。しかしこのタイプの同一性はもはや人間固有のものではない。というのは，その同一性は動物も共有しているからである。デカルトの機械論的生物学の特徴は，動物が紛れもなく身体的同一性をもつことを認めるものの，だからといって霊魂の所有は認めないところにこそある。実際，デカルトにおいては，スコラが霊魂に帰していた[238]植物的機能，運動的機能および感覚的機能は霊魂から取り除かれる。そのため，これらの機能はそれぞれ霊魂なしに確保できることとなった。かくて，動物は霊魂が剥奪されても生命は「除かれる」わけではないことになる。というのもデカルトにおいて生命は「心臓の熱のみ」[239]によって定義され，それが個体性をもたない構造的同一性のモデルとなっていたからである。

　注意しておきたいのは，デカルトが生物を定義する生命の火がともされている心臓と肉だけをもつ極限例ないし最小例を検討している際に，カキとカイメンを例示し[240]，「不完全にすぎる動物」[241]と

リストテレス全集』1, 中畑正志訳, 岩波書店, 2013, 12 頁)；『魂について』第 2 巻第 1 章 412 b18（『アリストテレス全集』7, 中畑正志訳, 岩波書店, 2014, 67-68 頁)；『動物の発生について』第 1 巻第 19 章 726 b22（『アリストテレス全集』11, 今井正浩・濱岡剛訳, 岩波書店, 2020, 78 頁)；第 2 巻第 1 章 734 b24（邦訳, 117 頁), 735 a7（邦訳, 118 頁)；第 5 章 741 a10（邦訳, 150 頁)（もっとも頻繁に例として挙げられるのは目と指である）（オーバンク, 470-471 頁)。

238) 『方法序説』第 5 部, AT, VI, 46：『著作集』I, 50. ジルソン『スコラ＝デカルト索引』(op. cit.) 13-16 頁参照。

239) モア宛, 1649 年 2 月 5 日, AT, V, 278：『全書簡集』VIII, 124.

240) 『動物の発生についての最初の思索』AT, XI, 520：『医学論集』, 115.

241) ニューカッスル候宛, 1646 年 11 月 23 日, AT, IV, 575：『全書簡集』VII, 204.

呼んでいることである。それらはまさしくアリストテレスの著作では，存在者の階層的序列のなかで，そこから上に向かって動物の世界が始まり，それより下に植物界が広がる位階を代表する事例に他ならない[242]。

デカルトはさらに次のように断言するに至る。

> 「熱は動物，植物，その他の物体に共通の原理であるので，熱という同一のものが人間も植物も生きさせる役に立っていることは驚くべきことではありません。逆に，植物には動物にあるのとは別の種類の何らかの原理が必要であったとすれば，そうした植物と動物の原理はうまく両立しえなかったはずです」。[243]

『動物の発生についての最初の思索』のなかで，デカルトは植物と動物の形成はともに熱の作用によって円環状に回転している物質の微粒子に由来する点で一致していると主張するのである[244]。

デカルトが生命の原理に捧げている探究の全体は，デカルトの先人たちの探究に対立している。次にその点を検討することにしたい。

---

[242] アリストテレス『動物の諸部分について』第4巻第5章 681 a11-15：ルイ（P. Louis）版，上掲，p. 20：『アリストテレス全集』10，濱岡剛訳，岩波書店，2016，173-174頁。『動物誌』第5巻第15，16章（特にトリコ（J. Tricot）版，上掲，p. 316-318, et p. 321：『アリストテレス全集』8，金子善彦・伊藤雅巳・金澤修・濱岡剛訳，岩波書店，2015，249頁以下）参照。こうしたきわめて初等的な動物は感受性や運動能力といったものを完全に欠くわけではないものの，場所を移動する運動能力はもっていない。『動物誌』第1巻第1章（トリコ版，上掲，p. 64：邦訳，27-28頁）参照。

[243] メルセンヌ宛，1640年7月30日，AT, III, 122：『全書簡集』IV, 108.

[244] AT, XI, 534：『医学論集』, 135.

第2章

先人たち

　生理学と医学に合理的秩序を回復しようとするデカルトの試みには,「動物精気」という語に見られるように, いくつか古風なところが残っている。同様の事態は心臓を身体のなかでもっとも熱い場所とする理解にも認められる。その理解は部分的にはアリストテレスに由来するものであり, E. ジルソンが指摘するように, スコラの学説のうちに見出される[1]。たしかに, コインブラの教育[2]では, 心臓を特に熱い場所とする主張は心臓の機能が「一種の炉として血液を蒸留して生命精気に変換し, そうすることで身体全体を温めなおすことができる」[3]という特有の観念に結びついていた。しかし, われわれは心臓の熱と生理学的説明のこうした結びつきがつねに必須であったわけではないことを見ることになる。実際, 古代ギリシアの, ヒポクラテスと『ヒポクラテス全集』を編纂した医者たち,

---

[1] ジルソン「デカルト, ハーヴィとスコラ」(上掲), 83頁。
[2] 〔訳注〕ポルトガル, コインブラのイエズス会の学院での教育。本書の前註でも引かれているジルソンの論文によると, デカルトが学んだのはコインブラの学院でのアリストテレスの『自然学小論集』註解の『アリストテレスの『自然学小論集』と呼ばれる著作に対するイエズス会のコインブラの学院の註解 (*Commentarii collegii Conimbricensis societatis Jesu, in libros Aristotelis qui* Parva naturalia *appellantur*)』(Lugdunum (Lyon), 1597) である (ジルソン「デカルト, ハーヴィとスコラ」, 52頁注1)。
[3] ジルソン「デカルト, ハーヴィとスコラ」(上掲), 83頁。

アリストテレス,それにガレノスといったもっとも威光ある代表者たち以来,炉としての心臓というテーマはつねに見られるものではあるが,そのテーマに関連する心臓の機能や心臓の熱の起源,それに生命の原理についての見解は多様であった。

A)『ヒポクラテス全集』[4]

ここでの主題について参照可能な最初の重要なテキストは『ヒポクラテス全集』と呼ばれてきたものであるが,その著者がヒポクラテスだけではないことは明らかである。『全集』に含まれる著作の大部分は紀元前5世紀ないし4世紀に遡るが,それ以外はもっと後代のものである[5]。したがって,それらのテキストのいくつかはアリストテレスよりも以前のものであり,他は同時代か後代のものであることになろう。そうしたばらつきがあるために,一つの論考を他の論考と比較,対照するには注意が必要となる。しかし,『ヒポクラテス全集』の諸論考が全体としてガレノス以前の医学を代表し

---

4) 〔訳注〕『ヒポクラテス全集』はフランス語では le *Corpus hippocratique* ないし la *Collection Hippocratique* と呼びならわされる。

5) ハリス (C. R. S. Harris)『古代ギリシア医学における心臓と血管系——アルクマイオンからガレノスまで (*The heart and the vascular system in Ancient Greek Medicine. From Alcmaeon to Galen*)』(Oxford, at the Clarendon Press, 1973) 29–34 頁参照。

同じく,デュミニル (M.-P. Duminil)『ヒポクラテス全集における血液,血管と心臓——解剖学と生理学 (*Le sang, les vaisseaux et le cœur dans la Collection Hippocratique. Anatomie et physiologie*)』(Paris, Société d'édition *Les Belles Lettres*) 122 頁も参照。この問題に関しては「静脈 (veine)」という語は血管を指すことに注意しておこう。動脈と静脈の区別については本書第Ⅲ部の冒頭で論じることにする。

ヒポクラテスについて,P. メナールは「一人の著者というよりもむしろ一つの大全である」と書いている(上掲「デカルト生理学の精神」『アルシーヴ・ド・フィロゾフィ』)。

ていると見なせないわけではない。この第Ⅱ部第2章冒頭で提起した問題は17世紀における心臓の運動を説明するための枠組みを提示することを目指してのものであった。しかし，その枠組みを『ヒポクラテス全集』を構成しているテキストのように古代の多様なテキスト全体において明らかにしようとすると，時に17世紀の問題構成からいささかそれてしまう。

たとえば心臓の機能については，とびとびに，手短に論じられるにすぎない。「解剖について」には，「心臓から肝臓へ向かって多くの血管が伸びている。また，それらとともにいわゆる大静脈が出ており，それを通じて身体全体に栄養が行き渡る」[6] という記述が見られる。

M.-P. デュミニルが強調するように,「心臓が『ヒポクラテス全集』のなかで血管系の中心として登場するのには長い時間がかかった。そうした位置づけが完全に認められるのはようやく『全集』後半におかれている「心臓について」になってからである」[7]。しかも，そのために，多数の研究者たちはこの論考を，「肉質について」と同様に，アリストテレス以後のもの[8] とみなそうとしてきた。

「肉質について」はそもそもデカルトが『動物の発生についての

---

6) リトレ（E. Littré）校訂・訳『ヒポクラテス全集（*Œuvres complètes d'Hippocrate*）』（10 volumes, Paris, J.B. Baillière 1839–1861，以下「リトレ版」）第8巻539頁。同じくリトレによる再訂版『ヒポクラテス全集（*Hippocrate, Œuvres complètes*）』（5 volumes, édition de l'Union littéraire et artistique, Paris, 1955，以下「ユニオン版」）第2巻42頁（大槻真一郎（編集・翻訳責任）『ヒポクラテス全集』（全3巻，エンタプライズ，東京，1985–1988，以下「邦訳版」）第2巻「解剖について」渡辺義嗣訳，845頁）。
7) デュミニル『ヒポクラテス全集における血液，血管と心臓』（上掲）295頁。
8) この仮説をめぐる議論については，ハリス『古代ギリシア医学における心臓と血管系』（上掲）83–84頁，また同じく，デュミニル『ヒポクラテス全集における血液，血管と心臓』（上掲）64–65頁，参照。

最初の思索』[9]ではっきりと言及しているものだが,そのなかでは心臓は

> 「もっとも太い血管がはじまる起点に位置している。心臓からは二本の太い血管が発している。その一つは動脈といい,心臓に接しているほうは大静脈という」[10]

と述べられている。

血管については,「心臓について」でも,

> 「人間本性の源泉であり,体中にいきわたる多量の流れがあり,体に生命をもたらす」[11]

とされている。

他方,肺のほうは,すでに冷却の機能をもつとされており,心臓は

> 「穏やかに肺におおわれており,肺に取り囲まれていることによって熱が不適当に混合するのをおさえる。というのも,肺は本来冷たく,空気を吸い込むことによってさらに冷たくなるからである」[12]

と言われる。

こうした冷却が必要とされるのは,心臓の熱という考え方からすると当然の帰結であり,『ヒポクラテス全集』では,「肉質について」と「心臓について」の二つの論考で問題にされている。

「肉質について」は,

---

9) AT, XI, 532 :『医学論集』,130.
10) 『ヒポクラテス全集』「リトレ版」第8巻591頁:「邦訳版」第2巻「肉質について」今井正浩訳,868頁。
11) 『ヒポクラテス全集』「リトレ版」第9巻951頁:「ユニオン版」第2巻77頁:「邦訳版」第2巻951頁。
12) 同上(「邦訳版」950–951頁)。

> 「体の熱分は，ほとんど血管と心臓に含まれている。人間の体のなかでもっとも熱を帯びた心臓が空気を含んでいるのは，そのためである」[13]

と主張する。

同じく，「心臓について」は心臓周辺の漿液の機能を心臓に熱があることから説明し，

> 「その液体の量はちょうど，火が心臓を焼くのを癒すのに必要なだけある」[14]

としている。

しかし，これら二つのテキストはもっとも熱い心臓の内腔〔＝心室〕の名称に関しては一致しているとは思われない。

「肉質について」では，「心臓がもっとも熱をもち，そこに大静脈があり，空気を分配していく」[15] とされており，もっとも熱をもつのは心臓の右の腔，つまりまさに「そこに大動脈がある」ところであることになろう。

逆に，「心臓について」は心臓の腔の内壁の組成を吟味し，

> 「二つの心室は内部はざらざらしており，いわば腐食されたようで，特に右より左の内腔が著しい。というのも，右の内腔には生来の火（ἔμφυτον πῦρ）がないからである。したがって，左の内腔のほうがざらざらしていて，混じりけのない空気を吸い込むことに驚く必要はない。そういうわけで，左の内腔は熱の力から保護されるよ

---

13) 『ヒポクラテス全集』「リトレ版」第 8 巻 593 頁：「ユニオン版」第 2 巻 64 頁：「邦訳版」第 2 巻 869 頁。
14) 『ヒポクラテス全集』「リトレ版」第 9 巻 81 頁：「ユニオン版」第 2 巻 75 頁：「邦訳版」第 2 巻 949 頁，参照。
15) 『ヒポクラテス全集』「リトレ版」第 8 巻 591 頁：「ユニオン版」第 2 巻 64 頁：「邦訳版」第 2 巻 869 頁。

うに分厚くつくられている」[16]

と結論している。

　熱の大部分を含んでいるのは左心室であるとするこうした主張の遠い反響はコインブラのスコラ哲学者たち[17]，さらにはデカルト自身のうちにも見出される。

　デカルトにとっては，

> 「心臓の形は，血液が右心室よりも左心室にある方がいっそう熱せられ，より力強く膨張することをおのずから示している」[18]

のであった。

　火というメタファーによって，心耳は炉に使うふいごの機能をもつと考えられるに至る。「心臓について」の著者にとっては，

> 実際，心耳は「自然が空気を引き寄せるための器官である。たしかに，それは巧みな職人による器官であると，私は思う。その職人は，心臓内部がそこに圧縮してつまっているもののためにつくりが堅く，そのため吸引の働きが決して強くはないということを考慮に入れて，鍛冶師が炉で用いるようなふいごをその作品にとりつけた。それによって吸気を獲得するためである」[19]

とされる。

　この文脈で上述の文言が説明しているのは，明らかに問題となっている呼吸が心臓固有のものであることである。というのも心臓が呼吸する空気は心臓自体の冷却に役立つもので，いかなる場合でも

---

16) 『ヒポクラテス全集』「リトレ版」第9巻85頁：「ユニオン版」第2巻77頁：「邦訳版」第2巻951頁，参照。
17) ジルソン「デカルト，ハーヴィとスコラ」（上掲）83頁。
18) 『人体の記述』（AT, XI, 237：『医学論集』, 158）。
19) 『ヒポクラテス全集』「リトレ版」第9巻85-87頁：「ユニオン版」第2巻77頁：「邦訳版」第2巻951頁。

他に配分されるものではないからである。

　この心臓の熱の起源については,「心臓について」を書いた医者は,すでに引用したように,問題は「内在的な火（ἔμφυτον πῦρ）」にあると述べていたが,その起源を問うとすれば,いうまでもなく,機械論的説明よりは元素の体系論へと向かうことになるにちがいない。ヒポクラテス派の医師たちが用いている諸元素の組み合わせはさまざまである。「古来の医術について」[20]の経験主義的な信仰告白には,「食餌法について　第一巻」[21]の著者のやや独断的な単純さと比べると,ごく微妙な差異を見ることができる。「肉質について」からは心臓の熱に関する章句をすでに抜き出したが,そこでは熱という他のすべてを超えたところに位置づけられる原理を出発点として人間と動物の身体が構成されていく。

　　　「私の考えでは,熱と呼ばれるものは不死であって,それはすべてを意識したり,見たり,聞いたりするとともに,現在のことやこれから先おこることをすべて知っている」。[22]

　この論文の著者が身体の形成の出発点として考える他の元素は土と空気,そして「この土のすぐ近くには第四の元素（水）があり,それはもっとも湿っていて,もっとも濃密な元素」[23]である。「人間の自然性について」のなかに,通常もっともヒポクラテスに帰されることの多い理論が見出される。その理論によれば,

---

20) 『ヒポクラテス全集』「ユニオン版」第 1 巻 27 頁：「邦訳版」第 1 巻「古来の医術について」大槻マミ太郎訳, 71 頁。
21) 『ヒポクラテス全集』「ユニオン版」第 5 巻 139 頁：「邦訳版」第 2 巻「食餌法について　第一巻」近藤均訳, 172 頁。
22) 「肉質について」冒頭,『ヒポクラテス全集』「リトレ版」第 8 巻 585 頁：「ユニオン版」第 2 巻 61 頁：「邦訳版」第 2 巻 865 頁。
23) 『ヒポクラテス全集』「リトレ版」第 8 巻 585 頁：「ユニオン版」第 2 巻 62 頁：「邦訳版」第 2 巻 865 頁〔なお, 同訳書, 866 頁註 (5) 参照〕。

「人間の体は，その中に血液と粘液と黄胆汁と黒胆汁がある。そしてこれらのものがその体の自然性であり，これによって病苦に悩んだり健康になったりする」。[24]

これら四つの構成要素自体が熱，冷，湿，乾という四つの性質間のバランスを含んでいる。たとえば，熱くて湿っている血液は春と夏に優勢となる[25]。しかし，宇宙発生説的な考え方がもっとも顕著な著作は「食餌法について 第一巻」である。

「人間も他のあらゆる動物も，効力の点では異なるが作用の点では補い合う二つのものから成り立っている。火と水である」。[26]

こうした身体の秩序は自然全体の秩序を模倣したものである。

「火は，体内のあらゆるものを，身体が宇宙を模倣するような具合に秩序づけ，小さなものは大きなものに対応し，大きなものは小さなものに対応するようにしている」。[27]

指摘したいのは，この小宇宙・大宇宙の対照というテーマがルネサンスの多数の著作家たち，まずフェルネル[28]，そしてその後には

---

24) 『ヒポクラテス全集』「ユニオン版」第2巻164頁：「邦訳版」第1巻「人間の自然性について」大槻マミ太郎訳，961頁。
25) 『ヒポクラテス全集』「ユニオン版」第2巻166頁：「邦訳版」第1巻 963–9641頁。
26) 『ヒポクラテス全集』「ユニオン版」第5巻142頁：「邦訳版」第2巻174頁。
27) 『ヒポクラテス全集』「ユニオン版」第5巻147頁：「邦訳版」第2巻180頁。
28) フェルネル（Fernel, 1490–1558）に関していうと，その医学と解剖学は「ガレノスの名前が絶大な影響力をもっている」ことをE. ジルソンは認めながら，「しかし，その一般的な精神はいわゆるスコラ学者の精神というよりもルネサンス人の精神である」と指摘している。「デカルト，ハーヴィとスコラ」（上掲）52頁註3，参照。

ハーヴィやケプラーにも見出せることである。同じく注目したいのは,『ヒポクラテス全集』の今引用したばかりのテキストでは,存在する元素はわずか二つだけとされているにもかかわらず,そのうちの一つである火が支配的な役割をもつとされ,その理由が次のように言われていることである。すなわち,

> 「もっとも熱くてもっとも強力な火は,本性に従ってあらゆるものを決定することによって,あらゆるものを凌駕しており,見ることも触れることもできず,そこには,霊魂,精神,思慮,成長,運動,衰退,変異,睡眠,覚醒があり,あれこれとあらゆるものを絶えることなく支配し,決して休むことがない」[29]

というのである。

この「食餌法について 第一巻」は火と霊魂とのつながりを確認している。『ヒポクラテス全集』で他に,火と霊魂を結びつけ,それを心臓に関係づけた唯一の著作として「心臓について」があり,そこではことに左心室が(すでに見たように)内在的な火と精神の座とされている。

> 「人間の理性は左の内腔にあり,霊魂のほかの部分を支配している」。[30]

しかしこの論文では「ほかの部分」の場所についてはいっさい手がかりが書かれていない[31]。

したがって,これらの参照箇所からすれば,「熱」と「火」という語の意味内容はわれわれにとっておなじみの,デカルト自身が認

---

[29] 『ヒポクラテス全集』「ユニオン版」第5巻147頁:「邦訳版」第2巻181頁。

[30] 『ヒポクラテス全集』「リトレ版」第9巻89頁:「ユニオン版」第2巻78頁:「邦訳版」第2巻952頁。

[31] 『ヒポクラテス全集』「神聖病について」〔「邦訳版」第2巻,石渡隆訳,119頁,参照〕は精神活動のすべてを脳に帰している。

めようとしたものとはかなり異なっていることが明らかとなる。

こうして心臓の構造に関しては、やはり「心臓について」だけに直接的な記述が見出せることになる。

この著述の作者にとって、「心臓は非常に強靱な筋肉であるが、その筋肉は腱からなるのではなく、圧縮された肉質から成っている」[32)]のであった。

こうした記述を見ると、ヒポクラテス派の医師たちにとって肉質とは何であったのか、知りたくなる。しかし「肉質について」では、肉質にはいかなる定義も与えられていない。「肉質について」という表題はもつものの、そこに見出されるのは内臓とともに神経と骨の形成に関する記述であり、心臓はそうした内臓の一部にすぎないのである[33)]。「子供の自然性について」はやや明確に、肉質が何に由来するかを簡潔に述べている。

「母体から血液が流下して凝結すると、肉となる」。[34)]

---

32) 「筋肉」のギリシア語は μῦς(ミュース)である。『ヒポクラテス全集』「リトレ版」第9巻82, 83頁:「ユニオン版」第2巻76頁:「邦訳版」第2巻「心臓について」月川和雄訳, 950頁。

W. ハーヴィはヒポクラテスが心臓をこのように筋肉とみなしたことを『心臓と血液の運動』第18章で称賛している。

33) そもそもデカルトが「肉(質)」という語を使用している点に関しては、『動物の発生についての最初の思索』(AT, XI, 532:『医学論集』, 130)が言及しているこの「肉質について」の影響を受けているように思われる。生命の原理とされる心臓に関するデカルトの理解については、本書第II部第1章を参照。

34) 『ヒポクラテス全集』「ユニオン版」第2巻136頁:「邦訳版」第2巻「子供の自然性について」近藤均訳, 510頁。

この引用で問題にされている「凝結作用」は今日の医学で理解されるものとは対応していない。『ヒポクラテス全集』では, この語は有機体の内部や身体の外側を流れる血液が凝固するメカニズムをもっぱら指す。その凝固の結果, 血液はその特徴となる性質の一つである流動性に影響を受ける

心臓は筋肉として定義されたことによって，その内容を知ることが重要となる。心臓はたんに血液に満たされているだけではなく，空気にも満たされている。「人間の身体のなかでもっとも熱をおびた心臓が空気を含んでいる」[35]が，すでに引用したように「心臓について」を執筆した医師の指摘するところによれば，とりわけ空気を含むのは左側の腔である[36]。さらには，

> 「左の内腔は，腹部からくる食物や飲み物から栄養を取るのではなく，血液の分解の際にあふれ出た純粋で光のような物質を摂取する」。[37]

左の内腔が右の内腔に対して「目に見える血液から栄養を取らない」という特徴をもっていることはそもそも実験的に確かめることができる。

> 「ある動物を殺し，その左の内腔を切開すると，そこにはある種の体液（ἰχώρ），黄胆汁，およびすでに私が述べた膜以外には，まったく何も見られない」。[38]

死後の左の内腔と動脈には血液が見られないことが何にもまして反論しがたい確証であった。そのことがあったので，『心臓と血液の運動』の緒言以降，右の内腔と左の内腔に含まれる血液は同じであるとの論証を W. ハーヴィが繰り返したにもかかわらず，同時代

のである。デュミニル（上掲）232 頁，参照。
[35] 『ヒポクラテス全集』「肉質について」「ユニオン版」第 2 巻 64 頁：「邦訳版」第 2 巻 869 頁。
[36] 『ヒポクラテス全集』「リトレ版」第 9 巻 85 頁：「ユニオン版」第 2 巻 77 頁：「邦訳版」第 2 巻 951 頁。
[37] 『ヒポクラテス全集』「リトレ版」第 9 巻 89-91 頁：「ユニオン版」第 2 巻 78 頁：「邦訳版」第 2 巻 953 頁。
[38] 『ヒポクラテス全集』「リトレ版」第 9 巻 91 頁：「ユニオン版」第 2 巻 79 頁：「邦訳版」第 2 巻 953 頁。

人たちにとっては血液循環説は受け入れがたいものになるのである。

「心臓について」では心臓の運動周期についてはほとんど論じられていない。それはおそらく生体解剖の経験がなかったためであろう。運動周期の問題に関係づけられそうな唯一の章句は，心耳を鍛冶場のふいごとする記述に続いて，その解釈を強調しようとしている部分である。

> 「このような理論の根拠としてあげられるのは，心臓が一体となって運動するのに対し，心耳はそれとは独立して膨張したり，収縮したりするのが見られることである」。[39]

『ヒポクラテス全集』を翻訳したリトレは，この章句が心耳と心臓すなわち心室とが交互に鼓動することを意味するものと考えた。

こうしていまやわれわれの主題にとって中心的な問題，すなわち心臓の運動の原因の問題にたどり着くことになる。とはいえ，いささか落胆せざるをえないのは，このテーマがヒポクラテス派の医師たちによっては，少なくともわれわれが原因の概念に帰しているような意味では取り扱われていないように思われることである。

しかしながら，「肉質について」をより注意深く読めば，心臓の運動について，少なくとも隠喩的には，説明の概略が示されていることが分かる。

> 「心臓と太い血管とは休みなく動いており，身体の熱分はほとんど血管と心臓に含まれている。人間の身体のなかでもっとも熱をおびた心臓が空気を含んでいるのは，そのためである。このことは，さらに次の点からも分かる。風が吹き込んでこない家の中で火を燃

---

39) 『ヒポクラテス全集』「リトレ版」第9巻87頁；「ユニオン版」第2巻77頁；「邦訳版」第2巻952頁。

やそうとすると,炎は大きくゆらめいたり,小さくゆらめいたりする。火をつけたランプもそれと同じで,感じ取れるような風のないのに大きくゆらめいたり,小さくゆらめいたりする」。[40]

このように,心臓の運動は,風がなくとも炎がゆらめくことが炎が空気を引き寄せているしるしであるのと同じように,心臓が空気を引き入れている証拠である。心臓の運動はこうして引き寄せた空気の流れのなかで炎がゆらめくことに比せられる。この類比の美しさに加えて,心臓が取り上げられるときには火や熱のイメージが繰り返し登場することに注意しておこう。

最後に心臓の胎児期における形成の問題について言うと,その問題を取り扱っているのは「肉質について」だけであるが,この心臓という器官がどのような時間的経過をたどって形成されるのかについては,次の引用にあるように,触れられていない。

「内臓の臓器は次のようにして形成されたと私は考える。(…) 心臓はにかわ質と冷たいものとをたくさん含んでいた。それが熱で熱せられると,硬く粘り気のある肉が生じた。その外側を被膜がとりかこみ,内部は血管と同じく空洞となった」。[41]

B) アリストテレス

デカルトの著作におけるアリストテレスの存在は,きわめて重要で,そのうえ密接に結びついている二つの理由から特別な意義をまとっている。理由の一つはデカルトがラフレーシュ学院で受けた哲

---

40) 『ヒポクラテス全集』「リトレ版」第8巻593頁:「ユニオン版」第2巻64頁:「邦訳版」第2巻869頁。
41) 『ヒポクラテス全集』「リトレ版」第8巻591頁:「ユニオン版」第2巻63頁:「邦訳版」第2巻868頁。

学教育に関係し, もう一つは, J.-L. マリオンが主張するように,「アリストテレスとの逐語的な対照が, 少なくとも計画としては, デカルト哲学の定数項を構成している」[42] ことに関わっている。実際, デカルトは次のように主張している。

> 「私の意図としましては,, 自分の哲学に関する概論をテーゼの〔箇条書きの〕形式で順序だてて書くことです。そこには, 余分な議論は入れず, 私の到達したもろもろの結論だけを, それらを導き出すに至った真の諸根拠とともに書き記すつもりです」。[43]

ラフレーシュのイエズス会の学院では「哲学教育は, 「イエズス会憲章」が求めているように, アリストテレスの学説に完全に依拠していた」[44] のであるが, それこそがまさにデカルトが受けた教育であり, 手厳しく批判することになる教育なのである[45]。

したがってデカルトは「すでに『省察』の原稿をメルセンヌに送

---

42) マリオン『デカルトの灰色の存在論について』(第2版増補版, Paris, Vrin) 21頁。
43) メルセンヌ宛, 1640年11月11日, AT, III, 233 :『全書簡集』IV, 203.
44) ジルソン『方法序説註解』(上掲), 117-118頁。
 マリオン『デカルトの灰色の存在論について』(上掲) 20-22頁および註, 参照。
45) デカルトは, 1640年9月30日のメルセンヌ宛書簡 (AT, III, 185 :『全書簡集』IV, 162-163) のなかで, イエズス会士に関して, 次のように書いている。「私は, 20年この方ご無沙汰している彼ら〔イエズス会士たち〕の哲学をいささか読んでみて, 私がかつて考えていたよりも今はましに見えるかどうか, 確かめてみたいと思っています。そのために, 哲学の教科書を作り, しかもイエズス会士たちの間で大きな信奉を受けている執筆者たちの名前と, ここ20年間で新しい教科書があるかどうかをぜひお知らせください。私の記憶にあるのは, コインブラの人々, トレトゥスとルビウスです。さらに信奉を受けている人で, 学院の哲学全体の要約を作り, 信奉を得ている人がいるかどうかも知りたいと存じます。と申しますのも, それがあれば彼らの大部の著作をすべて読むといった時間が省けるだろうからです」

る前の」1640年に,「学院で使用するために自分の哲学全体の完全な説明をあたえることを計画していた」[46] ことになる。それはまさしく, アリストテレス風の教育を, まったく新たな形而上学と生理学的問題を含む自然学に置き換えることを目的とするものであった[47]。

ここで問題としている主題との関連では, デカルトにおけるアリストテレスに対する反駁は, 二つの方向で認められる。すなわち, すでに指摘してきた心臓の内にある熱の起源と本性の理論以外に, 自然本性の定義に関わる変化の理論という方向と, 霊魂と身体との関係の理論という方向が指摘できる。アリストテレスは変化に関する自説を『自然学』第5巻で展開している[48]。変化は3種類に区別

---

46) ロディス=レヴィス『デカルトの著作』212頁（邦訳『デカルトの著作と体系』, 224頁）。
47) すぐ上で引用したメルセンヌ宛1640年11月11日の書簡（AT, III, 231-233:『全書簡集』IV, 202-204）および同じメルセンヌ宛1641年1月28日の書簡参照。後者の書簡のなかでデカルトは次のように書いている。「ここだけの話ですが, あの六つの「省察」は私の自然学のすべての基礎を含んでいます。しかし, このことはどうか他言しないで下さい。と申しますのは, アリストテレスをひいきにしている人たちは, それを知ると, おそらく私の『省察』を認めるのがさらに困難になるだろうと思われるからです。私が期待しているのは, 『省察』を読む人たちが知らず知らずのうちに私の諸原理に慣れていき, 自分たちはアリストテレスの諸原理を破棄しているのだと気づく前に, 私の諸原理が真理だと認めてくれることなのです」（AT, III, 297-298:『全書簡集』IV, 277）
48) 『自然学』第5巻第2章, 226a（カルトロン（H. Carteron）訳, ベル・レットル（Les Belles Lettres）版（Paris, 1931）第2巻17頁:『アリストテレス全集』4, 『自然学』内山勝利訳, 岩波書店, 2017, 259-262頁）。
『自然学』と『形而上学』はイエズス会の学院の哲学学級のカリキュラムに登場していた（ジルソン『方法序説註解』118頁およびマリオン『デカルトの灰色の存在論について』20頁, 参照）。
変化の理論は『形而上学』第11巻第11章1067b1-1068a15（トリコ（J. Tricot）訳（Paris, Vrin）:『アリストテレス全集』（旧版）12, 出隆訳『形

される。まず生成と消滅であるが、これらは運動ではない[49]とされ、それとは別に運動が区別される[50]。アリストテレスは同じく3種類の運動が存在すると説明する。変質と呼ばれる性質変化、「全体をさす名称はない」ものの「増大ないし減少」を意味する量的変化、それに「全体的にも、個別的にも名称をもたない」もののアリストテレスが「生成過程」[51]という名称を提案している場所移動の三つである。もっともJ.-M.ル・ブロンは、『動物の諸部分について』第1巻の校訂版のなかで、「アリストテレス自然学が生物学的な着想によるものであることは」、たとえば、増大、変質、移動といった「運動の区別」にも現れており、そうした区別は「成長、感覚、運動といった生命機能の区別を転用し、一般化しているもののように」思われることを強調している[52]。

これとは逆にデカルトにとって目的は、『宇宙論』以来明確に定義されているように、一切の変化を場所の変容に還元することにおかれており、それによって延長に関係しないものはすべて排除され

而上学』、岩波書店、1968、392–395頁）でも述べられている。『形而上学』第11巻は偽書である（オーバンク『アリストテレスにおける存在の問題——アリストテレス的問題構成試論』（上掲）39頁（「第11巻の特異性」）、参照。しかし、このテキストが本当にアリストテレスのものかどうかという疑問は19世紀になってようやく出されたものでもあり、ここではしばしば引用することになる。

49) 『形而上学』第11巻第11章1068a1–10（邦訳『アリストテレス全集』（旧版）12, 394–395）。
50) 同上。
51) 『自然学』第5巻第2章226a：邦訳『アリストテレス全集』4, 257頁。
52) ル・ブロン (J. M. Le Blond)『アリストテレス、生命の哲学者——「動物の諸部分について」第1巻、テキストと翻訳および序論と註解（*Aristote, philosophe de la vie. Le livre premier du traité sur les parties des animaux, texte et traduction avec introduction et commentaires*）』（Aubier, éditions Montaigne, reprint de l'édition de 1945）「序論」、13頁。

る[53]。

さらに移動ないし転移としての運動はアリストテレスとデカルトとではもはや同じ意味をもたない。

アリストテレスにとって，第一の対比は月下界と天上界の間の対比である。天上界では運動は完全な永遠性を得ている[54]のに対して，月下界では物体は完全に実現された運動をもたない。

> 「すべて運動するものは必然的に何ものかによって運動させられるのであるとすれば，その何ものかは他のものによって運動させられるか，あるいはそうではないかのいずれかである。そしてその何ものかが他のものによって運動させられるとすれば，他のものによっては運動させられない第一動者が存在しなければならない。だが，他方，そうした第一動者が見出されれば，それとは別のものは必要がない」。[55]

逆に，ガリレイ以後のデカルトにとっては，運動の記述は天界と地上とで異なることはないし，運動全体の保存という形で表現され

---

53) 『宇宙論』AT, XI, 7-10：『著作集』IV, 134-136.
54) しかし，P. オーバンクは「運動は（…）神的なものを月下界から区別する根本的な差異である」ことに注意を促している。彼は，こうした，運動が「奇妙に見えかねない」ことを認めるような主張を，次のように説明する。「神的な物体である天体は円環的で永遠なる運動によって動いている。しかし，正確に言えば，この運動の円環性と永遠性は運動を不動性に接近させる。後代のルクレティウスにとって不死の死（mors immortalis）が存在することになるように，不動の動が存在するのである」（『アリストテレスにおける存在の問題』上掲，418 頁および同頁の註 2 参照）。
55) 『自然学』第 8 巻第 5 章 256a13-17（上掲，115 頁：邦訳『アリストテレス全集』4, 399 頁）。P. オーバンクがその著『アリストテレスにおける存在の問題』の 356-357 頁でアリストテレスのテキストにつけている註解参照。そこでは特に「かくして，第一動者へと至ることになる。第一動者は動かされることなく動かし，天界の運動の直接的原因であり，月下界の運動の間接的原因なのである」と述べられていることに注目しておきたい。

第 2 章　先人たち

る慣性の原理に従って行われる[56]。

こうした対比は生物の運動の説明が問題となる際にも見出される。というのも，『自然学』のなかで，アリストテレスは次のように述べているからである。

> 「それ自身によって動かされて動くものは，動物のように，自然本性的に動く。実際，動物はそれ自身によって動くのであり，自らのうちに運動の原理をもつものはすべて自然本性的に動くとわれわれは言うのである」。[57]

こうしてアリストテレスにとって運動の原理とはどのようなものなのかを明らかにすることが必要となる。この問題への答えは『霊魂について』に含まれている。リオラン（子）は『人類誌学』第 1 巻において，アリストテレスの『霊魂について』が『動物誌』に先立つことを指摘している[58]。J.-M. ル・ブロンが強調しているように，『霊魂について』は「実際には生物学の論文であり，すべての動物の研究の序論となりうる」のである[59]。

アリストテレスは『霊魂について』で霊魂，とりわけ霊魂の欲求する能力，「したがって，霊魂のそうした力こそ，運動の原理であり，それは欲望という名をもつ」と主張している[60]。

---

56) 『哲学の原理』第 2 部第 22, 24, 25 節（邦訳，74-76）参照。
57) 『自然学』第 8 巻 254b14-17（op. cit., p. 111：邦訳『アリストテレス全集』4, 392）。
   この動物の運動の問題がたえずアリストテレスの関心事となっていたことは，イェーガーが提案したアリストテレスの著作成立の順番に示されている通りである。
58) リオラン（子）『人類誌学』（コンスタン訳）第 1 巻 85 頁。
59) ル・ブロン，上掲，14 頁。
60) 『霊魂について』433a30-31（ジャノン（A. Jannone）翻訳校訂バルボタン註解（E. Barbotin）版（Paris, Les Belles Lettres, 1966）91 頁：『アリストテレス全集』7, 中畑正志訳「魂について」，岩波書店，2014, 168 頁）。

しかしながら，霊魂という運動の原理はそれ自体が運動しているわけではない[61]。それは，アリストテレスがその立場を確認してから批判したデモクリトスにとってのように，物体などではない。霊魂は「生命をもつ可能性のある自然的物体の形相としての実体」[62]なのである。霊魂を身体から切り離しがたいものとする理解は特にプラトンに由来する二元論に対する批判[63]と結びついている。

　「動物の諸部分について」第1巻第1章（641a29-b10：邦訳『アリストテレス全集』10, 24頁）で，アリストテレスは「しかし霊魂全体が運動の原理ではないし，霊魂の諸部分すべても運動の原理ではない」と書いている。
　したがって身体の運動の原因は，欲望は何らかの目的へと向けられているものなので，目的因のカテゴリーに属している。デカルトにとっては反対に身体の運動は，運動保存の原理という一つの原理に帰着する一つの原因しかもちえない。この意味で，運動の源泉はその固有の運動を伝えることしかできず，アリストテレスにおけるように，不動の動者ではありえない。

61) 『霊魂について』第1巻第3章 406a1-3（上掲, 11頁：邦訳『アリストテレス全集』7, 33頁）：「そもそも運動が霊魂に属すことは不可能である」。
　P. オーバンクはこの点についてアリストテレスが「霊魂と運動とは両立不可能である」と主張していると注記している（オーバンク『アリストテレスにおける存在の問題』上掲, 493頁）。P. オーバンクはアリストテレスが自ら動く霊魂というプラトン的理論に反対していることを指摘する。

62) 『霊魂について』第2巻 412a19-20（上掲, 30頁：邦訳『アリストテレス全集』7, 65頁）。同じく，第2巻第2章 414a14-27（邦訳, 74頁）参照。
　この文はそのままプレンピウス（『医学の基礎』第2巻第6部「動物の諸能力について（De facultatibus animae）」第1章1654年版160頁），が繰り返していることを指摘しておこう。

63) 同上, 407b15（上掲, 16頁：邦訳『アリストテレス全集』7, 42頁）：「霊魂を身体に結びつけ，身体のうちに入れ込みながら，その合一の原因についても，問題の身体の状態の原因についてもいっさい定義されないのである」。
　しかし，こうした批判は『霊魂について』だけに見られるものであって，アリストテレスの他の著作では，たとえば「エウデモス，あるいは霊魂について」や「哲学のすすめ（プロトレプティコス）」といった断片のように，プラトンのものよりもさらに極端な二元論が表明されていることは指摘しておこう。

したがって，アリストテレスにとっては，「霊魂が生きている身体の原因にして原理である」[64]。

霊魂は生命一般の原因である。その理由を『霊魂について』は，「生きているということは生物にとってはその存在そのものであり，生物の原因にして原理である」[65]と述べている。この理由は『動物の諸部分について』第1部でも繰り返されている[66]。霊魂はさらに生命にとって欠くことのできない諸機能それぞれの原因でもある。というのも霊魂は「栄養，感覚，思考，および運動」といった諸能力の原理だからである[67]。

こうした知性には関わらない諸機能を霊魂から取り除くことこそ，デカルト生物学の哲学的動機に他ならない。公刊された最初の著書『方法序説』第5部のなかで，デカルトは次のように書いている。

　「私はこう仮定することで満足した。すなわち，神は一人の人間の身体を，私たちの仲間の一人と手足の外形も器官の内部構造もそっくりに形作り，これまでに私が記述した物質と別な物質でその人間の身体を合成したのでもなければ，最初にその人間のなかに理性的霊魂も，そのほかそこで植物的霊魂や感覚的霊魂として役立つようなものも何も入れなかった，という仮定である」。

この仮定は『人間論』の末尾を繰り返したものである[68]。このテーマは生前最後に刊行された『情念論』のなかでも力説されており，

---

64) 『霊魂について』415b7-9（上掲，39頁：邦訳『アリストテレス全集』7, 80）。
65) 『霊魂について』415b12-14（上掲，39頁：邦訳『アリストテレス全集』7, 81）。
66) 「動物の諸部分について」第1部641a18-20（先に引用したル・ブロン版，92-93頁：『アリストテレス全集』10, 濱岡剛訳，岩波書店，2016, 23頁）。
67) 『霊魂について』413b10-13（上掲，33頁：邦訳，76）。
　プレンピウス『医学の基礎』（1654年版）第2巻第6部「動物の諸能力について」（上掲），160頁，参照。
68) AT, VI, 45-46：『著作集』I, 50. Cf. AT, XI, 202：『著作集』IV, 286.

『人体の記述』冒頭にも登場している[69]。

　身体からはこのようにアリストテレス的ないしスコラ的な霊魂を取り除き，デカルトは代わりのものに置き替える。その役割を担うのが「光のない火」に他ならない。この代替という観念は今引用した『方法序説』の続く章句でデカルトが「を除いては」という限定辞を置いて明確に述べている。すなわち，「ただし，神がその人体の心臓のなかに光のない火をかきたてたということを除いては」[70] というのである。もし生命の原理という概念が『方法序説』には明確に現れていないというのであれば，この章句が『人間論』の末尾を飾る有名となったテキストの正確な要約であることを想起すべきである。『人間論』末尾でデカルトはまさに「運動と生命の原理」という概念を登場させている。確認のために，その『人間論』末尾の文章をあげておこう。

　　「これらの機能がすべて，この機械においては，器官の配置のみに由来する自然の結果だということを考えてみていただきたいのである。これは，時計やその他の自動機械の運動が，おもりや歯車の配置の結果であるのとまったく同様である。したがって，これらの機能のために，機械のなかに，その心臓で絶え間なく燃えている火——これは無生物体のなかにある火と異なる性質のものではない——の熱によって運動させられている血液と精気以外には，植物霊魂も感覚霊魂も，またその他の運動と生命のいかなる原理も，想定してはならない」。[71]

---

69) 『情念論』第1部第5節，AT, XI, 330：『著作集』III, 167；『人体の記述』，AT, 225：『医学論集』, 148.
70) AT, VI, 46：『著作集』I, 50.
71) AT, XI, 202：『著作集』IV, 286.
　　リオランが『人類誌学（*L'Anthropographie*）』のなかで，真っ先に「霊魂は生命とあらゆる行動の原理である」と書いていることを指摘しておこう（コンスタン訳，上掲，3頁，参照）。

第2章　先人たち　161

このテキストでは,「以外には……してはならない」という言い方が『方法序説』が「を除いては」という語句で述べていた代わりのものを表現している。生前最後に刊行された『情念論』でデカルトは,生命の原理を霊魂と同一視する考え方を再度問題にし,それをひとつの「誤謬」として告発しているが,それは『人体の記述』冒頭で説明されていたのと同じテーマに他ならない[72]。

驚くべきことに,アリストテレス自身がデカルトの理解に類似しているともいえる理解を,デモクリトスの理論を紹介しながら批判している。デモクリトスにとっては,霊魂こそが動物に運動を与えるものであるが,その「霊魂は一種の火や熱である。実際,形体ないし原子は無数あるが,そのうち球状の原子を,彼は火や霊魂と呼んでいる」[73]。霊魂の存在を運動の源泉とする点でデカルトとは大きく異なるものの,デモクリトスの原子論の考え方は火の存在を認め,火を運動している原子と同一視する点でデカルトの理解に近い。

さて,火というテーマはアリストテレスでは,感覚の理論の内部において,別の側面の下に登場している。

> 「火はいかなる感覚器官にも属さないか,あるいはすべてに共通するものである(実際,どんなものも熱を伴わなければ感覚する能力をもたないからである)」。[74]

---

72) 『情念論』第5節, AT, XI, 330:『著作集』III, 167. Cf.『人体の記述』, AT, XI, 225:『医学論集』, 148.

アリストテレスについては,オーバンク『アリストテレスにおける存在の問題』上掲, p. 470–471 参照。オーバンクは,「したがってまさに人間の死こそ,人間と人間ではないものとを何が区別するのかを明らかにしてくれる。この人間の何性,すなわち人間とは何であったのかといえば,それは生命,あるいはお望みなら霊魂なのである」と記している。

73) 『霊魂について』第1章第2節 404a1–3(上掲, 6頁:邦訳『アリストテレス全集』7, 22–23頁)。

74) 『霊魂について』第3巻冒頭 425a5–6(上掲, 67頁:邦訳『アリストテレス全集』7, 126頁)。

感覚は統合の原理をもつ。すなわち，共通感覚であり，その座は心臓にある。

>「しかし，すべての有血動物にとって，諸感覚の最高の原理は心臓のうちにある。その原理のなかにこそ，すべての感覚器官に共通の器官が存するからである」。[75]

　しかし，心臓はアリストテレスにおいてはたんに感覚の原理なのではない。生物学的な諸論考は心臓にかなりの数の呼称と役割を与えており，そこに指導的な形而上学的輪郭を見出そうと試みるのが当然であろう。
　心臓が問題となっているすべてのテキストに見出されるのはなによりもまず卓越性の概念である。実際，心臓は血管の原理〔始原〕（ギリシア語では ἀρχή アルケー）である。

>「血管の原理〔始原〕が頭にあると主張する者は正しく理解していなかった。（…）他の内臓の場合には血管がそれを貫いて伸びているが，心臓を貫いて伸びている血管はない。そのことから，心臓が血管の一部分であり，原理〔始原〕である（μόριον καὶ ἀρχὴ, τῶν φλεβῶν モリオン・カイ・アルケー　トーン・プレドーン）ことは明らかである」。[76]

　『動物の諸部分について』で表明されたこうした先人たちへの異議申し立ては，『動物誌』第3巻にも見出されるもので[77]，アリストテレスを，自ら主張しているように，心臓を血管の原理〔始原〕と

---

75) 『自然学小論集』469a10–12（上掲，106頁：『アリストテレス全集』7，岩波書店，坂下浩司訳「自然学小論集」，2014，362頁）。
76) 「動物の諸部分について」第3巻665b27–28 et 31–33（ルイ（P. Louis）校訂翻訳（Paris, Les Belles Lettres, 1956）76頁：邦訳『アリストテレス全集』10，119頁）。
77) 『動物誌』第3巻第3章513a8（トリコ（J. Tricot）新訳版（Paris, Vrin, 1957）第1巻171頁：『アリストテレス全集』8，金子善彦ほか訳「動物誌」上，岩波書店，2015，125頁）。

第2章　先人たち　163

する理論の創始者に他ならないとする理解を生むことになる[78]。

心臓は身体全体に血液を与える器官ではあるが，血液を受け取ることがない。すなわち，「心臓は血液の原理〔始原〕ないし源である」[79]。

この身体全体へと発散する源という位置づけは心臓が占めている場所によってよりいっそう具体的に示されている。

> 「その位置も原理にふさわしい場所を占めている。すなわち，体の中心付近にあり，どちらかと言えば，下方というよりも上方に，後方というよりも前方にある」。[80]

心臓内部の構造として，アリストテレスは三つの腔を区別している。

> 「大きな動物の心臓には三つの腔があり，それより小さな動物の心臓には二つの腔がある。どのような動物でも腔は少なくとも一つある」。[81]

---

78) この点が，『ヒポクラテス全集』の「心臓について」をアリストテレス以後の論考とする結果をもたらすことになる。それは，とりわけ『ヒポクラテス全集』に収められている論考の年代順を確定する基準がその論考が血管の起源をどのように考えているかということに置かれるようになって以来のことになる。
リトレ『ヒポクラテス全集』10巻本（Paris, 1839-1861）第1巻203頁，参照。
フリードリヒ（K. Friedrich）「ヒポクラテス探求（*Hippokratische Untersuchungen*）」『哲学探究（*Philologische Untersuchungen*）』15（Berlin, 1899），参照。
79) 「動物の諸部分について」665b7-8, ギリシア語はここでも ἀρχή（アルケー）と言っている（ルイ訳，上掲，77頁：邦訳『アリストテレス全集』10, 118頁）。同じく 666a35-666b1（同，78頁：邦訳，120-121頁）参照。
80) 「動物の諸部分について」665b18-20（ルイ訳，76頁：邦訳『アリストテレス全集』10, 118頁）（ἀρχή という語がギリシア語原文では用いられている）。
81) 「動物の諸部分について」666b21-22（上掲，79頁：邦訳『アリストテレス全集』10, 122頁）。同じく，『動物誌』第1巻第17章 496a-496b（上掲，

こうした心臓の構造は心臓の解剖学的優越性の証拠でもある。

103-104頁：邦訳『アリストテレス全集』8, 64頁）参照。

　この点に関して指摘しておくと，ギリシアでは，アリストテレスや『ヒポクラテス全集』を執筆した医師たちの時代には，人間の死体の解剖は行われていなかった。メネトリエ（P. Ménétrier）が示したように，人体の解剖学は，この文脈では，遺棄されたり，陳列された後の胎児の調査や死んだ新生児の観察に基づいていた。そのことからいくつかの誤謬は説明できる。人間の腎臓の記述の誤りがその例で，アリストテレスは，小葉状で多数の小さな腎臓から成るように見えることから，牛の腎臓に似ていると主張しているが，これは人の胎児の腎臓の正確な記述ではあるものの，人間では，牛の腎臓とは違って，発達の過渡的な形態にすぎない。Cf. メネトリエ「どのようにしてアリストテレスや古代のヒポクラテス派の医師たちは人間の解剖の知識を得ることができたのか（«Comment Aristote et les anciens médecins Hippocratiques ont-ils pu prendre connaissance de l'anatomie humaine?»）」『フランス医学史学会誌（*Bulletin de la société française d'histoire de la médecine*）』（1930），254-262頁，特に腎臓の例については259-260頁，参照。

　もっともアリストテレスは，人間の内臓については，動物の内臓ほど知ってはいないとはっきりと述べている。「人の内側は特に知られていない。そのため，人と作りがそっくりな他の動物を参照しながら考察しなければならない」（『動物誌』第1巻第16章494b22：『アリストテレス全集』8, 金子善彦・伊藤雅巳・金澤修・濱岡剛訳「動物誌 上」，岩波書店，2015, 60頁）。ル・ブロンが強調しているように，人が「アリストテレスの研究の中心」である。まさに「動物から出発することで，人について判断が下される」のである。ル・ブロン「動物の諸部分について」「序論」（上掲），44頁，参照。

　ペルグラン（P. Pellegrin）は，その著『アリストテレスにおける動物の分類──生物学の地位とアリストテレス哲学の統一性（*La classification des animaux chez Aristote. Statut de la biologie et unité de l'aristotélisme*）』（Paris, Les Belles Lettres, 1982）において，人がアリストテレスの動物学の狙いであり，その動物学は「根本的に人間中心主義的なものにとどまっている」と言う。さらには，アリストテレスの著作には「人間中心主義的な解剖学と動物行動学」が見出されるのであり，「それは，明示的なこともあればそうでないこともあるが，類比を用いているおかげ」であることも強調されている（同書，102頁註34および111頁，参照）。

第2章　先人たち　　165

> 「心臓の中心はその実質が稠密で空洞状の作りになっており，さらに，そこで血管が原理であるかのように，血で満たされている。空洞状になっているのは，血を受け入れるためであり，稠密なのは，熱さの原理を守るためである」。[82]

身体の中の心臓の位置や，さらにはアリストテレスが引き出した心臓の3部分からなる構造は多数の解釈を呼び起こし，しばしば註解者たちの困惑を生んできた。デカルトは自ら胚の発達を説明し，その様態を理由にして，心臓は三つの腔はもちえないと主張している[83]。この主張はアリストテレスを論駁するものであるが，，名前をあげてはいない。とはいっても，アリストテレスの名をあげることは不要であった。17世紀にはまだ，心臓の三つの腔という主張はアリストテレスの名と結びついていたからである[84]。

アリストテレスの著作の翻訳者たちは，心臓の三つの腔の区別と霊魂の三つの能力というプラトン的な伝統の間に平行関係を立てていた[85]。翻訳者たちのなかには「多数の注釈家たちの見解」を参照しながら，「三つの腔が二つの心室と一つの心耳〔心房〕である」と主張した人たちもいた[86]。しかし，アリストテレスのテキストを吟味すれば，こうした意見は認められない。われわれが今引用した見解はアリストテレス自身によって論駁されているように思われるか

---

82) 「動物の諸部分について」665b34–666a3（op. cit., p. 77：邦訳『アリストテレス全集』10, 119）（ἀρχή（アルケー）という語がギリシア語原文では用いられている）。
83) 『人体の記述』AT, XI, 260：『医学論集』, 179.
84) ボアン『人間の身体の構造について 4巻（*De corporis humani fabrica libri IIII*）』第2巻第13章上掲, 156頁，参照。
85) トリコ（J. Tricot）校訂『動物誌』（上掲）172頁註2に引用されているダーシィ・ウェントワース・トンプソン（D'Arcy Wentworth Thompson）校訂『動物誌』(Oxford, 1910)，およびトリコ校訂の『自然学小論集（*Parva naturalia*）』(Vrin) 92頁註3, 参照。
86) トリコ訳『動物誌』（上掲）第1巻104頁註1.

らである。アリストテレスは次のように書いている。

　　心臓には「三つの腔があり，最大の腔は右側に，最小の腔は左側に，大きさが中位の腔はその中間にある」。[87]

　逆に，心臓の位置を人体の中央部とすること，さらには心臓の中央の腔の構造が熱という原理を守るのに最適だとする主張に関しては，そうしたテーゼが「アリストテレスの生物学における μεσότης（中央）の重視」と呼ぶものを共有しているとする S. ビルの指摘が納得できる。中央という概念の重視はアリストテレスがことに徳を定義することに専念している『ニコマコス倫理学』において根本的な役割を演じているものだが，このようにその起源は医学において使用される「正中」の概念にある。そしてもしこの「μέσον（中間）」と「μεσότης（中央）」の理論が「アリストテレスの科学的思想にとっては（…）認識論的な真の障害の役割をもった」とすれば[88]，その理論は P. ペルグランがその射程を強調した「アリストテレス哲学の統一性」[89]をも証するものだとわれわれは考える。

　アリストテレス自身は『動物の諸部分について』のなかで心臓の三つの腔を記述しながら，さらにそれらの腔が心臓において一つになるという特異性をもち，心臓を一つの原理としていることを指摘し，「中間の奇数番目の〔対になるものがない〕ものが唯一の原理であ

---

87) 『動物誌』第 1 巻第 17 章（上掲，第 1 巻 104 頁：邦訳『アリストテレス全集』8, 64 頁）。『自然学小論集』「眠りと目覚めについて」458a15–20（ヴラン (Vrin) 版, 92 頁：レ・ベル・レットル (les Belles Lettres) 版, 75 頁：邦訳, 305 頁）も参照。
88) ビル (S. Byl)「アリストテレスの生物学における心臓の位置と μεσότης（中央）の重視に関するノート (Note sur la place du cœur et la valorisation de la μεσότης dans la biologie d'Aristote)」『古典古代 (L'Antiquité classique)』第 37 巻（1968, Bruxelles）476 頁。
89) ペルグラン『アリストテレスにおける動物の分類』（上掲）。

る」[90]と述べている。

しかし，心臓はたんに血液を溜める「容器」や「受容するもの」という座であり[91]，もっぱら血液が精錬される場であるというだけではなく，たしかにアリストテレスが好んで繰り返している[92]ように，なんといっても霊魂の住処なのである。

> 「感覚的霊魂の原理と成長能力のある霊魂と栄養摂取能力のある霊魂の原理はともにこの部分〔心臓〕という体の三つの部分の中心に見出される」。[93]

横隔膜は心臓を内臓から分離することによって，心臓内に存する感覚的霊魂を保護している。

---

[90] 「動物の諸部分について」666b32-34（上掲，79頁：邦訳『アリストテレス全集』10, 122頁）（ギリシア語原文では ἀρχή（アルケー）が用いられている）。

[91] それぞれ『動物誌』第3巻第2章511b17（上掲第1巻166頁：邦訳『アリストテレス全集』8, 121頁），「動物の諸部分について」666a28-30（上掲78頁：邦訳『アリストテレス全集』10, 120頁）を参照。

[92] 「動物の諸部分について」第2巻第1章647b5（上掲，25頁：邦訳『アリストテレス全集』10, 52頁）。同じく，『自然学小論集』「眠りと目覚めについて」457b15-16（ビュデ版上掲75頁：邦訳『アリストテレス全集』7, 坂下浩司訳「自然学小論集」，岩波書店，2014, 303-304頁），および「呼吸について」第26章（第20章）480a6-7（上掲，132頁：邦訳『アリストテレス全集』7, 坂下浩司訳「自然学小論集」第7論考「若さと甥について，生と死について，および，呼吸について」，岩波書店，2014, 414頁）参照。

[93] 『自然学小論集』469a24-27（上掲，106頁：邦訳『アリストテレス全集』7, 364頁）。「中心」，「中央」という概念が心臓の優位性を特徴づけるものとして強調されていることを今一度指摘しておこう。同じ『自然学小論集』の「呼吸について」第14章（第8章）のなかで，アリストテレスはこう書いている。「まさにそれゆえに，体の第一の場所にしてその第一の場所の第一の部分にはかかる原理が存在することが必然的であり，そこには栄養摂取能力のある霊魂という第一の霊魂も必然的に見出されるのである」（474a28-30：上掲，118頁：邦訳，388頁）。

> 「横隔膜は胃近辺の領域と心臓近辺の領域とを区別し，感覚する霊魂の原理(ἀρχή)が他からの影響を受けないようにするためにある」。[94]

同じくまさに心臓があるこの中心から，心臓は身体に運動を与える。「運動は心臓から発し，縮めたり緩めたりすることで遂行される」[95]のである。「快や苦による運動，総じてあらゆる感覚の運動」は「心臓を原理とし，目的としている」[96]。霊魂のもっとも重要な二つの特徴である運動と感覚[97]は，こうして，心臓において出会うことになる。というのも，心臓から出発することによってこそ，霊魂は身体に運動と感覚を伝えるからである。

同じように，運動と感覚の源が熱の制御と配分において優位に立ち，それによって生物を生物たらしめる。

> 「この熱の原理は有血動物においては心臓にあり，また無血動物では心臓に類比的な部分にある。(…)ゆえに，他の諸部分が冷た

---

94) 「動物の諸部分について」672b15-17（上掲，95-96頁：邦訳『アリストテレス全集』10，142頁）。ルイ（P. Louis）はその校訂版でニュイヤン（Nuyens）の研究をもとにして，ἀρχή（アルケー）を「原理的な器官」と翻訳している。

こうした横隔膜の理解の影響はC.ボアンにも見出される。『解剖劇場』第2巻第11章（上掲，1605年版）367頁，参照。

95) 「動物の諸部分について」666b14-15（上掲，78-79頁：邦訳『アリストテレス全集』10，121頁）。

96) 「動物の諸部分について」666a12（上掲，77頁：邦訳『アリストテレス全集』10，120頁）。

97) 『霊魂について』第1巻第2章403b24-28，「探求の出発点となるのは，とりわけて霊魂に自然本性的に属していると思われている事柄を提示することである。霊魂をもつものと霊魂をもたないものとの相違をもっとも顕著に示すと考えられているのは，次の二つの点，すなわち運動することと感覚することである。われわれが霊魂について先人から継承した見解も，ほぼこの二つの点に集約される」（上掲，5-6頁：邦訳『アリストテレス全集』7，22頁）。

くなっても, 生きるということは後に残るが, その部分が冷たくなれば, 生きるということは完全に消滅する。実際, そこにこそ, すべての動物にとって, 熱と霊魂の原理が依存している。したがって, 生命とこの熱を保持しているものはともに心臓のうちにあり, 死とわれわれが呼ぶものはこの熱の消滅であることが必然となる」。[98]

死が熱がなくなることによって定義される[99]という主張は, すでに見たように, フェルネルとデカルトが論評することになるものであるが, アリストテレスによれば, 熱と霊魂との間にある結びつきを思い出す必要がある。というのも熱は霊魂によって乗り物や道具のように利用され, 生命の原理を定義することになるからである。その原理という点について, アリストテレスは「それによってわれわれが生きるところのもの」と述べている[100]。

『動物の諸部分について』のなかで, アリストテレスは次のように書いている。

「さて, 心臓と肝臓はすべての動物にとって必然的になければならないものである。心臓は, 熱さの原理であるゆえに必要であり (すなわち, そのなかで動物の自然本性的な炎が燃え立たせる何か竈のようなものがなければならず, その竈は体の砦であるから, しっかり守られなければならない), 肝臓は栄養に役立つがゆえに必要である」。[101]

---

98) 『自然学小論集』469b6-20 (上掲, 107頁 : 邦訳『アリストテレス全集』7, 365-366頁)。
99) 『自然学小論集』『若さと老いについて』第4章469b6-20, 「呼吸について」第14章 (第8章) 474a25-28 (ビュデ版, レ・ベル・レットル, 上掲, 118頁 : 邦訳『アリストテレス全集』7, 365-366頁, 388頁)。
100) 『霊魂について』第2巻第2章414a12-13 (op. cit., p. 35 : 邦訳『アリストテレス全集』7, 74).「霊魂は第一にして根源的であるという意味で生命の原理である」(上掲, p. 35, note 1) 参照。
101) 「動物の諸部分について」670a (上掲, p. 89 : 邦訳『アリストテレス全集』10, 134)。

この有名なテキストで,「砦」は ἀκρόπολις（アクロポリス）,「竈」は ἑστία（ヘスティア）の訳であるが, S. ビルはそれらの用語について次のような注釈をしている。

> 「もしプラトンの『法律』(745b-c)[102] の章句を心に思い浮かべなかったとしたら, アクロポリスに竈の神ヘスティアの座があることを知って驚くようなことがありうるかもしれない。アリストテレスの師プラトンによれば,『法律』の都市国家の創設者は国の中心にアクロポリスを設立し, そこにヘスティアの座がおかれることになる。師の著作の「愛読者」であるアリストテレスのテキストのうちに, プラトンのこの章句の痕跡を認めても不当ではないと思われる」。[103]

すでに強調したように心臓は中央の位置を占めているが, そのことは心臓を熱の原理とするこの引用によって確認される。

　心臓は生物の中央の位置を占めることによって, 霊魂と身体の他の部分との仲介者, すなわち原理（ἀρχή アルケー）となっている。原理とはここでは「感覚的霊魂の主たる臓器」[104] という意味である。というのも, 心臓は感覚的霊魂を収容しているからである。

　しかし, 心臓が内に蔵している熱は通常の熱と同じではない。というのも, アリストテレスは熱と心臓に胎児の発達における決定的な役割を認め, 発生の問題に関して,「霊魂の熱」すなわち「霊魂に由来する」[105] 熱を語っているからである。この熱は「天体の基本

---

102) 『法律』森進一・池田美恵・加来彰俊訳,『プラトン全集』第 13 巻, 1976, 岩波書店, 326.
103) ビル (S. Byl)「アリストテレスの生物学における心臓の位置と μεσότης（中央）の重視に関するノート」（上掲）470 頁。
104) 「動物の諸部分について」672b16（上掲 96 頁および同頁註 1：邦訳『アリストテレス全集』10, 142 頁）。
105) 『動物の発生について』第 2 巻第 1 章 732a18（上掲, 48 頁：『アリストテレス全集』11, 今井正浩・濱岡剛訳「動物の発生について」, 岩波書店, 2020, 104 頁）。

元素と類比的な」[106] ものである。というのは天体の熱は通常の火の熱とは反対に発生を促すものだからである。動物のうちにある熱は太陽の熱と同様に,「生命の原理 (ζωτικὴν ἀρχήν)」[107] を含むとアリストテレスは書いている。ただし『自然学』の有名な個所の説明では,「人間を生むものは人間であり,そして太陽である」[108] とアリストテレスは主張している。さらに太陽がルネサンス[109] の著作家たちの『詩学』[110],またわれわれの主題との関連では特にフェルネルの著作,さらには W. ハーヴィの『動物の心臓と血液の運動』において果たした役割の主たる源泉はここにあるように思われる[111]。ところがデカルトは太陽と心臓との間に類比や関係をいっさい認め

---

106) 『動物の発生について』第 2 巻第 3 章 736b35 (上掲,61 頁:邦訳『アリストテレス全集』11,128 頁)。

107) 『動物の発生について』第 2 巻第 3 章 737a1-7 (上掲,61 頁:邦訳『アリストテレス全集』11,129 頁)。

108) 『自然学』第 2 巻第 2 章 194b3 (カルトロン (Carteron) 編,レ・ベル・レットル (Les Belles Lettres),上掲,64 頁:『アリストテレス全集』4,内山勝利訳『自然学』,岩波書店,2017,81-82 頁)。このアリストテレスのテキストはロバート・フラッド『二つの宇宙 (*Utriusque Cosmi ... metaphysica, physica atque technica Historia*)』(Frankfurt, 1619) の小宇宙を扱う第 2 巻第 8 章 175 頁,同じくフラッドの解剖学的著作『解剖円形劇場 (*Anatomiae amphitheatrum*)』(Frankfurt, 1623) 269 頁で引用されている。

109) 『ルネサンスにおける太陽 (*Le soleil à la Renaissance*)』というタイトルのシンポジウムがブリュッセルで開催され,その記録は 1965 年にフランス大学出版局 (Presses Universitaires de France) から出版されている。

110) コペルニクスとケプラーの『詩学』については近年,アラン (F. Hallyn) の研究書,『世界の詩的構造,コペルニクス,ケプラー (*La structure poétique du monde : Copernic, Kepler*)』(Des Travaux/Seuil, 1987) がある。

111) フェルネルは『生理学第 4 巻,精気と内在的熱について (*Physiologia, IV : De spiritibus et innato calido*)』で内在的な熱を太陽になぞらえ,諸元素に由来する熱と対立させている。ハーヴィ『心臓と血液の運動』も太陽と心臓を類比関係においているが,その点はハーヴィを取り上げる本書第 III 部第 2 章で見ることにする。

ておらず，天体に由来する生命の原理という伝統的な考え方を完全に退ける。その結果デカルトは，17 世紀初めの 30 年間にきわめて盛んで，きわめて生き生きと認められていた医学と天文学／占星術を結びつけることに反対することになる[112]。デカルトの態度の多く

---

112) パラケルススによれば，医学は哲学と天文学という二つの基礎に基づくものである。「何よりもまず，医者の知らねばならぬことは天文学の取り扱う他の半分の部分，すなわち，天上界において人間を理解することであり，人間を天上界に移し，天上界を人間に移すことである。さもなければ，人間の医者たりえないであろう。なぜなら，天上界はその領域に肉体を半分包含しており，したがって，半分の数の病をも包含しているからである。この半分の病について知らなくて，どうして医者たりえようか。(…) 宇宙誌に通暁していない者が，どうして医者たり得ようか。宇宙誌は医者の，とくに熟達せねばならぬものである。(…) なぜなら，すべての認識は宇宙誌から生まれるのであり，これを欠いては何事も生じないからである」（カール・ズートホフ（Kard Sudhoff）編『テオフラスト・フォン・ホーエンハイム，通称パラケルススの医学，自然学および哲学著作集（*Theophrast von Hohenheim dit Paracelsus, medizinische, naturwissenschaftliche und philosophische Schriften*）』(München, 1924) 第 8 巻 68 頁以下（カッシーラー（Ernst Cassirer）『ルネサンス哲学における個と宇宙（*Individu et cosmos à la Renaissance*）』(Paris, Minuit, 1983)（ドイツ語の原本は 1927 年：邦訳，末吉孝州訳，太陽出版，1999, 143 頁）の引用による）。付言すれば，ロバート・フラッドはその大宇宙と小宇宙との照応関係の体系については特にパラケルススに想を得ている。占星術的医学はカルダーノによっても説明されている。メルセンヌはパラケルスス，カルダーノ，フラッドを批判し，これらの学者たちを占星術と魔術とカバラを混ぜ合わせている者たちとして告発している。メルセンヌのパラケルスス，カルダーノ，フラッドに対する闘いについてはルノーブル『メルセンヌあるいは機械論の誕生』（上掲）第 3 章，参照。

　占星術はルネサンス，さらには 17 世紀に復活を遂げ熱狂的に受け入れられ，加えて，たとえば彗星に割り当てられた役割が証するように，多数の治療を生み出した。さらに指摘すれば，パリ大学医学部では長い間，「いとも健康なる医学・天文学部」と称していたことからも，医学と天文学の結びつきは説明できる。この結びつきは，同じくさまざまな予言書によっても肯定できるが，そのパロディを医者でもあったラブレーは『確実，真正に

の部分は，心臓のうちにある熱とその熱の源の本性，すなわち生物の理解を支配する本性をめぐるアリストテレスとの見解の相違によって説明されるように思われる。

　生命に関係する働き全体，ことに発生において支配的役割を演ずるこの熱の本性を，アリストテレスは『天界について』で規定している。それによれば，問題となるのは月下界にある月下界を超えている元素，すなわち不動の元素に対応するものだとされている[113]。

して無謬なるパンタグリュエル占い（*Pantagrueline prognostication, certaine, véritable, et infallible, pour l'an perpétuel*)』（初版は 1532 年末）として刊行している（ラブレー（Rabelais）『全集（*Œuvres complètes*)』（ジュルダ（P. Jourda）版）(Paris, Garnier, 1962) 第 2 巻，500-518 頁）。別の著作『1533 年の暦（*Almanach de 1533*)』でラブレーは「私こと医学博士にして天文学教授フランソワ・ラブレーによって書かれた」（同，第 2 巻 519 頁）と述べている。

　R. ルノーブルは 17 世紀始めの 3 分の 1 世紀において「神々である天体への信仰」が「それまでには例のない成功」を収めたことを明言している（『メルセンヌあるいは機械論の誕生』122 頁，参照）。

　デカルトが「占星術師たち」に反対していたことをバイエは強調し，デカルトの友人が肖像画の版画を作らせようとしたときに，この哲学者は友人にそれを思いとどまらせ，いずれにせよ自分の生まれた年月を版画につけてはいけないのであった，「誰かの生まれた日を公表して，占星術師の誤りに加担する」材料を与えるべきではないと強調したことを述べている（バイエ（A. Baillet）『デカルトの生涯（*La vie de M. Descartes*)』第 1 巻第 2 章，1691 年にパリ（Paris, D. Hortemels）8 頁（ビトボル＝エスペリエス（Annie Bitbol-Hespériès）校訂新版『デカルトの生涯（*La vie de Monsieur Descartes par Adrien Baillet*)』(Paris, Encre Marine / Les Belles Lettres, 2022) 15 頁：『デカルトの生涯』（上）山田弘明・香川知晶ほか訳，工作舎，2022，111 頁）参照）。

113) 『天界について』第 1 巻第 2 章 270a8-a22（邦訳『アリストテレス全集』5，山田道夫訳「天界について」，岩波書店，2013，25-26 頁）。同じく第 2 巻第 7 章 289a34-35-289b1-5（モロー（P. Moraux）校訂訳（Paris, Les Belles Lettres, 1965) 71 頁：邦訳，103-104 頁）参照。

　J. モローが次のように述べている通りである。「一つの類比関係がこうし

このように，心臓の熱の産出と熱の起源の問題はアリストテレスにおいては複雑であり，その点は，比較されているのがまさしく今見たように炎であったり，これから見るように火であるからといって，心臓の熱を特徴づけるためには，心臓のなかに位置する生命の原理としての熱が通常の熱ではないことを忘れてはならないことからも明らかである。

　　「動物のうちにある熱は火ではなく（…），その原理を炎のうちにもたない」。[114]

この熱は気息（πνεῦμα）と結びついている。

　　「かくて自然は気息（πνεῦμα）を用いて，生命に内在する熱を保持する」。[115]

気息は「天体の元素」すなわち「エーテル」[116] と等しいものとな

　て，生成消滅の有為転変を免れている天界と死すべき生物との間に設定される。後者の生物は個体の不死性は欠いているものの，発生によって，宇宙の永遠性に匹敵する種の永続性を獲得する」（モロー（Joseph Moreau）『プラトンからストア派にいる世界霊魂（*L'Ame du monde de Platon aux Stoïciens*)』(Paris, Les Belles Lettres, 1939, reprint Georg Olms Verlag, Hildesheim. New York, 1981) 132 頁，参照)。参照されるアリストテレスのテキストとしては『動物の発生について』第 2 巻第 1 章 731b31（邦訳『アリストテレス全集』11, 102-104 頁)。また，『霊魂について』第 2 巻第 4 章 415a26-b2（邦訳『アリストテレス全集』7, 80 頁）も参照。

114) 『動物の発生について』第 2 巻第 3 章 737a5-7（上掲, 61 頁：邦訳『アリストテレス全集』11, 128-129 頁)。
115) 『霊魂について』第 2 巻第 8 章 420b20-21（上掲, 54 頁：邦訳『アリストテレス全集』7, 105 頁)。
116) 『天界について』第 1 巻第 3 章, 参照。気息はこうして発生に結びついている熱（これは今見たように火ではない）と関係づけられ，特別の意味をそれが登場する生物学的著作，特に『動物の発生について』第 2 巻 736a24-737a34（邦訳『アリストテレス全集』11, 125-131 頁）において担

るものであり，アリストテレスの著作の数多くのテキストで重要な役割を果たしている。気息は「自然が使う（…）道具」[117]として，同じく心臓のうちのその源泉をもっている。

> 「すべての動物は内在的な気息をもっていて，これによって身体を動かす力を得ていることは明らかである。（…）この原理が心臓のなかにある動物もあれば，心臓に対応する器官のなかにある動物もあるが，この理由から，内在的な気息もまたそのような場所にあることは明らかである」。[118]

生命的な熱ないし内在的な熱は，アリストテレスによれば，もともと霊魂の道具としての気息に由来し，精液によって運ばれ[119]，心

うことになる。
[117] 『動物の発生について』第5巻第8章789b8–13（上掲，206頁：邦訳『アリストテレス全集』11, 344頁）。
[118] 「動物の運動について」第10章（ルイ（P. Louis）校訂訳（*Du mouvement des animaux*, Paris, Les Belles Lettres, 1973）66–67頁：『アリストテレス全集』10, 永井龍男訳「動物の運動について」，岩波書店，2016, 268–270頁）。このテキストについて偽作ではないかとの疑問が呈されたのは19世紀になってからである。われわれはこのテキストを参照することにする。というのも，われわれが研究している著者たちはこのテキストを，偽作との疑いが出されるよりも前の時期であったこともあって，引用しているからである。「内在的な気息」（プネウマ・シュンピュトン）（πνεῦμα σύμφυτον）」は感覚ないし共通感覚の「共通の感覚の座」のうちで仲介者の役割を果たしている。『霊魂について』第2巻第12章424a25（上掲，レ・ベル・レットル版，65頁：邦訳『アリストテレス全集』7, 119頁）参照。

同じく「動物の諸部分について」第3巻第3章665a11（邦訳『アリストテレス全集』10, 116頁）『自然学小論集』「眠りと目覚めについて」第2章456a4（邦訳『アリストテレス全集』7, 296頁）も参照。
[119] 『動物の発生について』第2巻第3章736b35–37（邦訳『アリストテレス全集』11, 128頁）参照。

臓に集まる[120]。この熱は生命に関連する機能[121]を行使するのに不可欠であり，過剰に栄養を消費すれば存続しえないはずのものである。

> 「熱があまりに多量に蓄積されると，火は消滅するに至る」。[122]

こうして，生命が「蓋をされた木炭」[123]のようなことになるのを避けるためには，冷却機能が必要となる。この機能が割り当てられるのは呼吸，さらに限定すればその主たる器官である肺，つまり血液と空気を含む海綿状の器官である。

> 「心臓だけではなく肺臓をももつ限りの動物は，呼吸を通じて冷却を行う」。[124]

別の臓器もこの心臓の冷却機能に寄与している。それは脳であり，脳が「極端に冷たいことは（…）明らかである」[125]。実際，アリストテレスによると，脳が湿り気を帯び，冷たいことで心臓の熱と釣り合いが取れるのである。ここにもすでに触れた「ちょうど中央」という概念が見出される。

---

120) 『自然学小論集』「眠りと目覚めについて」第2章 456a7（邦訳『アリストテレス全集』7, 296頁），参照。
121) 『自然学小論集』「呼吸について」第8章，474a25-28（ヴラン版，上掲，152-153頁：邦訳『アリストテレス全集』7, 388頁）。
122) 『自然学小論集』「若さと老いについて」469b25（ベル・レットル版，上掲，118頁：邦訳『アリストテレス全集』7, 366頁）。
123) 『自然学小論集』470a9（ベル・レットル版，上掲，108頁：邦訳『アリストテレス全集』7, 368）。
124) 『自然学小論集』「呼吸について」第22章（第16章）478a30-31（ベル・レットル版，上掲，128頁：邦訳，406頁）。同じく，『動物誌』第1巻第17章（邦訳『アリストテレス全集』8, 64-66頁），「動物の諸部分について」第3巻第6章 668b33（邦訳『アリストテレス全集』10, 129頁）参照。
125) 「動物の諸部分について」665b30-31（上掲，76頁：邦訳『アリストテレス全集』10, 119頁）。

第2章　先人たち　177

> 「すべてのものが,適度と中間状態に至るために反対方向への傾向性を必要としているので（中間状態は物の本質的あり方と本質規定を保つが,両極端のそれぞれは個々別々だとそれらを保てないからである）,その原因ゆえに自然は,心臓の場所と心臓内の熱さに対して釣り合いをとるよう脳を工夫したのである」。[126]

心臓の主な特性はアリストテレスの著作ではきわめて重要であり,そのためアリストテレスは『動物の諸部分について』において首の諸器官のそれぞれの位置を説明する際に,次のように書いている。

> 「実際,心臓が位置するのは体の前の方の真ん中であり,そこにすべての運動と感覚とともに生命の原理があるとわれわれは言うのである」。[127]

結局,心臓は原理〔始原〕というその位置,霊魂との結びつき,そして身体的側面をもつということによって,すでに自らのうちに動物の構成要素を結合していることになる。こうして,動物に生命を与えることによって,心臓は「心臓という器官を有する存在者のうちで生きている一種の動物」[128]であることになる。

心臓の本性はその優位性からして,諸器官と心臓を同列とみなす分類法すべてを超えたところに位置づけられるべきであると思われかもしれない。しかし,心臓は内臓の一部を構成している[129]。

---

[126] 「動物の諸部分について」652b17–23（上掲,39頁：邦訳『アリストテレス全集』10, 72頁）。

[127] 「動物の諸部分について」665a10–13（上掲,74頁：邦訳『アリストテレス全集』10, 116頁）。ギリシア語は問題が「生命の原理（ἀρχήν... τῆς ζωῆς）」にあることをはっきりと述べている。

[128] 「動物の諸部分について」666b16–17（上掲,79頁：邦訳『アリストテレス全集』10, 121）頁。また,666a22（同,77頁：邦訳同,120頁）も参照。

[129] 「動物の諸部分について」666a3–4「内臓および体のなかで,心臓のなかだけがそれを貫く血管がなくとも血が存在している」（上掲,77頁：邦訳『アリストテレス全集』10, 119頁）。同じく,同第7巻669b13–15（同,87

こうして，アリストテレスにおいて心臓は本性的に筋肉なのか否かという問いを立てることが可能となる。

その問いに応えることは難しい。というのも，アクアペンデンテのファブリキウスがその著『筋肉の組成について』で強調しているように，筋肉（μῦς）の概念は『問題集』（第5節40)[130]で切り離された形で登場するだけであり，動物の行動や運動に関する著作にはまったく登場しないからである[131]。アクアペンデンテのファブリキウスは，その『卵とヒヨコの形成について』[132]のなかで，アリストテレスは筋肉を知らなかったと断定し，そのことをウィリアム・ハーヴィは動物発生論のなかで確認している[133]。

頁：邦訳，132頁）も参照。このテーマについては，その他に，『動物誌』第1巻第17章「肺以外の内臓では心臓だけが血液を含んでいる」（上掲第1巻，105頁：邦訳『アリストテレス全集』8，66頁）がある。このように心臓を内臓に含ませる考え方はC. ボアンにも見られる（『解剖劇場』第2巻第21章，1605年版415頁，220頁，1621年版319頁）。

130) 〔訳注〕『アリストテレス全集』13,「問題集」丸橋裕ほか訳，岩波書店，2014，175頁および同頁の訳注「四〇(2)」参照。

131) ファブリキウスの『筋肉の組成について (*De musculi fabrica*)』（1614年）への言及はカンギレム『反射概念の形成——デカルト的生理学の淵源』（上掲，9頁：邦訳，13頁）でも行われている。カンギレムは『問題集』の885a37-38を指示するボニッツの索引 (l'*Index* de Bonitz) がファブリキウスの指摘を確証していることを述べ，「それさえも，誰か他の人物の手になる挿入かもしれない」と付け加えている。

132) この論考は，1619年まで生きたファブリキウスの死後の1621年になってようやく刊行された。この論考の第1部第1章において，ファブリキウスはこのことを指摘している。『卵とヒヨコの形成について (*De formatione ovi et pulli*)』(Padua, 1621, 2頁，参照（この書の初版のリプリントは，*The embryological treatises of Hieronymus Fabricius of Aquapendente*, édition H. B. Adelmann, Ithaca, New York, Cornell University Press, 1942で，1967年に再刊されている）。

133) ハーヴィ『動物の発生についての研究 (*Exercitationes de generatione animalium*)』(London, 1651) 第3研究，6-7頁。

こうした条件を認めたうえで，アリストテレスのテキストを再び取り上げ，心臓の収縮についての補足的な指摘を見出すように努める必要があると思われる。『動物誌』では，アリストテレスは骨と軟骨については腱と繊維と神経と血管しか区別していない[134]。しかし，指摘しておくべきは，『動物誌』でのアリストテレスの観察によれば心臓の三つの腔のなかには腱が見出される。それらの腱について，アリストテレスは『動物の諸部分について』で次のように説明する。

> 「心臓は多量の腱ももっているが，それは理にかなっている。というのは，運動は心臓から発して，収縮と弛緩によって行われるからである」。[135]

こうしていまや心臓の内容が問題となる。心臓の内容は間違いなく血液であり，アリストテレスが区別した心臓の三つの腔の内部でそれぞれ別個に分配される。

> 「大きな動物の心臓には三つの腔があり，それより小さな動物の心臓には二つの腔がある。そして，どのような動物でも腔が少なくとも一つある」。[136]「それらの腔のうち，右のものは血がもっとも多くてもっとも熱く（それゆえ，身体の部分のなかでも右側のものがより熱い），左のものは血がより少なくてより冷たく，中間のものは血の量の点でも熱さの点でも中間的である」。[137]

---

[134] 『動物誌』第3巻第5, 6, 7, 5章（上掲, 169–185頁：邦訳『アリストテレス全集』8, 132–138頁）。

[135] 「動物の諸部分について」666b13（上掲, 78–79頁：邦訳『アリストテレス全集』10, 121頁）。『動物誌』第1巻第17章「心臓の腔所には腱が見出される」（上掲, 103頁：邦訳『アリストテレス全集』8, 64頁），参照。

[136] 「動物の諸部分について」666b21–22（上掲, 79頁：邦訳『アリストテレス全集』10, 122頁）。同じく，『動物誌』第1巻第17章（上掲, 103–104頁：邦訳『アリストテレス全集』8, 64頁）も参照。

[137] 「動物の諸部分について」666b35–667a 上掲, 79頁：邦訳『アリストテ

まず注意しておくべきは,「まさに中間」という概念は心臓の心臓の中間の腔に含まれている血液の本性とともに見出されるものだが, 同じくその心臓の中間部分の構造の定義にも登場することである。

　　「心臓の中心はその実質が稠密で空洞状の作りになっており, さらに, そこから血管が始まるので血で満たされている。空洞状になっているのは, 血を受け入れるためであり, 稠密なのは, 熱さの原理を守るためである」。[138]

　さらに付け加えておけば, 左心室（と動脈）の内容をめぐる論争はウィリアム・ハーヴィの『動物の心臓ならびに血液の運動に関する解剖学的研究』の無視しえない部分を占めているが, それは, こうしてみれば分かるように, アリストテレスに起源があるわけでは

レス全集』10, 122頁）。同じく, 650b7（邦訳, 64頁）, また『動物誌』第1巻第17章 496b7（邦訳『アリストテレス全集』8, 66頁）, 第3巻第2章 511b17（邦訳『アリストテレス全集』8, 120-122頁）,『自然学小論集』「眠りと目覚めについて」第3章 456b1（邦訳『アリストテレス全集』7, 298頁）も参照。

138）「動物の諸部分について」666a（上掲, 77頁：邦訳『アリストテレス全集』10, 119頁）。
　心臓の三つの腔はモンディーノ・デ・ルッツィ（Mondino de Luzzi）の著作にも見出される。シンガー（Ch. Singer）の序論が附いた『医学の小冊子, ヴェネツィア, 1493年（*The fasciculo di Medicina*, Venice, 1493）』（Firenze, R. Lier and Co., 1925）, 参照。
　アンドレア・チェザルピーノ（Andrea Cesalpino）は1571年にヴェネツィアで刊行された『ペリパトス派の諸問題（*Questions péripatéticiennes*,（*Quaestionum Peripateticarum Libri quinque*））』のなかで心臓を三つの部分に分けるアリストテレスの区別を再度取り上げ, 解剖に訴えて証明している。ヴェネツィアで1593年に再刊された『第5巻問題3（*Livre V, Question III*）』118頁, 参照。
　デカルトはすでに述べたように第3の腔の存在を否定している。

第2章　先人たち　　181

ない。

　心臓の運動の経時的な成り立ちはそれ自体としてはアリストテレスではほとんど研究されなかった。というのもアリストテレスは生体解剖は，昆虫のような無血動物を除けば，有血動物ではカメレオンを唯一の例外として，決して行わなかったからである[139]。

　ただし，生体解剖の経験がなかったからといって，アリストテレスが問題点について指摘しなかったわけではない。

> 「そして，諸々の結果は，すべて，かつ，互いに同時に脈動しているのだが，これは，それらの血管が心臓から始まっているということのゆえである。しかるに，心臓はつねに動いている。したがって，心臓が動くときには，諸々の血管もまた，つねに，かつ，互いに同時に脈動するわけである」。[140]

アリストテレスは同じく「心臓に関する三つの現象があり，同じ本性をもつと思われているが，しかし，同じではない。すなわち，鼓動／動悸，脈動，呼吸である」[141]と書いている。これらの現象が述べられるこのテキストはきわめて重要なものであるとはいえ，ひょっとしたらプレンピウスを介してデカルトが知ることになったわ

---

139) ルイ（P. Louis）の校訂訳『動物誌』「序論」（*L'Histoire des animaux*, Les Belles Lettres, 1964) XLIII 頁，参照。
　　古代ギリシアにおける実験の状況については，メネトリエの論文「どのようにしてアリストテレスや古代のヒポクラテス派の医師たちは人間の解剖の知識を得ることができたのか」を参照。
140) 『自然学小論集』「呼吸について」（あるいは「生と死について」であるが，後者は別の論考ではない。われわれの研究の枠内で関心となる参照箇所は「呼吸について」第 2 章（第 20, 21 章）である。というのもまさに「呼吸について」第 2 章をデカルトが引用しているからである）480a10（上掲，132–133 頁：邦訳『アリストテレス全集』7, 414–415 頁）。
　　〔訳注〕なお，「呼吸について」の章番号については，邦訳，409 の訳注 (1) 参照。
141) 『自然学小論集』「呼吸について」479b17–20（上掲，132 頁：邦訳『アリストテレス全集』7, 412 頁）。

けではなかったのかもしれない。しかし，少なくともプレンピウスがデカルトに思い出させた可能性のあるテキストである。プレンピウスは『方法序説』と『三試論』を献呈され，特に『方法序説』第5部で述べられた心臓の運動と血液循環に関するデカルトの説明に対する反論を書くことになる人である。後にデカルトは，プレンピウスの反論を再び取り上げ，アリストテレスの『呼吸について』第20章への言及を『人体の記述』に挿入することになる[142]。

アリストテレスにとって，鼓動／動悸は「心臓のなかにある熱が圧縮すること」[143]から起こる病気の兆候である。逆に，心臓の脈動は「心臓が連続的に作り出している」[144]。しかし，アリストテレスは医学からの比喩に訴えて，脈動を説明しようとしている。実際，脈動は，化膿つまり膿瘍と呼ばれるような「腫瘍」の腫れになぞらえられている[145]。化膿の腫れは沸騰した水の気化に比較される。心臓のなかには，こうした「液体の中にある熱を原因とする」腫れがあり，それによって脈動が起こる[146]。まさにこの心臓の脈動の説明，すなわち沸騰を引き合いに出した鼓動の説明に関係する引用こそ，プレンピウスが1638年1月のデカルト宛書簡で，『方法序説』第5部の説明と比較しながら引用しているもの（「心臓の鼓動は沸騰と類似している」）に他ならない。そしてデカルトは『人体の記述』のなかでこのテキストに立ち返り，心臓の運動と液体の反応との比較を引用する。注意すべきは，デカルトについて検討した節ですでに述べたアリストテレスとの相違のほかに，心臓の腔の内部におけ

---

142) このテーマに関しては，本書第Ⅱ部第1章を見よ。また，『人体の記述』における言及はAT, XI, 244-245：『医学論集』, 165, 参照。
143) 『自然学小論集』「呼吸について」479b20（上掲, 132頁：邦訳『アリストテレス全集』7, 413頁）。
144) 同上479b28（上掲, 132頁：邦訳, 414頁）。
145) 同上。
146) 同上。

る血液の運動を沸騰と膨張に至るものとして記述しようとする際にも，両者の考え方の相違が現れることである。実際，アリストテレスにとっては「血液が造られるのは心臓において」[147]なのであり，大きな滴となって僧帽弁と三尖弁を通って心臓のなかに入ってくることはない[148]。

この運動の原理たる心臓の運動は，アリストテレスが『動物の運動について』[149]で与えている説明によれば，まさにそれが不随意的，すなわち意志の働きの埒外にあるという事実によって大部分の身体の運動とは区別される。呼吸の主たる器官である肺の運動は心臓の運動と同様な仕方で記述されている。

　　「しかるに，この器官の構成が，鍛冶屋のところにあるふいごによく似ていると想定する必要がある。実際，肺臓も心臓も，おおよそそうした形をもっている」。[150]

肺は同じように重要な熱を含んでおり，その熱は多くなると，「その器官〔＝心臓〕が膨張するのは必然である」[151]。呼吸の運動はこうして空気の流入を引き起こし，それが「火の過剰な熱を鎮める」[152]。それによって肺の収縮，つまりは呼気が生じ，「それによって，まさ

---

147) 『自然学小論集』「呼吸について」480a（上掲，132頁：邦訳『アリストテレス全集』7，414頁）。
148) 『人体の記述』，「それゆえ，二つの大きな血液の滴が心臓に入る。その一つは空静脈〔＝右心房〕から右心室のなかに落ち，もう一つは静脈性動脈と呼ばれる静脈から左心室のなかに落ちるのである」（AT, XI, 231：『医学論集』，153）。
149) 「動物の運動について」703b3-9（op. cit., p. 68：邦訳『アリストテレス全集』10，岩波書店，2016，永井龍男訳，272頁）。
150) 『自然学小論集』「呼吸について」480a（上掲，133頁：邦訳『アリストテレス全集』7，415頁）。
151) 同上。
152) 『自然学小論集』「呼吸について」480a（上掲，133頁：邦訳，416頁）。

につねに呼吸の運動が連続的に起こるのだが，それは，それらの動物が生きていて，かつ，肺を連続的に動かしている間のことである。まさにこのことのゆえに，生命は吸気と呼気に存するのである」[153]。

生命と熱は呼吸の現象において分かちがたく結びついており，その点は生命の始まりの時点から一貫している。

> 「発生とは栄養摂取能力のある霊魂が熱に最初に参与することであり，生命とは，その参与を維持することである」[154]

生命の火は星の本性をもち，霊魂に結びついている。心臓はその火に由来する熱の担い手という役割上の優位性をもつことから，胚の発達でも時間的な優位性をもつことになる。

> 「胎児では，さまざまな部分があるなかで心臓は，発生するとすぐに，あたかもそれが一個の動物であるかのように動いているのが観察される。それは，心臓が有血動物に固有な自然本性の原理であるからである」[155]

同じく，『動物の発生について』では，アリストテレスは次のように主張している。

> 「動物の胚のなかには，何らかの仕方で身体のすべての部分が可能状態において存在しているが，原理にあたるものが，何ものにも先駆けて胚の中に存在している。それゆえ，最初に分離して活動状態に至るのは，心臓である。しかも，以上のことは，感覚に照らしても明白である（現にその通りであるから）だけでなく，理に基づ

---

153) 『自然学小論集』「呼吸について」480b（上掲，131頁：邦訳『アリストテレス全集』7，411頁）。
154) 『自然学小論集』「呼吸について」479a（上掲，131頁：邦訳『アリストテレス全集』7，411頁）。
155) 「動物の諸部分について」666a20-22（上掲，77頁：邦訳『アリストテレス全集』10，120頁）。

いても明白である」。[156]

『動物の諸部分について』と『動物の発生について』からのこれら二つのテキストは正確に対応していることを指摘しておこう。というのも理拠あるいは推論（ギリシア語原文でいう λόγος（ロゴス））と観察を参照して、胚における心臓の発達の経時的、論理的な展開の最初の特徴を主張しようとしている点は、『動物の諸部分について』の、先に引用した部分のまさに直前のテキストにも見出されるからである。『自然学小論集』では、アリストテレスは同様に次のように書いている。

「有血動物も、心臓が最初に生じる。そのことは、なおも発生途上の状態のときに見ることができる動物において、われわれが実際に観察したところの諸事例からして明らかである」。[157]

実際に、胚の発達が特に記述されているのはアリストテレスの『動物の発生について』と『動物誌』においてである。『動物誌』で、アリストテレスは孵化して3日目のヒヨコの卵のなかに「心臓が一滴の血液ほどになっており、この心臓が一個の生き物のように脈を打って動いている」[158] ことが見分けられる、とはっきりと述べている。

この観察の報告は胚の諸部分の発達に関する著作において何世紀にもわたって引用され、議論されることになる。たとえば、アクアペンデンテのファブリキウスは『卵とヒヨコの形成について』で言

---

156) 『動物の発生について』740a1–5（上掲、69–70頁：邦訳『アリストテレス全集』10, 142頁）。
157) 『自然学小論集』468b28（上掲、105頁：邦訳『アリストテレス全集』7, 362頁）。
158) 『動物誌』第6巻第3章561a10（上掲第2巻、377頁：邦訳『アリストテレス全集』8, 304頁）。

及している[159]。

　心臓については，アリストテレスはさらに次のように言う。

> 「心臓が最初に生成することは，感覚に照らしても明らかであるし，動物が死を迎える場合にも明らかとなる。それが生命が最初に失われる器官である」。[160]

　この定式が長い間心臓の役割を定義することになり，ことにハーヴィの『心臓と血液の運動』にもデカルトの書簡のなかにも見出される[161]。カスパール・ボアンは，『解剖劇場』のなかで，自分でもこうした心臓と生命との結びつきを確認したと証言しており，動物は心臓が病に冒されなければ死ぬことはありえないのだと述べている[162]。

　アリストテレスが『動物の諸部分について』で報告しているところによれば，心臓の主たる特性[163]からして，この臓器が重大な疾

---

159) 『卵とヒヨコの形成について』(1621年版44頁，上掲，アーデルマンのファクシミリ版)。
160) 『動物の発生について』第2巻第5章741b15–20 (上掲，74頁：邦訳『アリストテレス全集』10, 150頁)。
161) 『心臓と血液の運動』第4章。デカルトの書簡はAT, IV, 695 (メルセンヌ宛，1635–1636,『全書簡集』I, 300)。
162) ボアン『解剖劇場』1605年版，409頁。
　ボアンはガレノスとアリストテレス (『動物の発生について』第4巻) を参照している。1621年版では同じテキストは215頁。
163) チェザルピーノはその著『ペリパトス派の諸問題』第5巻第3問題でアリストテレスの主張を繰り返して，こうした心臓の主たる特性を強調している。たとえば，チェザルピーノは，心臓は最初に形成される器官にして，最後に死す器官であると主張している。彼は心臓が血液と血管 (静脈と動脈) の原理〔始原〕(principium) であると書く。次いでチェザルピーノは神経は出発点を心臓内にもっていると付け加え，この点でアリストテレス説を退けようとしたガレノスに反対する。同じく，チェザルピーノは『諸問題』第5章第3問題で心臓を霊魂の原理の場とみなすとも言っている。

患に冒されることがないことが帰結する[164]。そこでもまた，何世紀にもわたって，アリストテレスの影響は多大なものであった。というのもガレノスがこの観念を繰り返し[165]，フェルネルは，その著『治療学』における「心臓病と称される病気を心臓から追い払う薬剤」に関する章を，「心臓を冒すことのできる病気はほとんど存在しないのだから」という指摘から始めているからである[166]。ピエール・コンスタンは，ジャン・リオラン（子）の『人類誌学』の翻訳のなかで，同じく「心臓はわれわれの身体のなかでもっとも病に強い部分である」と書いている[167]。

結局，心臓は生物において，アリストテレスが主張しているように「もっとも重要な部分であり，残りのすべての部分に目的を与えるもの」[168]に他ならない。

目的性はアリストテレスの著作においてきわめて重要な位置を占めている。『動物の諸部分について』からの以下の引用の主張に示されるように感嘆と美の源泉である。

「自然の作品には，行き当たりばったりではなく，もっとも高い

---

164) 「動物の諸部分について」667a30-34（上掲，81頁：邦訳『アリストテレス全集』10, 124頁）。
165) 『身体諸部分の用途について』（ダランベール（Ch. Daremberg）訳『ガレノス解剖学的，生理学的，医学的著作集（*Œuvres anatomiques, physiologiques, et médicales de Galien*）』2巻本（Paris, J. B. Baillière, 1854-1856）第1巻，400-401頁：坂井建雄・池田黎太郎・福島正幸・矢口直英・澤井直訳『身体諸部分の用途について』2, 京都大学学術出版会，2022, 116頁）。本書のガレノスの節を参照。
166) フェルネル（Fernel）『治療学（*Thérapeutique*）』第5巻第21章。引用した翻訳は1668年に王の允許つきで刊行された「それまでの諸版よりも新しく，より厳密な」版の403頁による。
167) 『人類誌学』第3巻第12章（上掲），537頁，
168) 『自然学小論集』469a4-5（上掲，105頁（ギリシア語テキスト）および106頁（翻訳）：邦訳『アリストテレス全集』7, 362頁）。

目的性が存在する。そして，事物が構成され，生じてくる目的は美の位置を占めている」。[169]

この理解は，自然の業について驚嘆と驚異が語られているガレノスの書物，C. ボアンの解剖学についての論考，アクアペンデンテのファブリキウスとハーヴィの生物学の著作の源泉であるように思われる[170]。さらには自然への驚嘆は，デカルトを読んだ人たち，すなわち，ヘンリー・モア[171]，ボシュエ[172]，それにライプニッ

---

169) 『動物の諸部分について』第1巻645a23-25（上掲，18頁：邦訳『アリストテレス全集』10，43-44頁）。

170) 各々，ガレノス『身体諸部分の用途について』第15巻第7章（キューン（Kühn）版『全集（*Opera omnia*）』第4巻246-247頁，ボアン『人間の身体の構成について（*De corporis humani fabrica*）』（上掲）第2巻第14章169頁：「これらは自然の驚嘆すべき作品である（Haec naturae sunt opera admiranda...）」，アクアペンデンテのファブリキウス『卵とヒナの形成について』（上掲）142頁：「それは驚嘆に値する（admiratione dignum est）」，「この驚嘆すべき業とともに，驚嘆に値する他の数多くのことも同時に現れる（admirandum opus, multa quidem admiratione digna concomitantur）」。

W. ハーヴィの『心臓と血液の運動』は，たとえば序論から一貫して，自然の驚異に訴えかけている。

171) ヘンリー・モアは人間身体の驚くべき構造に感嘆し，それぞれ目的に適った最適な状態にある器官を延々と列挙し，最終的にそれが神の摂理であると証言する。モアはガレノスを引き合いに出し，ガレノスは解剖学者であったにもかかわらず，宇宙の賢明なる創造者の栄光に賛歌を捧げずにはおれなかったのだと強調している。デカルトとの論争の後，つまり『方法序説』，『哲学の原理』，『情念論』を読んだ後に，モアはこのように人間身体の構成とそれが置かれている宇宙とが完全に合致し，そこに調和が示されていることに驚異を見出したのである。『無神論に対する解毒剤（*An antidote against atheism*）』第2巻第12章『哲学著作集成（*A Collection of several philosophical writings*）』（上掲）79頁Cおよび『哲学著作集（*Scriptorum philosophicorum*）』（上掲）第2巻87頁。

172) 『神と自己自身の認識について（*De la connaissance de Dieu et de soi-même*）』第4章「霊魂と身体の創造主にしてそれらの生命の著者である神について（De Dieu, créateur de l'âme et du corps, et auteur de leur vie)」，

ッ[173]の著作にも現れることになる。

デカルトは逆に目的性を拒否し[174]、「実践的な哲学」[175]を探究する。こうしてデカルトは、たとえば下垂体の位置が心臓と松実腺の間にあることや、人間の身体の組成や、特に妊娠時に起こるような身体のさまざまな変化に驚嘆するだけであってはならないことを指摘する。こうして、デカルトは自らが展開する機械論的学問によってそうした驚異現象が説明可能となることを強調し、N. グリマル

また、特に以下の節「I. 人間は深い知恵の大いなる意図による作品である (*L'Homme est un ouvrage d'un grand dessein et d'une sagesse profonde*)」、「II. 人間の身体は深く驚嘆すべき意図の作品である (*Le corps humain est l'ouvrage d'un dessein profond et admirable*)」、「III. 感覚と感覚に依拠する事物における驚嘆すべき意図 (*Dessein merveilleux dans les sensations et dans les choses qui en dépendent*)」、シモン (M. Jules Simon) 編纂『ボシュエ哲学著作集 (*Œuvres philosophiques* de Bossuet)』(Paris, G. Charpentier)、200-210頁、参照。

173) ライプニッツは、たとえば「自然学における目的因の有用性」という表題をもつ『形而上学序説 (*Discours de métaphysique*)』第19節で、「動物の驚嘆すべき構造を見れば、誰もが事物の創造者の知恵を認めたくなる」と書いている（プルナン (L. Prenant) 編、ライプニッツ『著作集 (*Œuvres*)』(Paris, Aubier Montaigne, 1972)、179頁：『ライプニッツ著作集』8、西谷裕作訳「形而上学序説」、工作舎、1990、176頁）。

174) E. ジルソンはこの点について次のように指摘している。「学問の二つの概念を比較すれば、目的因の探究を排除し、さらにはその存在さえも否定することによって、デカルトは自然に関するアリストテレス的な学問からその至高の対象を奪ったと言えるだろう。逆に、アリストテレスは目的因の観照に専念することによって、近代科学の誕生を遅らせ、自然の機械論的解釈をその本来の対象から逸らせてしまっていた」（『アリストテレスからダーウィンへ、そしてダーウィンからアリストテレスへの回帰――生物哲学のいくつかの常数についての試論 (*D'Aristote à Darwin et retour. Essai sur quelques constantes de la biophilosophie*)』(Paris, Vrin, 1971)、40-41頁参照）。

175) 『方法序説』第6部、AT, VI, 61-62：『著作集』I, 62-63.

ディの表現を使えば,「全自然が非宗教化されており」[176]、その自然には生物の身体も含まれると考える。そこから,書簡や『人間論』や『人体の記述』における[177]「それは驚くべきことではない」といった表現や,あるいはまた『動物の発生についての最初の思索』における「まったく驚くにあたらない」,「驚くにあたらない」,「なん

---

[176] グリマルディ（N. Grimaldi）は,その著『デカルトの哲学における思索の経験（*L'expérience de la pensée dans la philosophie de Descartes*）』（38-40頁）のなかで,若きデカルトが1619年ないし1620年に『経験（思索私記）（*Experimenta (Cogitationes privatae)*）』に書き留めたいくつかの観察を分析し,解説している。グリマルディは「見かけはあまりにもとるに足らない,これらいくつかのテキストを分析するだけで,デカルトの思索の発展とともに本質的となっていくいくつかのテーマを十分明らかにできる」と指摘する。特に指摘されているのは次の点である。「第6に,その上さらに,もっとも不思議な驚異に似ている現象を生み出す技術が有する力からすると,そうした驚異自体が,光学の実験がここで述べているのとまったく同じように,幾何学的で自然な原因によって生み出されたものではないかと思わせる。と同時に,自然全体こそが非宗教化されているのであり,デカルトは自分にはそう考えることができるのだと分かっているからこそ,1629年には「数学の一部には」「奇跡についての学問」と呼ばれるものがあると書くことになるのである。そうした学問に,デカルトはさらに1637年の『気象学』の末尾で例をあげ,「天にさまざまな出来事を出現させて,その理由を知らない人々に大きな驚異の念を抱かせることのできる発明」〔『気象学』第8講,『著作集』I, 306〕のことを想起している」。グリマルディは註で「いったん「一つの奇跡についての学問」が存在することになれば,もはや唯一の奇跡しかないことになる。すなわち,その学問が存在するということである。デカルトはさらにこの直観を1630年のメルセンヌ宛書簡で展開していくことになる」と付け加えている。

[177] 書簡については特に1640年12月24日メルセンヌ宛書簡,「ところでこの下垂体は,それがある場所に,つまり,心臓と松実腺の間にあることは驚くべきことではありません」（AT, III, 263：『全書簡集』IV, 234）,参照。「驚くべきことではない」という表現は『人間論』（AT, XI, 153：『著作集』IV, 249）,『人体の記述』（AT, XI, 268：『医学論集』, 186）。この表現は『宇宙論』にも登場する（AY, XI, 13 et 22：『著作集』IV, 138, 146）。

第2章　先人たち

ら驚くにあたらない」,「驚くにはあたらない」といった表現[178]がされることになる。さらにはその『最初の思索』において,「熱の力（vi caloris）」,「動かされること」が発生の唯一の原理として主張され,「自然の永遠なる法則（Naturae leges aeternas）」が根拠とされるのである[179]。同様に,運動と生命の原理としての心臓の熱というデカルトの考え方は『人間論』から『情念論』に至るまで[180]一貫して主張されており,その熱は機械論的な原因によって霊魂や精気とはまったく無関係に,霊魂の座が心臓に求められることもなく[181]説明される。この点がアリストテレスとのいちじるしい対立を成す。熱を生命の原理とする考え方によっても,デカルトはアリストテレスに結びつく伝統に対立しているのである。その伝統のもっとも名高い例は異なる領域では特に心臓の運動についての小品を執筆したトマス・アクィナス[182],フェルネル,とアクアペンデンテのファブリキウスである。しかし,たしかに生命の原理との関連でアリストテレスの心臓についての考え方はデカルトの批判を呼ぶものであった。とはいえ,それでもやはりデカルトの生理学と

---

178) AT, XI, 506, 513, 526, 532：『医学論集』, 97, 106, 124, 132.
179) AT, XI, 505 et 524：『医学論集』, 96, 121.
　　こうした驚異に対する反応は同じようにデカルトの光学の実験とともに『情念論』にも見られるものであり,ある面ではデカルトの学問に F. アルキエの言う「倫理的価値」を与えている（アルキエ『デカルトにおける人間の形而上学的発見』（上掲）41 頁参照）。
180) 『人間論』AT, XI, 202：『著作集』IV, 286：『情念論』第 107 節（『著作集』III, 218.
181) 霊魂の座としての心臓というテーマはヴェサリウスによって再度取り上げられていた（『ファブリカ』1543 年版, 第 6 巻末尾参照）。
182) トマス「心臓の運動について（De motu cordis）」『哲学小品集（Opuscula philosophica）』（Torino, 1954), 165 頁。このテキストは 1570-1571 年刊行のローマ版『全集（Opera omnia）』第 17 巻, 214 頁。これは次の全集版（Sancti Thomas de Aquino Opera omnia, Roma, 1976）では, 第 43 巻 127-130 頁。

それを基礎づける形而上学の特徴が、形而上学的理由は異なるものの、アリストテレスの生理学と同様に、運動が始まる中心として心臓を必要としている点にあることに変わりはないのである。

トマス・アクィナスの心臓論

　心臓の運動の起源と性質はトマス・アクィナスが「心臓の運動について」という書簡で扱った問題である。その書簡の宛先の名前（フィリップス師）は分かっているものの、その人物の情報はほとんど存在していない[183]。このテキストは、誤読された結果ではあるものの、ハーヴィの発見に先立つテキストの一つとしてしばしば引用される[184]。このトマス・アクィナスの作品は生物学的、哲学的探究のなかで心臓が有している重要性と、生命の原理としての霊魂との関係で心臓を理解するアリストテレスの考え方の影響の大きさを示すものである。

---

183) トマス・アクィナス「フィリップス師宛の心臓の運動について（*De motu cordis ad Magistrum Philippum*）」（『哲学小品集』（Torino, 1954），165 頁。ローマ版『全集』（1976）第 43 巻，125 頁（頁付けなし）はこの書簡について「カストロチェーロのフィリップス師宛の心臓の運動について（*De motu cordis ad Magistrum Philippum de Castro Caeli*）」とより明確にしている。

　この「心臓の運動について」のバンデル（M. Bandel）によるフランス語訳はトマス・アクィナス『小品集（*Opuscules*）』（Paris, Louis Vivès, 1857）第 4 巻にある。

　英訳は比較的近年にラーキン（Vincent R. Larkin）訳が雑誌『医学史雑誌（*Journal of the History of Medicine…*)』第 15 巻（1960），22-30 頁に掲載された。

184) パージェル（W. Pagel）『W. ハーヴィの生物学思想——いくつかの側面と歴史的背景（*W. Harvey's biological ideas. Selected aspects and historical background*）』（S. Karger, Basel/New York, 1967），90 頁，参照。パージェルはトマスのこのテキストに関してこうした誤読を告発している。

トマス・アクィナスが心臓の運動とその本性に関して取り上げた解決策は，心臓の運動の原理は霊魂である，というものであった。心臓の運動は自然的な運動の一つである（これはトマスが『神学大全』[185]のなかでも同様に主張している），なぜならばその運動は身体の形相としての霊魂を原因としているからである，というのである。

　こうした主張に至るために，トマスは心臓の運動を説明する数多くの考え方を吟味し，斥ける。心臓の運動は霊魂には由来しない，栄養的霊魂にも由来しない（というのも心臓の機能は栄養や繁殖とは別であって，植物は栄養的霊魂をもっているのに，心臓はもっていないのである），心臓の運動は不随意的なのだから感覚的霊魂にも理性的霊魂にも由来しない，というのである。ましてや心臓の運動は熱を原因としてはおらず，逆に熱を生み出すのである[186]。

　心臓の運動は動物の生命に結びついている。というのも，その運動が止まれば，生命は消え去るのであり，したがって，トマスによれば，この運動の原理は動物そのもののうちにあることになる[187]。

　アリストテレスの著作『動物の運動について』[188]を参照しながら，トマスは心臓の運動が自然的な運動であることに立ち返る。というのも，身体の他の運動の原理は随意的でありうるからである[189]。

　次にトマスは心臓の運動は霊魂によるが，これはもっぱら霊魂が

---

185) 『神学大全』第 2-1 部第 17 問題第 9 項（2）について（高田三郎・村上武子訳『神学大全』9，創文社，1996，357 頁）。そこでトマスは自然的な運動と随意的な運動を対比している。なお，同じく第 2-1 部第 6 問題第 5 項反対論（邦訳，同，165-167 頁）も参照。
186) ローマ版『全集』（1976）第 43 巻，127-128 頁，参照。
187) 同上，127 頁。
188) この著作が偽書ではないかと言われるようになるのは，ようやく 19 世紀になってからであったことを想起しておこう。
189) ローマ版『全集』（1976）第 43 巻，128 頁。

身体の形相である限りのことであると説明する[190]。トマスはだからといって霊魂の住まいが心臓となるわけではないことを強調する。その際，トマスはそうした起源に関するアリストテレス的な考え方に反対するが，その考え方の典拠がこのテキストでは明らかにされている。すなわち，問題となるのはサーレッシェルのアルフレッド（アルフレドゥス・アングリクス）[191]だというのであるが，この問題に関するアルフレドゥスの見解はそもそもはアルベルトゥス・マグヌス[192]が取り上げていたものである。

---

190) Ibid., p. 128, 1. 148–150.
191) ジルソン（E. Gilson）『中世哲学（*La philosophie au Moyen âge*）』（Paris, Petite bibliothèque Payot, 1976）第2巻，550–551頁，参照。ジルソンの著作は，問題の「心臓の運動について」がサーレッシェルのアルフレッド（Alfred de Sareshel（Alfredus Anglicus））によって書かれたことを指摘し，書かれたのは1217年よりも前であると明確に述べている（このように明言されたのは，サーレッシェルのこのテキストが1217年に没するアレキサンダー・ネッカム（Alexander Neckam）に捧げられていることによったものと思われる）。ジルソンは同じくサーレッシェルが『植物について（*De vegetabilibus*）』と『気象学』についての註釈書の著者でもあり，それらの註釈は「サーレッシェルをアリストテレスの科学的著作ないしはアリストテレスのものとされる科学的著作のもっとも古い註釈者とするものであるように思われる」と付け加えている。
192) 「それゆえ，心臓は霊魂の住居である」。「それゆえ霊魂は，感覚と運動と生命の原理であり，心臓という身体の要塞に住まう」（アルフレッド「心臓の運動について（*De motu cordis*）」，ベイムカー（Cl. Baeumk）編「サーレッシェルのアルフレッド作「心臓の運動について（*Des Alfred von Sareshel (Alfredus Anglicus) Schrift De Motu cordis*）」」『中世哲学史論集（*Beiträge zur Geschichte der Philosophie des Mittelalters*）』第23号（Münster, 1923）所収，参照。また，パージェル『W. ハーヴィの生物学的思想』上掲，91頁参照）。

アルベルトゥス・マグヌス（Albert le Grand）『霊魂について（*De Anima*）』第2巻第1論考第7章，『全集（*Opera omnia*）』（A. Borgnet, Paris, 1890）第5巻，204–205頁，参照。

トマス・アクィナスは続いて，形相がより円環に，すなわち天体の運動をつかさどる原理に接近すればするだけ，その尊厳は気高いものとなると述べる。ところで心臓は動物内にあるもののすべての原理であり，「その運動は完全に円環でないにしても，円環運動に類似している（quendam motum non quidem circularem, sed similem circulari)」。その円環性は本質的に律動的であり，運動の二つの相（「押す」と「引く」）とさらにはその中間の相の存在を示唆している[193]。

トマスは同じく，（血液ではなく）心臓のこの運動は動物においては大宇宙における天の運動に相当すると述べている。そもそも，この同じ手紙のなかでは，それよりも前に，人間というもっとも完全な被造物はしばしば小宇宙と呼ばれることも強調されている[194]。

トマスはさらに，心臓の運動は，斉一性を特徴とする天の運動とは逆に，霊魂の情動に応じて変化することも指摘している。実際，トマスが『神学大全』のこの主題に関する部分で述べるところでは，霊魂の運動（『心臓の運動について』で言うところの「霊魂の情動（affections animae)」）は心臓の運動の変化を原因としているのではなく，逆に心臓の運動の変化の原因なのである[195]。こうしてトマス

---

193) ローマ版『全集』（1976）第43巻，129頁，参照。
194) ローマ版『全集』（1976）第43巻，127頁（頁付けなし）の58-59行目，参照。ラテン語は「小宇宙（minor mundus)」である。大宇宙（マクロコスモス）／小宇宙（ミクロコスモス）というテーマについてはアリストテレス，『自然学』第8巻第2章，252b26（上掲，カルトゥロン版第2巻，106頁：邦訳，382頁）参照。

同じく，『神学大全』第1巻第1部第91問題第1項反対論（『神学大全』7，高田三郎訳，創文社，1965，17頁）参照。重要なのはカエタヌスの注釈（Commentaria Cardinali Caietani)『聖トマス・アクィナス全集（*Sancti Thomae Aquinatis ..., Opera omnia*)』（Roma, 1889）第5巻，391頁である。
195) ローマ版『全集』（1976）第43巻，129頁，参照。また，『神学大全』第2-1部第38問題第5項反論3（上掲，第6巻，260頁：『神学大全』10，

は「霊魂の情念のうちで (in passionibus animae)」形相的な要素は霊魂の運動に由来するのに対して，物質的・質料的要素は心臓に関係し，心臓のなかでの血液の動揺に関係する[196]と主張する。

驚くべきことに，トマスの「心臓の運動について」は，これほど短いテキストであるにもかかわらず，心臓と霊魂との結びつき，心臓の運動が大宇宙と小宇宙との間に確立する関係，それに心臓の運動の本性という，生命の原理をめぐる議論すべての導きの糸となるテーマをすべて取り上げているのである。

C) ガレノス

デカルトのガレノスに関する辛辣で，穏やかとは言いがたいいくつかの章句を読むと，デカルトにとってガレノスはせいぜいデカルトの拒否する伝統に伴う誤謬のいわば元祖といったところであるように思われるかもしれない。そうした苛立ちが医学に没頭していたデカルトにはあったことは，『動物の発生についての最初の思索』の次のような書き方からよく分かる。

> 「書物に見られる，ガレノス由来と思われる見解はじつに奇怪なものである」。[197]

実際，デカルトが反対するのは，おそらくは医学体系全体なのであるが，その全体は医術に関わる人々の思考を 15 世紀間にわたって支配しているこのギリシア人の医師の著作を想起することを通じ

森啓訳，創文社，1995, 277 頁)，参照。
[196] ローマ版『全集』(1976) 第 43 巻, 129 頁, 参照。また，『神学大全』第 2-1 部第 22 問題第 3 項第 3 反論に対して（上掲，第 6 巻, 170 頁：邦訳『神学大全』10, 森啓訳, 8-9 頁), 参照。
[197] AT, XI, 531：『医学論集』, 130：« Monstrosae sane sunt opiniones, quas video in libris, ut puto, a Galeno ortas ».

て形成されたものである。デカルトは躊躇することなく「医師たちがたわけたことを言っている」[198]ことをずばりと告発しており,彼らの議論が重要で分析に値するとみなされることはめったにない。かなり皮肉なことに,この点で指摘しておくべきは,医師のプレンピウスはデカルトが直接突っ込んだ議論をすること[199]を厭わなかった少数の医師の一人であったが,その彼がデカルトに,医師たちに見られる見解の相違は結局当時の哲学者たちと医師たちにとってそれぞれ権威となっていたアリストテレスとガレノスの見解の相違に帰着する可能性があることを教えたことである。プレンピウスは「われらがガレノス」と呼んでいるように,ガレノスは文句なしに医学界における至高の権威であった。

　　「われらがガレノスは,心臓はある機能によって動かされると教えました。このことは今に至るまでずっと,われわれ医者のすべてが教えてきたことです」。[200]

---

198) AT, XI, 517：『医学論集』, 111：«...quicquid Medici hariolentur».
199) もちろん関係するのはプレンピウスとデカルトとの間の充実した議論であり,それをデカルトは「一日千秋の思いで」待っていた（cf. lettre du 3 octobre 1637, AT, I, 411：AM, II, 3：『全書簡集』II, 5）ものだが,これについては1638年1月からの書簡が証言している（プレンピウスからデカルトへ,AT, I, 496-499：『全書簡集』II, 70-72；1638年2月15日,プレンピウス宛,AT, I, 521-534：『全書簡集』II, 92-104；1638年3月,プレンピウスからデカルトへ,AT, II, 52-54『全書簡集』II, 159-161；1638年3月23日,プレンピウス宛,AT, II, 62-69：『全書簡集』II, 172-178）。

本書第Ⅱ部第1章における生命の原理としての心臓というデカルトの考え方をめぐるデカルトとプレンピウスの論争の分析を参照。

200) プレンピウスからデカルトへ,1638年1月,AT, I, 497：AM, II, 79：『全書簡集』II, 70-71.

この点に関してはヴェサリウスの『ファブリカ』の初版（1543年）がまさにガレノスに従う医師たちとアリストテレスの支持者である哲学者たちとのあいだの伝統的な議論を指摘していることを思い出しておこう。

ハーヴィは『心臓と血液の運動』のなかでヒポクラテスとガレノスを引

ガレノス[201]は解剖学，生理学，および医学といったカテゴリーに分類されうる著作だけを書いたわけではない。哲学にも関心をもっており，いくつかの哲学的問題について自分の立場を明らかにし，全体を哲学にあてた論考を書いたり，医学的著作のなかで哲学からの帰結を述べたりしている。そのため，心臓の運動についてのガレノスの考え方は（アリストテレスの考え方や，もちろんデカルトの考え方と同じように），その哲学的観念を参照することなしには理解しえない。ガレノスの場合，その哲学的観念はプラトン，アリストテレス，そしてとりわけストア派の思想に長く親しんだことに由来するものであった。

　ガレノスのもっとも重要な解剖学的・生理学的著作『身体諸部分の用途について』全体の背景をなすのは「目的因」に由来する概念であるが，この目的因というアリストテレス的な概念をガレノスはプラトンのうちに見出していた。

> 　「すべての生成の第一の原因は，プラトンがどこかで示したように働きの目的である。したがって，市場にやってきた人にその原因を問われたとすれば，真の原因ではなくて，まったく別の原因を探すとすれば，よりよい返答をしたことになるだろうか。もし誰かが道具や奴隷を買うために，あるいは友人に会うために，あるいは何かを売るために来たと言う代わりに，自分には自由に動かすことができ，しっかりと地面に立つことのできる脚が二本あって，その脚のどちらかで順に自分を支えて，それで市場に着いたと答えるとす

　　用している。ハーヴィはガレノスを「医学の父」と呼ぶ。アリストテレス的伝統が根強く生きていたパドヴァ大学で教育を受けたこともあって，ハーヴィは心臓の運動と血液の循環を確立するこの有名な1628年の著作のなかではアリストテレスも繰り返し引用している。
201)　ガレノスは，17世紀に至るまで医学的な学問の基礎を構成していたこれらの著作の作者であり，紀元後129年頃に小アジアのペルガモンに生まれ，2世紀末にかけてローマ帝国のさまざまな場所で生活した。

るならば，それは笑うべきことにはならないのだろうか」。[202]

　ガレノスの著作を導いている有用性ないし「用途」の目的論的な概念は機能という近代の概念[203]に十分に該当するものとして解釈

---

202)　ダランベール（Ch. Daremberg）訳『ガレノス解剖学，生理学，医学著作集（*Œuvres anatomiques, physiologiques, et médicales de Galien*）』全2巻（Paris, J.B. Baillière, 1854–1856）。この『身体諸部分の用途について』からの引用は第1巻（1854），420頁（『身体諸部分の用途について』2，坂井建雄・池田黎太郎・福島正幸・矢口直英・澤井直訳，京都大学学術出版会，2022，131–132頁）。

　このガレノスの章句には，霊魂の不死の原因が論じられている『パイドン』（97C–100E：『プラトン全集』1，松永雄二訳，岩波書店，1975，284–295頁）への言及を見ることができる。

203)　クロード・ベルナール自身，そのコレージュ・ド・フランスにおける講義のなかで，時折，「用途」という語を「機能」という語の代わりに使用し続けていた。しかし，ベルナールはこの「用途」という語に，機能という操作的概念と実際的には区別のつかない実験的な背景を与えていた。その機能という操作的概念は，ある臓器ないしその臓器の一部の切除，その切除から生じる結果の観察，さらに場合によっては切除を等価と思われる構造や物質を配置することで補ってやるといった行為に基づいている。「まず，大雑把に身体の各部分の用途を臓器の引き算やさまざまな切断をしてみることを手がかりとして決定する努力がなされてきた。こうして生命の座がどこにあるのかを発見することが期待されていた。さらに今日でも同じ探求方法が使用されているが，もっと遠くへ進もうとしているのである（1877年に行われた『糖尿病講義（*Leçons sur le diabète*）』（édition du cercle du livre précieux, Paris, 1966）「序論」第2講，38頁）。

　しかしながら，G. カンギレムは，『科学史・科学哲学研究』（上掲）のなかで，機能の概念が現在のような生理学的な意味を獲得するのは，伝統的な解剖学的基盤から離脱してはじめて可能となることを指摘している。機能は「道具」（すなわち臓器の総体）あるいは多くの臓器内に分散しているいくつかの細胞を基盤とすることも可能である。「臓器」という概念は語源的には工具ないしは機関の概念から派生したもので，それ自体が臓器の構造の吟味から「演繹された」固有の「有用性」によって付与されていた統一性をこうして失うことになる。「それこそ解剖学の演繹と呼ばれるもの

できることから，この第Ⅱ部の冒頭で列挙した諸問題への解答を引き出すことも可能であろう。

「呼吸器官」を扱う『身体の諸部分の用途について』第6巻での研究によれば，心臓の有用性はこうして一挙に，アリストテレスにおけるのと同様に，呼吸の機能のより一般的な枠組みのなかに位置づけられる[204]。呼吸装置の内部においても，心臓は生命の原理と身体的熱の源という本質的役割を割り振られていることが見て取れる。

> 「心臓はいわば竈のように内在的な熱の源であり，それによって動物は制御される。それゆえ，そのあらゆる部分は大いなる重要性をもち，そしてなによりもまずその作用は動物全体の生命の維持に関わるものである」。[205]

心臓の熱を特徴づける「内在的な」という限定辞はそれだけでその熱の産出の問題に対する説明となっている。その点は『身体の諸部分の用途について』だけではなく『自然的能力について』[206]と題された論考でも同様である。『身体の諸部分の用途について』では，肺はそれ自体としては脳のいかなる助けもなしに過剰な心臓の熱を

である」（同書226-238頁，特に引用した227頁：邦訳，261-276頁，特に262-263頁，参照）。

　ガレノスは『身体諸部分の用途について』の最終巻（第17巻，結語）で機能と有用性を区別している。「したがって機能が有用性と異なるのは（…）機能は能動的で有効な運動であり，有用性は俗に便利だと言われるものに他ならないという点にある」（上掲，ダランベール版第2巻，201頁，参照）。

204) ハーヴィはこのように確立された心臓と肺の密接な関係は心臓の運動を理解するのに障壁となると書くことになる。『心臓と血液の運動』第5章。

205) ダランベール訳『身体諸部分の用途について』（上掲）第1巻，399頁（邦訳『身体諸部分の用途について』2, 115頁）。

206) 『自然的能力について』第2巻第4章，キューン版（Teubner, Leipzig, 1893）第2巻，89頁。

鎮めることができる[207]とされており，この点では『ヒポクラテス全集』やアリストテレスの著作と同じである。

> 「呼吸の用途が動物に生じるのは心臓のためであることを私は示した。心臓はある程度気息の材質を必要とし，特に燃えるような熱から冷却されることを求めるからである。空気はその冷の効力によって心臓を冷却する。そして気息は沸騰し，焼けて煤のようになった粒子を巻き込みながら，心臓から出る」。[208]

しかし肺を通って心臓に至る空気はたんに「冷の効力」を担う材質であるわけではない。ここでの「気息（πνεῦμα）」は息と精気という二重の意味をもち，身体に「宇宙霊魂」の小片を運んでくるものなのである[209]。

心臓に関するガレノスの説明には難点があり，デカルトの問題意識から出てくる疑問に応えられる説明になっているか，見る必要がある。そうした疑問に対応するか，さもなくば疑問の意味を再定義するのでなければ，心臓の構造とその内容をめぐるガレノスの認識

---

[207] この関連で指摘しておけば，ガレノスは，脳が「心臓の自然な熱の観点から，心臓を冷やすために」作られたと考える人たちの意見を，『身体諸部分の用途について』第8巻第2章で批判している。この著作の続く章はアリストテレスのテーゼを直接論駁している。『身体諸部分の用途について』第8巻第2章，第3章，上掲ダランベール訳，第1巻，527-535頁，参照。

[208] 『身体諸部分の用途について』上掲ダランベール訳，第1巻381頁（邦訳『身体諸部分の用途について』2，102頁）。

[209] シンガー（C. Singer）とレイビン（C. Rabin）の『近代科学の前奏曲（*A prelude to Modern Science*）』のヴェサリウス『解剖学図6葉（*Tabulae anatomicae sex*）』への歴史的序論（Cambridge University press, 1946），XXXVII頁，参照。

この「宇宙霊魂」の概念は，プラトン（『ティマイオス』34b）に由来し，ストア派が変更を加えた。この概念によってガレノスは血液さらには生命精気の精製のさまざまな段階を説明している（『近代科学の前奏曲』XXXVIII頁，参照）。

を位置づけることはできない。

ガレノスは特に心臓と筋肉の繊維の配置を検討することによって，心臓の構造を筋肉の構造から区別している。

> 「心臓は強靱で傷つきにくい肉質であり[210]，多くの種類の繊維から構成されている。たとえこれら二つの特徴から筋肉に類似しているように見えても，筋肉とは明白に異なる。実際，筋肉が備えている繊維は単一の本性をもつ。つまり，筋肉は縦方向にまっすぐな繊維か，横方向に横断している繊維かのいずれかだけをもち，同時に二種類をもつことはない」。[211]

この区別を補強するために，ガレノスは心臓と子宮，胃，膀胱，胆嚢といった腔の形をもつ器官との間の類似性をさらに検討している。

しかしさまざまな種類の繊維や単一の本性をもつ繊維から成る肉の間にある違いだけでは筋肉と心臓の間には親近性がないことを納得させるには十分ではない。そこにさらに作用の相違をつけ加える必要がある。

> 「自然的な作用をもつ心臓には，ごくわずかな神経だけが必要であった。すなわち，筋肉は身体的な作用の器官なので，すべてが大きな神経を必要とするのに対して，心臓にはいかなるこの種の作用も託されていないので，前述の内臓のそれに似た神経が必要だったからである。さらに肺でも同様である」。[212]

---

210) この指摘にはアリストテレスの影響がある。本書第Ⅱ部のアリストテレスの章を参照。

211) 『身体諸部分の用途について』第6巻第8章（上掲，ダランベール訳，第1巻，400-401頁：邦訳第2巻，116頁）。

212) 同上，447頁（邦訳，154-155頁）。キューンの校訂した『全集』版によると，ギリシア語は «... καρδία φυσικόν ἐχούσῃ τό ἔργον ..., ψυχικῆς ἐνέργειας» でラテン語では «actionem naturalem（自然的な作用）» および «actionis animalis（動物〔霊魂〕的な作用）» となっている。上掲キューン版第3巻，501頁，447頁参照。

この心臓の運動の特異性[213]は不随意運動と随意的運動の区別を前提にしているものだが，この区別はすでにアリストテレスにはっきりと見られるもので[214]，それを受け継いでガレノスは筋肉と随意的運動を結びつけたのである[215]。

　さらに，ガレノスは，この区別そのものを神経分布の疎と密の間

　さらに言うと，1566年のフランス語訳の『身体諸部分の用途について』のこの部分（第6巻第18章）は「心臓は自然的な作用をするのであまり神経は必要としない。というのも，すべての筋肉は動物〔霊魂〕的な行動の道具であるので，大きな神経の仕事であるのに対して，心臓はそうした作用はないので，上述の腸わたのようにさほどの神経は必要としておらず，肺も同様だからである」としている。クラウディス・ガレノス著，クロード・ダルシャンによるギリシア語に忠実なフランス語訳『身体諸部分の有用性について17巻』(*De l'usage des parties du corps humain, livres XVII*, écrits par Claude Galien, et traduits fidèlement du grec en français par Claude Dalechamps) (Lyon, G. Rouillé, 1566)「允許状付き (avec privilège)」, 386頁。

　この関連で指摘しておくと，P. コンスタンはジャン・リオラン（子）の『人類誌学』の翻訳で運動に「自然的なもので，心臓を原理とするもの」と「もう一つ別の随意的なもので，残りのすべての筋肉に認められるもの」とを区別している。上掲，コンスタン (P. Constant) 編『ジャン・リオラン解剖学著作集 (*Les Œuvres anatomiques de M. Jean Riolan*)』第3巻第12章，539頁。「自然的な運動」と「随意的な運動」はそれぞれ，ラテン語の «motus naturalis» と «motus voluntarius» に対応している。

213) ヴェサリウスは『ファブリカ』の1555年版でこの特異性を「心臓の運動は自然的であり，筋肉は随意的である」「というのも筋肉の運動は随意的であるのに対して，心臓の運動は自然的であるからである」として強調している（『ファブリカ』第6巻第10章，上掲，732頁，参照）。

214) 「動物の運動について」第11章 703 b 3-9（上掲，ルイ校訂訳67-68頁：邦訳『アリストテレス全集』10,「動物の運動について」永井龍男訳，岩波書店，2016，272頁）。本書第Ⅱ部のアリストテレスを検討した個所を参照。

215) 『解剖手技について (*De anatomicis administrationibus*)』第7巻第8章，キューン版全集第2巻，610頁，参照。同じく，『筋の運動について (*De motu musculorum*)』第1巻第3章，キューン版第4巻，377頁，参照。

のバランスに結びつける。ガレノスはその際に心臓が神経を必要とする理由を説明する。

> 「それらの器官すべては共通して，ある程度の感覚を備えていて，植物などではないので，神経を分かちもっている。とりわけ肝臓と心臓はある種の能力，すなわち一方は欲望的な霊魂の能力，他方は気概的な霊魂の能力の原理であるために，神経を分かちもつ」。[216]

心臓の腔の内容について，ガレノスは，特にアレキサンドリアのエラシストラトスが展開した右の腔〔右心室〕に含まれる血液と左の腔〔左心室〕に含まれるプネウマ（気息・精気）との区別に関して，微妙な差異をつけ加えている。実際，ガレノスは次のように書いている。

> 「右の腔は血液を，左の腔はプネウマ（精気）をもっともよい釣り合いで含んでいる」。[217]

しかし，左の腔のうちにあるプネウマ（精気）がもっともよい「釣り合い」を保っているということは，そこには血液もまた存在して

---

216) 『身体諸部分の用途について』上掲ダランベール訳第1巻，477頁（邦訳第2巻，155頁）。

すでに見たように，デカルトもこうして，心臓の「小さな神経」について語ることになる。指摘しておけば，C. ボアンは『解剖劇場』第2巻第20章「心臓について」において，「他方，心臓の運動は内臓の物質に依存しており，随意的ではなく，自然的であり，動物が生きている限りは止まることができない」と書いている（1605年版415頁，参照）。この同じ心臓についての章で，ボアンは心臓の神経に関して，欄外注でファロッピオの『解剖学的観察（*Observationes anatomicae*）』413頁に言及している。同じ章の1621年版『解剖劇場』はリオランへの参照を附加し，「しかしアリストテレスは心臓の運動は自然的であって，動物的でも随意的でもないことを知っていた」ことを想起している。

217) 上掲，ダランベール訳，第1巻441頁（邦訳第2巻，146頁）。

いることを意味しており，この点を確かにガレノスは他の著作[218]で論じている。そのうえガレノスは，動脈の内容は左の腔の内容と同じく，一部は血液から成ると明確に述べている。

> 「もし重要な多くの動脈が同時に傷つくならば，それらを通って血液が注ぎだすことに，ほとんど全員の意見が一致している。またそれゆえエラシストラトスのように，動脈に血液をまったく割り当てない人々であっても，なお動脈と静脈が吻合することに同意する」。[219]

これら二種類の血管が吻合しているのは，もう少し後でガレノスが明確に述べているように，血液と精気の交換を可能にするという目的をもっている。血液と精気の割合はそこでもまた同じではないことから，ガレノスは動脈と静脈の膜の厚さの違いを説明している。

> 「血液が濃厚で重く不活発であり，プネウマ（精気）が薄く軽く流動的であることから，もし厚く緻密でしっかりと包み込む外被によって保護されていなかったならば，プネウマ（精気）は生体から容易に飛散して消え去る恐れがあった。逆に血液に関しては，もしそれを包んでいる外被が薄く粗くなかったならば，周囲に容易に配分されなかったであろう」。[220]

心臓の二つの腔の間の内容の相違を前提にすると，それら二つの

---

218) 『ヒポクラテスとプラトンの学説』第6巻（キューン版第5巻）。
219) 同上，441頁（邦訳『身体諸部分の用途について』第2巻，149頁）。
　この点に関して注記しておくと，ガレノスは『動脈の本性には血液は含まれるのか否か（*An sanguis in arteriis natura contineatur*）』（キューン版第4巻，703-736頁）を書き，エラシストラトスに反対して，動脈は単に気息のみを含むのではなく，血液も含むことを証明しようとしている。この『動脈のなかに血液は含まれるのか否か（*Y a-t-il du sang contenu dans les artères*）』はプレンピウスが1638年1月のデカルト宛書簡（AT, I, 497-498：『全書簡集』2, 71）で引用し，次いで，デカルトが1638年2月15日付プレンピウス宛書簡（AT, I, 523-524：『全書簡集』2, 94-97）で論じている。
220) 『身体諸部分の用途について』上掲，409頁（邦訳第2巻，121-122頁）。

腔の機能が独立していないのではないかという疑問が出てくるかもしれない。実際，独立などまったくしていない。というのも，ガレノスが心臓の運動を記述するとき，それらの腔を区別していないからである。

> 「このように，心臓は強靱な帯紐とさまざまな繊維を獲得しているので，素早く労することなく，三つの状態に対応できる。つまり，何か有用なものを吸引しようとする際には拡張し（拡張期），吸引されたものを適切なときに享受する際には短縮し（休息期），余剰物を排出させようとする際には収縮する（収縮期）のである」。[221]

注目すべきは，このテキストでは拡張期と収縮期との間に「休息期」と呼ばれる中間段階の存在が認められていることである。この中間段階の存在によって，ガレノスにとっては，拡張期は収縮期と同様に能動期と呼びうるもので，唯一受動期である休息期と対立するものであったことが明らかとなる。

逆に心臓が運動中にとる形態を詳しく説明しても，重要な期として二つしか区別できないように思われる。

> 「縦方向に伸びた心臓の繊維が短縮して他のすべての繊維が緩んで離れると，長さは短くなるが全体の幅が増す。このときあなたは心臓全体が拡張するのを見るだろう。反対に縦方向の繊維が緩んで，横方向の繊維が短縮すると，心臓が収縮するのを見るだろう」。[222]

収縮する期と拡張する期，あるいは伸びる期と縮まる期とのこうした循環は，すでに見たように，デカルトにおいても見出せる[223]。

これに対して，動脈と心臓の拡張期が同時に起こりうるとすれば，それは希薄化された血液が心臓の拡張期に動脈に侵入するからなの

---

221) 同上，403頁（邦訳第2巻，118頁）。
222) 同上，402頁（邦訳第2巻，117頁）。
223) 『人体の記述』AT, XI, 231：『医学論集』，153. また本書第Ⅰ部のデカルトに関する記述，参照。

ではなくて，動脈それ自体が拡張と収縮の運動をするからに他ならない。ガレノスはまさにこの点を強調し，それがすでに論争の的となってきたことを指摘している。

> 「動脈が拡張するのは，革袋のように満たされることによってではなく，あたかも鍛冶屋のふいごのように拡張することによって自らを満たすからなのである」。[224]

この章句は非常に重要である。そこでガレノスは，アリストテレスが肺の運動を心臓との関係で提示するために用いている喩え[225]，すなわち鍛冶屋で使われているふいごとの比較を再び用いているが，この比較は特にW. ハーヴィ[226]，次いでデカルトが議論することになるものである。

デカルトは1638年2月15日付のプレンピウス宛書簡でこう断言している。

> 「われわれはガレノスの権威を動揺させようというわけではありませんが，ガレノスはさまざまな個所で，「動脈は，革袋のように満たされたから膨張するのではなく，ふいごのように（…）自らを膨張させるから自らを満たすのであり，そうした膨張の際に近くにある場所から末端部と開口部を通して動脈のひだを満たすことのできるものを引き寄せる」と断言しています。というのは，これはきわめて確実な実験によって反駁されるからで，それについては私もこれまで幾度も観察してきましたし，今日もまたあなたにお手紙を書きながら難なくそれを見ることができました。すなわち，それは次のようなことです。生きているウサギの胸を開け，肋骨を裂開して心臓と大動脈の幹が見えるようにします。そこで，私は心臓から

---

224) 上掲，ダランベール訳『身体諸部分の用途について』第6巻第21章，455頁（邦訳第2巻，162頁）。
225) 本書第II部のアリストテレスについての節を参照。
226) 『心臓と血液の運動』緒言，第3章，参照。

十分に長さをとって大動脈を糸で結び，さらにそれに付着しているすべてのものを切り離し，動脈に心臓以外の場所から何らかの血液や精気が流れ込む恐れを取り去りました。次に，メスで心臓と結び目の間の動脈を切開したところ，血液は動脈が膨張するときには切り口を通って噴水のように飛び出すが，収縮するときには流出しないということを私はきわめて明白に見てとりました。もしガレノスの考えが真実であったならば，これとは逆に，動脈は拡張期ごとに切り口を通して空気を引き寄せ，収縮時以外には決して血液を流出させることはなかったでしょう。以上のことは，誰にとっても疑いはありえないと私には思われます」。[227]

こうして行われた生体解剖の実験によって，動脈が拡張する期（動脈拡張期）には，デカルトがメスを使ってあらかじめつけておいた切り口から血液が飛び出ることが示された。したがって，ガレノスは間違えていることになる。もし動脈はふいごのようであるというガレノスの主張がもっともなものであったとすれば，動脈は拡張期に空気を引き寄せたはずである。さらに指摘しておくべきは，この点でガレノスとの見解の相違を主張する際に，デカルトはW. ハーヴィの『心臓と血液の運動』第3章における指摘に直接賛同していることである[228]。ちなみに，同じく，ガレノスに反対する立場の根拠として生体解剖の実験を引き合いに出す際も，デカルトは，まさにその第3章で生体解剖による観察の必要性を強調しているハーヴ

---

227) プレンピウス宛，1638年2月15日，AT, I, 526：AM, II, 106-1-7：『全書簡集』II, 96-97.
228) デカルトは，「動脈は，あたかも管または囊のように，物をもって満たされるがゆえに拡張するものであって，決して，ふいごのように自ら拡張するがゆえに充溢させられるものではない」というハーヴィによるガレノス批判を認める。しかし，この引用に先立つ部分には反論している。『心臓と血液の運動』初版，24頁（岩波文庫，54頁）参照。

ィに従っている[229]。しかしながら，こうしたデカルトとハーヴィの親近性はこれまで強調されたことがなかった。デカルトの著作における科学の役割の特権性を認め，「この，ア・プリオリな方法に夢中の数学者」における実験の重要性を指摘したリアールでさえ，そうであった。こうして，リアールはデカルトに関してウサギの動脈の生体解剖実験を引用する前に，次のように言うのである。

> デカルトは「おそらく最初に生体解剖を実施し，生命の秘密を動かぬ死体によってではなく，生きている動物によって探求した人なのである」。[230]

ここでガレノスに立ち返り，心臓の運動についてガレノスの提示する分析を吟味することにしよう。その分析はデカルトが生理学的説明から消去しようと決心した思考のあらゆるタイプの一覧に思われかねないものである。たとえば，ガレノスは心拡張をきわめて生彩のある仕方で記述する。

> 「心臓そのものは人が考える限りのあらゆる牽引の能力をもつので，流入してくる物質を奪い取り，まるで飲み込むように，その腔の窪みに速やかに受け取る。もし鍛冶屋のふいごのように広がって空気を吸入するとしたら，それは何よりも心臓にふさわしいことだろう。もしランプの炎が油を吸収するとしたら，その能力は自然的な熱の源泉である心臓に欠けていない。もしヘラクレイアの石〔磁石〕が親近性で鉄を引き寄せるとしたら，心臓もそうして引き寄せる仕方を有していることが分かるだろう」。[231]

---

229) 『心臓と血液の運動』第3章の表題は「生体解剖の結果から見た動脈の運動（*Arteriarum motus qualis ex vivorum dissectione*）」である（原版，24頁：岩波文庫，53頁）。
230) リアール（L. Liard）『デカルト（*Descartes*）』（Paris, Germer Baillière, 1882），113頁。
231) 『身体諸部分の用途について』第6巻第15章（ダランベール訳，第1巻，434頁：邦訳第2巻，142頁）。

しかも心臓の働きを説明するこれら三つの比較は，ヴェサリウスが，その『ファブリカ』のなかで，心臓という臓器がもつ引き寄せる能力を説明するために，文字通りに繰り返している[232]。

　ここでガレノスはあらゆる手を尽くしていることを指摘しておこう。引きつける能力，ふいご，磁石，そしてとりわけ炎の比喩，これらによって熱を心臓にある熱と比較したのはガレノスが最初であるように思われる。熱による血液の膨張というアイデア自体は『身体諸部分の用途について』に登場しており，そこでもやはりアリストテレス的なテーマとの連続性を示している。それがデカルトにも再び見出されるのである。

> 「こうしたことから心臓のなかに伸び入る血管〔大静脈〕は伸び出る血管〔肺動脈〕が心臓の熱で溶け出した（したがってこの臓器の熱によってより膨張させられている）血液を受け取るのにもかかわらず，その血管〔肺動脈〕よりも大きいのである」。[233]

　しかし能力という遍在する概念こそ，ガレノスが『自然の能力について』という論考をささげているものであり，明らかにすべての説明を一つに結びつける原理である。

> 「しかしまた，動脈の各々には，心臓から流れてくるある種の能力があって，その力に従って，拡張したり収縮したりするということも，別の論文で示された。そこで，この両者，すなわち，動脈には以上のような運動があるということと，どんなものでも拡張する場合には，隣接するものから，自分の方へと吸引するということとを考えれば，皮膚にまで達している動脈すべてが，拡張する際には外部の空気を引きつけるということも，どこかの一点で静脈と吻合

---

[232] 『ファブリカ（人間の身体の構成について，7巻）(*De Humani corporis fabrica libri septem*)』1543年版，第6巻第15章。
[233] 『身体諸部分の用途について』第6巻第17章（ダランベール訳，第1巻，445頁：邦訳第2巻，152頁）。

している動脈が，静脈内の血液のうちのもっとも希薄でもっとも蒸気的な部分を引きつけるということも，もはや不思議ではないはずである」。[234]

これらの能力を論駁するためにデカルトは一貫した自分の哲学とさらには医師たちを説得するための一連の実験を展開することになるのであるが，この能力にはたしかに人を当惑させるところがある。実際，いつも原因と見なされるものに完全に合致する能力をもち出して説明することのわざとらしさにガレノス自身は気づかなかったのだろうか。疑問にならざるをえない。次の一文からすると，その点にはガレノスも気づいていたように思われる。

「そしてわれわれは，活動している原因の実態を把握できない間は，この原因を能力と名づける」。[235]

多くの能力を導入しているガレノスはその説明としての効力にほとんど欺かれてはいなかったのだと認められるかもしれない。とはいえ，この概念が言葉の綾も含め，価値を少しもたないと断定できるわけではない。実際，そう断定するには，各能力の背後に隠れた原因が存在し，その原因は他の原因とは異なるものであり，それが発見された暁にはより明確な名称を与えるだけでよいと想定する必要があろう。ともかく，「牽引的」能力や「拍動的」能力が，そうした能力とそれが「説明する」と想定されているプロセス（牽引や拍動）との間にあるたんに言葉の上の一対一対応以上の根拠をもつかといえば，少なくとも疑わしいことは間違いない。

生理学的な説明の不十分さにもかかわらず，ガレノスの体系は天

---

234) 『自然の能力について』第3巻第14章（ダランベール訳，上掲，第2巻，315頁：邦訳『自然の機能について』種山恭子訳・内山勝利編訳，京都大学学術出版会，1998，208-209頁）。
235) 『自然の能力について』第1巻第4章（ダランベール訳，上掲，第2巻，217頁：邦訳，14頁）。

文学におけるプトレマイオスの役割に比せられる役割を演じたように思われる。古代の遺産として、まずは教育の場面での役割を果たした。ガレノスの教説は一般的に科学史家たちから中世における医学の揺るぎない基盤とされている[236]。その教説によって、たんに14, 15世紀だけではなく、それ以降も実施された無数の観察が解釈された。すでに見たように、デカルトとの書簡のなかで、医師のプレンピウスは医師であれば当然参照すべき人としてガレノスに言及しており、同様にW. ハーヴィの『心臓と血液の運動』もガレノスを引用しているのである。

われわれが関心をもつ主題からすると、共通点がガレノスとアリストテレスの間に浮かび上がる。すなわち、二人とも心臓を内在的な熱の座とし、心臓の積極的な運動を膨張期ないし拡張期として定義する。しかしガレノスは、心臓の運動の原因を熱の影響によって生じる膿瘍の腫れとのアナロジーによって説明するアリストテレス説は採用せず、「拍動する力（vis pulsifica）」を登場させる。ガレノスのもう一つの独創性は、アリストテレスの生物学において心臓が果たした役割のように、唯一の臓器を原理とすることはしなかった点にある。実際、ガレノスは身体に重要な臓器として、肝臓、心臓および脳の三つを区別していた。ガレノスによれば、これらの三つの臓器の各々は一つの特定の能力に結びついており[237]、特定の生理学的機能の中心となっている。そして、三つの臓器は生命原理と

---

236) たとえば、A. C. クロンビー（A. C. Crombie）は「解剖学的認識の主な典拠はガレノスとアヴィセンナであったが、アヴィセンナの『医学典範』の解剖学に関する章はもっぱらガレノスに拠っていた。解剖学に関わる他のいくつかの考え方はアリストテレスから得られていた」と書いている（デルミ（J. D'Hermies）訳『科学の歴史（Histoire des sciences）』（Paris, P.U.F., 1959）第1巻, 141頁：邦訳 A. C. クロンビー『中世から近代への科学史（上）』渡辺正雄・青木靖三訳, コロナ社, 1962, 155-156頁）。
237) 「ヒポクラテスの『栄養について』の注解（In Hippocratis De Alimento commentaria）」第3巻, キューン版第15巻, 292-293頁。

第2章　先人たち　213

の関係で気息(プネウマ)(πνεῦμα)がとる三つの異なる形体の各々に対応しているとされるのである。

「プネウマ・プシュシコン(πνεῦμα φυσικόν)」は「スピリトス・ナトゥラリス(*spiritus naturalis*)」と訳され,そこから「自然精気(l'esprit naturel)」という言葉が生まれることになるものだが,これは植物的能力の座である肝臓を起源として,静脈を通じて運ばれる[238]。「プネウマ・ゾーティコン(πνεῦμα ζωτικόν)」はラテン語では「スピリトス・ヴィタリス(*spiritus vitalis*)」,「生命精気(l'esprit vital)」と訳されるものだが,これは生命的能力の座で,内在的な熱の原理である心臓を起源として,動脈を通じて運ばれる[239]。この「生命精気」は二つの元素から構成されている。周囲の大気から吸い込まれた空気と,心臓と動脈に混ざり合っている血液の臭いないし発散物である。第三のプネウマ,「プネウマ・プシュキコン(πνεῦμα ψυχικόν)」はラテン語では「スピリトス・アニマリス(*spiritus animalis*)」(「アニマ(*spiritus*)」はギリシア語の「プシュケー(ψυχή)」に対応する),「動物〔霊魂〕精気」と訳されるものだが,動物〔霊魂〕的ないし知覚・感覚的な能力の座である脳を中心とする神経を通して運ばれる。この精気は心臓と動脈で先に作り上げられた精気が変化した結果である[240]。

この「動物精気(プネウマ・プシュキコン)(πνεῦμα ψυχικόν)」というガレノスの考え方が特に興味深いのは,その精気が霊魂と身体との媒介者の役割を果た

---

238) ガレノスのいくつかの論考は「自然的な」プネウマ(自然精気)については黙して語らない。特に『導入あるいは医師(*L'Introductio sive Medicus*)』キューン版第9巻,697頁,参照。
239) 『身体諸部分の用途について』第8巻第4章は,心臓と脳のそれぞれの「有用性」の配分に関しては,『ヒポクラテスとプラトンの学説についての注釈』の参照を求めている(上掲,ダランベール訳,第1巻,535頁,参照)。
240) 『身体諸部分の用途について』(同上,第1巻,577頁)。そこでは『ヒポクラテスとプラトンの学説についての注釈』を参照するように求めている。

していることである。ガレノスは「動物精気（πνεῦμα ψυχικόν）」をその実質が知られていない霊魂[241]と同じだとは考えていないし，生命の原理と[242]同一視もしていない。ただこの動物精気（πνεῦμα ψυχικόν）を霊魂の第一の機関（πρῶτον ὄργανον）であり，霊魂はこの機関を使って感覚的認識と運動を行うのだと明確に述べている[243]。

こうした異なる種類の精気，特に生命精気（πνεῦμα ζωτικόν）と動物〔霊魂〕精気（πνεῦμα ψυχικόν）の概念を精錬していくことは，ガレノスによると，それらを「煮沸」として検討することで説明される形態の変化に結びついている。その説明の複雑な細部には立ち入らないことにしたいが，ガレノスのデカルトに対する影響を理解するために有益と思われる点は確認しておきたい。

最初にガレノスが解明する煮沸は乳糜の精製に対応している。乳糜は身体内にある内在的な熱によって吸収された栄養物の形態的な変化に由来する。第二の煮沸では生命精気（πνεῦμα ζωτικόν）が精製される。その始まりは周囲の大気から吸い込まれた空気と，心臓と動脈に混ざり合っている血液の臭いないし発散物にある。第三の形態的な変化によって動物〔霊魂〕精気（πνεῦμα ψυχικόν）の精製が起こる。その動物精気は脳のなか，さらに特定すればその底部に位置する動脈網のなかを流れる。これをガレノスは『身体諸部分の用途について』では，「驚嘆すべきもの」として特徴づけ，漁師の網になぞらえているが，続いて「怪網」と名づけられる[244]。こうしてガ

---

[241] これは『呼吸の用途について』第5巻（キューン版第4巻，501頁）で述べられている。

[242] 『呼吸の用途について』第5巻（キューン版第4巻，501頁）。

[243] 『病の場所について』第4巻第3章（キューン版第8巻，233頁）。

[244] この網のように見える脳の帯状の構造については，『脈拍の用途について』第2巻（キューン版第5巻，154頁で問題にされている。ガレノスは同じく『身体諸部分の用途について』第9巻第4章（キューン版第3巻，696–698頁）でも記述しており，そこではその機能が動物〔霊魂〕精気の精製にあるとされている（また，ことにダランベール訳，第1巻，575–576頁，

第2章　先人たち　215

レノスが『自然の能力について』のなかで説明するところによれば，こうした形態の変化はすべて内在的な熱（ἐμφύτόν θερμασίας）[245]の作用の結果なのであり，その熱自身は呼吸の機能に結びついている。

　胚の発生の問題，特に胚において臓器が発生してくる順番に関しては，ガレノスはヒポクラテスの観察を再解釈し，まずアリストテレスに従って心臓の発達が順番として優先することを認めた後で，アリストテレスとは異なる観点を主張する。『胎児の形成について』のなかで，ガレノスは自分の著作ですでに着手していたテーマに立ち返り，臓器が形成される順序についての自説を明らかにする。そこでガレノスは肝臓が心臓よりも前に形成され，続いて脳が現れるとはっきりと認めている。さらにガレノスも，ヒポクラテスが「子

　　参照。ダランベールは575頁の注で「怪網は人間には存在せず，大型哺乳類だけにある」ことを指摘し，「網状と呼ばれる血管叢の驚くべき配置」について語っている）。また，『ヒポクラテスとプラトンの学説について』第7巻第3章（キューン版第5巻，607頁）。

　　デカルトは「怪網」について『人体の記述』で語っている。「この動脈の小枝は「怪網」と呼ばれたもので，人間よりもけだものにおいてより顕著に認められる」（AT, XI, 270：『医学論集』，187-188）。デカルトのテキストに現れる比較解剖学的な指摘はボアンの『解剖劇場』に想を得ているように思われる。実際ボアンはヴェサリウスを否定して，怪網は人間の脳にもはっきりと存在し，動物〔霊魂〕精気の精製を支配するという重要な役割を演じているすると主張している（『解剖劇場』第3巻第15章）。たしかに，ヴェサリウスは，『ファブリカ』の1643年の初版以来，人間に「怪網」が存在することを否定していた。第2版で，ヴェサリウスはガレノスを初版では見られなかったような激しさで批判し，ガレノスの記述が動物の解剖に基づくものであるという事実を強調した。しかし，ヴェサリウスが1538年の『解剖学図6葉（*Tabulae anatomicae sex*）』において，生命精気が動物〔霊魂〕精気に変形される場として「怪網」を記述していたことは指摘しておこう。

245) 『自然の能力について』第2巻第4章（キューン版，第2巻，89頁：邦訳『自然の機能のついて』，96頁）。

宮内に6日間留まってから，外に出た精液」[246]のうちに見たものが肝臓だと主張する。その理由はガレノスによると，13日目の精液のなかには肝臓と心臓と脳がごく接近しているのが見られるが，心臓はあまりに小さすぎて目に見えないという点にある[247]。ガレノスが胚のなかで肝臓の出現が最初であるとする主な理由は，肝臓は成長と栄養に対応する自然の能力の座であるということにある。胎児はまず植物の生命に似た植物的生命を生きるので，その段階ではまだ心臓を必要としていない。実際，心臓は肝臓と静脈が完全に出現した後に形成されるのであり，心臓の出現後に胎児は動物の生命を生きることになる。というのも，心臓は内在的な熱の座であり，生命的能力の座だからである。脳は肝臓と心臓が形成された後になってようやく出現する。こうしてガレノスはアリストテレスに反論することになる。アリストテレスは，すでに見たように，胚で最初に形成されるのは心臓であり，心臓がその後のいっさいの発達およびいっさいの能力の原理（ἀρχή アルケー）であると主張していたからである[248]。

しかし，指摘しておくと，アクアペンデンテのファブリキウスは

---

246) 「子供の自然性について」（リトレ（Littré）版全集第7巻，491頁：『ヒポクラテス全集』2,「子供の自然性について」近藤均訳，エンタプライズ，1987, 508頁）。
247) 「胎児の形成について」（キューン版，第4巻，652–702頁）。
248) 本書のアリストテレスの分析を参照。特に「原理（ἀρχή アルケー）」としての心臓の役割に関するアリストテレスの主張に関しては「動物の諸部分について」第2巻第1章647a25–35（ルイ（P. Louis）校訂レ・ベル・レットル（les Belles Lettres）版，24–25頁：『アリストテレス全集』10, 52頁），第3巻第4章666a（77–78頁：邦訳，119–120頁），第4巻第5章678b1–5（112頁：164頁）。さらに『動物の発生について』第2巻第5章741b16–19（上掲ルイ版，74頁：『アリストテレス全集』11, 今井正浩・濱岡剛訳，岩波書店，2020, 150頁）参照。

（デカルトの言及している[249]）『卵とヒヨコの形成について』のなかで諸器官の出現の順番を再検討し，アリストテレスを参照して心臓と肝臓が胚の生命の発達の最初に形成され，次いで肺が心臓の熱を和らげるために生じることを示すことになる。ファブリキウスが考えているアリストテレスのテキストは『動物の諸部分について』であるが，そのなかでアリストテレスは次のように書いている。

> 「さて，心臓と肝臓はすべての動物にとって必然的になければならないものである。心臓は，熱さの原理であるゆえに必要であり（すなわち，そのなかで動物の自然本性的な炎を燃え立たせる何か竈のようなものがなければならず，その竈は体の砦であるから，しっかり守られなければならない），肝臓は栄養に役立つがゆえに必要である。すべての有血動物はそれら二つを必要としており，それゆえ，有血動物はすべて，少なくともそれら二つの内臓だけは備えている。そして，呼吸している動物であれば，第三のものとして肺が備わってなければならない」。[250]

このように，一方にはアリストテレスとガレノス，他方にはファブリキウスを重要な道しるべとする胎生学の歴史を思い起こし，これらの著作家たちの分析の展開を促した，発達の出発点を心臓におくのか，それとも肝臓におくのかという論争を想起することによって，胚における器官の出現順序に関するデカルトの立場と，『動物の発生についての最初の思索』と『人体の記述』との間に見られる優先順位の変化をよりよく理解することが可能となるように思われ

---

249) デカルトがファブリキウスを引用しているのは 1646 年 11 月 2 日付メルセンヌ宛書簡であり，「そして卵におけるヒヨコの形成については，私は 15 年以上前に，アクアペンデンテのファブリキウスがそれについて書いているものを読みました」（AT, IV, 555：『全書簡集』VII, 187）と書いている。

250) 「動物の諸部分について」第 3 巻第 7 章 670a20-30（上掲，ルイ校訂レ・ベル・レットル版，89 頁：『アリストテレス全集』10, 134 頁）。この文章は本書のアリストテレスに関する節ですでにコメントした。

る。デカルトは実際，心臓が胚において形成される最初の臓器であるという『人体の記述』や書簡で述べている主張[251]をつねに唱えていたわけではない。『動物の発生についての最初の思索』のなかでは，デカルトは肝臓と肺が心臓よりも前に形成されると主張していた。しかし，すでに指摘したように，心臓は，発生の順序では最初に発生するものではないにもかかわらず，動物における生命の定義と結びつけられている[252]。このテキストにはまさにガレノスの影響があるように思われる。ガレノスは，すでに見たように，『胎児の形成について』[253]のなかで肝臓を最初に形成される器官として，心臓の発達に動物的生命の出現を結びつけていた。肝臓が胎児のなかで最初に形成される器官として発生するというテーゼは同じくレアルド・コロンボもその著『解剖学的事実について』第 12 章[254]で繰り返している。他方，ヴォルヒャー・コイターは孵化した卵を対象に体系的な実験を行い，アリストテレスに理があることを示し，心臓が最初に発生すると主張していた[255]。このように胎児における器官の発達の順序に関しては確立した説明がなかったという状況からすれば，デカルトが胚における器官の発生順序に関しては後になって肝臓に対する心臓の優先性を断言するようになるのは，W. ハ

---

251) それぞれ『人体の記述』(AT, XI, 254：『医学論集』, 173)，メルセンヌ宛，1635–1636 年（AT, IV, 695：『全書簡集』I, 300）。
252) 『最初の思索』AT, XI, 505–506：『医学論集』, 96.
253) 『胎児の形成について（*De fœtuum formatione*）』キューン版第 4 巻, 652–702 頁。
254) レアルド・コロンボ（Realdo Colombo, Realdus Columbus），『解剖学的事実について（*De Re anatomica*）』の初版は 1559 年。
255) ヴォルヒャー・コイター（Voicher Coiter）『人間の身体の主要部分の外部および内部図（*Externarum et internarum principalium humani corporis partium tabulae*）』の初版は 1572 年にニュルンベルクで刊行された。日常的な観察は『家禽の卵の発生 … について（*De ovorum gallinaceorum generationis…*）』に記載されている。

ーヴィの影響によるものだと考えてもまったく問題がないように思われる。実際，パドヴァに学んだこの英国の医師ハーヴィは，『心臓と血液の運動』のなかで，心臓が胚で最初に発生する器官であることを強調している。ハーヴィははっきりとアリストテレスに理があることを認め，さらにアリストテレスが『動物の発生について』で心臓を端的に「最初に生き，最後に死ぬ」[256]器官と特徴づけて定式化したことを思い返している。デカルト自身も書簡のなかで，この心臓の定義を承認して，引用している[257]。ただし，もちろん，それがアリストテレスに由来することや，フェルネル[258]が身体における主要な器官の出現について論じている章で盛んにアリストテレスを引用し，まさに「心臓は最後に生命を奪われるが，最初に生き始めるものでもある」[259]とその章を始めていることには触れてはいない。

　『人体の記述』のなかでデカルトは心臓を最初に形成される器官であり，精液の混合による発酵に続くものとして提示している[260]。二つの性の精液の最初の混合自体は，実際，以下のような混合に比せられている。

---

256) 『動物の発生について』第2巻第5章 741b16-19 (éd. des Belles Lettres, op. cit., p. 74：『アリストテレス全集』11, 150)．ハーヴィは『心臓と血液の運動』初版，28頁でこの定式を引用している．

257) メルセンヌ宛，1635-1636年 (AT, IV, 695：『全書簡集』I, 300)．

258) 1638年2月15日プレンピウス宛書簡 (AT, I, 533：『全書簡集』II, 103) で，デカルトはまさしくフェルネルの『病理学』第4巻第9章を引用している．引用されているのはフェルネルの発生に関するテキストではないものの，デカルトの著作では著者名をはっきりと指示していることはごく稀である．

259) 『医学的宇宙——人間の生殖と精液について (*Universa Medicina : De Hominis Procreatione atque De Semine*)』第7版 (Lyon, 1602) 第7巻第10章, 219頁．

260) AT, XI, 253-254：『医学論集』, 172-173.

> 「二つの体液の雑然とした混合物は,体液が互いに酵母として作用しあうので,再び温められる。その結果,これらの微粒子の一部は火と同じほど激しく動くようになると膨張する」。[261]

要約すると,生命は,心臓とその熱とともに,論理的に優先性をもっているし,また「身体のあらゆる部分」が「精液から最初に産出された」[262] 仕方の説明とともに,経時的にも優先性をもっており,デカルトによれば,火のゆらめきになぞらえられるような特有な仕方で説明されるのである。

---

261) AT, XI, p. 253:『医学論集』, 173.
262) AT, XI, p. 252:『医学論集』, 172.

第Ⅲ部

血液循環と動物精気循環の問題

序 論

　血液循環はウィリアム・ハーヴィによって発見され，1628年にフランクフルトで出版された，この英国人医師の著作『動物の心臓ならびに血液の運動に関する解剖学的研究 (*Exercitatio anatomica de motu cordis et sanguinis in animalibus*)』(『心臓と血液の運動』と略記)において提示された。デカルトにはその斬新さを承認し，すべての著作を通じて擁護した功績を帰すべきである。『方法序説』以降，ハーヴィは称賛をもって引用される。『序説』はハーヴィを次のように紹介している。

　　「英国のある医師は，この場所で局面を打開し，最初に次のことを教えた人として賞賛されるべきである。すなわち，動脈の末端には小さな通路がいくつもあって，そこを通って動脈が心臓から受けとった血液が静脈の小さな枝に入り，そこから再び心臓の方へと向かうので，血液の流れは絶えることなき循環に他ならない」。[1]

　ルネサンス期になされた他の発見は，コペルニクス説がすでにサモスのアリスタルコス[2]によって主張されていたように，古代に先人たちがいたものであった。それとは違って，ハーヴィの発見は根本的な革新である。この新しさを強調することは，多くの研究者たちが否定してきただけに，いっそう大きな重要性をもつ。実際，シャルル・パタン[3]や(『ヒポクラテス全集』の編者にして訳者の)

---

1) 「ハーヴィ『心臓と血液の運動』(Hervaeus, *De motu cordis*)」という注記が欄外にされている。『方法序説』AT, VI, 50-51：『著作集』I, 53.
2) デュエム (P. Duhem)『世界の体系 (*Le système du monde*)』(Paris, Hermann, nouveau tirage) 第1巻，418頁，参照。
3) シャルル・パタン (Charles Patin) は血液循環を否定したギ・パタン (Gui

225

⁴⁾ E. リトレやカプフェラー⁵⁾ などの断定にもかかわらず,ヒポクラテス全集も,アリストテレスも,ガレノスも,たとえばペラーやプレンダーガストの主張とは反対に,血液循環の発見を先取りしてなどいなかった⁶⁾。

W. ハーヴィはこうして 1628 年に『心臓と血液の運動』のなかで,血液循環を証明したが,その一部は 9 年以上も前からロンドンで行っていた解剖学講義⁷⁾ のなかですでに述べていたものであった。血

Patin) の息子で,1685 年に『先駆者たちによって血液循環は知られていた (*Circulatione sanguinis a veterum cognita fuisse*)』を刊行した。ベイヨン (Dr H. P. Bayon)「W. ハーヴィ,医師にして生物学者,第 2 部 (*W. Harvey, physician and biologist*, part II)」『科学年報 (*Annals of science*)』第 3 巻 (January 15, 1938),115–116 頁,参照。

4) リトレ (E. Littré) 校訂訳『ヒポクラテス全集 (*Œuvres complètes d'Hippocrate*)』(Paris, J. B. Baillière et fils, 1839–1861)。特に第 1 巻第 9 章の「全体への序文」におけるヒポクラテス「人体の部位について」の章句に関するリトレの注釈,222–223 頁を参照。この点については後述する。

5) カプフェラー (Richard Kapferer) が『ヒポクラテス全集』の翻訳 (Stuttgart-Zürich, 1937) の「心臓について」につけた序論,および彼の有名な論文「血液循環とそのヒポクラテス全集における叙述 (*Der Blutkreislauf, seine Darstellung in den hippokratischen Schriften*)」『ヒポクラテス (*Hippokrates*)』,8, 1937) 参照。

6) ハリス (C. R. S. Harris)『古代ギリシア医学における心臓と血管系――アルクマイオンからガレノスまで (*The heart and the vascular system in Ancient Greek Medicine. From Alcmaeon to Galen*)』(Oxford, the Clarendon Press, 1973),29–34, 80, 135 頁,また,各々,2–3, 8, 38–39, 46–73, 88–90, 268, 322 の各頁参照。

同じく,この基本的なハリスの著作への参照を含む上掲,デュミニル (M.-P. Duminil)『ヒポクラテス全集における血液,血管と心臓――解剖学と生理学』,122, 278–291 頁,参照。

7) 『動物の心臓ならびに血液の運動に関する解剖学的研究 (*De motu cordis et sanguinis in animalibus*)』は W. ハーヴィが 52 歳のときに刊行した最初の著作である。しかし,ハーヴィはロンドンで行っていた解剖学の講義 (ラムリー講義) のなかで血液循環説を部分的にすでに述べていた。さらにそ

液循環の論証は，このように，17世紀においてはまったくの新しさをもっていた[8]。したがって，ハーヴィが，『心臓と血液の運動』

のことについて，ハーヴィは『心臓と血液の運動』の「同学への挨拶」の冒頭で言及している。すなわち，「ロンドン王室医科大学学長アージェント博士への挨拶」のなかで，「しかしこの小冊子においてはすでに9年有余の間，多数の明白な実証によって諸君の眼前で確証され，確証された証拠によって照らし出され，もって令名ある練達な解剖学者の異論を除き去った」（岩波文庫，19頁）と述べている。

ハーヴィの行った講義（1616年4月16, 17, 18日の最初の講義から，引退する1656年まで）の原稿は存在している。1616年付の「覚え書手稿（Ms. Memorandum Book）」参照（このハーヴィの原稿のファクシミリ版は王立医師会によってタイプライターの転写付きで1886年に刊行された）。

より最近には，このテキストの二つの版が出版されている。第一は，オマリー（C. D. O'Malley），ポインター（F. N. L. Poynter），ラッセル（F. K. Russel）による『一般解剖学講義（*Prelectiones anatomiae universalis*）』（University of California Press, Berkeley and Los Angeles, 1961）の注解付き翻訳（*Lectures on the whole of anatomy*）である。第二は，ウィタリジ（G. Whitteridge）編訳『W. ハーヴィの解剖学講義（*The Anatomical Lectures of W. Harvey*）』（E. & S. Livingstone Ltd, Edinburgh and London, 1964）のラテン語原文と英訳である．

われわれに関わる論点についてはウィタリジの256–273頁に収められている「ラムレリアン講義，一般解剖学講義（*Lumleian Lectures : Prelectiones anatomiae universalis*）」1616年の「上腹部について（*De ventre superiore*）」と題された節，77–80頁，参照。

この講義を読むとハーヴィが自説を次第に補強していったことが分かる。さらに解剖学は当時生理学と病理学も含んでおり，そのために講義が3日間になっていたことも分かる。

8) もっとも，オックスフォードのジョン・スミス（John Smith, 1630–1679）は17世紀後半に，血液循環は前10世紀頃のソロモン王の時代から知られていたと証明しようと試みている。特に引用されているのは『伝道の書』である（ベイヨン「W. ハーヴィ，医師にして生物学者，第2部」，上掲，11頁；ケインズ（Sir Geoffrey Keynes）『W. ハーヴィの生涯（*The life of W. Harvey*）』(Oxford, 1966, 2nd Ed., 1978), 166–168頁，参照）。スミスはオックスフォードの科学コミュニティを構成する「マイナーな科学者」

第8章冒頭で，まさに身体の中を血液が循環しながら運動していることを記述しようとして，「これは非常に新しい，かつ前代未聞のこと」[9] と述べているのは正当なことだと認めなければならない。

　血液循環の発見がもつ決定的に新しいという性格をよりよく理解するためには，ハーヴィ以前に，人体における血管内の内容物の経路がどのように説明されてきたかを述べることが不可欠であるように思われる。とはいえ，本研究では，この発見を確立する W. ハーヴィの論証だけについて説明することにしたい。血液循環が W. ハーヴィによって確立されるよりも以前には，二つの比喩で身体内の血管による血液の経路が表現されている。しかし，それらの比喩を吟味する前に，血管そのものとその内容物の理解について詳述するのがよいであろう。

　そのためには，この時期の医学知の基礎を成す著作を書いた3人の権威を参照することが必要となる。すなわち，ヒポクラテス（と『ヒポクラテス全集』を執筆した医師たち），アリストテレス，それにガレノスである。

　　の一人として名前が引かれる（フランク（Robert G. Frank Jr.）『ハーヴィとオックスフォードの生理学者たち（*Harvey and the Oxford physiologists*）』(University of California Press, 1980), 76–77 頁, 参照)。
9)　原本の 41 頁（岩波文庫, 91 頁）参照。

第 1 章

『ヒポクラテス全集』，アリストテレス，ガレノスと後継者たち

A) 古代における血管の理解：『ヒポクラテス全集』，アリストテレス，およびガレノス

　これらのギリシア語の著作は西洋医学の源泉を構成している。それがここでの主題を正当化する第一の理由であるが，しかし同時に，ヒポクラテス，アリストテレス，ガレノスの名前は，すでに強調したように，デカルトが書簡のなかで言及しており，17世紀の医師全員も引用している。そこには『心臓と血液の運動』のハーヴィも含まれることにも注意する必要がある。ただし，二人の違いは大きく，ハーヴィはデカルトとは反対にこれらの権威に敬意をもって言及しており，アリストテレスとガレノスの名前は群を抜いてもっとも頻繁に引用されているほどである。その理由はまずハーヴィの著作の『動物の心臓ならびに血液の運動に関する解剖学的研究』というタイトルとハーヴィが採用している修辞様式に関係している。すなわち，講義風といえる形で書かれ，著者自身の見解を先人たちの見解に対比しているのである[1]。しかしそれ以外の理由としては，

---

[1] もっともハーヴィは『心臓と血液の運動』の「同学への挨拶」では自著が「自分の博覧強記と労力を見せびらかそうとする大著などではない」(初版，8頁：岩波文庫，22頁) と述べている。

ハーヴィがケンブリッジ大学のカイアス・カレッジで学んでから, ヴェネツィア大学に属すパドヴァ大学に留学し, 古代の著作家たち[2]に始まって, ルネサンス医学の偉大な人たちに至るまで, しっかりした教育を受けたことがあげられる。すなわち, ヴェサリウス, コロンボ, ファロッピオ, そしてさらにはハーヴィの師となり, デカルトも引用する[3]アクアペンデンテのジローラモ・ファブリキウスといった人々であり, ファブリキウスは有名な解剖学の階段教室を作らせたことでも知られる[4]。

---

2) パドヴァのアリストテレス主義とスコラのアリストテレス主義との対立については, パンタール (R. Pintard)『17世紀前半における自由思想 (*Le libertinage érudit dans la première moitié du XVIIe siècle*)』(Slatkine, Genève-Paris, 1983), 特に40–41頁, 参照。
3) メルセンヌ宛, 1646年11月2日, AT, IV, 555：『全書簡集』VII, 187. デカルトは「卵におけるヒヨコの形成」に関してファブリキウスを読んだことを強調している。
4) この点に関しては, 『ヒポクラテス全集』の初版がギリシア語でヴェネツィアで1526年に刊行されたのに対して, ガレノスの著作がギリシア語原文のテキストで第1巻がヴェネツィアで1525年に, 第2巻がバーゼルで1538年に刊行されたことを指摘しておこう。最初のラテン語訳がヴェネツィアで刊行されたのはそれぞれ1490年と1551年である(バリエテ・クリー『医学の歴史』上掲96, 200頁, 参照)。

簡単にまとめておけば, アリストテレスの著作はアラビア語のアリストテレス注解を批判しつつ紹介したアルベルトゥス・マグヌス (1193–1280) の教育で導入された。トマス・アクィナス (1227–1274) はパリ大学でアルベルトゥス・マグヌスの講義を受講し, 実に多数のアリストテレスの哲学的主題を, キリスト教的な視野に置き換えながら, 再考した。

さらに言うと, 16世紀末と17世紀の医師たちは一般的にアラビアの伝統に従いながらアリストテレスを参照している。この点で忘れてはならないのはヴェネツィアで出版されたアヴェロエスによるアリストテレス『注解』(*In Aristotelis Opera omnes...*, Commentarii. これは1550–1552年に刊行され, 1560年, 1562年, 1573–1575年と多数の浩瀚な巻が再刊される) の重要性で, それはアヴェロエスの『注解』のラテン語訳とアリストテレスのテキストのラテン語訳から成っていた。この点についてはヴェネツィアの出版

ハーヴィ以前に静脈系と動脈系の区別がどのように考えられていたのかを明らかにする前に，今日，その区別を基礎づけている基準を思い出しておこう。まず最初の基準は解剖学的である（十分な用語法にするために必要な構造や壁ないし膜の評価が，静脈についてはかなり薄い，動脈については厚いといったように，異なっているからである）。次に生理学的基準である（静脈は毛細血管の血液を心臓へと導き，心臓へと送り届けるのに対して，動脈は心臓の心室から出発して心臓の血液を毛細血管へ，すなわち体の残りの部分へ，または肺の方へと導くからであるし，さらに動脈は脈拍，拍動をするのに対して，静脈はしないからでもある）。そして最後に，臨床的基準である（動脈からの出血は，動脈内に行き渡る血圧の高さがあるために，非常に危険でしばしば致死的であるのに対して，静脈では血圧は低いからである）[5]。

　予備的な確認を終えたので，いかなる基準によってヒポクラテス，アリストテレスそれにガレノスが静脈と動脈を区別したのかを吟味することしよう。

　『ヒポクラテス全集』の「栄養について」の第31章は「静脈の根元は肝臓である。動脈の根元は心臓である。それらを起点として血液も空気も，いたるところに広がっていく。熱もそれらを通って進む」とはっきりと述べている。この論考では血液は静脈のなかにあり，空気ないし気息は動脈のなかにあるとされる。それが血管に含まれる内容物の相違に関する理論をめぐる『ヒポクラテス全集』に

　　社ジュンタ（Giunta）（さらには出版社チェザルピーノ（Cesalpino））が特にガレノスとアヴェロエスの注解付きのアリストテレスを出版し，大きな働きをしてことを強調しておこう。
[5]　しかしながら大静脈での出血がきわめて危険なことは注意しておこう。デュミニル，上掲，23頁参照。

おける最初の言及である[6]。『ヒポクラテス全集』の他のどの論考でも、静脈・動脈をその起源と内容によってこのように区別することは行われていない。そうした『ヒポクラテス全集』の他の論考における用法では、すべての血管は「静脈 (phlebes)」[7]と呼ばれる。

この点に関して指摘しておくと、「静脈 (phlebes)」という語は「流れる」を意味する動詞「phleo」と類縁関係にある語で、最初はたんに流れを受け止める導管を指していたのが、静脈を意味するようになった。語源的には、「静脈」については単純だが、「動脈」はそうではない。シャントレーヌの『ギリシア語語源辞典』によると、「動脈 (arteria)」という語は、「大動脈 (aorte)」と同じく、「持ち上げる」と「結びつける」という二重の意味をもつ動詞の「aeiro」と類縁関係にある。シャントレーヌは、専門用語としては、動詞「aeiro」から派生した名詞は「おそらく二つの意味に関係している」と指摘し、ヒポクラテスとアリストテレスからの用例をあげている[8]。M.-P. デュミニル[9]が引用している幾人かの著作家たちは、別の語源の可能性を示唆している。たとえば、「artasthai」を語源としつつ、意味としてはやはり「つるす」という意味ではあるとか、

---

6) ガレノスは、「充溢について」のなかでプラクサゴラス (Praxagoras) の父のニカルクス (Nicarchus) が最初にこのテーゼを主張し、次いでプラクサゴラスによっても主張されたと報告している。Cf.『過剰について (*De plenitudine*)』、キューン版全集 (l'édition Kühn des *Opera omnia*)』、第 VII 巻、II, p. 573)。

7) 〔訳注〕「栄養について」の『ヒポクラテス全集』2 の訳注 31 (963 頁) によると「静脈 (φλέψ)」というこの語は古くは静脈も動脈も区別なく「血管」の意味で用いられていたものが、やがて静脈のみを意味するようになったとされる。

8) シャントレーヌ (P. Chantraine)『ギリシア語語源辞典——語の歴史 (*Dictionnaire étymologique de la langue grecque. Histoire des mots*)』(Paris, Editions Klincksieck, 1968)、第 1 巻。

9) デュミニル『ヒポクラテス全集における血液、血管と心臓——解剖学と生理学』上掲、23-24 頁。

「ararisko」と類縁性があって,「取り付ける」を意味するとかいった説である。

確実なことは,「つるす,ないしは取り付けるという観念に立ち戻れば,単数形の動脈は〈気管〉という意味として理解でき,複数形の〈動脈〉と〈大動脈〉は〈気管支〉という意味として理解できる。気管は肺をつるし,気管支は肺に取り付けられている」[10] からである。そもそも『ヒポクラテス全集』とアリストテレスの著作はこうした用法の例となっている。したがって,「動脈」という語の用法からすれば,『ヒポクラテス全集』の執筆者たちは静脈と動脈を区別していたわけではなく,「栄養について」だけが例外であると考えざるをえなくなる。

注意する必要があるのは,仮に「動脈」と「大動脈」をギリシア語の空気 (aer) に結びつける語源があるとしたら,それはいずれにしても上で述べた結びつきよりも後代のものであり,アリストテレスが『動物誌』で与えた方法論的な忠告に基づいて理解されるべきだということである。アリストテレスは,どれほど「静脈を観察することが (…) 困難である」(ギリシア語原文は «phlebs, φλέψ» であり,問題となっているのは血管一般である) のかを認めながら,次のように述べている。

> 「あらかじめ瘦せさせてから,窒息死させた動物についてだけ,この種のことに関心がある人には,それについて十分な認識を得ることができる」。[11]

この点に関して指摘すれば,窒息死させた動物では,静脈は血液に満たされているが,動脈は血液が空になっているのに対して,喉

---

10) 同上。
11) 『動物誌』第 3 巻第 3 章 513a12 (上掲, Tricot 訳 (Vrin, Paris) 第 1 巻, 171 頁:『アリストテレス全集』8,「動物誌 上」金子善彦ほか訳, 125 頁)。

を切って殺した動物では，静脈は壊れてしまい[12]，動脈と同じように血液が空になっているように見えるとされている[13]。

アリストテレスにおいては，動脈は大血管〔大静脈〕と区別されるが，その機能が理由となっているのではなく，それぞれの血管の壁が特異性をもっていること，特に大動脈は「筋張っている」[14] ことが「死体においてさえも」観察されうる点で，「膜と皮膚に似ている大血管〔大静脈〕」[15] から区別されることが理由である。

ちなみにアリストテレスは，血管について語るとき，いつも心臓と関連づけている。というのも，すでに見たように，アリストテレスは心臓は ἀρχή，つまり血管の原理（始原）であると明言しているからである。

　　「心臓は血管の原理（始原）（ἀρχή）であり，その内に血液を作り出す第一の力をもっている」[16]，「心臓は血管の原理（始原）（ἀρχή）である」。[17]

---

12) 『動物誌』第3巻第2章 511b10–25（上掲，166頁：『アリストテレス全集』8，120–122頁）。ここでも問題となっているのは « φλέψ » である。
13) 観察の難しさについてはハーヴィが1649年にこの問題をリオラン（子）宛の第二の書簡で再び取り上げることになる。
14) 『動物誌』第3巻第3章 513a20, 513b10（邦訳『アリストテレス全集』8，125, 126頁）。
15) 『動物誌』第3巻第3章 513b10（邦訳『アリストテレス全集』8，126頁）。「大血管」というデカルトでもまだ使用されている表現（例えば『人間論』AT, XI, 121：『著作集』IV, 226, 参照）は大静脈を指す。同じくこの名称に関しては，トリコ（Tricot）編『自然学小論集（*Parva naturalia*）』，92頁註3，参照。
16) 「動物の諸部分について」647b4（上掲仏訳書，25頁：邦訳『アリストテレス全集』10，濱岡剛訳，52頁）。
17) 同上 665b16, 32（上掲仏訳書，76頁：邦訳『アリストテレス全集』10，118, 119頁）。注記しておくと，「血管の原理（始原）」のギリシア語原文は，最初の二つ（647b4, 665b16）は « φλεβῶν ἀρχή »，最後の一つ（665b32）は

心臓を血管の«ἀρχή»、原理（始原）とする主張を最初に提唱したのがアリストテレスであることは、まさしくアリストテレス自身が述べていることである。先人たちは皆一致して、頭と脳を血管の出発点とみなしていたことをアリストテレスは『動物誌』第3巻[18]で報告している。

　アリストテレスによれば、心臓の内容は血液であり、区別される心臓の三つの腔の中で別々に分配される。

> 「大きな動物の心臓には三つの腔があり、それより小さな動物の心臓には二つの腔がある」[19]（…）「それらの腔のうち、右のものは血液がもっとも多くてもっとも熱く（それゆえ、空の部分の中でも右側のものがより熱い）、左のものは血液がより少なくてより冷たく、中間のものは血液が量の点でも熱さの点でも中間的である」。[20]

　心臓内と静脈・動脈の血管内に含まれる血液間の違いと関係を明らかにすることはほとんど不可能である。というのは、『動物の諸部分について』において、血管の違いは血管が運ぶ血液の種類の違いに関係づけられているとはいえ、『自然学小論集』、より正確にはそのうちの「眠りと目覚めについて」においては、血管の間に区別

«ἀρχὴ τῶν φλεβῶν» である。

18) 『動物誌』第3巻第3章513a10（上掲仏訳書、171頁：邦訳『アリストテレス全集』8、125頁）。すでに指摘したように、大部分の研究者たちは『ヒポクラテス全集』の「心臓について」はアリストテレスよりも後の時代のものだとしている。

　（追記：アリストテレスの主張は正しい。というのはアリストテレスは文脈的には医師たちの見解を考えているからである。しかしながら、アリストテレスは引用していないものの、プラトンは『ティマイオス』70b（上掲、196頁：邦訳『プラトン全集』12、128頁）で「血管の結節を成し、血管の源泉を成している心臓」と指摘していたことを想起しておこう）

19) 「動物の諸部分について」666b23（上掲仏訳書、79頁：邦訳『アリストテレス全集』10、122頁）。『動物誌』第1巻第17章496a–496b（上掲、103–104頁：邦訳『アリストテレス全集』8、64–66頁）、参照。

20) 「動物の諸部分について」667b（同上、79頁：邦訳、122頁）。

があるのは各々の血管の身体内での位置によるとされているからである。

> 「もっとも薄く清浄なのは，頭にある血液であり，もっとも濃く濁っているのは，体の下の諸部分にある血液である」。[21]

そしてこの『自然学小論集』のテキストには，分離の場所としての第三の腔が述べられている。それをその翻訳をしたJ.トリコは次のように言う。

> 「心臓に含まれている室には，中央の室があって他の二つの室のそれぞれとつながっている。後者の二つの室はそれぞれ溜まり場となっていて，それぞれには，一方は大血管，他方は静脈（アオルテー）と呼ばれる二つの血管が流入している。中央の室のなかでは，問題の分離が行われるのである」。[22]

三番目の腔は，その前に区別された血液の種類を分離する場所であり，したがって大静脈とも大動脈とも直接には連絡していない。

『動物誌』でアリストテレスは，「体の上部よりは下部の方が血液は濃厚で黒ずんでいる」と明確に述べているが，これは上に引用した『自然学小論集』の主張に結びつく[23]。

血液の色の違いは同じくガレノスもはっきりと指摘している。しかしガレノスはその違いは血液を含む二種類の血管，すなわち動脈

---

21) 『自然学小論集』「眠りと目覚めについて」第3章458a13-19（上掲，92頁：邦訳『アリストテレス全集』7, 305頁）。「動物の諸部分について」第3巻第4章667a22-30（上掲，80-81頁：邦訳『アリストテレス全集』10, 124頁），参照。
22) 『自然学小論集』「眠りと目覚めについて」第3章458a15-20（上掲，92頁：邦訳『アリストテレス全集』7, 305頁）。
　　第三の腔については，本書第Ⅱ部のアリストテレスについての節，参照。
23) 『動物誌』第3巻第19章521a2-5（邦訳『アリストテレス全集』8, 152頁）。これは「人の血液は一番薄く澄んでいる」という言葉に続いている。

と静脈に関係していると明言している。ガレノスの『病気の場所について』では，動脈血はより軽く，より「黄色い」ものとして説明されている。この「黄色い」という二番目の形容詞は，注釈者たちが「より明るい」と訳すべきだとしている形容詞である[24]。ガレノスによる動脈組織と静脈組織の区別はヘロフィロスに由来するもので，心臓の右側つまり右心室と結びついている血管はすべて静脈と呼ばれ，左側と結びついている血管はすべて動脈と呼ばれる。さらにこうした心臓との位置関係による静脈と動脈という命名は逆説的な呼称を生むことになる。すなわち，肺静脈は（構造としては静脈であるとはいっても，精気(プネウマ)を運ぶために）「静脈性動脈」と呼ばれ，肺動脈は（構造としては動脈ではあるものの，血液を肺に運ぶものであるために）「動脈性静脈」と呼ばれる。こうした呼称は，ハーヴィの著作，特に『心臓と血液の運動』のうちにも生きており，同様にデカルトのテキストにも見られることになる[25]。

　話をガレノスに戻すために，次の点を確認しておこう。すなわち，静脈と動脈の区別は，心臓との位置関係を基にしており，その結果，静脈と動脈それぞれの内容は，心臓の二つの腔がそれぞれの内容によって異なることに応じて，異なることになる。心臓の心室の構造

---

24) キューン（C. G. Kühn）編・訳，ガレノス『全集（*Opera Omnia*）』全20巻（Leipzig, 1821–1833）。ここでの引用個所は第8巻『病気の場所について』第1巻第1章，5頁。
25) 『解剖手技について（*De anatomicis administrationibus*）』第7巻第4章，キューン版全集第2巻，600頁。
　　デカルトは，『方法序説』第5部のなかで，心臓の解剖学を提示して「著者が求めた自然学の諸問題の順序と，特に心臓の運動と医学に属するいくつかの難問の説明」をしようとする際に，「動脈性静脈は実際には動脈で，心臓に起源がある（…）のだから，不適切な命名であった（…），静脈性動脈は肺からくる静脈以外のなにものでもないのだから，これもまた不適切な命名であった」と指摘している（『方法序説』AT, VI, 1 et 47：『著作集』I, 11, 51）。

と役割が分析されるのは,『身体諸部分の用途について』であり,ヒポクラテスとプラトンの教えを分析しているテキスト(『ヒポクラテスとプラトンの学説』)でも行われている。ガレノスはアリストテレスが心臓内に第三の腔が存在すると仮定した点で間違えていたことを指摘しており[26],実際に「右の腔は血液を含むのに対して,左の腔は精気(πνεῦμα)をもっとも大きな割合で含む」[27]と書いている。この言い方には左の腔は血液も含むことが含意されている。さらにガレノスは,動脈の内容は心臓の左の腔の内容とほぼ同じで精気(πνεῦμα)と血液から成っているものの,その血液の割合は静脈が含んでいる血液の割合よりもはるかに小さいことを明言している。こうして静脈と動脈に含まれている血液の割合が異なることから,動脈の(厚い)膜と静脈の(薄い)膜の厚さの違いが説明可能となる。

　　「血液が濃厚で重く不活発であり,精気は薄く軽く流動的であるので,精気は厚く緻密でしっかりと包み込む外被によって保護されていなかったならば,簡単に消え去る恐れがあった。逆に血液に関しては,もし包み込んでいる外被が薄く粗くなかったならば,周囲に容易に配分されなかったであろう」。[28]

また,静脈と動脈との違いは,もし心臓が起源である,あるいは静脈組織と動脈組織を木になぞらえているガレノスの比較を使うと,心臓が動脈の根であるとすれば,肝臓こそが静脈の根であることに

---

26)『身体諸部分の用途について』第6巻第9章,キューン版第3巻441頁(邦訳『身体諸部分の用途について』2, 119頁)。
27)『身体諸部分の用途について』第6巻第16章(ダランベール訳『ガレノス解剖学的,生理学的,医学的著作集』第1巻(Paris, J. B. Baillière, 1854), 441頁:邦訳『身体諸部分の用途について』2, 149頁)。
28)『身体諸部分の用途について』第6巻第10章,ダランベール訳第1巻, 409頁(キューン版第3巻, 447頁:邦訳第2巻, 121-122頁)。

なる。というのも、肝臓は血液を精製する場だからである[29]。このようにガレノスは心臓を血管の「ἀρχή（始原〔原理〕）」とするアリストテレスの理論を採用していない。というのも、ガレノスにあっては、心臓と肝臓が各々動脈と静脈という血管の始原〔原理〕だからである[30]。

最後に確認すれば、ガレノスは動脈組織と静脈組織をそれぞれ別個の起源（動脈に対しては心臓、静脈に対しては肝臓）に始まる固有の独立した組織であるとしながらも、血液と精気との間には、「動脈が静脈と吻合している」おかげで、二つの組織が独立しているにもかかわらず、交流が可能となっているとし、心臓のなかには、二つの心室を分けている隔膜すなわち心室間中隔を貫く目に見えない小さな穴があるおかげで、静脈血が右心室から直接左心室へと至る通路が作られていると考えている。

こうした基本的な主張から、ガレノスには身体全体にわたる血液循環のイメージはなく、その点でヒポクラテスやアリストテレスと変わらないことが分かる。この点でわれわれが見出せるもっとも明

---

29) 指摘しておくべきは、心臓を血管の起源としてとらえる『ヒポクラテス全集』の「心臓について」という論考は、すでに強調したように、アリストテレス以後の論考であり、この理論は「肉質について」でも姿を見せるが、そこではさらに心臓が身体に血液と気息（プネウマ）を配分するという言い方が見られることである。「肉質について」第5章（リトレ版『全集』第8巻、5頁：邦訳『ヒポクラテス全集』2、今井正浩訳、868頁）、参照。また、「栄養について」では、肝臓は静脈の根とされている（邦訳『ヒポクラテス全集』2、近藤均訳、962頁）。

30) さらに、このことは、M. P. デュミニルが指摘するように、次のことも証している。すなわち「もしアリストテレスが、十中八九、心臓が血管のアルケー（始原〔原理〕）であると最初に言った人であるとすれば、同じ観点を主張する人々はアリストテレス以後の人たちであるという結論になるが、だからといって、異なる観点を主張した人々が必ずしもアリストテレスに先立つ人たちであるということにはならない」（上掲、297頁）。

確な宣言はアリストテレスの『動物の諸部分について』に現れる。

> 「すなわち，血液は心臓から血管（phlebes）へと流れるのであって，他から心臓へと流れるのではない。心臓は血液の始原〔原理〕（ἀρχή）ないし源泉であり，第一の受容器だからである」。

アリストテレスは続けて言う。

> 「解剖に基づいても，動物の発生の観察に基づいても，このことはいっそう明らかである。というのは，あらゆる部分のなかで心臓が最初に生じ，発生してすぐに血液に満たされるからである」。[31]

この主張以降，どのようにして身体内における血液の走行路をより厳密に説明するのかという問いが立てられることになる。

この問いに答えるには，身体内における血管を介した血液の経路を暗示する二つのメタファーを検討し，関係づけるのがよいように思われる。そこでこの点の検討を開始することとしよう。そうすることが，ウィリアム・ハーヴィの論証のもつ深い独創性を把握するためにもっとも重要であると思われる。

B) 古代における血液の経路を表わすメタファー

最初のメタファーは暗渠ないしは泥土の沈殿場所というメタファーである。

このメタファーはアリストテレスがしばしば用いており，『ヒポクラテス全集』のアリストテレス以後の論考である「心臓について」のなかに見出されるし，同じくガレノスの著作にも登場する。おそらくこのメタファーの起源は血管を暗渠の溝に比較したプラトンに

---

31) 「動物の諸部分について」666a3–9 et 9–11, op. cit. p. 77 :『アリストテレス全集』10, 119–120.

あるだろう[32]。

アリストテレスによれば，血液はその起源，つまり，先ほど指摘したように，血管の「始原〔原理〕(ἀρχή)」としての心臓から出発して，灌漑する周辺へと向かうが，血管の内容物は，即座に沈殿するので，その起源に戻る必要はない。

> 「水が流れて泥が残るように，他の内臓は，血管の中の血液の流れでできた，いわば沈殿物である。他方，心臓は血管の始原(φλεδῶν ἀρχὴ)であり，そのうちに血液を作り出す第一の力をもっているゆえに，心臓自身もそれが受け入れる栄養物から構成されている，というのが理に適っている」。[33]

アリストテレスは血管が分岐し，次第に薄くなり，ついには肉の利益となるように消失する理由を説明し，比較を最終的な結論に行きつくまで推し進める。アリストテレスは血管はついには可能態であるしかなくなる，つまり肉のなかに想定されるにすぎない経路でしかなくなるのだと説明している。

> 「血管が身体全体に行き渡っていることの原因は血液が身体全体の素材だからである。それは喩えるなら，こういうことである。庭園では暗渠は，一つの始原つまり泉から多くの別の水路へと分かたれて，つねにあらゆるところに水が配られるように設置されている。また，家の建築にあたっては，家の土台の輪郭全体に沿って石が置かれる。そうすることで，前者の場合，栽培される植物が水で育つからであり，後者の場合，土台が石のうえに作られるからである。それと同じやり方で，血液がもともと身体全体の素材であるゆえに，自然は，血液が身体全体をめぐって供給されるようにしている。
>
> このことは，極度にやつれたものの場合に明らかである。実際，その場合には，血管以外のものははっきり見えず，それは，ブドウ

---

[32] 『ティマイオス』77d（上掲，207 頁：邦訳『プラトン全集』12, 144 頁）。
[33] 「動物の諸部分について」647b2-7（上掲，25 頁：邦訳『アリストテレス全集』10, 52 頁）。

やイチジクやそのそうした植物の葉においてみられることと同じである。すなわち，それらの葉が枯れると葉脈しか残らない。こうしたことの原因は，血液もその類比物も，可能態としては身体や肉あるいはその類比物であるからである。そして，暗渠において，非常に大きな溝は残り，非常に小さなものは泥土のために最初にすぐ埋もれてしまうけれども，泥土が取り除かれるとまたはっきり現れる。それと同じように，血管のうち非常に大きいものは残り，他方，非常に小さいものは，現実態としては肉なのだが，可能態としてはなおまだ血管でもある」。[34]

『ヒポクラテス全集』の「心臓について」を執筆した医師は心臓の構造と血管との結びつきを吟味しながら，次のように書いている。

「内腔は，人間の自然性の源泉である。そこには身体中に行き渡る多量の流れがあり，それによって身体が潤される。心臓の内腔は人に生命をもたらし，それが干涸びると人は死亡する」。[35]

ガレノスでは，同じ比較が，特に『自然の能力について』[36]で用いられており，さらに栄養の取り入れ口のところにある「細根」について言及されている。「細根」とは植物学で植物の吸収根を指し，体に血液という上昇する活力を補給するのである。

暗渠というメタファーからすれば，血液は戻ってくる必要は必ずしもないと認めることができることになる。というのも，血液は末

---

34) 「動物の諸部分について」668a9-29（上掲，83頁：邦訳『アリストテレス全集』10, 126-128頁）。
　アリストテレスに関しては，『動物誌』第3巻第4章515a24-25（ヴランのトリコ版，179頁，レ・ベル・レットル（1964）のP. ルイ版，86-87頁：邦訳『アリストテレス全集』8, 132頁）も参照。
35) 上掲，第2巻，77頁：邦訳『ヒポクラテス全集』2, 月川和雄訳，951頁。
36) 『自然の能力について』第3巻第15章（キューン版第2巻，211頁：邦訳『自然の機能について』, 215-216頁）。

端から，土のなかに水が浸み込むように，吸収されるからである。もしそれにもかかわらず戻ることが起こるとすれば，それは，エウリポス海峡に見られるような，往復運動によることになる。その有名な海峡はエウボイア島とギリシア本土を分かつ海峡で，そこでは，理由は分からないものの，海流が方向を変えるのである。

ただしこのエウリポス海峡の比喩には，論理的難点があることを強調しないわけにはいかない。しかも，幾人かの研究者たちの言にもかかわらず，われわれはこの比喩を『ヒポクラテス全集』のなかには見出だすことができなかった[37]。この比喩はまずアリストテレスが言及し，それをガレノスが繰り返したものであるように思われる[38]。さらに，とりわけチェザルピーノ，C. ホフマン，さらには『心臓と血液の運動』のハーヴィによってもこの比喩は引用されている。

たとえば，アリストテレスは『自然学小論集』の「眠りと目覚めについて」のなかで，次のように書いている。

「実際はしかし，述べたように，感覚しうる部分のすべての不能

---

37) 『心臓と血液の運動』のロブリ（Ch. Laubry）の校訂版『動物における心臓ならびに血液の運動に関する解剖学的研究——歴史的概観とフランス語訳（*Etude anatomique du mouvement du cœur et du sang chez les animaux. Aperçu historique et traduction française*）』（G. Doin et Cie, 1950）「序文」，参照。

38) 『身体諸部分の用途について』第6巻第10章，参照。1566年にガレノスのこのテキストの仏訳者は次のように書いている。「海の波や，ギリシア人たちがエウリポスと名づけた海流が逆巻く海峡のようにうねることは，血液にとって好都合な流れではない」（仏訳『人体諸部分の用途について（*De l'usage des parties du corps humain*）』第17巻（Lyon, 1566），上掲，349-350頁，参照）。注意しておけば，Ch. ダランベールは，この『身体諸部分の用途について』からの抜粋につけた翻訳のなかで，エウリポス海峡への言及をやめている。というのは，「海峡のなかで満ち潮と同じく絶えず動いている引き潮のように，血液を往復運動をさせる動きは血液にはまったく適していない」からだと，ダランベールは書いている（上掲，第1巻，413頁，参照）。

状態が眠りなのではなく，眠りというこの受動状態は，栄養物に関わる蒸発から生じる。すなわち，蒸発したものは，あるところまで押されていくと，今度は戻り，転回するのが必然である。ちょうど，エウリポス海峡がそうであるように」。[39]

チェザルピーノはその1593年の『医学問題集2巻』でこのアリストテレスのテキストを繰り返している[40]。

カスパール・ホフマンはその『ガレノス『身体諸部分の用途について』註解』において，血液の運動をエウリポス海峡の運動に似たものとして記述している[41]。

ハーヴィ自身はと言えば，『心臓と血液の運動』のなかで，エウリポス海峡との比較を二度にわたって行っている。まず第1章で，デュ・ロランを引用しているところである。

> 「アンドレ・デュ・ロランが，「心臓の運動はアリストテレスにとってはエウリポス海峡の潮の干満のようなものであった」といったことも，私には驚くにあたらなかった」。[42]

---

[39] 「眠りと目覚めについて」第3章 456b19-21（レ・ベル・レットルのトリコ版，72頁：邦訳『アリストテレス全集』7, 300頁）。ただし，トリコによる87頁の註3が「水路の流れのように方向を変える」と書いているのはギリシア語原文の意味をうまく説明できていないように思われる。

[40] 『医学問題集（第2巻第17問題）(*Quaestionum medicarum, (Libri II, Questio XVII))*』(Venise, 1593), 234頁からの引用。この版は『医学問題集』の初版であり，『ペリパトス派問題集 (*Quaestionum peripateticarum*)』の新版に附して刊行された。『医学問題集』の頁付けはその新版の170頁から始まっている。

[41] カスパール・ホフマン (Caspar Hofmann, 1572-1648)『ガレノス『身体諸部分の用途について』第17巻および撰文集の註解 (*Commentarii in Galeni de usu partium corporis humani libri XVII cum variis lectionibus*)』(Frankfurt, 1625), 参照。ホフマンははっきりと「血液はエウリポス海峡に似ていて，あるときは心臓から肺へと流れ込み，あるときは肺から心臓へと逆流する」と書いている（同書，110 (363) 頁，参照）。

[42] この引用は『人体の解剖学的記述 (*Historia anatomica humani corporis*)』

次にハーヴィは，第7章で，心臓の弁の問題に関して，ガレノス（『身体諸部分の用途について』第6巻第10章）を引用し，身体における血液の運動をエウリポス海峡の潮の運動が理由なく動くことに比較している[43]。

　エウリポス海峡に関しては，デカルトはその著作のなかで一度言及したことがあることを指摘しておこう。『人間論』において，デカルトは次のように書いている。

> 「これらの動脈はそこで止まらずに，多くの動脈が一本にまとまった後に，まっすぐ上がり，ちょうどエウリポス海峡のような大きな管につながり，この管によって脳の外表面に血液が供給されるの

第9巻，問題7からのもので，そこでは心臓の絶えることのない運動の本性と原因はきわめて大きな難しい問題を提起するものであって，それについては偉大なフランカストリウスも自然と神のみがその解答を知っていると考えたのだと言われている。それに続けて，デュ・ロランは次のように言う。「私もまた，この運動の本性はエウボイア島にあるエウリポスの狭い海峡で一昼夜で7回規則的な間隔で，干満を繰り返す潮の運動の本性に劣らず，驚嘆に値するものであると思う。エウリポス海峡の干満運動の本性については，カルキスに亡命していたアリストテレスもその原因を発見することができず，あまりの悲しみのために亡くなった」。ハーヴィの講義録（『解剖学講義 (*Lectures anatomiques (Prelectiones)*)』の研究から，ハーヴィはデュ・ロランのこの著作のフランクフルトで1600年に印刷された版を使っていたことが分かっている。

43) 逆流が起きないようにする局所的機能をガレノスは理解していたが，血液の流れ全体を方向づける全体的な機能は理解していなかった。
　ハーヴィは，『心臓と血液の運動』第7章のなかで，欄外註でホフマンの『身体諸部分の用途について注解』を引用している（岩波文庫，88頁）。ハーヴィは，ホフマンのこの本を「見た」のは，この問題つまり心臓弁によって可能となっている血液の逆流というテーマに関する自分の論証を書き上げた後であったと，明言している。『心臓と血液の運動』初版，40頁参照。そこでハーヴィはガレノスの『身体諸部分の用途について』に対するホフマンの『註解』第6巻を参照するように求めている。

第1章　『ヒポクラテス全集』，アリストテレス，ガレノスと後継者たち　　245

である」。[44]

　『人体の記述』のなかで，デカルトは，エウリポス海峡のイメージを持ち出すことなく（おそらくは『人間論』を書き上げた後に読んだ W. ハーヴィのテキストを思い出したためであろう[45]），先に引用した『人間論』の次の文章を，血液循環にはっきりと言及していることから，繰り返している。

> 「あの大きな血管は，脳を包む2種類の被膜のうちの厚い方が折りたたまれてできており，そこにたくさんの静脈や動脈が注いでいる。その結果，血液は動脈を介してそこに運ばれ，次いで静脈を介して心臓へと還流する」。[46]

　つまるところ，『心臓と血液の運動』が出版される以前における二つのメタファー，すなわちひとつは暗渠，他方はエウリポス海峡というメタファーの間の関係を見ると，研究者たちは強調していないものの，『ヒポクラテス全集』を執筆した医師たち，アリストテレスそしてガレノスには，W. ハーヴィの理論の先駆となりうる考え方は存在しえなかったことが決定的に証拠づけられるように思われる。まずはこうした科学認識論的な障害を克服した後に，ハーヴィの循環説を概観すべきであろう。
　かくして，ヒポクラテスの著作の翻訳者であるリトレの主張には反対せざるをえない。リトレは『人体の部位について』の章句の冒

---

44)　AT, XI, 129：『著作集』IV, 231.
45)　メルセンヌ宛，1632年11月または12月，AT, I, 263：『全書簡集』I, 229.
46)　AT, XI, 239：『医学論集』, 160.
　　ちなみに，カテルスは『省察』に対する「第一反論」のなかでエウリポス海峡に言及し，「私の精神は漂うエウリポス海峡にも似て，すでに激しく動揺している」（AT, IX, 74：『著作集』II, 117-118）と書いている。

頭に註釈をつけ，次のように主張していたからである。

> 「このような観念は，循環に関する解剖学的，生理学的条件が知られていなかった時代には，大きな射程をもっていたことは間違いない。それがもっともはっきりした仕方でハーヴィの発見を予感させるのである。現代医学の最先端の発展といえども，古い医学のうちに胚胎していなかったものは見いだせない。古代の認識と現代の認識とは，同じ要素から構成されている限りでは，根底では同一である。新芽でしかなかったものは頑丈な枝となるし，樹皮の下に隠されていたものが日の光を浴びて成長する。科学においても，他のすべての事柄と同様に，何ものも萌芽状態にあったことのないものはないのである」。[47]

血液循環を確立し，論証した W. ハーヴィの著作について吟味するに先立って，忘れてはならないことがある。ヒポクラテス，アリストテレスそれにガレノスの医学と，W. ハーヴィの医学の間にはいくつかの階梯を成す発見があった。それらは，デカルトが『方法序説』第 5 部[48]で称賛しているこの「英国の医師」による発見に欠かすことのできない階梯であったのである。

C) 古代からハーヴィへ

議論の前提は驚くほど神学的であった。その点は，たとえばミシェル・セルヴェが 1553 年刊行の『キリスト教の復原（*Christianismi restitutio*）』[49]で採用した議論を吟味してみれば明らかである。血液

---

47) リトレ「人体の部位について」『ヒポクラテス全集』上掲，第 1 巻，222 頁以下。
48) AT, VI, 50 :『著作集』I, 53.
49) セルヴェ（Michel Servet, Michael Servetus, 1511–1553）は同じ 1553 年にこの『キリスト教の復原（*Christianismi restitutio*）』の刊本の大部分とともにジュネーヴで火刑に処せられた。

が通過すべきは肺であって、心臓の腔の間の隔壁にある穴ではない。そうすることで、神の息吹に相当する空気を吸収することができるのである。解剖学的な議論によってもこうしたセルヴェのアイデアは裏づけを与えられ、ガレノスの考え方に完全に対立することになる。セルヴェはこうはっきりと書いている。

> 「ところで、この（右の心臓の血液と左の心臓の）往来は、一般に信じられているように、心臓の中隔を通して行われるのではない。そうではなくて、一つの驚くべき巧妙な方法によって、細かな血液が攪拌されて、右心室を出発して、肺の長い回り道を通って進むのである。肺を通りながら、血液は手直しされ、黄色くなり、動脈性静脈を通って静脈性動脈へと進む」。[50]

同様の議論はバーゼルで 1555 年に刊行されたアンドレアス・ヴェサリウスの『ファブリカ（人体の構造について）』第 2 版でも述べられている。そこではヴェサリウスは第 1 版のときよりもはるかに批判的な態度をガレノスに対してとっている。第 2 版で、ヴェサリウスは心室間にある穴が開いているとされる中隔について語っている。その中隔は心臓の他のあらゆる領域と同じく、厚く、緻密で濃密であるものとして記載され、したがって、ほんのわずかの血液であっても、どうして右心室から左心室へと横切って通過できるのか、理解できないと付け加えている[51]。

（しばらくの期間、ヴェサリウスとともに研究した解剖学者）レ

---

50) オマリー（C. D. O'Malley）著『ミカエル・セルウェトゥス、地理学、医学、天文学の著作の翻訳および序論と註解（*Michael Servetus. A Translation of his geographical, medical and astrological writings, with introduction and notes*）』（American Philosophical Society, Philadeiphia, 1953), 201–208 頁所収『キリスト教の復原（*Christianismi Restitutio, The Restoration of Christianity*）』、参照。

51) 『ファブリカ（*De corporis humani fabrica*）』第 6 巻第 11 章、1555 年版 746 頁。

アルド・コロンボ[52]はその1559年刊の解剖学書『解剖学について』のなかで，ほとんどすべての人たちが右心室から左心室への通行を可能にする通路の存在を信じていることを指摘している。しかし，コロンボはこの心室間の通行をはっきりと否定する。コロンボが主張するのは，右側の心臓（右心室）から，肺に入って血液が空気と混合して軽くされ，左側の心臓（左心室）へと至るという循環の考え方である。そしてコロンボは続けて，そのことを確認することは誰にとっても容易であるにもかかわらず，自分よりも前にそれを指摘したり，書いたりした人は誰もいないと書いている[53]。

　ちなみに，コロンボの医学の学生であったアンドレアス・チェザルピーノはその著，『ペリパトス派の諸問題』第5巻第4問題のなかで，右心室から肺を通って左心室へ至るというテーゼを再び取り上げ，再度ガレノスに反対している。チェザルピーノは初めて「循環（circulatio）」という言葉を使い，血液が右心室から肺を通って左心室へと至る道筋を説明している。「心臓の右心室から肺を通って心臓の左心室へというこの血液の循環」とその1571年にヴェネツィアで初版が刊行されたテキストは言っている[54]。

---

[52] 『ファブリカ』1643年版，第1巻第13章，56頁。そこでヴェサリウスはコロンボを引き合いに出している。

[53] 『解剖学について（*De re anatomica*）』（Venezia, 1559）第7巻，177頁。引用した最後の章句の主題に関しては，セルヴェの著作はごく少部数しか流通しなかったことを指摘しておきたい。とはいえ，セルヴェのアイデアはイタリアでは知られていたように思われる。特にトリン（Henri Tollin, 1833–1902）による1876年のセルヴェに関する研究に言及しているパージェル『W. ハーヴィの生物学的思想』（上掲），164頁を参照。さらに付け加えると『ファブリカ』第2版でヴェサリウスが取り入れた変更はコロンボに知られなかったわけがないものだった。しかし，おそらくは同時期にコロンボ自身が独自の観察によってヴェサリウスと同じ結論に至ったものと思われる。

[54] チェザルピーノ（Andrea Cesalpino, 1519–1603）『ペリパトス派の諸問題（*Quaestionum peripateticarum*）』（Venezia, 15932），第5巻第4問題。1593

1593年刊行の別の著作,『医学の諸問題, 2巻』で, アンドレアス・チェザルピーノはアリストテレスが眠りについて書いたことを引用しながら, それを典拠に『ペリパトス派の諸問題』の主張を確認している。

　　「というのは各動物の熱は自然本性的に外側の部分へと次第に向かい, 外側の部分に到達すると, 再び内側の部分へと向かうように構成されている。これはアリストテレスによるものである」。[55]

　しかし, アリストテレスのテーゼとは違って, チェザルピーノは行ったり来たりする流れがエウリポス海峡の場合のように同一の管の中で起きるとは考えない。逆に血液が行くときは動脈を通り, 来るときは静脈を通るというアイデアを正当なものとして認めようと試みる。その「証明」の一つがまさに心臓弁の配置である。

　　年にヴェネツィアで再版された版の125頁（左頁には頁番号なし）を参照。この本の初版は1571年であるが, 原稿は1566年から書き始められていた。そのことは1566年8月7日付のチェザルピーノの書簡から分かるが, その書簡の記述によるとチェザルピーノはこの本の原稿を刊行するために出版社に委ねる前にピエロ・ヴェットーリ（Piero Vettori, 1499–1585）に渡していた。バージェル『W. ハーヴィの生物学的思想』（上掲）, 170頁に引用されているモルターラ（Alessandro Mortara）『イタリア著名作家書簡集（*Alcune lettere di celebri scrittorie italiani raccolti e publicate*）』（Prato, Alberghetti, 1852）参照。指摘しておけば,『ペリパトス派の諸問題』はジュネーヴで1588年に（他の著作家たちの作品とともに編纂され）刊行され, その『哲学論考集（*Tractationum Philosophicarum*）』全1巻の528頁に第5巻第4問題は登場する。ちなみに教皇クレメンス8世の侍医であったチェザルピーノに対するアリストテレスの影響は明白である。ただしアリストテレスの権威に対する敬意にもかかわらず, チェザルピーノは独創的な考察を行っている。

55)『医学の諸問題, 2巻（*Quaestionum medicarum libri II*）』第2巻第17問題, 上掲1593年のヴェネツィア版, 234頁。これはすでに引用した『自然学小論集』第3巻の456b19–21（邦訳『アリストテレス全集』7, 300頁）の章句を受けたものである。

> 「自然は心臓の開口部を血液が大静脈から心臓の右心室へと入り，そこから肺へ向かう出口を通って進むように配置したと知るべきである。さらに，肺から出発して血液が左心室へと入り，そこから大動脈へと向かう出口を通って向かう別の通路が存在する。いくつかの弁膜（「小膜」）が血管の口に配置されているので，大静脈から心臓と肺を通って大動脈へと至る絶えることのない移動が存在することが帰結する」[56]

この絶えることのない移動は弁膜の配置に「由来する」ものであり，小循環を定義する。

W. ハーヴィはチェザルピーノの推論に演繹的かつ実験的な順序に基づくかなりの量の論証をつけ加える。しかし，ハーヴィはチェザルピーノを『心臓と血液の運動』においても，1616年の『解剖学講義』でもまったく引用していないことは指摘しておこう。

逆にハーヴィが引用するのは，『解剖学講義』においても，『心臓と血液の運動』と同様に，ヴェサリウスとコロンボである。同じく，『解剖学講義』と『心臓と血液の運動』が言及するのは，ハーヴィがパドヴァで講義を受講し，静脈弁を発見したことで知られるアクアペンデンテのジローラモ・ファブリキウスである。

ファブリキウスがパドヴァ大学において静脈弁の存在[57]を論証したのは1574年である。ファブリキウスは何年にもわたってパドヴァ大学でこの発見を講義した。それをハーヴィが聴講したというのは大いにありうる。というのも，ファブリキウスが『静脈の弁について（*De venarum ostiolis*）』を刊行したのはようやく1603年にな

---

56) 同上。
57) 静脈弁は心臓の弁と混同されてはならない。心臓の弁については古代から知られていた。ことに参照されるべきはガレノス『身体諸部分の用途について』第6巻第10章であり，まさにそこをハーヴィは『心臓と血液の運動』第7章で引用している。同じく，『身体諸部分の用途について』第6巻第14章も参照。

ってからで，そのときにはハーヴィはパドヴァを去って英国に戻り，ロンドンで医師として開業していたからである。ファブリキウスの発見は 1605 年にフランクフルトで刊行されたカスパール・ボアンの解剖学の教科書である『解剖劇場』にも登場している。この教科書は W. ハーヴィにも利用されたものであるが[58]，実際，その附録には，ファブリキウスの著作から静脈弁に関する主要な表が，やや異なる形式のもとに，採録されている[59]。

さらに，ロバート・ボイルの報告[60]によれば，ハーヴィが身体全体における血液循環を思いつくに至ったのは静脈内の弁の考察によってであった。

しかし指摘しておくべきは，そこでもなお，ハーヴィは静脈弁の発見の内容を手直していることである[61]。その発見はハーヴィにとっては自分の議論の一つの出発点にすぎないのである。

こうして，いまやわれわれは，1628 年刊の W. ハーヴィの『心臓と血液の運動』を分析するべきところに至ったことになる。

---

58) 1616 年の『解剖学講義』については，その手稿が編纂されているが，そのなかでハーヴィはこのカスパール・ボアンのテキストを参照している。上掲，ウイッタリジ編『解剖学講義（*Prelectiones anatomiae universalis*）』，参照。

　ハーヴィは同じく『心臓と血液の運動』第 4 章でボアンを引用している。
59) 附録の図および第 4 巻第 36 章，1605 年版，1227–1231 頁，また 1621 年版『解剖劇場』635–638 頁参照。ボアンはこれら二つの版でファブリキウスにはっきりと言及している。
60) ボイルはハーヴィとの会話を『自然的事物の目的因についての論考（*A disquisition about the final causes of natural things*）』(London, 1688), 157 頁で報告している。同じく，ボイル『著作集（*Works*）』(London, 1771) 第 5 巻 427 頁，参照。
61) ファブリキウスによれば，静脈弁の役割は下肢に血液が溜まるのを防ぐところにあった。というのも，ファブリキウスは静脈血が心臓からくるということは間違いないと考えていたからである。

第 2 章

ハーヴィの血液循環説

『動物の心臓ならびに血液の運動に関する解剖学的研究』は英国王チャールズ一世への「献辞」[1]から始まっている。その献辞の冒頭は次のようなものであった。

「動物の心臓はその生命の礎石であり，その動物のすべての部分の長にして，その小宇宙の太陽であり，動物のすべての活動は心臓に由来し，すべての活力と壮健が心臓から生じるのであります。それはあたかも，国王がその王国の礎石であり，その小宇宙の太陽にしてその国家の心臓であり，すべての権力は国王から生じ，あらゆる恩恵が国王に由来するのと，まったく同様であります」。

この「献辞」のなかで，ハーヴィはこれから「心臓に関する新しい事実」を明らかにしようとしているのだと明言している。

ハーヴィは，ロンドン王室医科大学学長アージェント博士への第二の献辞（「同学への挨拶」）のなかで，心臓と血液の運動と心臓の機能に関する新しい事実についてはすでに『解剖学講義』のなかで教授しており，それ以降 9 年以上にわたって数多くの実験によって検証してきたことを再確認している。

次に，「緒言」が心臓と動脈の運動と機能に関してこれまでに書

---

1) 〔訳注〕『動物の心臓ならびに血液の運動に関する解剖学的研究』1628 年版（初版），3-4 頁：暉峻義等訳，岩波文庫，1961，17-18 頁。

かれてきたことはすべてあまりにも信頼できないのだと述べる。

　『心臓と血液の運動』の初版は（献辞等も含め）全体で72頁，17章から成る。そこでハーヴィは自らの心臓と血液の運動についての理論と，拡張期と収縮期の解釈，人体内での血液の循環運動の仮説を説明している。ここでは，末端部での循環に関する主たる論証の検討から，W. ハーヴィの著作についての紹介を始めることにしたい。その説明は，関心の焦点がなによりもまず循環の問題にあることもあって，『心臓と血液の運動』の叙述の順序に従っておらず，ハーヴィの著作の第二部という，まさにデカルトが検討した部分から始まっている。

A）血液循環，心臓・太陽，生命の原理

　肺の小循環の裏づけとなる第1の論証は右心室と左心耳の弁の配置であり，この論証は第7章で展開される。しかし，そこから血液が肺へとどのようにして至るのかは説明できなかった（その説明の不十分さはようやくマルピーギによって小循環を見ることが可能になってから埋められる）ために，ハーヴィは稠密な土を通る水や，皮膚を通る汗といった比喩に訴えている。

　第2の論証は血液の保存についての質的な論証であり，それに量的な論証が付加されるが，これらの論証は第9章で展開される。

　ハーヴィが血液の運動を「循環」だとする論証の根拠を説明するのは，まさに第8章においてである。実際，初版42頁には，次のように書かれている。

　　「この運動は，アリストテレスが大気と雨を上界の循環運動になぞらえようとしたのと同じように，循環運動と名づけてよいものである（Quem motum circularem eo pacto nominare liceat, quo Aristoteles aerem et pluviam circulare superioru motum aemulatus est）。実際，湿った土地は太陽の熱に温められ，蒸気は上昇して凝

縮し，雨となって再び降り，それが土地を潤す。そうしてあるときは近づき，あるときは遠ざかる太陽の循環運動によって，嵐やさまざまな気象現象が発生する。(…) この循環運動は心臓の運動と拍動に拠っている。

　こうして，心臓は生命の原理にして小宇宙の太陽である。その点は，逆に世界の心臓が太陽であると言えるのと同様である。心臓によって血液は運動し，活気づき，腐敗と凝固に抵抗する。血液に栄養を与え，保温し，賦活することによって，この神的な器官は全身に奉仕する。それは生命の基礎であり，あらゆる存在の創造者である」。[2]

この心臓・太陽のメタファーは「英国王への献辞」でもすでに強調されていたが，人体内での血液の運動の本性を定義する章でも再度登場する[3]。次に第9章で，ハーヴィは量的議論を提示する。す

---

[2] 上掲，リシェ（Ch. Richet）による翻訳，98-99頁（岩波文庫，92-93頁）。上掲，パージェル『W. ハーヴィの生物学思想』はハーヴィへのアリストテレスの影響に言及し，循環説の象徴的側面を研究している。ことに指摘されるのは，ハーヴィが心酔していたアリストテレスの宇宙論では，月下界の諸現象は天上のモデルを模倣したものにほかならず，特に星の循環運動が永遠なるものであるとされている点である（同書，83頁，参照）。

[3] ロバート・フラッドは1629年の『普遍医学（*Medicina Catholica*）』によってW. ハーヴィの最初の擁護者となったことを指摘しておこう。ハーヴィとフラッドの関係に関しては上掲，パージェル『W. ハーヴィの生物学思想』113-116頁，『普遍医学』の分析としては114-115頁，参照。

1617年刊行の『二つの宇宙（*Utriusque cosmi*）』以来，フラッドは太陽の生命的役割と太陽の宇宙の中心となる位置に言及しており，さらに心臓と太陽，小宇宙と大宇宙との間の対応を強調していた。フラッドは，『心臓と血液の運動』よりも5年前に刊行した解剖学の論考において，東から上り西に沈む太陽の循環的運動と血液の生命精気の循環に結びつく運動との間に照応関係を立て，血液の運動は大宇宙における太陽の循環を模倣するとしていた。『解剖学の円形劇場（*Anatomiae amphitheatrum*）』(Frunkfurt, 1623)，266頁，参照。

没後の1638年刊の『モーセの哲学（*Philosophia Moysaica*）』では，フラ

なわち，心臓からの流量の計算による論証であり，その論証の検討は非常に興味深い。というのも，この論証には，（単位のことを斟酌しなければ），簡潔かつ明瞭に，自然の現象を間違いなく把握していると信じている人間の確信が現れているからである。

>「そこで人間においては各1回の心臓の拍動では，大動脈中へは半オンスすなわち3ドラクマ[4]，あるいはわずか1ドラクマの血液が押し出されると考えよう。その血液は弁の作る防壁によって心臓内へは再び逆流することはできず，心臓は半時間に千回以上，時によっては，二千回，三千回，四千回，拍動する。これにドラクマを乗ずると，半時間内に三千ドラクマ，あるいは二千ドラクマ，あるいは五百オンス，あるいはそれぞれこれに相当する血液が，心臓から動脈内へ流れ込むことを知るであろう。この量はつねに全身中に見いだされうる量よりも大量である。（…）私が羊において確認したところでは，全身中にはしばしば四ポンド以上の血液は含まれていない。（…）血液の全量が，静脈から心臓を通って動脈へ，同様にして肺を通って動脈の中へ入り込むことが確認される」。[5]

この章の続きで，ハーヴィは自分の量的議論に対立する反論の可能性を退けようとしている。この論駁には，この時代にこのきわめて捉えにくい生物学的現象に対処しようとする精神がどのようなものであったのかがよく示されている。

ッドは太陽と神を等置し，光と生命の源としての太陽というテーマを検討している。デイバス（A. G. Debus）「ロバート・フラッドの宇宙における太陽（*The sun in the universe of Robert Fludd*）」，in『ルネサンスにおける太陽（*Le soleil à la Renaissance*）』（P. U. F., 1965），参照。
4) 1ドラクマは4.363グラム，1オンスは27.165グラムで，12オンスでほぼ1ギリシア・リーヴル（324グラム）になる。上掲，ショヴォワ（L. Chauvois）『W. ハーヴィ，その生涯とその時代，その発見とその方法（*W. Harvey, sa vie et son temps, ses découvertes et sa méthode*）』（Paris, SEDES, 1957) 184頁註2, 参照。
5) 〔訳注〕1628年初版，43-44頁：岩波文庫，96-97頁。

「また心臓が収縮すると，何ものかを送り出すこともあれば，何もあるいはほとんど何も送り出さないとか，また何か知らぬ想像上のものを送り出すなどと言ってはならない」。[6]

第 10 章から，結紮による一連の論証が来る。まず，魚や蛇といった冷血動物の静脈や動脈を結紮し，観察が行われる。そこでハーヴィは静脈を結紮すれば，遠位の（つまり心臓から遠い）個所が腫れ，近位の（心臓付近の）血管が空となることを記録している。次に，ハーヴィはもしすべての静脈が結紮されると，心臓は血液がなくなるために停止することを明らかにする。このことは，ハーヴィによれば，静脈の血液の流れが心臓へと向かうことを証明している。これに対して，動脈を結紮すると，動脈の近位部分は膨満状態（膨れた状態）になり，遠位部分は空となり，心臓は血液で腫れて停止する（赤くなって，破裂しそうになる）が，このことは動脈の血液の流れが心臓から動脈へと流れていることを証明している。

結紮についてハーヴィが展開する第二の論証は手足の結紮，つまり止血帯の取付けである。ちなみに，これは原版に含まれる唯一の挿画の題材となるテーマである。止血帯の取付け自体は，非常にきつい場合とあまりきつくない場合の二様で行われている。

結紮がきつい場合，手は色が変わらず，膨らむこともない（動脈と静脈の血流がともに断たれているからである）。これに対して，結紮があまりきつくない場合，遠位にある静脈は膨らむ。これは静脈の血流が断たれるが，動脈の血流は相変わらずやってこられることを意味する。

さらにこのタイプの結紮こそ，瀉血に用いられるものであることは，ハーヴィが観察している通りである。医療にかかわる別の論証は第 15 章で言及される。

血液が動脈から静脈へと流れることを確証するために，ハーヴィ

---

6) 〔訳注〕1628 年初版，44 頁：岩波文庫，97 頁。

は毛細管の存在を仮定するが，それがマルピーギによって確認され，その証明が公表されるのは1661年になる。この点に関して，ハーヴィ自身は「緒言」から一貫して心臓の壁に目に見えない穴があるとしている人たちに反対し，動脈と静脈の通路として毛細管の概念に訴えていることを指摘しておこう。

続いて，第13章で，ハーヴィはアクアペンデンテのファブリキウスが発見した静脈弁による論証を提示し，弁の機能が血液循環と整合的であることを述べている。W. ハーヴィは弁の機能を変化させる。すなわち，いっさいの物質の逆流を防ぐことを可能にする弁がもつ門としての機能はガレノス的な血管のシステムの理解に合致させるために弱められたり留保がつけられたりする推測の段階から，血流の方向を決定する強制的な規範の地位へと移っているのである。

第14章で，ハーヴィは自分の考え方を次のように要約している。

「さてついにここで，血液循環という見解をはっきりと表明することがわれわれには許される。推論と実験によって立証されたのは，血液は心室の拍動によって肺と心臓を通過し，全身に送られ，組織の小孔と静脈に入って行き，それから静脈を通って末端から中心へと戻り，ついには心臓の心耳へといたることである」。[7]

第15章は瀉血による論証とともに医学的根拠をあげている。

続いて，心臓の運動の経過がこの循環の図式にどのように基づき，統合されているのかを見ることにしよう。

B) 心臓の運動の経時変化

第17章は循環を心臓の「解剖学的配置」によって基礎づけている。興味深いのは，ハーヴィが自分の著作を始めたのと同じ主題をもっ

---

[7] 「第14章 血液循環に関する証明の結論」，初版，58頁（仏訳は上掲，ショヴォワ『W. ハーヴィ』，189頁：岩波文庫，130頁）。

て，循環的に議論を閉じていることである。考察されるのは，解剖学と心臓の運動，そして，その両者と血液循環説との関係である。こうして問題は，この循環的な記述の形式を用いて血液循環を証明することになる。

実際，第1章以降，ハーヴィは，自分の循環説を確立する際に出会った最大の困難が，心臓のさまざまな腔のなかに血液が入ったり，腔のなかから押し出されたりする経時的な変化を理解することにあったことを強調していた[8]。

第一のタイプの論証は，ハーヴィが冷血動物の場合について述べているもので，心臓の運動の各々の期がゆっくりしているので，観察することが可能である。この点に関して，ハーヴィは心臓が活動的なのは収縮期においてだけであり，収縮している筋肉のように硬くなると指摘している。硬くなっている間，心臓は血の気を失って青ざめる。

これら二つの観察から，ハーヴィは，第2章で，血液が排出されるのは心臓の腔が収縮期中に収縮しているときであり，心臓が血液を運び入れるのは心室が弛緩すなわち拡張している期の間だけであるという結論を引き出している。

これは一般的に認められていることや，デカルトが書いていること[9]とはまったく反対の結論である。こうしてハーヴィは，拡張期

---

[8] これはかなり大きな困難であり，エティエンヌ＝ジュール・マレー（1853-1904）によって心臓の運動を進行中に図表化する研究方法が実現されるまで困難として残ることになる。スネレン（H. A. Snellen）『E. J. マレーと心臓学——生理学者，テクノロジーの開拓者（*E. J. Marey and cardiology, physiologist and pioneer of technology*）』（Kooyker scientific publications, Rotterdam, 1980），参照。ことにこの著作のなかで，マレーの著作『生理学的状態および病者における血液循環（*La circulation du sang à l'état physiologique et dans les malades*）』（Masson, 1881）の一部を採録している部分を参照。

[9] これはハーヴィも1649年に二つの『リオラン宛論考』で認めることにな

と収縮期を解釈しなおすことになる。その点は、弁の機能を再定義したのと変わらない[10]。

　第二の論証は第3章で述べられているもので、ハーヴィが確認したことを述べている。すなわち、動脈が拡張期に弛緩（膨張）しているときには、心臓は収縮期にあることである。こうしてハーヴィは「作動中のふいご」というガレノス的なイメージを退け、動脈が拡張するのは、「あたかも革袋が空気や液体を入れられることで拡張するように」、心臓内からやって来る血液の圧力によるのだと主張する[11]。

　ハーヴィは動脈が拡張することによって血液を吸収することを否定する。動脈は積極的に拡張するのではなく、たんに心臓から血液を受け取って、受動的に拡張するにすぎないというのである。

　第三の論証は第4章で述べられるもので、以下のような論証である。ハーヴィは死に瀕している心臓では、運動は心耳（心房）の運動から始まるが、その運動に続いて心室が収縮するまで、しばらく間が空くことが観察できる場合もあることを報告する。そしてまさに死に際にある心臓では、わずかな心耳の震えだけが観察される。そうして、アリストテレスを繰り返す形[12]で、次のように主張される。

　　「心臓は最初に生まれ、最後に死ぬ器官であり、心耳が（…）心

　　るものだが、そこでデカルトのことをののしっている点については、後で見ることにする。
10)　デカルトはハーヴィが血液循環を発見したことを称賛し、循環説については彼に従うのだが、逆に心臓の運動についてのハーヴィの理論は受け入れなかった（そのことは本書第Ⅱ部第1章で見た）。その理由は、拡張期と収縮期の概念にハーヴィが新たに与えた解釈を、デカルトが認めなかったことにある。
11)　この点については本書第Ⅱ部のガレノスに関する部分を参照。
12)　この点については本書第Ⅱ部のアリストテレスに関する部分を参照。

臓自体よりも早く生活を開始し，心臓よりも遅く死ぬ」。[13]

　この第4章で，ハーヴィは発生学にも取り組み，心臓は「生命の原理（vitae principium）」であると宣言し，それを第16章でも繰り返し主張している[14]。

　最後に，第17章において，ハーヴィは最初の4章で吟味した心臓の運動と血液の流れが一致することを総括する。心臓の弁の配置に言及し，その配置によって血液の流れる方向がはっきり示されることを指摘する。ハーヴィは心耳と心室の交互に起こる運動を循環運動全体のもとに位置づけ，心臓の運動を説明する。その際にアリストテレスが参照されるが，ハーヴィによると，アリストテレスは心臓が筋肉であることを示したのに続いて，政治的比喩に訴えたのである。すなわち，心臓は国家の長であるとする比喩であり，この比喩はすでにわれわれが検討したように，宇宙という比喩の後に登場している。

　こうして，ハーヴィが示した生体内の血液の経路が循環的であるという証明によって，特に拡張期と収縮期の概念の再解釈と静脈の弁の役割の再解釈がもたらされる。その証明はボアンのような解剖学の論考で採用されていた順序を無効にするものであった。ボアンについてはハーヴィは『心臓と血液の運動』でも解剖学講義でも言及しており[15]，デカルトも引用している[16]。実際，ボアンは『解剖劇場』のなかでは，静脈を「下腹部」を扱う第1巻の第14章で，動脈を「胸郭」を扱う第2巻の第23章で検討している[17]。

---

13) 〔訳注〕1628年初版，28頁：岩波文庫，61頁。
14) 1628年初版，29および62頁：岩波文庫，63および138頁，参照。
15) ハーヴィはボアンを『心臓と血液の運動』第4章冒頭で引用し，『解剖学講義（Leçons d'anatomie）』で参照している。
16) 『解剖学摘要』AT, XI, 591 et 592：『医学論集』，54, 55.
17) 『解剖劇場（Theatrum anatomicum）』1605年版，および1621年版。

C）『心臓と血液の運動』の受容とデカルトの態度

W. ハーヴィの後継者たちは「循環論者」と反循環論者とに分裂し、新旧論争を先取りする形となる。実際、多数の反対者が新しい体系への反対を表明し、多数の出版物を刊行し、ハーヴィの見方を論駁する大量の文書が生産されていた。

そうした論駁文書がもっぱら展開している議論は、たいていの場合、ハーヴィの著作において実験順に出される論証がいずれも決定的ではないことを示そうとするものであった。しかし、どの論駁も『心臓と血液の運動』で述べられている考え方全体を疑わせるに足るだけの水準までには至っていない。実際、ハーヴィの考え方全体は強固で、説得力のある典雅さをもっており、それは特定の一つ、二つの証明によるものというよりも、心臓血管の生理学ひいては関連する他の機能の全体を対象とする観察に一貫性を与えることのできる力によるものにほかならなかった。

ハーヴィに反対して表明された批判を見る前に確認しておけば、ハーヴィが王立医科大学で血液循環に関する自分の考えを述べていた頃のロンドンにおいてさえ、同僚で理髪外科医同朋協会で教育を担当していたアレキサンダー・リード博士は「ハーヴィが批判することを一向にやめなかったような、もっとも純正なガレノス」を典拠とし続けていた[18]。

批判のうちもっとも直截的で、もっとも激しかったのは、ハーヴィの著作の最初の論駁書である『心臓の運動と血液の循環についてのウィリアム・ハーヴィの著作に対する研究と非難（*Exercitationes*

---

18) 上掲、ショヴォワ『W. ハーヴィ』、174 頁。アレキサンダー・リード（Alexsander Reid）の講義はまとめられ、解剖学の教科書として 1634 年に最初に刊行され、1658 年に至るまで版を重ねた。

et animadversiones in librum Guilielmi Harveii de motu cordis et circulationis sanguinis)』を 1630 年に刊行した英国のジェームズ・プリムローズ（プリメロシウス）（James Primerose, Primerosius），続いて 1635 年にヴェネツィアで『心臓と血液の運動について，英国人ウィリアム・ハーヴィへの並外れた論争の試金石（*De cordis et sanguinis motu singularis certaminis lapis lysdius ad Guillelmum Harveum anglium*）』を刊行したイタリアのエミリオ・パリジャーノ（パリザーヌス）（Emilio Parigiano, Parisanus），そして最後に，1638 年に『医学の基礎について 6 巻（*De fondamentis medicinae, libri sex*）』を刊行したオランダのプレンピウス（Plempius）すなわちプレンプ（Plemp）である。

これら三人の反対者たちについて，デカルトは書簡で言及しており[19]，すでに見たように，さらにデカルトはプレンピウスが『方法

---

19) プレンピウス宛 1637 年 10 月 3 日（AT, I, 409-412：『全書簡集』II, 3-5），1637 年 10 月 3 日（AT, I, 412-430：『全書簡集』II, 6-20），1638 年 2 月 15 日（AT, I, 521-534：『全書簡集』II, 92-104），1638 年 3 月 23 日（AT, II, 62-69：『全書簡集』II, 172-178）。デカルトとプレンピウスとの書簡のやりとりの重要性については，本書第 II 部第 1 章参照。

デカルトがヴェネツィアのパリジャーノの反論に言及しているのは 1639 年 2 月 9 日のメルセンヌ宛書簡においてである（AT, II, 500-501：『全書簡集』III, 181-182）。プリムローズの反論は 1640 年 10 月 7 日のレギウスからデカルト宛の書簡で引用されている（AT, III, 202：『全書簡集』IV, 178）。パリジャーノとプリムローズの名前はバイエが 1639 年 10 月ないし 11 月のレギウスからデカルト宛との関係で言及している（AT, II, 616：『全書簡集』III, 264）。ちなみにこの点についてバイエは次のように述べている。「血液循環についてのデカルトの意見は学者たちの間で大いに信用され，この件についてウィリアム・ハーヴィの名声を回復させるのに見事に貢献した。ハーヴィは，オランダのさまざまな医師たちの冷笑と非難を浴びて酷評されていたが，彼らの大部分は無知で，彼らの学部の古い原則に執着していた。それゆえ，パリジャーノとプリムローズという二人の医師が，その年の 9 月頃，血液循環に関してハーヴィの意見への反論をライデンの書肆マイレで出版させたが，一般の人はそれをまったく歓迎しなかった」（Cf. AT, II,

序説』刊行後に送ってきた反論に直接応えている[20]。

別の有力な反論者のジャン・リオラン（子）はほぼ W. ハーヴィと同年代であったが，1648 年にパリで解剖学と病理学の教科書『解剖学と病理学便覧（*Enchiridium anatomicum et pathologicum*）』を刊行した。そのなかで血液循環を論駁し，一部をハーヴィに送った。ハーヴィは 1649 年に有名なリオラン宛論考で回答したが，これは自分の著作がきっかけとなった論争に自ら参加した唯一のものであった。『ジャン・リオランに宛てた血液循環に関する解剖学二論考（*Exercitationes duae anatomicae ad Joannem Riolanum...*）』のなかで，ハーヴィは 20 年前に刊行した『心臓と血液の運動』の内容を確認し，明確にしている。二番目の書簡にデカルトに対する有名な呼びかけと，心臓の運動に関するデカルトの議論へのハーヴィの解答がある。

心臓の運動をどのように解釈するかという点について，ハーヴィは次のように書いている。

「見事な精神をもち，きわめて思慮深い人，ルネ・デカルト（私は彼が私の名前に敬意をもって言及してくれたことに感謝する）とその他の人々は，摘出されて机の上に置かれた魚の心臓が集中して，懸命に鼓動しようとするのを見て，心臓が整えられ，縮まり，より硬くなるときには，心室がより広がり，より開放され，より容量が

616，バイエ（Baillet）『デカルトの生涯（*La Vie de Monsieur Des-Cartes*）』第 2 巻，36 頁：邦訳『デカルトの生涯』（下），73–74 頁）。
20) プレンピウスの反論は血液循環と心臓の運動に対するものである。プレンピウスが 1638 年 1 月にデカルトに宛てた長文のラテン語の書簡を参照（AT, I, 497–499：『全書簡集』II, 70–72）。デカルトは回答のなかで，本書の第 II 部で見たように，ハーヴィによって証明された血液循環を擁護し，心臓の運動についてのハーヴィの理解が特殊であることを強調している。特に 1638 年 2 月 15 日プレンピウス宛書簡を参照。そのなかでデカルトは自分の説明の裏付けとして自分の解剖の実験，さらには生体解剖実験をあげている。

大きくなると考えている[21]。ところが，この観察は私には正しいとは思えない。というのは，心臓がそうしたときには，むしろ心臓のすべての能力が締めつけられており，そのときには心臓は収縮期にあるのであって，拡張期にあるのではないことは確かだからである。心臓が生命がないかのように弛緩しているのが見られ，心臓が膨張し，したがって心室も拡大している状態が拡張期であるのでもない。その上，死体について，心臓が，収縮期がなく，だらっと横たわり，動くこともなく，完全に停止状態で膨張していないときに，心臓は拡張期にあると言ったりはしない。実際，膨張し，拡張期にあると言うことが真に適切であるのは，心臓が血液に満たされ，心耳が収縮しているときに限られるのであり，そのことは生体解剖がはっきりと教えてくれる」。[22]

血液循環論者／反循環論者論争は長期間続くことになる。それは

---

21) この点については，本書第Ⅱ部第1章参照。
22) Cf. «Ingenio pollens, acutissimus vir, Renatus Cartesius (cui ob mentionem mei nominis honorificam debeo) et alii cum ipso, cum extractum cor piscium, super planam tabulam expositum, pulsum aemulari vident, colligendo se ipsum; quando erigitur, attollitur et vigoratur, ampliari, aperiri, ventriculosque suos exinde capaciores esse, autumant. Haud recte, mecum, observant. Collectum enim certo est, tunc temporis, coarctari potius capacitates ejus omnes, et in sua systole esse, non diastole : ut neque, quando tanquam enervatum collabitur et relaxatur, in sua diastole et distensione non est; et ventriculi exinde ampliores. Sed, ut in morte non dicimus in diastole esse cor, ita, quod a systole concidit relaxatum, collapsum et omni motu destitutum et requietum, non distendum. Distenditur enim et in sua diastole proprie est, cum ex impulsione sanguinis per contractionem auricularum impletur; ut in vivorum anatome evidenter satis apparet». フランクリン（K. J. Franklin）編・訳『パリの人ジャン・リオラン（子）に宛てた血液循環に関する解剖学二論文，ケンブリッジ，1649年（*Exercitationes duae anatomicae de circulatione sanguinis ad Joannem Riolanum, Filium, Parisiensem, Cambridge, 1649*)』（Blackwell scientific publications, Oxford, 1958），153頁，参照。

おそらく大部分の医師たちが，そのうちの一人が"Mallem cum Galeno errare quam cum Harveio circulare"と書いていたのと同じように考えていたためであろう。つまり，「ハーヴィという名のやぶ医者と一緒に循環するよりはむしろガレノスとともに間違うことを選ぶ」といったところであったのである。こうして，モリエールは1673年の『病は気から（*Le malade imaginaire*）』でこの言葉遊びを取り上げ，血液循環に反対して主張された数多くの医学博士論文をやっつけることになる。モリエールは，ジャック・ロジェがその著の冒頭で指摘しているように，公開口述審査を受けたばかりのトーマ・ディアフォワリュスを登場させ，勝手に恋焦がれているアンジェリックに「血液循環論者たちを攻撃するための」学位論文を献呈させている。このトーマは「おそらくは恋人としては突拍子もない人間であるにしても，時代錯誤の医師であったわけではない」[23]のである。

モリエール，さらにはボワローも1675年の『キマイラ国スタゲイロス大学文学士，医師，教授のためにパルナッソス大法廷で下されたビュルレスク（滑稽）な裁定，アリストテレスの学説維持のために（*Arrêt burlesque, donné en la grand'chambre du Parnasse, en faveur des maîtres-es-Arts, médecins et professeurs de l'Université de Stagyre, au pays des Chimères : pour le maintien de la doctrine d'Aristote*）』のなかで，血液循環説を擁護し，同様にラ・フォンテーヌもド・ブイヨン公爵夫人マリア・アンナ・マンチーニの求めに応じて当時論争の的となっていた薬の「キニーネ」について1682年に書いた詩のなかで擁護した。

その詩のなかで，ラ・フォンテーヌはピエール・ディオニの『血液循環と新たな発見に拠る人間の解剖学（*Anatomie de l'homme suivant la circulation et les nouvelles découvertes*）』に賛意を示して

---

23) 上掲，ロジェ『18世紀フランス思想における生命の科学』，43頁。

いる。ディオニは，ルイ14世が，ギ＝クレサン・ファゴン（1663年の学位論文の公開口述審査の際に血液循環に好意的な立場であることを明らかにしていた）の勧めに従って，1672年にパリ王立植物園（Jardin des Plantes）解剖学講座の教授職に任命し，血液循環と新しい理論を「公開で無料で」教授する任務を与え，血液循環に抵抗するパリ大学医学部とバランスをとらせようとした人物であった。ちなみにこうした血液循環をめぐるフランスにおける大学間の対立はロックも記録している。ロックは1675年にモンペリエ大学での医学博士論文の公開口述審査の後の儀式に参列したのである[24]。

そうした対立は『真理の探究』でも取り上げられている。というのも，その第2巻の第1部でマルブランシュは次のように強調しているからである。

> 「よく見かけられることだが，講義や研究によってかなり尊敬されている人々が血液循環という目で見てとれる，分かりやすい実験に反対して本を書き，公開講演をしている」。[25]

マルブランシュはさらにこの問題を第2巻第2部第3章で再び取り上げ，「人々が権威に従う方を自分の精神を用いることよりも好む理由」を説明し，

---

24) ロックはその日記に次のように記している。「医学博士を作るためのレシピ。赤い服を身にまとい，黒のトック帽をかぶった博士たちの大行列。リュリの曲を演奏するバイオリン10挺。教授は着席し，バイオリンに自分が話したいのだと合図し，同僚たちの称賛から挨拶を始め，革新と血液循環を批判する毒舌で話を終える」（ドロネ（Delaunay）『医学的生活（*La vie médicale*）』，ミルピエール（F. Millepierres）『モリエールの時代の医師の日常生活（*La vie quotidienne des médecins au temps de Molière*）』（Hachette, 1963, édition du Livre de Poche, 1983），36頁の引用，参照）。

25) 『真理の探究』第2巻第1部第2章，上掲プレイヤード版（*La Pléiade*, Gallimard）第1巻，148頁，参照。

「新しさを誤謬と混同し，古代を真理と混同し，（…）ハーヴィの血液循環説を新しいがゆえに誤っているとする」

人々を告発している[26]。

　このように，血液循環説の新しさをめぐるこうした重要な論争は，ハーヴィの発見に対する抵抗がきわめて大きく，長く続くものだったことも示している[27]。それはジャック・ロジェがフランスの状況について次のように指摘している通りである。

　　「パリ大学医学部が発見をついに認めるに至るにはルイ14世が介入し，ディオニが王立植物園で講義を行い，とりわけ古参の医学博士たちを追放し，新たな科学的精神を誕生させることが必要となるが，それには50年以上を要するのである」[28]。

　こうしたハーヴィの著作の受容状況に触れたのは，そのことがW.ハーヴィに対するデカルトの態度の特異性と独創性をよりよく理解するために不可欠であるからである。E.ジルソンは次のように指摘している。

　　「デカルトは自分が血液循環説については断固とした支持者であることを見せつけたのに引き換え，心臓の運動の説明に関してはハーヴィには反対でハーヴィとは袂を分かつことをどうしても示そうとした。（…）そもそも，ハーヴィには反対だとする主張は，血液循環説の承認に劣らず，明瞭で一貫したものであった」[29]。

　実際，『方法序説』第5部でデカルトは心臓の運動に関する自分

---

26) 同上第2巻第2部第3章，プレイヤード版，212-213頁。
27) 例えば，ギ・パタン（Gui Patin, 1600?-1672）は執拗に血液循環を否定した。その息子のシャルル（Charles, 1633-1693）は血液循環をみとめたものの，ハーヴィの先駆者たちを発見し，その功績度を減少させようとやっきとなった。
28) ロジェ『18世紀フランス思想における生命の科学』上掲，43頁。
29) 「デカルト，ハーヴィとスコラ」，上掲，80, 81頁。

の考えをハーヴィの考えに対立させながら述べているが[30]，その第5部には血液循環に関連するハーヴィのテーゼの要約も同じように見出せる。

この著作でデカルトはハーヴィの3種類の論証を取り上げ，それらの論証によってハーヴィは「血液の流れについて述べていることをじつにうまく証明している」[31]と述べている。デカルトが引用する最初の論証は『心臓と血液の運動』第11章で述べられている結紮による論証[32]である。第二の論証はハーヴィが第13章で証明している静脈弁に関するもので，それについてデカルトは次のように述べている。

>「この小さな膜は静脈にそってさまざまな場所にきわめてうまく配置されているので，血液がそこを通って身体の中央から末端へと流れるのを許さず，もっぱら末端から心臓へ戻るのを許すのである」。[33]

最後の論証として，デカルトは動脈の切断による血液の排出というテーマを取り上げる。これは『心臓と血液の運動』第9章で展開されている量的論証に関連している[34]。

---

30) このテーマについては本書第Ⅱ部で論じた。
31) 『方法序説』第5部，AT, VI, 51：『著作集』I, 53–54．デカルトは1行目で「彼（ハーヴィ）はじつにうまく証明している」と書き，21–22行目では「彼は同じくじつにうまく証明している」と繰り返している。
32) 1628年初版52–53：岩波文庫，110–115参照。
33) AT, VI, 51：『著作集』I, 54．ハーヴィは静脈弁に関する論証を『心臓と血液の運動』初版，54–58頁：岩波文庫，121–129頁で行っている。
34) AT, VI, 51–52：『著作集』I, 54．このテキストは『心臓と血液の運動』初版，45頁を参照させている。したがって，デカルトはハーヴィの著作を「見た」のであり，それは1632年のことだとメルセンヌに述べている。メルセンヌ宛，1632年11月または12月，AT, I, 263：『全書簡集』I, 229参照。
　この点については，ジルソン「デカルト，ハーヴィとスコラ」，上掲，72–74頁，参照。ジルソンの分析はデカルトのテキストに忠実で，含みをもたせたもので，ジョルジュ＝ベルティエ（「デカルトの機械論と17世紀に

『人体の記述』では,再び「ハーヴィという名の英国の医師」を「称賛」している。しかし,デカルトはこれら3種類の例をハーヴィからそのまま再び引用して,血液循環を証明する根拠としようとはしていない。「血液がこのように動物から静脈へと流れていることを示し,疑義を差し挟むいかなる余地もないほど明確な理由」[35]のうちでデカルトが示すのは,結紮による論証であり,『方法序説』で説明された最初の証明にあたるものであった。さらにデカルトはそうした結紮の例として瀉血にはっきりと言及しているが,これはいっそう厳密な生体解剖実験を実施したことに関係しており,『序説』では血液循環説を擁護するものとして最後にあげられる論証を構成していたものである[36]。それに加えて,『人体の記述』では,デカルトはハーヴィの名前をあげる際に,『序説』ではこの議論の前に置かれていた静脈弁に関する2番目の証明は取り上げていない。なぜなら,第2の証明については,静脈弁の役割の重要性と血液の運動の方向との関係で数頁前にすでに強調されていたからである[37]。

D) デカルト生理学における動物精気の循環とハーヴィの解答。腺Hの起源

デカルトは血液循環説を擁護するだけに満足せず,その発見を敷衍していく。『人間論』[38]ではまずは「動物精気の流れ」を「人体内

　　ける生理学』上掲,58頁)のようにデカルトが『心臓と血液の運動』を読んだのか疑ったり,テルナー(「血液循環の発見の論理的および心理学的側面」,上掲,80頁)のようにデカルトが「ハーヴィの著作を子細に研究した」と書いたりするようなことはしていない。
35) AT, XI, 239：『医学論集』, 160.
36) AT, XI, 240：『医学論集』, 160–161.
37) AT, XI, 234：『医学論集』, 155–156.
38) AT, XI, 127：『著作集』IV, 229. そこでデカルトは「したがって,体内における血液の運動は永続的な循環でしかない」と書いている。

での血液の流れ」を記述するのと同じように語り[39]，その後の『哲学の原理』[40]では「地球における水の流れ」を「血液の流れを模倣する」ものとして語るのである。

　H. ドレフュス＝ル・フォワイエによれば，デカルトは「ガレノスが詰め込んで，生理学を混乱させてしまった自然精気・生命精気・動物精気という概念装置[41]を保存しており」，しかも「そこにデカルトが出発する立場があった」が，しかし，重要なことはデカルトが「自分流の説明によってそうして採用された理解の方向を」どのように変化させているのかを理解することなのである[42]。

　こうしてデカルトは「血液のきわめて微細な粒子が動物精気を構成する」[43]と説明する。実際，デカルトにとって動物精気は「筋肉の形を変える力をもち」[44]，血液に由来するきわめて微細な粒子に他ならない。

> 「脳に入り込む血液の粒子についていえば，それらは脳実質を養い，維持するばかりでなく，動物精気と名づけられる一種のきわめて微細な風，むしろ，きわめて活発で純粋な炎というべきものを産出するのにも特に役立つ」[45]

---

39) AT, XI, 132 :『著作集』IV, 233.「ちょうど血液の流れ（…）のように精気の流れを」.
40) 第 4 部 65 節，AT, IX-II, 237 :『哲学の原理』，226.
41) 自然精気，生命精気，動物精気の区別については，本書第 II 部のガレノスに関する部分を参照.
42) ドレフュス＝ル・フォワイエ（H. Dreyfus-Le Foyer）「デカルトの医学観（*Les conceptions médicales de Descartes*）」『形而上学・倫理学雑誌（*Revue de métaphysique et de morale*）』(1937)，243 頁．この論文はロディス＝レヴィス（G. Rodis-Lewis）編『デカルトの科学（*La science de Descartes*）』(Garland, N. Y., 1987) に採録されている.
43) 『情念論』第 10 節 , AT, XI, 334 :『著作集』III, 169.
44) 『人間論』AT, XI, 130 :『著作集』IV, 232.
45) AT, XI, 129 :『著作集』IV, 231.

この『人間論』の章句は『方法序説』[46]に受け継がれるものだが，そのなかでデカルトはまず「精気」が風を意味するという語源[47]を参照し，次に炎との比較に訴える。『情念論』第7節でデカルトは，炎との比較を繰り返してはいないものの，すでに『屈折光学』[48]がそうであったように，「動物精気と名づけられるきわめて微細な空気または風」について語っている。そして，『情念論』第10節では，動物精気は「血液のきわめて微細な粒子」によって構成される「物体に他ならない」とデカルトは断言している[49]。こうした動物精気の本質的特性がきわめて早く運動することにあることを説明するために，デカルトは，『情念論』第10項で，再び炎との比較を行っている[50]。その説明によれば，『動物の発生についての最初の思索』で

---

46) 『方法序説』第5部ではこの『人間論』の部分が反復されている。「……動物精気はさわやかな微風や，むしろ非常に純粋で活気のある炎のようなもので……」(AT, VI, 54：『著作集』I, 56)。

47) 同じく『屈折光学』第4講，「……きわめて微細な空気または風のような動物精気……」(AT, VI, 110：『著作集』I, 135)。

　ジルソン『方法序説註解』上掲，414頁16行目，参照。

　この点に関しては「精気」という語の進化に関して数年前にイタリアで開催されたシンポジウムの記録，ファットーリ (M. Fattori)・ビアンキ (M. Bianchi) 編，『精気（第4回ヨーロッパ知的用語国際会議），記録 (Spiritus, IVº Colloquio Internazionale del Lessico Intellettuale Europeo, Atti)』(Edizioni dell'Ateneo, Roma, 1984) を参照。

　ダランベールが「揮発物 (exhalaison)」と訳したギリシア語については，『身体諸部分の用途について』第6巻第17章（ダランベール訳，上掲，第1巻，444頁：キューン版第3巻，496頁：坂井ほか訳『身体諸部分の用途について』2, 152頁）。そこでは『呼吸の用途について』の参照指示が出されている（邦訳，153頁注 (2) 参照）。

48) 第4講，AT, VI, 110：『著作集』I, 135.

49) それぞれ，AT, XI, 332 et 334-335（『著作集』III, 169 et 170）。

50) 「松明から出る炎の諸粒子と同じように」(AT, XI, 335：『著作集』III, 170) 参照。

もすでに述べていたように[51]，動物精気の運動は物体的な物質粒子の振動なのである。

動物精気は筋肉の運動に対するデカルトの機械論的説明と，「精気の何らかの運動を原因として，その運動によって維持され，強化される」[52] 霊魂の情念の説明とにおいて，欠くべからざる本質的役割を演じている。とはいえ，デカルトがその存在を認めている精気はそれだけに尽きるわけではない。書簡のなかでデカルトは二度にわたって人間の身体に含まれる精気の多様性という考え方に言及している。1643 年 6 月 19 日付のライデン大学医学教授のフォルスティウス宛のラテン語の手紙は「人間の身体に含まれる精気について (de Spiritibus in humano corpore contentis)」，デカルトの考え方を明らかにし，ガレノスに由来する自然精気，生命精気，動物精気を列挙し，それぞれの特性（vires）と用途（usus）を説明している。

デカルトは次のように言う。

> 「……地上の粒子から成る物体で，微細な物質のなかに浸っており，空気を構成する粒子よりは激しく活動するが，火〔を構成する粒子〕ほどには活動しないすべての物体が，「精気」と言われうるのです。ところで，人間の身体のうちにこうした精気がたくさんあることは容易に証明されます。というのも，まず第一に，胃の中で熱の作用によって食物の分解が生じます。ところで，『気象学』[53] のなかで私が説明したように，熱とは通常よりも大きい物質粒子の活動以外のものではありません。そして，精気は，すべてのなかでもっとも容易に分解される地上の物体の粒子からつくられます。その結果，必然的に，胃に含まれる食物から大量の精気が，乳糜とともに同時に血管に流れます。これらが「自然精気」と言われるものです。
>
> そして自然精気は，肝臓と血管のなかでの熱，すなわちそこで生

---

51) AT, XI, 519：『医学論集』, 113.
52) 『情念論』第 27 項，AT, XI, 349：『著作集』III, 179.
53) AT, VI, 236：『著作集』I, 228.

じる活動のために増加するのですが、その作用によって、血液中に乳糜が同化される間に、より多くの粒子が互いに分離され、そのようにしてそれだけ多くの精気が生み出されるのです。続いて、この血液が心臓に流れ込むと、心臓の熱は血管の熱よりも大きいので、突然、希薄化して膨張します。そのことで心臓とすべての動脈の拍動が起こるのですが、この希薄化は、さらに多くの血液の粒子を互いに分離し、そのようにしてそれらを精気へと変えるのです。これが医師たちによって「生命精気」と言われているものです。

最後に、心臓から大動脈を通って出て行く血液の粒子は、最高度に活動し、頸動脈を通って脳の中央部に向かってまっすぐ進んでいき、そして脳のくぼみに入っていくのですが、そこで残りの血液から分離されて「動物精気」ができることになります。動物精気が残りの血液からそこで分離される原因としては、脳の中へ入っていく通路が狭すぎて残りの血液の通過は引き起こされえない、ということ以外にはないと私は考えています」。[54]

1645年4月のニューカッスル候宛書簡[55]のなかでは、デカルトは生命精気と動物精気についてしか説明していない。といっても、これは医学教授のフォルスティウスとの書簡で述べていることとささかも矛盾するものではない。デカルトはフォルスティウス宛書簡のなかでは、次のように述べていたからである。

「……「自然精気」と「生命精気」との間にはほとんど違いはなく、これら両者は血液から分かたれません。ただ「動物精気」のみが純粋なのですが、しかし動物精気はそれを構成する粒子の多様性に従って、そのうちにさまざまな特性をもちます」。[56]

---

54) フォルスティウス宛, 1643年6月19日, AT, III, 687-688：AM, V, 311-312：『全書簡集』V, 292-293.
55) AT, IV, 191：『全書簡集』VI, 234.
56) フォルスティウス宛, 1643年6月19日, AT, III, 689：AM, V, 313：『全書簡集』V, 293.

とはいえ，血液と動物精気との区別は『人間論』で強調されている。

「こうして，血液の微細な粒子は，より粗大な粒子から分離されることと，心臓の熱によって与えられた極度の速さを保持していることの他には何らの準備も変化もなしに，血液の形状を失い，動物精気と名づけられるのである」[57]

デカルトは動物精気の産出の仕方を純粋に機械論的に説明し，動物精気は「篩分け」ないし濾過のプロセス，すなわち，「多数の小孔を通じて，動脈に含まれている血液のもっとも微細な粒子が，この腺〔松実腺〕のなかに流れ込む」[58]というプロセスを経て，産出されるとする。この点について注意しておきたいのは，「篩」との比較は『人間論』に登場して以降，『方法序説』でも繰り返されているが，デカルトが1640年7月30日のメルセンヌ宛書簡のなかでこの比較について言及し，その正当性を主張し，さらに『人体の記述』でも再度この比較を用いていることである[59]。

動物精気についてのデカルトの考え方を理解しようとすれば，一方では動物精気が流れ込む「この腺」，つまり松実腺の役割を述べることになるし，他方ではデカルトによる神経の説明に触れることになる。われわれはこれら二つの点について順に検討し，その後に動物精気に関するデカルトとハーヴィの見解の相違の問題に取り組むことにしたい。

この腺はデカルトでは動物精気の配置を決める重要な役割を演じており，デカルトが「霊魂の主たる座」[60]とするもので，松実腺を

---

57) AT, XI, 130：『著作集』IV, 232.
58) AT, XI, 129：『著作集』IV, 231.
59) 『人間論』AT, XI, 127：『著作集』IV, 230. 『方法序説』AT, VI, 54：『著作集』I, 56. 1640年7月30日メルセンヌ宛 AT, III, 141：『全書簡集』IV, 121. 『人体の記述』AT, XI, 251：『医学論集』, 170.
60) 1640年1月29日メイソニエ宛書簡（AT, III, 19：『全書簡集』IV, 24）

指す。この腺はガレノスがその著『解剖手技について』[61]で記載していた。デカルトは『人間論』ではこの腺に名前を与えず，ただ大文字の H で指示している[62]。このことは，デカルトが松実腺をまさに文字 H で指示している『解剖劇場』第 3 巻第 14 章表 10 の図 10 を参照していると考える重大な手がかりであると思われる。『解剖劇場』の 1605 年と 1621 年の二つの版において，カスパール・ボアンは第 3 巻第 14 章の一部を松実腺の説明に当てている。これらのテキストで，ボアンは「コナリオンあるいは松実腺について (*De conario seu glandula pineali*)」語り，表 10 の図 10 を参照するように求めているが，その図では松実腺が大文字の H で示されているのである。1605 年版では，その表は 600 頁の向かいにある。1621 年版では，表は 1620 年刊の解剖学図版の巻の 143 頁にあり，その説明文は 1605 年版のものよりも詳しいもので，142 頁にある[63]。

参照。
[61] 『解剖手技について (*De Anatomicis Administrationibus*)』(キューン版全集第 2 巻, Leipzig), 718-723 頁。ガレノスはこの腺を(「毬果(きゅうか), cônos)」の指小辞)「小球果 (conarion)」の腺 (松実腺) とも呼んでいる。
[62] 『人間論』における腺 H については, AT, XI, 170-187：『著作集』IV, 263-277 参照。
[63] 1621 年版は，1605 年版とは違って，著作の途中に図を入れていない。解剖図は『人体の各部分の生彩図 (*Vivae imagines partium corporis humani*)』にある。この 1620 年刊行の著作はヴェサリウスが 1566 年にアントワープで刊行した同名の著作『人体の各部分の生彩図 (*Vivae imagines partium corporis humani*)』の影響を受けている。『解剖劇場』(1605 年版) から抜粋した 1620 年の解剖学図版集のなかで，ボアンは表を役立てるためには，その向かいにある説明文ないしは新版の『解剖劇場』，あるいはさらに『解剖学教程 (*Institutiones anatomicae*)』を参照する必要があるとはっきりと述べている。『解剖劇場』という表題をもつ製本版 (1621 年刊) でも，時として 1620 年版の図版集が 1621 年版の『解剖劇場』の後につけられているものが見つかる。それにあたるのは，パリの国立図書館およびオックスフォード大学ボドリーアン (ハンフリー公ライブラリー) 所蔵本である。ちなみに『解剖劇場』の 1605 年版と 1620-1621 年版との頁付けの違いは判型の変更

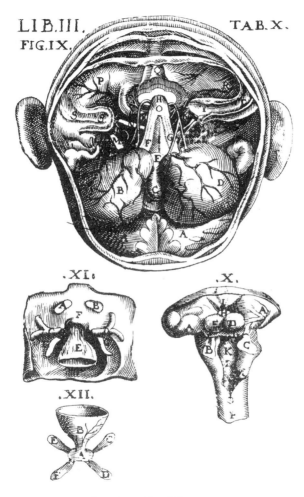

カスパール・ボアン『解剖劇場』第3巻表 10
図 X は松実腺を示しており，それが文字 H で指示されている。
この図は『解剖劇場』の 1605 年版，1620 年版のいずれにも登場している。

第2章　ハーヴィの血液循環説

松実腺（こう名づけられるのは，ガレノスが述べているように[64]，その腺が「松の実にとても似ている」からである）は松果体（conarion[65] ないし épiphyse）である。

　ところでボアンはこの腺が毬果(きゅうか)になぞらえるとして，ガレノスの『身体諸部分の用途について』を引用している。ボアンは同じくこの腺が松の実に似ていると明言し，ヴェサリウスも含め多くの解剖学者に言及し，彼らの見解としてこの比較を繰り返している[66]。

　ところで，人体の構造について述べているヴェサリウスの『ファブリカ（人体の構造）』第7巻では，図中の松実腺は大文字のLないしDで示されている[67]。『ファブリカ』第7巻図10はボアンの『解

によって説明できる。すなわち1605年は八つ折判で，1620-1621年版は四つ折判である。

64) 『身体諸部分の用途について』第8巻第14章，ダランベール版第1巻，564頁。

　　したがって，この「腺と松の実との比較はこの哲学者［デカルト］の没後になってようやく行われた」と考えたスークの指摘は不正確なことになる（スーク（A. Souques）「デカルトと神経系の解剖生理学（Descartes et l'anatomo-physiologie du système nerveux)」『神経学雑誌（Revue neurologique)』(septembre 1938), 224頁註1, 参照)。

65) デカルトは1640年1月29日のメイソニエ宛書簡（AT, III, 19：『全書簡集』IV, 23）と1640年4月1日と12月24日のメルセンヌ宛書簡（AT, III, 47-49, et 263-264：『全書簡集』IV, 51 et 234-235）のなかで glandula pinealis と conarium というラテン語の名称を用いている（このことはボアンがその解剖学の手引書をラテン語で書いていることもあって，デカルトがボアンを参照しているというわれわれの解釈を跡づけるものである)。

　　『情念論』は第31項から35項にかけて「小さな腺」という言い方をしている（AT, XI, 351-356：『著作集』III, 180-182)。

66) 『解剖劇場』1605年版598頁，1621年版311頁，参照。

67) ヴェサリウス『ファブリカ』第7巻参照。文字Lは第7巻の図7で，文字Dは図10で用いられている（1543年版および1555年版）。ボアンは『解剖劇場』（1605年版および1620-1621年版）の第3巻図7表9で，ヴェサリウスのテキストを説明しながら，その第7巻の図7を文字を変えずにそ

剖劇場』第3巻表10図10に比較されるべきである[68]。これら二つの図は脳幹の同じ部分を同じアングルから見，同様に解剖し，準備されたものを正確に表している。図では松実腺を示すのにヴェサリウスでは文字Dが用いられ，ボアンでは文字Hが用いられている。

幾人かの研究者たちは松実腺は仮説であると信じた[69]。われわれ

のまま用いている。したがってこの図で文字Lはヴェサリウスの場合と同じくボアンの場合でも松実線を指している。図10はわれわれにとってことに興味深い。それはヴェサリウスのものをボアンがそのまま使ったものだが，ボアンは器官を指し示す文字を変更している。ヴェサリウスが松実腺を指示するのにDの文字を使っているのに対して，ボアンは文字Hを用いている。この図はその説明文とともに『ファブリカ』初版の1543年版の615–616頁にある。

ヴェサリウスの図版から抜き出された図については，序論，図の記述の翻訳，翻訳の注解，図を含む，シンガー（Ch. Singer）『ヴェサリウス，人間の脳について（*Vesalius on the human brain*）』（Oxford University Press, 1952），106–107頁を参照。同じくユアール（P. Huard）とアンボ゠ユアール（M.-J. Imbault-Huart）『アンドレアス・ヴェサリウス，解剖学図譜（*André Vésale, iconographie anatomique, (Fabrica, Epitome, Tabulae sex)*）』（les éditions Roger Dacosta, Paris, 1980）の182頁も参照。

松実腺は第四脳室の上に乗っており，これらの著作家たちは「脳の尻にして睾丸」と呼んでいる（これは，ガレノス以前からの名称（『解剖手技について』第9巻第5章，参照）で，現代では四丘体と呼ばれる）。その長さは，ルイ・ド・ラ・フォルジュが刊行したデカルトの『人間論』につけた図に比較すると，短い。この違いの理由は，ルイ・ド・ラ・フォルジュが強調しているように，デカルトが「この腺の大きさ」について言うはずのことからすれば，「実際よりもかなり大きく，解剖学者たちが図で示してきたよりもかなり大きい」ほうがいいと考えられるからである（『人間論』AT, XI, 170の注b参照）。

68) ボアンは自分の解剖学の著作ではヴェサリウスを自説の拠り所としてはっきり認めながらも，ボアンとヴェサリウスを比較対照するように促しているように思われる。

69) たとえば，エスコフィエ゠ランビオット博士による1980年5月21日付日刊紙『ル・モンド』の記事である。ピエール・グナンシア（Pierre

の考えでは,松実腺と脳下垂体,ないしは松果体と下垂体をデカルトが注意深く区別していたことが,1640年12月24日付のメルセンヌ宛書簡や『解剖学摘要』の章句にも示されている[70]。しかし,『人間論』の本文と図ではともに松果体を指す文字として下垂体(hypophyse)の最初の文字の「H」が使われていることから,松実腺と脳下垂体とがまず混同されることになる。次に,松実腺ないし松果体はガレノス以来,ボアンが強調しているように「腺」と呼ばれてきたことがあげられる[71]。

もっとも,腺Hという命名だけが解剖学におけるボアンのデカルトへの影響を立証する理由であるわけではない。『人間論』の他の章句もボアンの『解剖劇場』の影響を示している。たとえば,「心臓の二つの心室につながっている4本の血管の入り口を,ちょうど小さな戸のように開閉する11の小さな弁」への言及[72]や,さらには静脈性動脈と動脈性静脈といった名称に関する指摘[73]である。ま

Guenancia)『デカルトと政治的次元(*Descartes et l'ordre politique*)』(Paris, P.U.F., Collection philosophie d'aujourd'hui, 1983), 27頁と同頁註1, 参照。この誤りはG. ロディス=レヴィス(『デカルト,テキストと論争』(上掲), 607頁註1も強調している。

70) 1640年12月24日メルセンヌ宛書簡AT, III, 263:『全書簡集』IV, 233, および『解剖学摘要』AT, XI, 582:『医学論集』, 49, 参照。

71) 『身体諸部分の用途について』第9巻第3章参照。同じくこの点については『解剖劇場』第3巻第15章,1605年版605頁,1621年版314頁参照。

72) AT, XI, 124:『著作集』IV, 228. 『方法序説』は同じくAT, VI, 47:『著作集』I, 51は「ちょうど同じ数の小さな戸のように,これらの心室のうちにある四つの口を空けたり,閉めたりする11の小さな弁」に言及している。『人体の記述』では,デカルトはこれらの11の「弁」を229-300:『医学論集』, 151-152で記述している。こうした記述の典拠は『解剖劇場』第2巻第12章,1605年版424頁,1621年版226頁にあるように思われる。

73) AT, XI, 123-124:『著作集』IV, 227. 同じく『方法序説』AT, XI, 47:『著作集』I, 51参照。ボアンはこれらの命名については,第2巻第22章で,

た，「まだ母親のお腹のなかにいるので，呼吸によって新鮮な空気を吸い込むことができない子供たち」についても，「二本の導管」があって，空気を吸い込むことができないという「その欠陥を補っている」という説明も同様である[74]。この胎児についての指摘は，今指摘したように，『人間論』で述べられた後，『方法序説』にも登場するのだが，さらには『人体の記述』でも繰り返され，1640年5月24日のレギウス宛書簡でも論じられている[75]。ボアンのデカルトへの影響はさらに『人間論』のなかでデカルトがまぶたの筋肉を記述し[76]，眼の「六つか七つの筋肉」を述べているところ[77]にも読

静脈性動脈については1605年版の429-430頁，動脈性静脈については427頁で語っている。1621年版ではそれぞれ，229頁と228頁である。

74) 『人間論』AT, XI, 124：『著作集』IV, 228.『方法序説』AT, VI, 53：『著作集』I, 55 および『人体の記述』AT, XI, 238：『医学論集』, 158 参照。ボアンはこの問題を『解剖劇場』第2巻第24章，1605年版の438頁で取り上げ，440頁の向かいにある表11の参照を求めている。1621年版235頁，109頁の表11参照。われわれはこの指摘がボアンの解剖学についての別の著作『解剖学原論（Institutiones anatomicae）』フランクフルト，1616年の128-129頁にもあることを見出した。

ミケーリは編纂した『ルネ・デカルトの科学論集』（上掲, p. 64, note 17）で，デカルトが『人間論』のこのテキストで主張した見解が最初に見出されるのはアランツィオ（Giulio Cesare Aranzio, 1530–1589）の『胎児形成論（De formata foetu）』（Bologna, 1564）の第19章であることを強調している。ミケーリはアランツィオがその後の論考でもこの点を繰り返していたことをつけ加え，同じくボアンの『解剖劇場』を参照するように指示している。

75) それぞれ，『方法序説』AT, VI, 53：『著作集』I, 55,『人体の記述』AT, XI, 237-238：『医学論集』, 158, 1640年5月24日レギウス宛 AT, III, 68-69：『全書簡集』IV, 67 参照。

76) AT, XI, 138：『著作集』IV, 238. ボアン『解剖劇場』第3巻第33章，1605年版724-725頁，1621年版379-380頁，参照。ちなみに，1605版への出典指示はミケーリの『ルネ・デカルトの科学論集』第1巻「生物学」（上掲, 82頁註44, 45）でもなされている。

77) AT, XI, 153：『著作集』IV, 248. 実際，ボアンは1605年版739頁で，「獣

み取れるし，眼の構造に関して「解剖学者が好奇心から注目する無用の細部」というデカルトの指摘はおそらくはボアンのことを念頭においている[78]。おそらくデカルトが「小さな神経」[79] つまり第6対の神経〔＝迷走神経〕に関心をもったのもボアンに負うている。

われわれの考えでは，ボアンは，デカルトがメルセンヌ宛のある書簡のなかで[80]唯一はっきりと名前のあげられているヴェサリウス

には7つの筋肉がある «septimus musculus in brutis datur.»」と記している。同じ指摘は1621年版にも見られる。

眼の六つの筋肉に七番目の筋肉をつけ加えたのはヴェサリウスの『ファブリカ』であり，それを（ヴェサリウスの弟子の）ファロッピオ（Gabrelo Falloppio, 1523–1562）が亡くなるほんの少し前の1562年にヴェネツィアで刊行する『解剖学的観察（*Observationes anatomicae*）』で人間には存在しないことを明らかにすることになる。『ファブリカ』1543年版，240–241頁参照。

78) AT, XI, 152：『著作集』IV, 248. この指摘はさらに『屈折光学』第3講末尾（AT, VI, 108：『著作集』I, 132）にも見られる。ボアンは実際『解剖劇場』第3巻の32章から42章を眼の研究に宛てている。1605年版706–781頁，1621年版370–411頁，参照。

付け加えると，おそらくデカルトはこのテキストを（新たな図版を含むことを著者が強調している）『解剖劇場』の1605年版よりも1年前に刊行された1604年のケプラーの『ウィテロへの補遺（*Ad Vitellionem paralipomena*）』のテキストに対比している。そのケプラーの著作では，眼の解剖学はシュヴァレー（C. Chevalley）による仏訳版，*Les Paralipomènes à Vitellion*（Vrin, Paris, 1980）の第5章304頁から316頁と330頁の図版で研究されている。

79) AT, XI, 164：『著作集』IV, 258. この「小さな神経」については，『解剖学摘要』AT, XI, 563, 612：『医学論集』，33, 72も参照。さらに『情念論』は動物精気の配分における第6対の神経の役割を強調している（たとえば，第15項，102項：AT, 340, 404：『著作集』173, 216）。ボアンは『解剖劇場』の，ことに第2巻第19章でヴェサリウスを引用し第6対の神経の配置を示すヴェサリウスの図を転載している。

80) 1639年2月20日メルセンヌ宛書簡，「実際，私はヴェサリウスやその他の人々が解剖学について書いたことを考察しただけではなく，……」（AT, II, 525：『全書簡集』III, 158）。この点ではボアンが典拠としてヴェサリウ

とともに参照したと言っている「その他の」解剖学者のなかでも，上位に位する。ボアンはいずれにせよ『人間論』のなかで松実腺の解剖を提示する際のデカルトの主たる典拠であるように思われる。というのもこの著作で松実腺を指示するのに H という文字が使われている理由は『解剖劇場』第3巻表10図10を参照することで明らかとなるからである。そこでは，松実腺が同じように H として特定されているのである。

それに，デカルトが『人間論』のなかでボアンを引用していないとはいっても，それは『人間論』というテキストの性質を考えると何ら驚くべきことではない。そこではいかなる著者への指示もまったく存在しない。繰り返し言及されるのは，もっぱら「解剖学者たち」だからである[81]。

逆に，デカルトは，フーシェ・ド・カレイユがライプニッツの手稿によって1859年から1860年にかけて編纂した『解剖学摘要』では，ボアンの名を引用している[82]。

この『解剖学摘要』のテキストはアダン・タヌリ版第11巻に収められているが，この巻の少ない註釈[83]の一つは，1637年[84]の日

　スを引いていることが思い出そう。
81) AT, XI, 125, 138：『著作集』IV, 229, 238 等々，参照。
82) AT, XI, 591, et 592：『医学論集』, 54, 55.
83) ジョルジュ＝ベルティエ（A. Georges-Berthier）は1914年刊の雑誌『イシス（*Isis*）』に発表した論文，「デカルトの機械論と17世紀における生理学（*Le mécanisme cartésien et la physiologie au XVIIe siècle*）」のなかで，「デカルトの生理学説が研究者たちの注意を惹くことはほとんどごく稀であった」と記し，「デカルトの栄光のためにシャルル・アダン，ポール・タヌリ両氏が打ち立てた不朽の業績においても，生理学的章句への註釈は稀である」と述べているが，この指摘は正しい（Cf. *Isis*, II, p. 37）。ジョルジュ＝ベルティエの指摘は，アダン・タヌリ版の初版に対するものであるが，1974年の第11巻の新版にも当てはまる。
84) 1637年12月4日ホイヘンス宛書簡，「私は今『医学提要』を書いていますが，その一部はさまざまな著者たちから引用し，また一部は自分の推論

付をもつ「腹部に含まれる諸部分についての解剖学的観察の概要」[85]に関して，ボアンの『解剖学教程』の参照を求めている。このボアンへの参照指示はほとんど関心を惹かなかった。たとえば，ジルソン[86]も，メナール[87]も，ドレフュス＝ル・フォワイエ[88]も，カンギレム[89]も，カーター[90]もボアンを引用していない。アダン・タヌリ版の註釈の以降でボアンに言及しているのは，ジョルジュ＝ベルティエ[91]，最近ではリンデボーム[92]，それにデカルトの生理学関連のテキストのイタリア語訳を刊行したミケーリ[93]である。これらの研究者のうち，2名はボアンが『解剖劇場』の著者でもあることを確認し，その著作の二つの版を引用している。ミケーリは1605年版をあげ，繰り返しボアンのこの著作を参照するように指示しており[94]，ジョルジュ＝ベルティエは1621年版をあげているが，直接は参照箇所を指示していない[95]。しかし，ヴェサリウスに影響を受けた解剖図がカスパール・ボアンのこれらの著作に登場していることについて

から引き出しています」（AT, I, 507：『全書簡集』II, 52），参照。
85) 〔訳注〕AT, XI, 587–594：『医学論集』, 53–56.
86) 上掲，ジルソン「デカルト，ハーヴィとスコラ」。
87) 上掲，メナール「デカルト生理学の精神」。
88) 上掲，ドレフュス＝ル・フォワイエ「デカルトの医学観」。
89) 上掲，カンギレム『17, 18世紀における反射概念の形成』。
90) 上掲，カーター『デカルトの医学哲学　心身問題への有機体的応答』。
91) ジョルジュ＝ベルティエ「デカルトの機械論と17世紀における生理学」，参照。
92) リンデボーム『デカルトと医学』の38, 39頁。39頁ではAT版，37頁ではジョルジュ＝ベルティエへの参照指示がある。
93) ミケリ（G. Micheli）訳編『デカルト科学著作集（*Opere scientifche di René Descartes*）』第1巻「生物学」（Torino, Unione tipografico-editrice torinese, 1966），上掲『ルネ・デカルトの科学論集（*Opere scientifiche di René Descartes*）』参照。
94) たとえば，『ルネ・デカルトの科学論集』, 28頁。
95) 「デカルトの機械論と17世紀における生理学」, 43頁。

は誰も言及していない。われわれの見るところ，それらの解剖図はデカルトが医学的知識を作り上げ，解剖を実践する上できわめて大きな重要性をもっている。デカルトとボアンの『解剖劇場』を比較してみると，デカルトが松実腺に関して参照するように勧めているシルヴィウス[96]の著作の『ヒポクラテスとガレノスの生理学の解剖学分野への入門 (*Introduction à l'anatomique partie de la phisiologie d'Hippocrate et Galien*)』[97] よりも，むしろ参考にするべきは『解剖劇場』こそふさわしいのであり，そこにデカルトの解剖学的知識のもっとも重要な源泉が見出せる。

しかし，デカルトは松実腺の役割の定義に関してはボアンとも，ボアンの言及する著者たちとも見解を異にする。メイソニエとメルセンヌとの間で松実腺をめぐって1640年に交わされた書簡から明らかなように，デカルトが松実腺の説明を引き出したのはボアンのテキストであるものの[98]，その松実腺に割り当てられる機能の分析

---

[96] ここで問題のシルヴィウス (Sylvius) はデカルトがレギウス宛1640年5月24日書簡 (AT, III, 69：『全書簡集』IV, 68) で引用しているシルヴィウス (フランソワ・ド・ラ・ボエ François de la Boë, 1614-1672) ではなく，ジャック・シルヴィウス (Jacques Sylvius) (デュボワ Dubois, 1478-1555) である。

[97] メナール「デカルト生理学の精神」208-209頁。われわれがこう解釈するのは，このようにボアンを参照することによって，メナールが『ヒポクラテスとガレノスの生理学の解剖学分野への入門』(Jacques Sylvius (Dubois), *Introduction sur l'Anatomique partie de la Phisiologie d'Hippocras & Galien*, ... mise en François par Ian Guillemin Champenois, Paris, chez Ian Hulpeau, 1555) における松実腺の提示に関して行っている分析の重要な点を押さえることができるからでもある。ボアンへの参照はモノワイエ（上掲，66頁註1）でも繰り返されている。

[98] 松実腺と下垂体との違いに関するデカルトの叙述は，下垂体が「ちょうどそれを収めるようにできている蝶形骨の窪みのなかに」あると正確に述べていることも含めて，ボアンに拠っていると思われる。そしてボアンが，今引用した同じ著作の第3巻のなかで，下垂体の位置を記述している用語

に関してはデカルトはボアンと意見を異にする。これはおそらく一部はデカルトが行った解剖の経験に基づくものであるが[99]，おそらくはさらに心身合一のデカルトの理解にも基づくものである。というのは松実腺はデカルトにとって「霊魂の主座」[100]であり，「共通

  はまさしくデカルトの引用したのときわめて近い用語なのである。その上，ボアンはこの腺を「〔下垂体周辺の〕血管網（奇網）」を問題にしているのと同じ章で検討しており，デカルトも同じく 1640 年 12 月 24 日のメルセンヌ宛書簡（AT, III, 263：『全書簡集』IV, 234）で「〔下垂体周辺の〕血管網（奇網）を構成する小さな動脈」の領域に言及している。

99) メルセンヌ宛 1639 年 2 月 20 日書簡，「実際，私はヴェサリウスやその他の人々が解剖学について書いたことを考察しただけではなく，さらに彼らが書いているものよりいっそう特殊な多数の事柄も考察しました。それらは私自らさまざまな動物を解剖することによって見出した事柄です。こうした解剖はこの 11 年ほどしばしば実際に携わってきたもので，私より子細にそれを観察した医者はあまりいないと思われます」（AT, II, 525：『全書簡集』III, 198）。

  たしかに，『解剖学摘要』は二度にわたって松実腺に言及している。AT, XI, 580：『医学論集』, 48 で，デカルトは羊の脳に対して行った解剖実験の報告を詳しく述べ，松実腺を「陰茎」と形容している。この（形状的には，その前に述べられたものと一貫している）比較は，ボアンの『解剖劇場』第 3 巻第 14 章（上掲，598 頁）にもある。デカルトはこの腺を，AT 版の『解剖学摘要』の末尾につけられた図 12（『医学論集』, 47）のように，デッサンし，小文字の c で指示している。

  AT 版では少し後の 11 巻 582 頁（『医学論集』, 49）において，デカルトはその腺を「松実腺（glandulam pinealem）」という名称で呼び，精気を配分する役割を下垂体との関係で述べているが，これはメルセンヌ宛 1640 年 12 月 24 日書簡（AT, III, 48-49：『全書簡集』IV, 233-234）が同じように述べている主題である。

  デカルトはメルセンヌ宛 1640 年 4 月 1 日書簡では「3 年前に」ライデンで「解剖された女性」で松実腺を探したが，見分けられなかったと述べている（AT, III, 48-49：『全書簡集』IV, 51-52）。

100) メイソニエ宛 1640 年 1 月 29 日書簡，「私の見解では，この腺（コナリウム）は霊魂の主座であり，われわれのあらゆる思いが形作られる場所です」（AT, III, 19：『全書簡集』IV, 24）。同じくメルセンヌ宛 1640 年 7 月 30

感覚の座」[101]であったからである。

　動物精気はその分配を可能にする松実腺との結びつきによって定義されるが，同様に，デカルトの生理学においては，動物精気が循環する神経との関係でも定義されている。こうしていまや神経についてのデカルトの考え方を検討すべきである。

　デカルトは『屈折光学』第4講で神経を以下のように説明している。

> 「これらの神経について三つのことを識別しなければならない。すなわち，第一に神経を包んでいる膜があり，これが脳を包んでいる膜を起点として多くの分枝した細い管のようになって，静脈や動脈と同じように身体じゅうに拡がっていることである。次に管の内部の実体は細い繊維の形をして，起点である脳から，この実体が接続している他の身体各部の末端まで管のなかを伸びている。したがってこれらの細い管の一つ一つのなかに，互いに独立した多くの細い繊維があると考えられる。最後に，きわめて微細な空気または風のような動物精気が，脳のなかの分室または窪みから出て，これらの同じ管を通って筋肉に流れこむ」。[102]

　神経が空洞だということはその中を動物精気が循環するというこ

　日書簡（AT, III, 123-124：『全書簡集』IV, 109）参照。
101)　『屈折光学』AT, VI, 109：『著作集』I, 134）。また，メルセンヌ宛 1641年4月21日書簡（AT, III, 361-362：『全書簡集』IV, 330）も参照。
　ジョルジュ＝ベルティエは，1641年に医師のジャン・クザン（Jean Cousin）がソルボンヌ大学の博士論文でまさにコナリオンを共通感覚の座であると主張していることを指摘しており，メナールもそれを繰り返している。ジョルジュ＝ベルティエ「デカルトの機械論と17世紀の生理学」（上掲）70頁，およびメナール「デカルト生理学の精神」（上掲）210-211頁，参照。
　松実腺を「共通感覚の身体の座として」説明することに関しては，ベイサッド「反射あるいは驚異。デカルトによる感覚運動のメカニズムについて」『理性の情念，F. アルキエ献呈論文集』（上掲），117-118頁，参照。
102)　「第4講　感覚一般について」AT, VI, 110：『著作集』I, 134-135.」

とを意味する。これはわれわれには驚くべきことに見えるかもしれないが, ことにヴェサリウス以来の解剖学的, 生理学的論争を考えるとそれほど驚くことではなくなるはずである。

ヴェサリウスは, 『ファブリカ』第4巻で神経を研究する際に, もっぱら神経を定義することに専念している[103]。彼はまず, その第4巻冒頭で, 偉大な解剖学者たちが靱帯と腱も神経に含めて, 神経には3種類あると主張していることを批判する[104]。ヴェサリウスはさらに, 自分は動物精気がその中を循環している細長く, 丸い形の器官のみを神経と考えるのだと付け加えている。

ヴェサリウスは神経には明らかな腔はひとつも存在していないことも明言している[105]。次にヴェサリウスは神経の構造の問題に立ち返り, 一般的に認められているような, 神経は感覚と運動の原因となる動物精気を通すために空洞となっているとする見解を否定する。そして, この主張の裏付けとして, 自分が試みた実験を引き合いに出している。実際, ヴェサリウスは自分が行った実験の過程で, 神経内にいかなる通路も決して見出さなかったことを強調し, 犬やもっと大きな動物の視覚神経の生体解剖のいくつかの例と一人の受刑者に対する解剖の例をあげている[106]。

---

103) 1543年版では, この研究は315頁に始まり, 353頁に終わり, 折り込みの大きな図版を含む。1555年版では, 研究は507頁に始まり, 553頁と554頁に織り込まれている大きな図版まで展開されている。
104) アリストテレスが腱ないし靱帯を神経 (筋) という名で呼んでいることを指摘しておこう。『動物誌』第3巻第5章 515a25–515b25 (邦訳『アリストテレス全集』8, 132–134頁)。カンギレム『反射概念の形成』(上掲, 9頁註1:邦訳, 211–212頁), 参照。
105) 『ファブリカ (De humani corporis fabrica libri septem)』第4巻, 1543年版の315頁, 1555年版の507頁参照。
106) 同上, 1543年版324頁, 1555年版510頁参照。オマリーはこの点に関して, ヴェサリウスは動物精気が神経内を通ることを完全に信じているにもかかわらず, この信念から自分の観察を曲げるようなことはいっさい

ボアンは『解剖劇場』第 3 巻第 18 章で神経内にはいかなる腔も感じ取れないものの，その内実は多孔質であると主張している[107]。ボアンは欄外の注で神経の構造の問題には論争があるとして，特にアルカンジェロ・ピッコローミニ[108]の議論に言及し，同じくヴェサリウス[109]もあげている。

　デカルトは,『人間論』から『情念論』に至るまで,神経を「管」[110]として記述し，その中には「小管」[111]が，動脈や静脈の管と同じように[112]，含まれているとしている。

　デカルトはさらには神経と静脈との間にも平行関係を認めている。そうすることで，メルセンヌ宛に書いたこと[113]とは反対に，デカ

　　　していないことを指摘している。オマリー（C. D. O'Malley）『ブリュッセルのアンドレアス・ヴェサリウス，1514–1564 年（*Andreas Vesalius of Brussels. 1514–1564*）』(University of California Press), 171 頁参照。

107)　『解剖劇場』1605 年版 634 頁，1621 年版 330 頁参照。

108)　ボアンはこのイタリアの解剖学者（Archangelo Piccolhomini, 1525–1586）を『解剖劇場』の 1605 年版では名前のアルカンジェロで，1621 年版では名字のピッコローミニで呼んでいる。

109)　『ファブリカ』1605 年版 634 頁，1621 年版 330 頁参照。

110)　デカルトによる二つの図のある『人間論』AT, XI, 133–135：『著作集』IV, 233–235 参照。なお，AT, XI, 131–132：『著作集』IV, 232–233 でデカルトは人間身体という機械を噴水の水力で動く自動機械に比較しながら，「そして，私がいま叙述している機械の神経とこの噴水装置の間には，対応関係が見事になりたつ」と書いている。『屈折光学』第 4 講, AT, VI, 111：『著作集』I, 135 参照。

　　　『情念論』第 7 節 , AT, XI, 227：『著作集』III, 168.

111)　たとえば，『人間論』AT, XI, 132：『著作集』IV, 233,『屈折光学』第 4 講，AT, VI, 111：『著作集』I, 135 参照。

112)　『人体の記述』AT, XI, 227：『医学論集』, 149 参照。

113)　メルセンヌ宛 1637 年 6 月前半，AT, I, 378：『全書簡集』I, 377 で，デカルトは「解剖学に関して，新しいことや，解剖学について書いている人たちの間で論争になっていることについては何らの想定も置かなかったからです」と書いている。

ルトは自分の「想定」によって解剖学に変革をもたらす。われわれの身体の部分に影響する「これらの運動を順序立てて」[114] 解説することによって生理学を機械論的に説明するために，デカルトは「視覚によって明晰に知覚することのできる」[115] 器官から出発し，「小さいために，視覚によっては知覚できない」[116] ものを探索するように導かれることになるのである。

デカルトはこうして神経が各筋肉の入り口のところに「小さな戸すなわち弁」[117] をもつことを「想定する」[118]。『人間論』の末尾では，「解剖学者たちは（…），私が神経の中の各筋肉の入り口のところに配置した小さな戸すなわち弁の存在を疑うことはできないだろう」[119] ということが強調されている。こうすることで，デカルトは静脈内の弁から出発して，それを一般化して，神経内に「想定する」弁によって動物精気を含む神経と筋肉の運動との間に関連性を確立しようとする。この点でデカルトが『人間論』を執筆しているときに静脈の弁が発見されたばかりであったことを考えてみることが重要だと思われる[120]。この点で忘れてならないのは，『解剖劇場』の1605年版が附録として，アクアペンデンテのファブリキウスの『静

---

114) 『人間論』AT, XI, 121：『著作集』IV, 226 参照。
115) 『人間論』AT, XI, 200：『著作集』IV, 285 参照。
116) 『人間論』AT, XI, 121：『著作集』IV, 226 参照。
117) 『人間論』AT, XI, 137：『著作集』IV, 237 参照。
118) 『人間論』AT, XI, 200-201：『著作集』IV, 285 参照。そこではこの弁の存在が二度にわたって「想定」されている。デカルトは『人間論』冒頭（AT, XI, 120：『著作集』IV, 225）と同様に『屈折光学』（AT, XI, 120：『著作集』I, 140）と『気象学』（AT, VI, 233：『著作集』I, 226）でも「想定する（supposer）」という語を用いている。
119) 『人間論』AT, XI, 200-201：『著作集』IV, 285 参照。
120) 『人間論』AT, XI, 201：『著作集』IV, 285 参照。そこでデカルトは心臓の弁から始めて，「すべての静脈の主要部分」にある弁に至るまで，身体の弁を枚挙している。

脈の門について（*De venarum ostiolis*）』から静脈弁に関する主な表を形式的にごくわずか変更しただけで再録していることである。こうしてカスパール・ボアンは重要な解剖学的発見を公にし[121]，その発見についてハーヴィ[122]も考察を重ねることになる。『解剖劇場』の一つの章ではさらにこの問題に関して，ファブリキウスが 1574 年にパドヴァで行い，1603 年の著作で公けにした実証実験について言及している[123]。1621 年版は 1605 年版の附録の載っている四つの図版を第 4 巻に挿入している[124]。

---

121) この問題との関連で強調しておきたいのは，デカルトの『情念論』を紹介する「デカルト的悲壮（*La pathétique cartésienne*）」に見られる誤りのことである。その紹介は心臓の弁と静脈の弁を混同し，「アクアペンデンテのファブリキウスによって分離された心臓の弁（「11 の小さな穴」）に関するごく最新の発見」について語っている。モノワイエ（J.-M. Monnoyer）によるデカルト『情念論』の序文「デカルト的悲壮」，58 頁参照。実際には心臓の弁は古代から知られていた。たとえば，ガレノスはその著作で繰り返し心臓の弁について語っており，『身体諸部分の用途について』第 6 巻第 14 章には心臓の弁についての一般的記述が見られる。弁は「膜の伸び出し」（『身体諸部分の用途について』第 6 巻第 10 章，ダランベール訳第 2 巻 406 頁：邦訳第 2 巻，121 頁）あるいは「膜」（第 6 巻第 14 章，ダランベール訳，429 頁：邦訳第 2 巻，139 頁）と呼ばれる。

　ちなみに，フェルネルは心臓の弁（valvis）に驚いている（『医学的宇宙』第 6 版（Francofurti, 1607）第 1 巻第 8 章，44 頁，参照）。

122) 『心臓と血液の運動』第 13 章で，ハーヴィはファブリキウスの発見に言及しているが，静脈弁に関するファブリキウスの解釈には異を唱えている。ファブリキウスは 1603 年の『静脈の門について』では ostiola（門）という語で静脈弁の存在を論証していることを強調しておこう。ファブリキウスは表 II（9 頁）で，心臓内にあるものを valvulis（弁）と呼んでいる。用語としての valvula（弁）をボアンが 1605 年の『解剖劇場』で用い，それがハーヴィとデカルトによって採用された。

123) 『解剖劇場』第 4 巻第 36 章「静脈の弁ないし門について」，1605 年版 1227-1231 頁，1621 年版 635-638 頁，参照。

124) 四つの図版がそれぞれの説明文とともに 258-265 頁に登場する。

デカルトは『屈折光学』において神経の「用途」を説明するときには、この問題に関する「解剖学者たちと医者たち」の不十分さを告発する際よりもさらに慎重に、説明しようと努めている[125]。

　忘れてならないのは、ヴェサリウスは『ファブリカ』のなかで、脳は神経の始点であることを強調し[126]、自然は神経に三つの機能を与えているとしていることである。すなわち、神経はまず感覚を感覚器官に伝達し、次いで運動を動かさなければならない諸部分に伝え、最後に苦痛を他の部分すべてに感じさせる[127]。

　しかし、ここでもまた、ボアンこそがデカルトにもっとも大きな影響を与えたように思われる。『解剖劇場』で、ボアンは神経の始点は脳であり[128]、神経は動物〔霊魂〕精気を仲介するものであると書いている。ボアンは神経と動物精気との間の関係に大きな重要性を認めながら、次のように主張している。

　　「神経は感覚と運動の道具ではない（…）神経は霊魂と霊魂の運動能力と感覚能力が導かれる水路のようなものであって、それを通じて動物精気が脳から身体の諸部分へと伝達される」。[129]

　そのうえカスパール・ボアンはすでにこの神経の研究に先立つ章のうちの一つで、動物精気が神経を通じて全身に行き渡っていることを強調していた。それはたんに神経が感覚霊魂と運動霊魂を仲介しているからだけではなく、さらには神経が「媒介者」であるために「霊魂とその非物体的である限りにおけるすべての能力が身体の

---

125) 『屈折光学』第4講 AT, VI, 110：『著作集』I, 135, 参照。
126) 『ファブリカ（人体の構造について）』1543年版第4巻、316頁参照。ヴェサリウスは心臓が神経の始まりでありうるという意見に反対している。
127) 『ファブリカ』1543年版第4巻、317頁参照。
128) この点こそまさに、頭部を扱う『解剖劇場』第3巻で神経が研究される理由である。
129) 1605年版635–636頁、1621年版331頁参照。

各部分に結びつく」ようにする中心的な場所ともなっているからである，というのである[130]。

　動物精気はボアンが『解剖劇場』で特に注意深く論じたものであるが，デカルトの生理学的説明でも同じようにきわめて重要である。デカルトは動物精気を血液から区別している。この点をわれわれはすでに明確に指摘した。

　たとえば，すでに引用したフォルスティウス宛書簡のなかで，デカルトは次のように明言している。

　　「動物に精気が見出されないという人がいることに私はとても驚かされます。しかしおそらくそれは言葉上での争いでしょう。そういう人は地上の物体の粒子で相互に区別され，きわめて早い運動によって動かされる粒子が精気と呼ばれることを望まないのです」。[131]

　おそらくこのデカルトの指摘はプネウマ，次には「スピリトゥス（spiritus）」，さらには「エスプリ（«esprit» ou des «esprits»）」の「精神化」の動き，つまりガレノスに始まり，アウグスティヌスの作品が「到達点」[132]とされるような動きに対する反応として分析されるかもしれない。たしかに，デカルトは「物体を構成する小さな粒子の大きさ，形，位置と運動」[133]によって説明される物体的世界の実在をその基礎となる「非物質的ないし形而上学的な事物」[134]の実在

---

130) 1605年版613頁，1621年版320頁参照。
131) 1643年6月19日フォルスティウス宛 AT, III, 689：『全書簡集』5, 293.
132) 参照しているのは，上掲ジェラール・ヴェルベーク『ストア派からアウグスティヌスに至るプネウマ説の展開』489頁である。
133) 1643年6月19日フォルスティウス宛 AT, III, 686：AM, V, 309：『全書簡集』5, 291.
134) 『哲学の原理』「著者から仏訳者に宛てた手紙」AT, IX-2, 10：『哲学の原理』, 18.
　　『省察』「第二反論への答弁」AT, IX-1, 104：『著作集』II, 161, 参照。
　　この点については，上掲，ベイサッド『デカルトの第一哲学』12頁参照。

からつねに注意深く区別していたのである。

デカルトに続いて，他の著作者たちも動物精気に大きな重要性を認めている。たとえば，ヘンリー・モア，トマス・ホッブズ，ニコラ・マルブランシュ，そしてボシュエである。

ヘンリー・モアはデカルトに対して感じていた驚嘆の気持ち（その驚嘆の表現はデカルトに最初に宛てた 1648 年 12 月 11 日宛書簡に見出される[135]）が次第に失われていった[136]にもかかわらず，動物精気に関することではデカルトの影響がずっと続いている。しかしモアは自分の心理生理学では動物精気にかなりの場所を割いているにもかかわらず，動物精気の配分に関してデカルトが松実腺に認めた役割については反論している。『無神論への解毒剤 (*An antidote against atheism*)』には 1649 年 3 月 5 日の書簡[137]でデカルトに対して出した質問のいくつかの名残が認められるが，そのなかでモアは人間の霊魂の本性を吟味し，コナリオンすなわち松実腺に言及している。モアの宣言するところでは，動物精気の配分に関してコナリオンに割り当てられた役割は

> 「帽子を頭のあちらに置いたり，こちらに置いたりすることで，風を自分が良いと思う方向に変えることができるという人のお話と同様に馬鹿げていて，途方もないことのように私には思われる」。[138]

---

135) 特にモアの手紙の冒頭（AT, V, 236-237：『全書簡集』VIII, 92-93）参照。
136) 1671 年に最初に出版された形而上学教本，『形而上学概観 (*Enchiridium metaphysicum*)』のなかで，モアはデカルトとの書簡による論争に立ち返り，デカルトは「どこにもない論者 (nullibiste)」で，神は世界のどこにもいないことになると書いている。『形而上学概観』第 1 部第 27 章，『哲学著作全集 (*Scriptorum philosophicorum, Opera omnia*)』(London, 1679) 第 1 巻 307 頁，参照。
137) 特に AT, V, 313-314：『全書簡集』VIII, 156-157 参照。
138)「彼らがコナリオンと呼び，その運動と揺れによって精気が身体のあれこれの部分へと至る経路を決定する脳の小さな松かさのような部分につい

ホッブズは『人間論（*De Homine*）』（1658年刊）のなかで，血液と動物精気の運動に感情すなわち霊魂の攪乱を決定する役割を与えている[139]。

　デカルトの影響は同じくトマス・バルトリンにも顕著である。バルトリンはその解剖学書のなかで，神経内の弁に関してデカルトに言及し，その弁は観察されえなかったことを指摘している[140]。

　マルブランシュは，周知のように，デカルトの『人間論』を読んで感激し，多くの基本原理を取り入れている。ここで関係するテーマについては，マルブランシュが動物精気のデカルトの定義を受け継いで，次のように書いていることだけを強調しておこう。

　　「動物精気は血液のうちでもっとも微細でもっとも激しく運動する粒子に他ならないということについては皆の意見は十分一致している」。[141]

　　ては，帽子を頭のあちらに置いたり，こちらに置いたりすることで，風を自分が良いと思う方向に変えることができるという人のお話と同様に馬鹿げていて，途方もないことのように思われる」（『無神論への解毒剤』英語版，上掲『哲学的著作選集（*A collection of several philosophical writings*）』第1巻第11章，35頁および上掲『哲学著作全集』第2巻51頁参照。

139) 『人間論』，特に第12章「さらに，感情は血液と動物精気のさまざまな運動に存する。この運動は，これらの液があるときはさまざまな仕方で拡張し，またあるときには源へと舞い戻るにつれて生じる」（モラン（Paul-Marie Maurin）による仏語訳『人間論（*Traité de l'homme*）』（Paris, Blanchard, 1974），163頁：邦訳，ホッブズ『人間論』本田裕志訳，京都大学学術出版会，2012，161頁）参照。

140) トマス・バルトリンの解剖学書は父のカスパールの解剖学書を改訂したものである。AT, V, 571に引用されているトマス・バルトリン『父カスパール・バルトリンの教本の全面改定による解剖学（Thomae Bartholini, (...), *Anatomia, ex Caspari Bartholini Parentis Institutionibus, Omniumque recentiorum ...*）』の没後1650年刊行版，453頁参照。

141) 『真理の探究』第2巻第1部第2章，上掲プレイヤード版，147頁，参照。

デカルトを読むことで，マルブランシュはさらに「神経の細糸は小さな水路の集まりのように中空である」[142] という主張も受け継いでいる。

　『人間論』で，デカルトは神経を「何本かの小さな細糸」[143] から成るものとして記述し，「われらが王たちの庭園にある」「この噴水装置のパイプ」[144] に比較していたことが思い出される。

　しかし，デカルトの生理学理論にもっとも直接的な影響を受けているのは，なんといっても『神と自己の認識について（*De la connaissance de Dieu et de soi-même*）』のボシュエである。その著作はまずはドーファンの教育を称賛するために書かれたものだが[145]，刊行が遅れたために[146]，ボシュエは特にデカルトの説明のうちから動物精気の生成と神経内での循環と感覚における役割に関する説明を再説したのである[147]。

　モア，ホッブズ，マルブランシュ，そしてボシュエは多くの点でデカルトの哲学とは異なっているにもかかわらず，今見たように，動物精気についてのデカルト理論については同意している。一人と

---

142) 『真理の探究』第1巻第10章第2節，上掲プレイヤード版，91頁，参照。
143) 『人間論』AT, XI, 126：『著作集』IV, 229.
144) 『人間論』AT, XI, 130-131：『著作集』IV, 232. 水力による自動機械との対比については，上掲，カネー『もうひとりのデカルト，哲学とその言語』，78-79頁のすばらしい註解を参照。
145) ボシュエは1670年にルイ14世の息子でフランスとスペインの王位継承者である大ドーファンの家庭教師に選任された。その家庭教師の期間は1680年まで続いた。その後，ボシュエはモーの司教に任命された。
146) 著作は1677年頃に執筆されたが刊行は1722年，1741年となった。
147) 第2章「身体について」の特に第9節「血液と精気」と，第3章「霊魂と身体の合一について」を参照。シモン（M. Jules Simon）選・序論付き『ボシュエ哲学著作集（*Œuvres philosophiques de Bossuet*）』新版（Paris, G. Charpentier, 刊行年記載なし），参照。

して動物精気の存在を疑うことなど夢にも思ってもいない。さらにこの領域では，ハーヴィが，『心臓と血液の運動』の刊行後 20 年以上も経ってから，きわめて斬新な論証を行っている。1649 年の『リオラン（子）宛の第二の手紙（*La deuxième lettre à Riolan (le fils)*)』のなかでハーヴィは精気は血液と区別できないと主張している。最終的にこの結論に至ったハーヴィは，皮肉まじりに，精気は下手な詩人たちに見られる「苦しいときの神頼み（deus ex machina）」に匹敵する役割を果たすためだけに使われていると明言する。ハーヴィは空気中の目に見えない精気の存在を想定しているフェルネルを始めとする人たちを引用したのに続いて，一般的に医師たちが認めていた 3 種類の精気，すなわち静脈中を循環する自然精気，動脈中にある生命精気，および神経内の動物〔霊魂〕精気という区別に言及する。そしてハーヴィは，静脈内でも，動脈内でも，ましてや神経内でも精気を発見したことは決してなかったことを説明する。さらには精気の存在に関する伝統的な教え以上に疑わしく思われるものは自分には何もないのだと付言する。そのうえ，精気は血液ときわめて分かちがたく結びついているために血液から分離することは不可能であることを示すことで『心臓と血液の運動』の主張の正しさを確認し，まさしく同じ血液が確かに動脈内と静脈内を循環しているのだと明言するのである[148]。

---

[148] 『ジャン・リオラン宛第二論考（*Exercitatio altera, ad J. Riolanum*)』（上掲，フランクリン版），129-130 頁参照。しかし，ハーヴィが『心臓と血液の運動』の第 8 章で，心臓のなかに，生命を保持する香油のしみ込んだ精気の存在を認めている（「いわば香油のしみ込んだ精気（*spiritibus et (ut ita dicam) balsamo praegnans*)」（初版，42 頁：岩波文庫，93 頁））ことは指摘しておこう。

結 論

　デカルトは，これまで見てきたように，生命の原理と霊魂を切り離す。『人間論』[1]から『情念論』[2]に至るまで，生命の原理は心臓内に位置する熱だとされる。デカルトのこの考え方はアリストテレス的な見方に対立する。アリストテレスでは生物学と心理学がきわめて密接に結びついているからである[3]。またこの考え方はデカルトが批判した汎心論の信奉者たち，カンパネッラとヘンリー・モアにも対立する[4]。そして，モリエールは1665年の『ドン・ジュアン』のなかでスガナレルに「霊魂はわれわれに生命をあたえるものだ」

---

1) AT, XI, 202：『著作集』IV, 286.
2) 第5節，第6節，107節，AT, XI, 330-331, 407：『著作集』III, 167, 218-219.
3) ロス（Sir David Ross）『アリストテレス（*Aristotle*)』（Methuen and Co., London, paperback 1977），112頁参照。

　ル・ブロン『アリストテレス，生命の哲学者——「動物の諸部分について」第1巻，テキストと翻訳および序論と註解』（上掲），14-15頁参照。そこでル・ブロンは次のように書いている。「生物学の論考は霊魂論から始まる。実際，それこそまさにすべての動物の研究の序論となりうる生物学の論考なのである」。ル・ブロンはその霊魂論は「その生命の本質的な機能であり，その原理であることから生命論と名づけることもできるだろう」と付け加えている。
4) カンパネッラは1638年3月9日のホイヘンス宛書簡（AT, II, 48：『全書簡集』II, 168）で批判されている。モアの汎心論の学説は1649年8月の回答の計画のなかで批判されている（AT, V, 404：『全書簡集』VIII, 242）。

と言わしめている[5]。

　デカルトは時に度外れた野心から17世紀に知られていた身体機能のすべてに対して，まだ確認する手立てがない場合であっても，機械論的説明を与えることになった。この早すぎた試みは詳細な生理学的プロセスに関する一群の考え方を生み出すものの，それらはその後の科学的認識の進歩によってしりぞけられることになる。医学の歴史が結果的にデカルト生理学に対して下した判断は，すでに見たように，否定的なものである[6]。

　しかし，二元論を基礎とするデカルト生理学のそもそもの動機がもつ力は変わることなく残る。実際，（ことに19世紀の生気論的運動[7]によって明らかなように）評価されたり，拒絶されたりが繰り返された後，機械論的な見方はそれ以降，生命の科学における研究

---

5) 第5幕第2景終わり（モリエール『ドン・ジュアン』鈴木力衛訳，岩波文庫，1952, 124頁）。

　同じく第3幕第1景ではドン・ジュアンの（モーリス・ド・ナッソーの最後の言葉を受けた）「おれが信じるのは，2＋2は4, これだ」という有名な言葉から始まって，スガナレルがこうやり返す。「人間という機械をごらんになって，そのひとつひとつ，この神経，この骨，この静脈，この動脈，この肺，この心臓，この肝臓の組み合わせかたに，眼を丸くしないでいられましょうか？（…）なんとも不思議じゃございませんか，わたくしがこうしてここにいて，頭のなかになにかあって，時にいろんなことを考え，思いのままに体を動かすっていうのは？　それ，手をたたく，腕を上げる（…）」（鈴木力衛訳，118頁）」。

6) 本書第I部第1章，参照。

7) 『生命的原理と思惟する霊魂（Le principe vital et l'âme pensante）』のなかで，F. ブーイエ（F. Bouillier）は「生命の本性と霊魂との関係をめぐる大論争」に言及する。ブーイエは「霊魂と生命が同一であるという学説がわれわれには唯一，人間本性の一性と真の精神主義と両立しうるように思われる」と主張している（1873年の訂正増補した第二版にも再録された初版序文，XIV, XVIII頁参照）。第1章では，「生命のない霊魂，まったく思惟のみの霊魂は深く，致命的なほどの損傷を受けており，もはや実在ではなく，抽象にしか過ぎない」（1頁）と説明されている。

の背景となってきた。その点はシャンジューが次のように指摘している通りである。

「われわれが通過しているこの歴史的境位は先の世界大戦の前に生物学が至っていた境位を思い起こさせる。当時，生気論の学説は科学者の間でさえも市民権を得ていた。それを分子生物学が無に帰したのである」。[8]

その上，デカルトの説明は観察される現象の全体を説明してくれるものではなかったにせよ，生理学的事実を理解するには因果的説明が必要なことを正面からとらえているという長所をもっていた。クロンビーは次のように書いている。

「ハーヴィが心臓と血液との動きを考え出す枠組みとなった自然哲学，自然の循環および太陽との類比の体系というものは，その後の探究を暗示する上に大して役立たなかったのに反して，デカルトの機械論は直接に実り豊かなものであった。彼は正しく理解してはいなかったにもかかわらず，ハーヴィとは反対に心臓の拍動の原因の問題を強調した。彼は，これはすでに知られている力学上の法則から導かれるものであり，したがって一般的な力学の体系のなかで予期される現象として現れるだろうということを示そうとした」。[9]

さらに，デカルトが自分の説明を補足するために用いた直観と比喩は，そこで利用できた認識には欠落があったにもかかわらず，豊かさを発揮した。心臓内における熱の産出というアイデアは筋肉，特に心筋のなかにおける熱の産出という考え方の先駆となりうるものであった。デカルトが心室内に含まれる血液の希薄化という現象

---

[8] シャンジュー (J.-P. Changeux)『ニューロン人間 (*L'Homme neuronal*)』(Fayard, 1983), 334 頁参照。

[9] A. C. クロンビー (A. C. Crombie)『中世から近代への科学史 (*Histoire des sciences*)』(上掲, 第 2 巻, 439-440 頁：邦訳下巻, 渡辺正雄・青木靖三訳, コロナ社, 1968, 244 頁)。

結論　301

を，過度な体温上昇をもちださずに説明することに感じていた困難[10]は，ラヴォアジエに生じた問題，すなわち，体温の熱で酸素によって炭素が燃焼することをどのようにして説明するのかという問題に対応することになる。デカルトが提示した回答は酵母の働きというものだったが，これは後の研究がラヴォアジエの問題に対して与えることになる回答に驚くほど近いものである。その回答は酵素が燃焼反応を引き起こすというもので，それであれば温度が低いまま燃焼反応が可能となる。デカルトの酵母が酵素へと形を変えたのである。最後に指摘しておくべきは，火のイメージがデカルトの生物学では決定的に重要であったが，それが一世紀以上も後のラヴォアジエにおいてもなお力をもっていたことが，燃焼概念との関連で言えることである。

　「この天から盗まれた火，プロメテウスの炎は単なる想像された詩的な観念を示しているだけではなく，少なくとも呼吸する動物に関しては，自然の働きを忠実に描写したものにほかならない。したがって，古代の人々とともに，生命の炎は子供が初めて呼吸するときに点火され，死ぬときにのみ消えるのだと言うことができるのである」。[11]

他方，われわれの研究は，デカルトの解剖学における認識の主たる情報源を発掘した。このことは，デカルトの医学的認識の情報源については，現在までのところ，ほぼわずか二つの例外を除いて，十分な注意が払われて考察されてきたとはいえないだけに，いっそ

---

10) 本書第Ⅱ部第1章，特にプレンピウスとデカルトとの間の議論を参照。
11) セガン（Seguin）とラヴォアジエ（Lavoisier）「動物の呼吸についての第一研究報告（Premier Mémoire sur la respiration des animaux)」『科学アカデミー紀要（Mémoires de l'Académie des Sciences)』(année 1789), 195頁。アントワーヌ＝ロラン・ラヴォアジエ（Antoine-Laurent Lavoisier)『動物の呼吸および発汗論（Mémoires sur la respiration et la transpiration des animaux)』(Paris, Gauthier-Villars, 1920), 36–37頁，参照。

う興味深く思われる。例外とはハーヴィの『動物における心臓と血液の運動』のデカルトへの影響[12]と，心臓と動脈の運動に関するスコラとフェルネルからの情報に関するジルソンによる検討である。先に，本研究の枠組みのなかで示したように，カスパール・ボアンの『解剖劇場』はデカルトの解剖学的認識に関して，じつに根本的な参照文献となっている。フーシェ・ド・カレイユが1859年から1860年にライプニッツの手稿をもとに刊行した『解剖学摘要』[13]が，ボアンの名に言及していることはきわめて大きな重要性をもつ。というのも，われわれが強調したように，『人間論』における腺Hという命名とデカルトの生物学的手稿における多数の言及が『解剖劇場』の図版を参照することによって説明されるからである。

カスパール・ボアンは医師のジャン・ボアン[14]の息子として，1560年1月17日にバーゼルに生まれた。パドヴァ大学で特にアクアペンデンテのファブリキウスの下で医学を研究した後，生地でギリシア語を教授したのち，その地の大学の解剖学，植物学[15]，医

---

12) 特に上掲，ジルソン「デカルト，ハーヴィとスコラ」とメナール「デカルト生理学の精神」，および本書第Ⅰ部第2章，第Ⅱ部第1章，参照。
13) Cf. AT, XI, 591 et 592 :『医学論集』, 54, 55.
14) ジャン・ボアンは1511年8月24日にアミアンに生まれ，フランス，イギリス，オランダで医師を務めた。カルヴァンの新教に入信した後，バーゼルにのがれ，そこで内科と外科に従事した。その地で，1582年に没した。
15) 植物学の著作（特に幾度も改訂版の出された大著『植物劇場図（*Pinax theatri botanica*）』）によってカスパール・ボアンは植物学者としてきわめて大きな名声を獲得している。ボアンは1620年の『人体の各部分の生彩図（*Théâtre botanique*. Cf. *Vivae imagines*…）』の冒頭（上掲，3頁）で自分の『植物劇場（*Théâtre botanique*）』を参照するよう促している。植物学者としてのボアンの仕事はフランスの植物学者ジョゼフ・ピトン・ド・トゥルヌフォール（Joseph Pitton de Tournefort, 1656-1708）にとっても欠かすことのできない典拠になっている。たとえば，トゥルヌフォールは次のように書いている。「われわれは植物学がもっているもっとも厳密でもっとも堅固なものを，チェザルピーノや（…）二人のボアンやその他の人々による，

結論　303

学[16]の教授に任命された。彼は同じように植物学者で医師の兄ジャンとともにフリードリヒ一世ブルテンベルク公の侍医の称号も得ていた。カスパール・ボアンの著作はとりわけ興味深い。この点ではボアンの名前がいまや忘却の淵に沈んでいる[17]だけに，いっそう際立って見える。しかし，ボアンの『解剖劇場』を参考にしたことは，デカルトにとって正解であった。デカルトが参考にしたのは当時もっとも優れた解剖学者のひとりの著作であったからである。実際，カスパール・ボアンが書いた著作は17世紀にはきわめて評判が高かった。その点はウィリアム・ハーヴィが『心臓と血液の運動』第4章で，カスパール・ボアンとジャン・リオランを「もっとも博識でもっとも有能な解剖学者」[18]として引用していることからも明らかである。同じく，リオラン（子）も『人類誌学』第1巻で「ごく最近の解剖学者たちの著作」についての判断を述べる際に，カスパール・ボアンをあげ，その著作が成功を収めたことを強調している。リオラン（子）によれば，ボアン（カスパルヌス・バウヒヌス）は「40年間にわたって，バーゼルで公開解剖を実施し，一つは『身体の外側の部分』について，もう一つは『入門』とともに『同様の部分』

夜を徹した研究と労苦に負っている」(『植物学すなわち植物認識のための方法の基礎 (*Eléments de botanique ou méthode pour connaître les plantes*)』(Paris, Imprimerie royale, 1694) 第1巻，12頁)。カスパール・ボアンだけが引用されているのは，たとえば同じ巻の18頁，19頁。

16) カスパー・バルトリン（トーマスとラスムスの父）に博士号を授与したのはカスパール・ボアンに他ならない。

17) ただし例外としては，解剖学では回盲部の弁（回盲弁）が，ボアンが最初に記述したことから，「ボアン弁」とも呼ばれている。付言すると筋肉の命名法を改革したのはボアンである。

18) ハーヴィは「もっとも博識な人たちにしてもっとも有能な解剖学者であるカスパール・ボアンとヨハンネス・リオラーヌス (Caspar Bauhin et Iohannes Riolanus viri doctissimi, et Anatomici peritissimi)」と言っている（初版，25-26頁：岩波文庫，57頁）。

についての著作,そして『解剖劇場』を著した」[19]。リオランはボアンの著作が大成功を収めたことを強調し,「『入門』は非常に好評をもって受け入れられ,何度となく版を重ね,『解剖劇場』もまた好評で,多くの増補とともに第二版が刊行された」と書いているが,その後で第二版で付け加えられた補遺の著作権は自分にあり,ボアンがそのことを明示しなかったことを遺憾だとしている[20]。もちろんリオランには誇張[21]があるとはいえ,ことにこの指摘をすることによって,ヘルメス思想の影響という『解剖劇場』の第二版ではより分かりやすい形で明言されている方向性については口を閉ざしたまま済ませることができたのである。実際,1621年版の神による人間の創造と小宇宙というテーマに関する序文の第1頁から,そうしたヘルメス思想の影響による加筆が明白である。なんといっても,ボアンがヘルメス・トリスメギストゥスに言及しているからである[22]。たしかに,1605年版のいくつかの別の個所でもボアンは『ゾーハル』を引用してはいた[23]。おそらくこの秘教的な参照指示に費やされた多くの部分には,ボアンの傑出した編集者兼挿絵画

---

19) コンスタン (P. Constant) による仏訳『人類誌学』(上掲), 74 頁参照。
20) 同上, 74-75 頁。
21) たとえば, 第 3 巻第 14 章では, 特に松実腺との関連で, この腺を松の実に比較する点に関して情報源としてボアンがあげるのは, 1605 年版ではヴェサリウス, デュ・ロラン, アルカンジェロ・ピッコローミニであり, 1621 年版ではリオランが追加されている。1605 年版 598 頁, 1621 年版 311 頁参照。
22) さらに言うと, マルシリオ・フィチーノがそのプラトンのラテン語訳との関係で, ボアンの初版 (1605 年版) の序文の最初から欄外に引用されている。マルシリオ・フィチーノはプラトンの翻訳に着手する前の1471年に, 発見されて間もなかったヘルメス・トリスメギストゥスのグノーシス文書(『ヘルメス文書 (*Corpus Hermeticum*)』) をラテン語に翻訳していた。そのときからヘルメス・トリスメギストゥスの影響が始まることを忘れてはならない。
23) たとえば, 1605 年版, 第 1 巻第 49 章, 326 頁欄外, 1621 年版 171 頁。

結論

家のヨーハン・テオドール・ド・ブリーの関与を見るべきだろう[24]。実際，彼こそが1617年の第1巻に始まって，ヘルメス・トリスメギストゥスとマルシリオ・フィチーノの翻訳を頻繁に情報源とするロバート・フラッドの浩瀚な『大宇宙と小宇宙の歴史（*L'Histoire du macrocosme et du microcosme (Utriusque cosmi, majoris scilicet et minoris, metaphysica, physica atque technica historia...)*）』の刊行を開始したのである[25]。さらに付け加えると，ボアンだけが一方的に

---

[24] フランセス・イエイツはこの出版者，ヨーハン・テオドール・ド・ブリー (Johann Theodor de Bry (Jean-Théodore de Bry), 1561-1623) の役割を『薔薇十字の覚醒 *The Rosicrucian Enlightenment*）』(ARK paperbacks, London and New York, 1986：山下知夫訳, 1986, 工作舎) 第6章 (「ファルツ選帝侯領の出版業者」) で強調している。しかしながら，この出版者が薔薇十字会の作者たちの本だけを好んで出版したと考えてはならない。ウェイル (E. Weil),「ウィリアム・フィツァー，ハーヴィ『心臓と血液の運動』(1628) の出版者 (*William Fitzer, the publisher of Harvey's De motu cordis, 1628*)」『伝記学会会報 (*Transactions of the bibliographical society*)』(London, new series, 1944, vol. XXIV, p. 144) 参照。

　確認しておけば，『心臓と血液の運動』の出版者ウィリアム・フィツァーはヨーハン・テオドール・ド・ブリーの娘婿である。ハーヴィの出版者は英国の出身でフランクフルトで婚姻関係によってブリー家の一員となり，出版者となった。1623年にヨーハン・テオドール・ド・ブリーが没すると，フィツァーは亡くなった義父が扱っていた著者たちの一部の出版を開始したが，そのなかにはロバート・フラッドも含まれていた。ウェイル，同上，143-149頁，参照。

[25] 1614年こそヘルメス・トリスメギストゥスのヘルメス文書がキリスト教以後の時代に登場する最初の年であり，したがってそれは古代エジプトの司祭の作品ではないことになるとイサーク・カソーボンは断言している。メルセンヌはカソーボンを引用し，『ヘルメス文書』の新たな年代づけをもってフラッドに反論していることを強調しておきたい。メルセンヌは1630年4月26日付ニコラ・ボジー宛書簡で「偽トリスメギストゥス」について語っている（メルセンヌ『書簡集 (*Correspondance* de Mersenne)』, édition de C. de Waard et R. Pintard, tome II (1628-1630), Paris, Beauchesne, 1936, p. 445 参照)。フラッドは実際『大宇宙と小宇宙の歴史』や他の著作

フラッドから影響を受けたわけではない。というのも，フラッドは 1623 年にフランクフルトでヨーハン・テオドール・ド・ブリーのところから刊行した『解剖階段教室（*Anatomiae Amphitheatrum...*）』のなかでボアンの『解剖劇場』から何枚かの図を転載しているからである。フラッドが再掲した図のなかにはボアンの第 3 巻の図 10 も含まれており，その図 10 では松実腺が文字 H で指示されている[26]。

デカルトはボアンの『解剖劇場』を参照することによってすばらしいテキストから解剖学の知識を汲み取った。そのことによって，解剖の実践に対してデカルトが抱いていた関心は一層明確なものとなった。デカルトは，1639 年 11 月 13 日のメルセンヌ宛書簡によれば，「解剖学に関心を寄せることは犯罪ではない」[27]と確信していた。『解剖劇場』の見事な解剖学図は（胎生学におけるアクアペンデンテのファブリキウスの『卵とヒナの形成について』の図と同様に[28]），この点で，デカルトが非常に注意して実践した解剖学研究

においても『ヘルメス文書』の新しい年代を知っていなかったことが分かる。
26) 『解剖階段教室』（上掲），167 頁，参照。フラッドは読者への献辞のなかでヨーハン・テオドール・ド・ブリーへの感謝を述べるとともに，ボアンの『解剖劇場』も引用している（cf. p. 62-63）。フラッドはさらにどうしてほとんどすべての自分の著作を海を越えたところに送り，印刷させたのか，その理由を説明している。ヨーハン・テオドール・ド・ブリーは英国において可能であるよりもかなり良質の図版を作り上げることができ，フラッドの著作を，イギリスの出版業者が法外な費用を吹っかけてくるのに対して，無料で印刷してくれたのである（『フラッド博士のフォスター氏への解答（*Doctor Fludd's answer unto M. Foster...*）』（London, N. Butter, 1631），11 頁および 21-22 頁，参照）。
27) A, II, 621 :『全書簡集』III, 269.
28) デカルトはファブリキウスを 1646 年 11 月 2 日のメルセンヌ宛書簡で引用している。「そして卵におけるヒナの形成については，私は 15 年以上前に，アクアペンデンテのファブリキウスがそれについて書いているものを読みました。そして私は，その実験を検証するために自分でときどき卵を割る

結論　307

に不可欠な道具となっている。そのことは,『解剖学摘要』や多数の書簡が説明している通りである。さらに,『人間論』は,「解剖学者たち」などの助けが必要なことを強調している[29]。

そうした解剖学者たちのうちで,カスパール・ボアンは非常に豊かな仕事を提示している。その仕事が多くの点で興味深いものであることはきわめて明らかであり,それが本研究にとっては特に興味深い点である。というのも,デカルトがボアンを読むことで得ることができたのは,その時代に得ることのできた解剖学的認識全体の真の総括であったからである。ボアンは,ヒポクラテス,アリストテレス,ガレノス,アヴィセンナ,それにヴェサリウス以来のルネサンス期の偉大な解剖学者たちすべて[30]を引用している。ちなみにボアンが自分の著作できわめて直接的な影響を受けたのはヴェサリウスであった。さらにヴェサリウスという解剖図像の偉大な改革者については,ヨーハン・テオドール・ド・ブリーによって見事に制

ことさえしました。しかし,私にはより多くの好奇心があり,わざわざその子供を見るために妊娠して間もないことが分かっていた牝ウシを解体させました。そして後で,この地の肉屋から,解体中にしばしば妊娠した牛がいることがあると聞いたので,私は彼らに1ダース以上の腹部を運んでくるようにさせました。そこには小さな仔ウシがいて,あるものはハッカネズミくらいの大きさで,またあるものはネズミくらいの大きさで,そして他のものは仔イヌほどでした。私はそこにヒヨコよりも多くのことを観察することができました。というのも,そこにある器官はより大きく,よく見えるものでしたから」(AT, IV, 555:『全書簡集』VII, 187-188)。

『卵とヒナの形成について(*De formatione ovi et pulli*)』は1621年にパドヴァで刊行されたことを指摘しておこう。それは遺稿を刊行したものだった。ファブリキウスの胎生学の別の大冊はパドヴァで1604年に刊行された『胎児の形成について(*De formato foetu*)』であり,同じように見事な図版を含んでいる。

29) AT, XI, 120:『著作集』IV, 226 等々,参照。
30) たとえばボアンは,コロンバス,デュ・ロラン,ファロッピオを引用している。

作（そして提供）された『解剖劇場』の解剖図版のなかではっきりとその名が引かれている[31]。

こうして，カスパール・ボアンは1639年2月20日のメルセンヌ宛書簡で唯一名があげられているヴェサリウスとともに，デカルトが参照したことを明言している「他の」解剖学者たち[32]のうちでも，第一位に位する解剖学者であったと考えられる。ここで着手したデカルトとボアンの比較対照については，われわれは研究を継続中である。その研究によって医学的問題に対するデカルトの関心がもつ独創性をよりよく見分けることが可能となるであろう。この点は，この時代が医学的問題についてあまりにも図式的に理解されているだけに，重要である。というのも，この時代を生きたもっとも輝かしい医師というウィリアム・ハーヴィに対する讃辞に対立させられるのは，創作上の医師で「17世紀の医学全体にその影を投げかけている」[33]トマ・ディアフォワリュス[34]に対する批判だからである。そもそもデカルトの場合は「印刷された著作は形而上学よりも解剖学と生理学のほうを多く含んでいる」だけにいっそう興味深いのではないだろうか[35]。

---

31) これらの図版は『解剖劇場』の見返しの頁が述べているようにヨーハン・テオドール・ド・ブリーの「作品にしてプレゼント（opera sumptibusque）」である。ボアンの『解剖劇場』の各版に選ばれた1605年版の八つ折判，1620–1621年版の四つ折判という判型と解剖図の再編集は，ヴェサリウスやファブリキウスの大型の二つ折判に比べ，著作の参照を容易にしている。

32) 「ヴェサリウスやその他の人々」AT, II, 525：『全書簡集』III, 198 参照。

33) 上掲，ロジェ『18世紀フランス思想における生命の科学』，7頁参照。

34) おそらく瀉血法を多用したことで知られるフランスの医師ギー・パタン（1601–1672）に想を得たはずである。

35) この定式はフーシェ・ド・カレイユが『デカルトの未刊著作集（Œuvres inédites de Descartes）』（Paris, A. Durand, 1859）第1巻の「序論」（XCV頁）で示したものである。フーシェ・ド・カレイユは「新たな原稿はこの結果を確証している」と付け加えている。その上，デカルト自身が1643年6月28日にエリザベト王女に宛てて次のように書いていることを忘れてはなら

結論　309

ない。「実は，私が研究においてつねに守ってきた主な規則，また何らかの知識を得るために私がもっとも役立ったと思っている規則とは次のようなものだということができます。すなわち，想像力を占める思考については一日のうちのごくわずかの時間しか用いず，知性のみを占める思考については一年のうちのごくわずかの時間しか用いなかったこと。そして，他の残りの時間をすべて，感覚の休息と精神の休養にあてたことです」（AT, III, 692–693：『全書簡集』V, 301）。

文献表

　ここでは本研究の枠内で実際に使用し,引用したテキスト（著作,論文）のみをあげる。デカルト関連の文献一般に関するテキストとしては以下のものをあげておく。

—— G. Sebba, *Bibliographia Cartesiana. A critical guide to the Descartes Literature*, La Haye, 1964. 1800年から1960年までの文献を集めている。

—— *Bulletin cartésien*（『ビュルタン・カルテジアン（デカルト会報）』）。現在ジャン＝マリ・ベイサッドが主宰するパリ・ソルボンヌ大学の研究センターが刊行している。この『会報』はデカルトに関する研究を論評するもので,1972年以来,『アルシーヴ・ド・フィロゾフィ（*Archives de Philosophie*)』に掲載されている。われわれの研究との関連では,『アルシーヴ・ド・フィロゾフィ』44巻（1981）掲載の『デカルト会報』第IX号が巻頭でデカルトと医学を扱い,デカルトの医学思想をめぐる1937年から1978年にかけての研究の初の一覧表を掲載している。

DESCARTES（デカルト）
デカルトの著作

——*Œuvres de Descartes*, publiée par Ch. Adam et P. Tannery, Paris, (1897–1909), nouvelle présentation, en co-édition avec le C.N.R.S., librairie philosophique J. Vrin, 1964–1974. 参照したのは,アダン（Ch. Adam）とタヌリ（P. Tannery）編纂の『デカルト全集（*Œuvres de Descartes*)』(Paris, 1897–1909) の, C.N.R.S. が編集協力した新版（J. Vrin, 1964–1974）である。

　本書では,慣例に従い,この『全集』をAT（版）と略記し,ローマ

数字で巻数，アラビア数字で頁数を示す。たとえば，AT, II, 48 は AT 版第 II 巻 48 頁を指す。

なお，AT 版の後には，邦訳の頁数を示した。使用したのは，以下の通りである。

主要著作については次のものを『著作集』と略記し，ローマ数字で巻数，アラビア数字で頁数を示す。

―― 『デカルト著作集』全 4 巻，白水社，1993

ただし，同著作集収録の作品のうち，『哲学の原理』については，全訳版の次の訳書により，その頁数を示す。

―― 井上庄七・水野和久・小林道夫・平松希伊子訳『哲学の原理』朝日出版社，1988

書簡については，次の邦訳を『全書簡集』と略記し，ローマ数字で巻数，アラビア数字で頁数を示す。

―― 山田弘明ほか訳『デカルト全書簡集』全 8 巻，知泉書館，2012-2016

その他，医学・自然学・数学関係の文書については，以下の 2 冊をそれぞれ『医学論集』，『数学・自然学論集』として，対応個所を明記した。

―― 山田弘明・安西なつめ・澤井直・坂井建雄・香川知晶・竹田扇訳『デカルト 医学論集』法政大学出版局，2017

―― 山田弘明・中澤聡・池田真治・武田裕紀・三浦伸夫・但馬亨訳『デカルト 数学・自然学論集』法政大学出版局，2018

同じように，以下の諸版も参照する。

―― *Discours de la Méthode*, texte et commentaire par E. Gilson, Paris, Vrin, 1925, cinquième édition, 1976.

―― *Œuvres inédites de Descartes*, précédées d'une introduction sur la méthode, par Foucher de Careil, Paris, Ladrange, librairie, rue Saint-André-des-Arts, 41; Auguste Durand, librairie, 1859, 1860.

―― *Correspondance de Descartes*, édition de Ch. Adam et G. Milhaud, publiée à Paris, à la librairie F. Alcan, puis aux Presses Universitaires de France, entre 1636 et 1963. この書簡集については AM と略記し，ローマ数字で巻数，アラビア数字で頁数を示す。

―― *Lettres à Regius, et Remarques sur l'explication de l'esprit humain*, texte latin, traductions d'après des versions anciennes, introduction et notes, par G. Rodis-Lewis, Paris, Vrin, 1959.

—— *Correspondance avec Arnauld et Morus*, texte latin, traduction du jeune Clerselier, introduction et notes par G. Rodis-Lewis, Paris, Vrin, 1953
—— *Œuvres Philosophiques*, édition Ferdinand Alquié, 3 vol., Paris, Garnier, 1963–1973.
—— *L'Entretien avec Burman*, édition, traduction et annotation par Jean-Marie Beyssade, suivi d'une étude sur *R S P* ou *Le monogramme de Descartes*, Paris, P.U.F., 1981.
—— *Opere scientifiche di René Descartes*, a cura di G. Micheli, volume primo : la Biologia, U.T.E.T., 1966.
—— *Les Passions de l'âme*, introduction et notes par G. Rodis-Lewis, Paris, Vrin, nouvelle édition revue, 1970.
—— *Les Passions de l'âme*, précédé de *la Pathétique cartésienne*, par J. M. Monnoyer, Paris, Gallimard, 1988.

デカルト研究（引用著作と論文）

ALQUIÉ（F. アルキエ）
—— *La découverte métaphysique de l'homme chez Descartes*, Paris, P.U.F., deuxième édition, 1966.
BAILLET（A. バイエ）
—— *La vie de Monsieur Descartes*, Paris, D. Hortemels, 1691, édition en fac-similé publiée par Garland Publishing, Inc., New York & London, 1987.（introduction et annotations par Annie Bitbol-Hespériès, Editions Les Belles Lettres, 2022）（アドリアン・バイエ『デカルトの生涯』（校訂完訳版）（上）（下）山田弘明・香川知晶・小沢明也・今井悠介訳，アニー・ビトボル＝エスペリエス緒論・注解，工作舎，2022）
BEYSSADE（J.-M. ベイサッド）
—— *La Philosophie première de Descartes*, Paris, Flammarion, Nouvelle Bibliothèque Scientifique, 1979.
—— *Réflexe ou admiration, sur les mécanismes sensori-moteurs selon Descartes*, in *La passion de la raison*, Paris, P.U.F., Epiméthée, 1983.
BOUILLIER（F. ブーイエ）

―― *Histoire de la philosophie cartésienne*, 2 tomes, reprint de la troisième édition, Paris, Delagrave, 1868, dans la collection *The philosophy of Descartes*, edited by W. Doney, New York, Garland, 1987.

CAHNÉ（P.-A. カネー）
―― *Un autre Descartes. Le philosophe et son langage*, Paris, Vrin, 1980.

CANGUILHEM（G. カンギレム）
―― *La formation du concept de réflexe aux XVIIe et XVIIIe siècles*, Paris, Vrin, 1977.（ジョルジュ・カンギレム『反射概念の形成――デカルト的生理学の淵源』金森修訳, 法政大学出版局, 1988）

CARTER（R. B. カーター）
―― *Descartes Medical philosophy. The organic solution to the mind-body problem*, The Johns Hopkins University Press, Baltimore and London, 1983.

CHAUVOIS（L. ショヴォワ（Dr.））
―― *Descartes, sa méthode et ses erreurs en physiologie*, Paris, les éditions du Cèdre, 1966

DREYFUS-LE FOYER（H. ドレフュス＝ル・フォワイエ）
―― *Les conceptions médicales de Descartes*, Revue de Métaphysique et de Morale, 1937, repris dans le volume : *La Science chez Descartes*, G. Rodis-Lewis editor, N. Y., Garland, 1987.

GEORGES-BERTHIER（A. ジョルジュ＝ベルティエ）
―― *Le Mécanisme cartésien et la physiologie au XVIIe siècle*, Isis, II, 1914; III, 1920–21.（この論文の第3部は, 1920年, 若きジョルジュ＝ベルティエが哲学の教授資格試験に合格して間もなくの1914年8月初めに戦死した後に, 刊行された。）

GILSON（E. ジルソン）
―― *Études sur le rôle de la pensée médiévale dans la formation du système cartésien*, Paris, quatrième édition, 1975.
―― *Index scolastico-cartésien*, 1913, seconde édition revue et augmentée, seule autorisée par l'auteur, Paris, Vrin, 1979.

GOUHIER（H. グイエ）
―― *Les premières pensées de Descartes. Contribution à l'histoire de l'anti-Renaissance*, Paris, Vrin, 1958.
―― *Cartésianisme et augustinisme au XVIIe siècle*, Paris, Vrin, 1978.

GRENE（M. グリーン）
―― *Descartes, Plemp, and Harvey*, communication au colloque Descartes de San Jose (États-Unis), du printemps 1988.（このテキストはロディス＝レヴィス教授に提供を受けたことを感謝する）

GRIMALDI（N. グリマルディ）
―― *L'Expérience de la pensée dans la philosophie de Descartes*, Paris, Vrin, 1978.

JEFFERSON（G. ジェファーソン）
―― *René Descartes on the localisation of the soul*, *The Irish journal of medical science*, N° 285, september 1949.

LEWIS（G. レヴィス）（RODIS-LEWIS, G. も参照）
―― *L'individualité selon Descartes*, Paris, Vrin, 1950.
―― *Le principe de vie chez Platon et Descartes*, Actes du 7ᵉ congrès des sociétés de philosophie de langue française, Paris, P.U.F., 1954.

LIARD（L. リアール）
―― *Descartes*, Paris, Germer Baillière, 1882.

LINDEBOOM（G.A. リンデボーム）
―― *Descartes and medicine*, Rodopi, Amsterdam, 1978.

MARION（J.-L. マリオン）
―― *Sur l'ontologie grise de Descartes. Savoir aristotélicien et science cartésienne dans les Regulae*, Paris, Vrin, 1975.
―― *Sur la théologie blanche de Descartes. Analogie, création des vérités éternelles et fondement*, Paris, P.U.F., 1981.
―― *Sur le prisme métaphysique de Descartes*, Paris, P.U.F, 1986.

MESNARD（P. メナール）
―― *L'esprit de la physiologie cartésienne*, *Archives de Philosophie*, 1937, 13, repris dans le recueil *La Science chez Descartes*, G. Rodis-Lewis editor, N.Y., Garland, 1987.

RODIS-LEWIS（G. ロディス＝レヴィス）（LEWIS, G. も参照）
―― *L'Œuvre de Descartes*, 2 volumes, Paris, Vrin, 1971.（部分訳, ジュヌヴィエーヴ・ロディス＝レヴィス『デカルトの著作と体系』小林道夫・川添信介訳, 紀伊國屋書店, 1990）
―― *Descartes et le rationalisme*, Paris, P.U.F., 1966.（ジュヌヴィエーヴ・ロディス＝ルイス『デカルトと合理主義』福井純訳, 白水社,

1990)
—— *Descartes, textes et débats*, Paris, Le livre de poche, 1984.
—— *La science chez Descartes*, G. Rodis-Lewis editor, New York, Garland, 1987.
ROGER（J. ロジェ）
—— *Les sciences de la vie dans la pensée française du XVIIIe siècle. La génération des animaux de Descartes à L'Encyclopédie*, Paris, A. Colin, 1963, seconde édition complétée, 1971.
SAINT-GERMAIN（B. de サン＝ジェルマン（Dr.））
—— *Descartes considéré comme physiologiste et comme médecin*, Paris, Masson, 1879.
SOUQUES（A. スーク）
—— *Descartes et l'anatomo-physiologie du système nerveux*, *Revue neurologique*, tome 70, N° 3, septembre 1938. *La science chez Descartes*, G. Rodis-Lewis editor, *op. cit.* に再録。

デカルトの先人たち

古代
PLATON プラトン
　以下のテキストはレ・ベル・レットル（Les Belles Lettres）版による
—— *Timée*『ティマイオス』（邦訳，『プラトン全集』12,「ティマイオス」種山恭子訳，岩波書店，1975）
—— *Phédon*『パイドン』（邦訳,『プラトン全集』1,「パイドン」松永雄二訳，岩波書店，1975）
—— *Cratyle*『クラテュロス』（邦訳,『プラトン全集』2,「クラテュロス」水地宗明訳，岩波書店，1974）

ARISTOTE アリストテレス
アリストテレスのテキスト
　フランス語訳は全般的にレ・ベル・レットル（Les Belles Lettres）版ないしヴラン（Vrin）版による。詳しくは以下の通り。
　生物学関係はすべてレ・ベル・レットル版で，ピエール・ルイ（Pierre Louis）訳による『動物誌（*Histoire des animaux*）』，『動物の諸部分につ

いて（*Parties des animaux*）』,『動物の発生について（*Génération des animaux*）』,『動物の進行について（*Marche des animaux*）』,『動物の運動について（*Mouvement des animaux*）』，なお R. ミュニエ（R. Mugnier）の訳による『自然学小論集（*les Petits traités d'histoire naturelle*）』が入手可能である。

さらに『動物誌』および『自然学小論集（*Parva naturalia*）』についてはヴランの J. トリコ訳も参照した。

また『動物の諸部分について』第 1 巻については J.-M. ル・ブロン（J.-M. Le Blond）による版（Aubier, Montaigne, reprint de l'édition de 1945）も参照した。さらに，A. L. ペック（A. L. Peck）によるローブ・クラシカル・ライブラリー（Loeb classical Library）版の英訳版も参照した。

『霊魂について（*De Anima : De l'âme*）』に関しては，A. ジャノン（A. Jannone）によるレ・ベル・レットル版とトリコによるヴラン版を参照した。

『自然学（*Physique*）』については H. カルトゥロン（H. Carteron）訳,『天界について（*De Caelo*）』は P. モロー（P. Moraux）訳のレ・ベル・レットル版を参照した。

『形而上学（*Métaphysique*）』は J. トリコによるヴラン版を参照した。

アリストテレスの日本語訳に関しては，岩波書店の新版『アリストテレス全集』による。ただし，未刊の『形而上学』は岩波書店の旧版全集によった。上記の順に，以下に列挙する。

―『動物誌』金子善彦・伊藤雅巳・金澤修・濱岡剛訳,『アリストテレス全集 8』(動物誌 上),『アリストテレス全集 9』(動物誌 下), 岩波書店, 2015

―『動物の諸部分について』濱岡剛訳,『アリストテレス全集 10』岩波書店, 2016

―『動物の進行について』永井龍男訳,『アリストテレス全集 10』岩波書店, 2016

―『動物の運動について』永井龍男訳,『アリストテレス全集 10』岩波書店, 2016

―『自然学小論集』坂下浩司訳,『アリストテレス全集 7』岩波書店, 2014

―『霊魂について』中畑正志訳,『アリストテレス全集 7』「魂について」, 岩波書店, 2014

—— 『自然学』内山勝利訳, 『アリストテレス全集 4』岩波書店, 2017
—— 『天界について』山田道夫訳, 『アリストテレス全集 5』岩波書店, 2013
—— 『形而上学』出隆訳, 『アリストテレス全集 12』(旧版), 岩波書店, 1968

アリストテレス研究（引用著作と論文）

AUBENQUE（P. オーバンク）
—— *Le problème de l'être chez Aristote*, Paris, P.U.F., 1962, quatrième édition 1977.

BYL（S. ビル）
—— *Note sur la place du cœur et la valorisation de la ΜΕΣΟΤΗΣ dans la biologie d'Aristote*, Antiquité classique, 1968, tome 37.

GILSON（E. ジルソン）
—— *D'Aristote à Darwin et retour, esssai sur quelques constantes de la bio-philosophie*, Paris, Vrin, 1971.

HARRIS（C. R. S. ハリス）
—— *The heart and the vascular system in Ancient Greek Medicine*, Oxford, at the Clarendon press, 1973.

LOUIS（P. ルイ）
—— *La découverte de la vie. Aristote*, Paris, Hermann, 1975.
—— *Transfert de sens du mot Pneuma dans les «Problèmes» d'Aristote*, in : *Transfert de vocabulaire dans les sciences*, volume préparé par M. Groult, sous la direction de P. Louis et J. Roger, éditions du C.N.R.S., 1988.

MÉNÉTRIER（P. メネトゥリエ）
—— *Comment Aristote et les anciens médecins hippocratiques ont-ils pu prendre connaissance de l'anatomie humaine?*, Bulletin de la société française d'histoire de la médecine, 1930.

PELLEGRIN（P. ペルグラン）
—— *La classification des animaux chez Aristote. Statut de la biologie et unité de l'aristotélisme*, Paris, Les Belles Lettres, 1982.

ROSS（D. ロス（Sir））
—— *Aristotle*, Methuen and Co. Ltd., London, paperback, 1977.

GALIEN（ガレノス）
参照テキスト

—— *Opera Omnia*, édition et traduction par C.G. Kühn, 20 volumes, Leipzig, 1821–1833.

—— *Œuvres anatomiques, physiologiques, et médicales de Galien*, traduction Ch. Daremberg, en deux volumes, Paris, J.B. Baillière, 1854–1856.

—— *De l'usage des parties du corps humain, livres XVII*, écrits par Claude Galien, et traduits fidèlement du grec en français, (par Claude Dalechamps), Lyon, 1566.

—— *On the natural faculties*, Loeb Classical Library, translated by A.J. Brock, 1916, reprint 1975.

—— *On anatomical procedures (De Anatomicis Administrationibus)*, translation of the surviving books, by Ch. Singer, Oxford University Press, 1956.

—— *On anatomical procedures*, The later books, a translation by W.L. Duckworth, edited by M.C. Lyons, and B. Towers, Cambridge University Press, 1962.

ガレノスの邦訳として，以下を参照した。

——『自然の機能について』種山恭子訳・内山勝利編，京都大学学術出版会，1998（本訳書中では『自然の能力について』として引用）

——『解剖学論集』坂井建雄・池田黎太郎・澤井直訳，京都大学学術出版会，2011

——『身体諸部分の用途について 1』坂井建雄・池田黎太郎・澤井直訳，京都大学学術出版会，2016

——『身体諸部分の用途について 2』坂井建雄・池田黎太郎・福島正幸・矢口直英・澤井直訳，京都大学学術出版会，2022

HIPPOCRATE, et les médecins rédacteurs de la Collection Hippocratique（ヒポクラテス，『ヒポクラテス全集』）
参照テキスト

—— *Œuvres complètes d'Hippocrate*, traduction nouvelle avec le texte grec en regard, par E. Littré, 10 volumes, Paris, J.B. Baillière, 1839–

1861.

—— *Hippocrate, Œuvres complètes*, édition revue et corrigée sur la traduction de Littré, 5 volumes, Paris, édition de l'Union littéraire et artistique, 1955.

ヒポクラテス全集については，以下の邦訳に拠った。

—— 大槻真一郎編集『ヒポクラテス全集』全3巻，エンタプライズ，1985-1988

『ヒポクラテス全集』研究

DUMINIL（M.-P. デュミニル）

—— *Le sang, les vaisseaux, le cœur, dans la Collection Hippocratique. Anatomie et physiologie*, Paris, Les Belles Lettres, 1983.

SAINT AUGUSTIN（アウグスティヌス）

参照テキスト

—— *De duabus animabus*『二つの霊魂について』（「ふたつの魂」岡野昌雄訳，『アウグスティヌス著作集』7，教文館，1973）

—— *De Trinitate*, livre X.『三位一体』第10巻（泉典治訳，『アウグスティヌス著作集』28，教文館，2004）

アウグスティヌス研究

GILSON（E. ジルソン）

—— *Introduction à l'étude de Saint Augustin*, Paris, Vrin, 1982.

GOUHIER（H. グイエ）

—— *Cartésianisme et Augustinisme au dix-septième siècle*, Paris, Vrin, 1978.（これはデカルト研究で既出の文献でもある）

SAINT THOMAS（トマス）

参照テキスト

—— *Traité du cœur* (lettre à Maître Philippe). Cf. *Opuscula Philosophica*, Turin, 1954. Cf. également : Sancti Thomae Aquino, *Opera omnia*, tomus XLIII, Roma, 1976, (avec mention : *De Motu Cordis ad magistrum Philippum de Castro Caeli*.)

このテキストのM. バンセル（M. Bancel）編による『トマス小品集（*Opuscules de Saint Thomas d'Aquin*）』」第4巻（Paris, la librairie de Louis Vivès, 1857, 1857）に収められている

―― *Somme théologique*. Cf. Sancti Thomae Aquinatis, *Opera Omnia*, Romae, 1889, volumes 5 et 6.（邦訳は創文社刊『神学大全』によった。本文で直接引用したのは、『神学大全』7, 高田三郎訳, 1965；高田三郎・村上武子訳『神学大全』9, 1996；『神学大全』10, 森啓訳, 1995）

トマス研究

―― *St Thomas Aquinas on the movement of the heart, Journal of the History of Medicine...*, Volume XV, 1960

ルネサンス期の医学文献

CÉSALPIN, André（チェザルピーノ, アンドレアス）

―― *Quaestionum Peripateticarum libri quinque*, Venetiis, apud Juntas, 1571, réédité en 1593, à Venise, chez le même éditeur. われわれが参考にしたのは1593年版である。このテキストは『哲学論考（*Tractationum philosophicarum*）』第1巻（Genève, 1588）にも収録されている。

―― *Quaestionum Medicarum libri II*, Venetiis, apud Juntas, 1593.

FERNEL, Jean, le fils（フェルネル（子）, ジャン）
参照テキスト

―― *Joan Fernelii Ambiani physiologiae libri VII*, Lugduni, 1602. われわれが多く参照したのは、壊れやすい1602年版ではなく、1607年フランクフルトで刊行されたすばらしい二つ折版の方である。

―― *La Thérapeutique ou la Méthode universelle de guérir les maladies*, de M. Jean Fernel（これは先に刊行されていたラテン語版の新しい、より厳密なフランス語訳である）, Paris, 1668.

RIOLAN, Jean, le père（リオラン（父）, ジャン）

―― *Opera omnia*, édition posthume, Paris, Hadrien Perier, 1610.

VÉSALE, André（ヴェサリウス, アンドレアス）
参照テキスト

―― *De humani corporis fabrica libri septem*, dans les éditions publiées à

Bâle, en 1543 puis en 1555.

ヴェサリウス研究

—— *Andreas Vesalius of Brussels. 1514–1564*, C. D. O'Malley, University of California Press, 1964.

—— *Tabulae Sex. A prelude to Modern Science*, ed. Ch. Singer and C. Rabin, Cambridge University Press, 1946.

—— *André Vésale. Iconographie anatomique*. (Fabrica, Epitome, Tabulae sex); par P. Huard et M. J. Imbault-Huart, Paris, éditions Roger Dacosta, 1980.

デカルトの同時代人

AQUAPENDENTE (HIERONYMUS FABRICIUS AB)／Fabrice d'Acquapendente（アクアペンデンテのファブリキウス／ヒエロニムス・ファブリキウス）

参照テキスト

—— *De formatione ovi et pulli*, Padoue, 1621.

—— *De formato foetu*, Venise, 1600.（これら二つのテキストはファクシミリ版が H. B. アーデルマン（H. B. Adelmann）編『アクアペンデンテのファブリキウスの胎児論（*The embryological treatises of Hieronymus Fabricius of Aquapendente*）』（Ithaca, New York, Comell University Press, 1942, reprint 1967）に収められている）

—— *De venarum ostiolis*, Padoue, Laurentius Pasquatus, 1603. この二つ折版23頁の論考は *De formato foetu, De formatione ovi et pulli, De locutione et eius instrumentis, De brutorum loquela* とともに1巻にまとめられ，1625年にパドヴァで刊行されている。

BASSON, Sébastien（バッソン，セバスティアン）

—— *Philosophia naturalis adversus Arsitotelem libri XII*, Genevae, 1621.

BAUHIN, Caspar（ボアン，カスパール）

—— *De Corporis humani fabrica*, libri IIII, Basileae, per Sebastianum Henricpetri, 1590.

—— *Theatrum anatomicum*, Francofurti, 1605.

—— *Vivae imagines partium corporis humani*, Johan Theodori de Bry, 1620.
—— *Theatrum anatomicum*, Francofurti, Johan Theodori de Bry, 1621.

FLUDD, Robert（フラッド，ロバート）
—— *Utriusque cosmi maioris scilicet et minoris metaphysica, physica atque technica*, Oppenheim, Francofurti, 1617, 1618, 1619, 1624.
—— *Anatomiae amphitheatrum effigie triplici, more et conditione varia designatum*, Francofurti, 1623.
—— *Doctor Fludd's answer unto M. Foster...*, London, N. Butler, 1631.

HARVEY, William（ハーヴィ，ウィリアム）
参照テキスト
—— *Exercitatio de motu cordis et sanguinis in animalibus*, Francofurti, 1628, et édition de 1648, Rotterdam.（ハーヴェイ『動物の心臓ならびに血液の運動に関する解剖学的研究』暉峻義等訳，岩波文庫，1961）
—— *The circulation of the blood, An anatomical disquisition on the motion of the heart and blood in animals*, by W. Harvey, translated from the Latin by R. Willis, London, J. M. Dent & Co., New York, E. P. Dutton & Co., Everyman's library, first published in this edition 1907, reprinted 1923. R. ウィリス（R. Willis）による英訳（London, J. M. Dent & Co., New York, E.P. Dutton & Co.）は Everyman's library 版として初版が1907年に刊行され，1923年に再版された。ウィリスの翻訳は1847年のもので，それが1907年の Everyman's library 版となった。1957年には W. ハーヴィ没後300年を記念するために，K. J. フランクリン博士（Dr K. J. Franklin）が新しい英訳を刊行した（Blackwell Scientific publications, Oxford）。そのフランクリン訳が1962年からはウィリス訳に代えて，Everyman's library に収められている。
—— *Étude anatomique du mouvement du cœur et du sang chez les animaux*, traduction Ch. Laubry, Paris, Doin, 1950.
—— *La circulation du sang*, traduit du latin et précédé d'une étude historique par Ch. Richet, Masson, Paris, 1962.

—— *Exercitationes duae anatomicae de circulations sanguinis ad Joannem Riolanum, Filium, Parisiensem, Cambridge, 1649, The circulation of the blood*（血液循環をめぐるウィリアム・ハーヴィの解剖学論文2編と書簡9通を Kenneth J. Franklin がラテン語から翻訳し，若干の註をつけたもの），Blackwell scientific publications, Oxford, 1958.

—— *William Harvey. Lectures on the whole of anatomy*, an annotated translation of *Prelectiones anatomiae universalis*, by C. D. O'Malley, F. N. L. Poynter, K. F. Russel, University of Califomia Press, Berkeley and Los Angeles, 1961.

—— *Prelectiones anatomiae universalis*, edited by G. Whitteridge, E. & S. Livingstone Ltd, Edinburgh and London, 1964.

ハーヴィ研究

—— Bayon, H. P., *W. Harvey, physician and biologist*, Annals of science, vol. 3, January 15, 1938, N° 1; October 15, 1938, N° 4; vol. 4, January 15, 1939, N° 1.

—— Chauvois, L., *W. Harvey, sa vie et son temps, ses découvertes et sa méthode*, Paris, SEDFS, 1957.

—— Keynes, Sir Geoffrey, *The life of W. Harvey*, Oxford, the Clarendon Press, first published 1966, re-issued 1978 with minor corrections.

—— Frank, R. G. Jr., *Harvey and the Oxford physiologists*, University of California press, 1980.

—— Pagel, W., *W. Harvey's biological ideas, selected aspects and historical background*. Basel/New York, S. Karger, 1967.

—— Toellner, R., *The controversy between Descartes and Harvey regarding the nature of cardiac motions*, in *Science, Medicine, and Society in the Renaissance*. Essays to honor W. Pagel, ed. by A. G. Debus, New York, 1972. この論文の要旨は以下の論文にも採録されている。*Logical and psychological aspects of the circulation of the blood, Boston Studies in the philosophy of science*, volume 34, *On scientific discovery*, The Erice lectures 1977.

—— Weil, E., *William Fitzer, the publisher of Harvey's De motu cordis*, *Transactions of the bibliographical society*, London, 1944, vol. 24.

HOFMANN, Caspar（ホフマン，カスパール）
―― *Commentarii in Galeni de usu partium corporis humani libri XVII cum variis lectionibus*, Francofurti, 1625.

KEPLER, Johann（ケプラー，ヨハンネス）
参照テキスト
―― *Les paralipomènes à Vitellion*, (1604), traduction et notes par C. Chevalley, Paris, Vrin, 1980.
ケプラー研究
―― Gérard Simon, *Kepler astronome astrologue*, Paris, Gallimard, 1979.
―― Fernand Hallyn, *La structure poétique du monde : Copernic, Kepler*, Paris, Seuil, 1987.

LIBAVIUS, André（リバウィウス，アンドレアス）
―― *Alchemia*, Francofurti, 1597.

MORE, Henry（モア，ヘンリー）
―― *A collection of several philosophical writings*, London, 1662.
―― *Opera omnia, Henrici Mori Cantabrigiensis, Scriptorum philosophicorum*, en deux tomes, Londres, 1679.

PLEMPIUS, Vospicus Fortunatus（プレンピウス，フォスピクス・フォルトゥナトゥス）
―― *Fundamenta Medicinae*, editio tertia, Lovanii, 1654.

REGIUS, Henri de Roy（レギウス，アンリ・ド・ロワ）
―― *Fondamenta Physices*, 1646.

RIOLAN, Jean, le fils（リオラン（子），ジャン）
―― Joannis Riolani filii, *Anthropographia*, 1618.
―― Ioannis Riolani filii, *Opera anatomica*, Paris, G. Merturas, 1650.
―― *Les œuvres anatomiques de M. Jean Riolan...*, この版の第5部の改訂増補版。全体にわたって，Pierre Constant が整理，区分けし，註をほどこし，仏訳した。Paris, D. Moreau, 1629.

―― *Encheiridium anatomicum et pathologicum*, 1648.

引用文献

―― AGRIPPA, H. C., *De occulta phisosophia libri tres*, édition de 1533.
―― BARIÉTY, M. et Coury, Ch., *Histoire de la médecine*, Paris, Fayard, 1963.
―― BOSSUET, *De la connaissance de Dieu et de soi-même*, in *Œuvres philosophiques de Bossuet*, collationnées sur les meilleurs textes et précédées d'une introduction, par M. Jules Simon, nouvelle édition, Paris, G. Charpentier éditeur.
―― BOUILLIER, F., *Le principe vital et l'âme pensante*, deuxième édition revue et augmentée, Paris, librairie académique Didier, 1873.
―― CANGUILHEM, G., *Etudes d'histoire et de philosophie des sciences*, 1968, quatrième tirage, 1979.（ジョルジュ・カンギレム『科学史・科学哲学研究』金森修監訳, 法政大学出版局, 1991）
―― CASSIRER, E., *Individu et cosmos dans la philosophie de la Renaissance,* traduit de l'allemand par Pierre Quillet, Paris, éditions de Minuit, 1983.（カッシーラー『個と宇宙』末吉孝州訳, 太陽出版, 1999）
―― CHANGEUX, J.P., *L'homme neuronal*, Fayard, Pluriel, 1983.
―― CROMBIE, A.C., *Histoire des sciences de Saint Augustin à Galilée*, édition française revue et considérablement augmentée par l'auteur, traduit par J. D'Hennies, Paris, P.U.F., 1959.（クロンビー『中世から近代への科学史』上・下, 渡辺正雄・青木靖三訳, コロナ社, 1962, 1968）
―― DOBELL, C., *A. van Leeuwenhoek and his «little animals»*, London, John Bale, Sons and Danielson, 1932.
―― DUHEM, P., *Le système du monde*, Paris, Hermann, tome I, Nouveau tirage.
―― GILSON, E., *La philosophie au Moyen Age*, Paris, Petite Bibliothèque Payot, 2 tomes, 1976.
―― FOUCAULT, M., *Les mots et les choses*, Paris, Gallimard, 1966.（ミシェル・フーコー『言葉と物――人文科学の考古学』渡辺一民・佐々

木明訳,新潮社,1974)
—— HOBBES, Thomas, *De homine, Traité de l'homme*, traduction et commentaire par Paul-Marie Maurin, Paris, Blanchard, 1974.(ホッブズ『人間論』本田裕志訳,京都大学学術出版会,2012)
—— LEIBNIZ, G. W., *Die philosophischen Schriften von Gottfried Wilhem Leibniz*, herausgegeben von C. I. Gerhardt, Bd I–VII, Berlin, 1875–1890, reprint Georg Olms-Hildesheim.
—— LEIBNIZ, G. W., *Œuvres*, éditées par Lucy Prenant, Paris, Aubier-Montaigne, 1972.(ライプニッツの邦訳としては『ライプニッツ著作集』全10巻(新装版),工作舎,2019および『ライプニッツ著作集』第II期・全3巻,工作舎,2015–2018)
—— LENOBLE, R., *Mersenne ou la naissance du mécanisme*, Paris, Vrin, seconde édition, 1971.
—— LENOBLE, R., *Histoire de l'idée de nature*, Albin Michel, 1969.
—— MALEBRANCHE, *De la recherche de la vérité*, édition établie par G. Rodis-Lewis, bibliothèque de la Pléiade, Gallimard, 1979.
—— MILLEPIERRES, F., *La vie quotidienne des médecins au temps de Molière*, Hachette, 1965, collection de poche, 1983.
—— MOREAU, J., *L'Ame du monde de Platon aux Stoïciens*, Paris, les Belles Lettres, 1939, reprint Georg Olms Verlag, Hildesheim. New York, 1981.
—— MULTHAUF, R. B., *J.B. Van Helmont's reformation of the Galenic doctrine of digestion*, Bulletin of the History of medicine, vol. XXIX, March-April 1955, number 2.
—— ONIANS, R. B., *The origins of European thought about the body, the mind, the soul, the world, time and fate*, Cambridge, the University Press, 1951.
—— PAGEL, W. *Van Helmont's ideas on gastric digestion and the gastric acid*, Bulletin of the History of medicine, vol. XXX, Nov.–Dec. 1956, number 6.
—— PINTARD, René, *Le libertinage érudit dans la première moitié du XVIIe siècle*, Slatkine, Genève–Paris, 1983.
—— RABELAIS, F. *Œuvres complètes*, Paris, Garnier, 1962, deux tomes.
—— SNELLEN, H. A., *E.J. Marey and cardiology, physiologist and pioneer*

of technology (1830–1904), selected writings in facsimile with comments and summaries, a brief history of life and work and a bibliography, Kooyker scientific publications, Rotterdam, 1980.
—— TOURNEFORT, P., *Eléments de botanique, ou méthode pour connaître les plantes*, Paris, Imprimerie royale, 1694.
—— VERBEKE, G., *L'Evolution de la doctrine du pneuma du Stoïcisme à Saint Augustin*, Louvain, 1945.
—— YATES, Frances A, *The Rosicrucian Enlightenment*, ARK paperbacks, London, 1986 (First published in 1972). (フランセス・イエイツ『薔薇十字の覚醒』山下知夫訳, 工作舎, 1986)
—— YATES, Frances A, *The occult philosophy in the Elizabethan Age*, Routledge, London, 1979. (フランセス・イエイツ『魔術的ルネサンス――エリザベス朝のオカルト哲学』内藤健二訳, 晶文社, 1984)

ACTES DE CONGRES：会議の記録
—— *Le soleil à la Renaissance*, Paris, P.U.F., 1965.
—— *Spiritus*, IV° Colloquio internazionale del Lessico Intellettuale Europeo, Roma, ed. dell'Ateneo, 1984.

あとがき

2025 年日本語版のために＊

『デカルトにおける生命の原理』は私が 1989 年 1 月 6 日にパリ＝ソルボンヌ（パリ第 4）大学でストゥナンス（学位論文公開口頭審査）を受けた学位論文に基づいている。ここでそれが書かれた背景とその後の研究活動について述べることをお許しいただきたい。

私は国立高等教育研究省で法学関係の仕事に従事していた頃，仕事自体に関心がなかったわけではなかったものの，やはり哲学に戻り，学位論文を書こうと決心した。

1970 年代初頭の私は，パンテオン＝ソルボンヌ（パリ第 1）大学の学士・修士課程で哲学を学んでいた。イヴォン・ベラヴァル（Yvon Belaval）のライプニッツ，ピエール・ビュルジュラン（Pierre Burgelin）のルソーとカント，ジャン＝トゥサン・ドゥザンティ（Jean-Toussaint Desanti）の論理学と数学の認識論，ウラジミル・ジャンケレヴィッチ（Vladimir Jankélévitch）の道徳哲学と政治哲学といった各教授の講義，またフランソワーズ・ダステュール（Françoise Dastur）のフッサールと現象学，エレーヌ・ヴェドリーヌ（Hélène

---

＊ 翻訳に尽力してくれた香川知晶教授に感謝する。2015 年と 2017 年に教授の主導で日本に招待された際に興味深い議論を交わせたことは私のよい思い出となっている。また，本書が私も参加する機会を得た『デカルト　医学論集』と同じく法政大学出版局から出版されることは大きな喜びであり，編集長の郷間雅俊氏に感謝したい。

Védrine) のイタリア・ルネサンスの哲学とアントニオ・グラムシ，サラ・コフマン (Sarah Kofman) のニーチェ，ミシェル・フィシャン (Michel Fichant) のライプニッツといった准教授・講師のセミナーに出席したほか，ベルナール・テイッセードル (Bernard Teyssèdre) の美学の講義もとっていた。当時，アルチュセールが流行で，私も高等専門学校準備クラスのときに読んだものの，毛沢東主義を熱烈に支持していた友人たちの多くとは違って，説得させられることはなかった。当時の私の関心は，現在と同じく，飢餓に対する闘いと女性の教育問題にあった。また，ハイデガーと文化人類学も流行しており，クロード・レヴィ＝ストロースの『野生の思考』『神話論理』は自分の視野を広げてくれるものだった。

しかし，パンテオン＝ソルボンヌで修士号を取得してから10年後に哲学の学位論文を考え始めたとき，デカルトについて，パリ＝ソルボンヌ大学のジュヌヴィエーヴ・ロディス＝レヴィス (Geneviève Rodis-Lewis) 教授の下で研究をしたいという希望を抱いた。私は，自分が好きだったフッサールの『デカルト的省察』を通して見るのとは違った形で，デカルトを研究してみたかったのだ。教授はリヨンからソルボンヌにファルディナン・アルキエ (Ferdinand Alquié) によって招聘されたのだが，アルキエはもっぱら男子学生向けに講義をするところがあったので，この人事には驚かされたものだ。ロディス＝レヴィス教授は文句なく最高のデカルトの専門家であり，ソルボンヌで初めてデカルトを講じる女性教授となった。教授の『デカルトの著作と体系 (*L'Œuvre de Descartes*)』(Vrin, 1971) は厳密で明晰な著作であり，国家博士号の主論文『デカルトによる個体性 (*L'individualité selon Descartes*)』(Vrin, 1950)，副論文『無意識の問題とデカルト主義 (*Le problème de l'inconscient et le cartésianisme*)』(P.U.F., 1950) の大胆な取り組みにも感銘を受けた。

私が学位論文の相談にロディス＝レヴィス教授を訪れたとき，この高名なデカルト研究者はデカルトの著作でまだ研究テーマとして

残っているのはただ二つ，音楽と医学だけであると語った。私が音楽に興味のあることを話すと，教授が言ったのは自分の学生が音楽で学位論文を書くことになっているということだった。こうして，私には医学というテーマだけが残り，参考文献をまとめて，再度，教授に相談することになった。

当時は1980年代で，まだインターネットもグーグルも電子図書館もなかった。私はソルボンヌのそばのヴラン書店でジルソンの「デカルト，ハーヴィとスコラ」を見つけ，カンギレムの著作を買った。もっていたフーコーの著作も見直し，のちに伴侶となるミシェル・ビトボル（Michel Bitbol）――彼は医学を研究したが量子物理学と一般相対性理論に関心をもっていた――と議論したことも役立った。私はさまざまな図書館を訪ね歩いたが，なんといっても当時リシュリュー街にあったBN（Bibliothèque nationale, 国立図書館）が――現在は13区に移り，BNF（Bibliothèque nationale de France, フランス国立図書館）と名前を変えているが――一番だった。私はその図書館のラブルースの間で読書するのを特に好んだ。本書に登場するさまざまな論文，ル・フォワイエ，メナール，カンギレム，（ロディス＝）レヴィスなどの論文はBNで発見したものだった。また1982年にミシェルと行ったイタリア旅行の際に，ミケリによるデカルトの医学文書のイタリア語訳を購入し，関連する英語の文献にも目を通した。

こうして文献表を整えて議論をするなかで，ロディス＝レヴィス教授は私が「デカルトにおける生命の原理とその先駆者たち」に関する学位論文を書くことを承諾してくれた。しかしまず「専門研究課程修了証書（DEA, Diplôme d'Études Approfondies）」を取得する必要があった。デカルトとライプニッツに関するロディス＝レヴィス教授とアリストテレスの生物学文書に関するオーバンク（Pierre Aubenque）講師を指導教官として，私はDEAをパリ＝ソルボンヌで1983年6月に取得した。

あとがき――2025年日本語版のために　331

学位論文のテーマが決定した後，自宅に招待してくれたロディス＝レヴィス教授はその場でソルボンヌの同僚のオーバンク講師とパリ第一大学のロジェ（Jacques Roger）講師に電話をかけてくれ，私はそれぞれのアリストテレスと生物学史の講義に参加できることになった。こうして学位論文へ向けた準備は進むことになった。オーバンクとロジェからは大きな刺激を受けたが，ロジェは，本書の「はしがき」に記したように，1990年3月26日に急逝してしまう。ヴォジラール街のサン＝ジョゼフ・デ・カルム教会への埋葬を司式したのは，デカルト研究者のアルモガト（Jean-Robert Armogathe）神父だった。

　私が出席した三つのセミナーの雰囲気はかなり違っていた。ロジェの講義がもっともオープンで堅苦しくなかった。逆にもっとも厳しかったのはロディス＝レヴィス教授のセミナーだった。そのセミナーにはダートマス大学のドニー（Willis Doney）のような海外の研究者も出入りしており，ロディス＝レヴィス教授はそうした人たちとの議論を楽しんでいた。ただ，学生が課題のテキストの解釈に詰まると数分も経たずにじりじりし出し，話を遮り，自分で問題点を説明し始めるのだった。

　ともかく，ロディス＝レヴィス教授のところで私は多くの研究者たちと知り合うことになった。アンリ・グイエ（Henri Gouhier）やベルジョイオーゾ（Giulia Belgioioso），それに日本の研究者の小林道夫，さらにソルボンヌのジャン＝マリ・ベイサッド（Jean-Marie Beyssade）教授を介して平松＝広松希伊子，その関係で山田弘明と知り合うことになった。

　一つ確かなことは，私の論文の主題が独創的だったことである。私は20世紀の解剖学の論文だけでなく，多くの医学論文も読まなければならなかった。CNRS（国立科学研究センター）の研究者となった夫のミシェルからはルヴィエール（Henri Rouvière）『解剖学（*Anatomie*）』全3巻を贈られたが，なんといっても17世紀初頭の

医学や解剖学の状況を知ることが必要で、いくつもの図書館で文献を探すことになった。

私の課題は17世紀初頭の解剖学の複雑さ、ないし混乱を明らかにすることだった。1600年にラテン語版が出されたデュ・ロラン（André Du Laurens）の『人体の解剖学的探究（*Historia anatomica humani corporis*）』などを見ると、医学と神学、治療と宗教が混同されていたことが分かる。当時の文献は注意深く、批判的に読む必要があった。ブロック（Marc Bloch）の『王の奇跡（*Les rois thaumaturges*）』(1924) によれば、王が瘰癧を癒す「奇跡を起こす人（faiseurs de miracles）」だとする信念は集団的誤謬の結果である。対して、『自然の光による真理の探究』を書いたデカルトにとっては、真を偽から区別し、現実を創作から区別することが科学的、哲学的課題であったのではないか。

私は、夏休みに夫のミシェルと娘のアンヌ＝フロランスとオックスフォードに滞在し、ボドリアン図書館で研究をしたが、英語にはデカルトの心身問題に関する膨大な文献があるにもかかわらず、デカルトの医学関係についてはホール（Th. S. Hall）による『人間論』の翻訳しかないことに気づき、驚かされた。カーター（Richard B. Carter）の『デカルトの医学哲学』はあったものの、歴史的観点に乏しく、『方法序説』から『情念論』に至るまでハーヴィがデカルトに与えていた重要性も見逃されていた。

調査を続けるうちに私はデカルトの医学的考察にハーヴィが与えた影響の大きさに気づき、ジルソンの論文「デカルト、ハーヴィとスコラ」の革新性、さらにはアリストテレスの重要性を再確認することになった。

私は「デカルトとプラトンにおける生命の原理」という論文のあるロディス＝レヴィス教授に、デカルトを考える場合にはむしろアリストテレスが重要ではないかと考えていることを伝えた。アリストテレスの『動物の発生について』『動物誌』以外に『霊魂につい

て』『自然学小論集』も重要であり，ハーヴィとその師ファブリキウスがアリストテレス主義者であったことにも注目すべきなのである。私の話を聞いた教授は激励してくれた。そのおかげで，私は自由に研究をすることができた。

ジルソンはその革新的な論文でスコラの影響を重要視していた。それに対して，私は1639年2月20日付のメルセンヌ宛書簡が述べている「ヴェサリウスとその他の人々」(AT, II, 525：『全書簡集』III, 198）つまりルネサンス期の解剖学者の影響が重要だと考えるようになっていた。ヴェサリウス，ハーヴィ，さらにはファブリキウスといった人たちの影響である。ヴェサリウスの1543年の『ファブリカ (De humani corporis fabrica, 人間身体の構造について)』は，いうまでもなく，解剖学史上の画期的な業績である。ヴェサリウスは人体解剖を行い，反ガレノスの立場に至る。『ファブリカ』の図版の影響は大きく，たとえばアンブロワーズ・パレが1585年に刊行した『著作集 (Œuvres)』にはヴェサリウスの図版がそのまま掲載されている。デカルトのいう「ヴェサリウスとその他の人々」の「その他の人々」としてはどのような人たちが考えられるのか。デュ・ロランの『人体の解剖学的探究 (Historia anatomica humani corporis)』(1600)，1629年に仏訳が出たジャン・リオラン（子）の『解剖学著作集 (Les Œuvres anatomiques)』などが候補だと思われた。だが，私はデカルトの『動物の発生についての最初の思索』や『解剖学摘要』といった断片的なテキストを検討するなかで，『解剖学摘要』に二度名前が引かれるカスパール・ボアンに注目することになる。ボアンの『解剖劇場 (Theatrum anatomicum)』1605年版は1314頁から成る大冊で，1620-1621年に増補されている。その静脈弁に関する記述にはファブリキウスの影響が読み取れる。この大著を読んだことは私の学位論文にとって大きな意味をもつことになる。『人間論』に出てくる「解剖学者」(AT XI, 120-121：『著作集』IV, 226)とはボアンを指すと考えられる。デカルトはまずボアンを読んだの

だ。続いてハーヴィを読み，血液循環論に賛同することになったのである。

ストゥナンスの数日前にロディス＝レヴィス教授は他の審査員の了承も取り，学位申請論文はヴランから出版すべきだと私に告げた。審査員は教授のほか，オーバンク，ロジェ，ベイサッドの各教授が務めてくれた。

こうしてストゥナンスが終わり，本書が刊行されることになった。

以降の研究については，まず，デカルトのテキストの校訂・註解に触れておきたい。

ストゥナンスではデカルトの解剖学関連の『動物の発生に関する最初の思索』『解剖学摘要』といった難解なラテン語の断片の翻訳をさらに続けるように激励された。当時，デカルトの新しい『全集（Œuvres complètes）』がロディス＝レヴィス教授編集でガリマールからプレイヤード版全3巻で企画されていた。そこに『人間論』『人体の記述』とともにそれらの断片も収められることが予定され，私が担当することになった。

しかし，プレイヤード版『全集』の刊行は延期に延期を重ねることになる。それもあって，『人間論』の校訂註釈本は別にスイユ社（Seuil）の「知の源泉」シリーズから刊行することになる。こちらの刊本も紆余曲折があったものの，天文学者で天文学史も研究していたヴェルデ（Jean-Pierre Verdet）の担当する『宇宙論』とともに，1996年に『宇宙論，人間論（Le Monde, l'Homme）』として刊行される。そこにはBIUM（Bibliothèque interuniversitaire de Médecine à Paris, パリ医学大学間連携図書館）に所蔵されていたボアンの1621年版『解剖劇場』から，全静脈，全動脈，結紮実験，眼の解剖，腺Hなど，いくつかの図版を収録した。図版はヴェサリウスのものを基本としているが，そこに，たとえばファブリキウスが発見した静脈の弁のように，ボアンがパドヴァで学んだ新しい発見も盛り込まれていた。

それが血液循環説をデカルトが受け入れる素地を作ったことは間違いない。

その後，2004年4月にロディス＝レヴィス教授が没したこともあって，ガリマールによるデカルト全集の出版プロジェクトは大きく変更される。『デカルト全集』は新書版の叢書『テル・ド・ガリマール（*tel de Gallimard*）』の一部として，ベイサッドとカンブシュネル（Denis Kambouchner）の監修の下，随時出版することに変更された。最初に刊行されたのは2009年9月の第3巻『方法序説と三試論』で，私は，ベイサッドの要請に応じて，『序説』第5部の註解を担当した。さらに，この『全集』では，2023年に刊行された第II-2巻『『人間論』『人体の記述』および他の解剖学・生物学関連文書（*L'Homme, La Description du corps human* et autres écrits anatomiques et biologiques）』の註解を私は行った。

他方，プレイヤード版の方は2巻本の『デカルト著作集（*Œuvres de Descartes*）』に変更され，2024年11月にようやく刊行され，私は医学生理学関係のテキストの註解を担当した。

1981年にパリ＝ソルボンヌに，ロディス＝レヴィス教授によってデカルト研究センターが設立されていた。そこに私が参加することになったのは，学位論文の出版前の1988年のことだった。その後，私はセンターでの報告をかわきりに，フランスの内外で，多くのセミナーやシンポジウムに参加してきた。そうして研究活動を続けるなかで，私はデカルト哲学の中心が医学思想にあるという確信をさらに深めることになった。デカルトが最後まで執筆を続けたのは『人体の記述』だし，デカルトの生前に刊行された最後の著作『情念論』は，医学哲学の伝統を徹底的に批判するとともに，憂鬱症と幻影肢という二つの医学的事例から出発して真の人間を心身合一体として定義する革新的な『医学提要（*Compendium médical*）』にほかならない。

『情念論』（以下，括弧内は該当する『情念論』の節番号）では，生命の原理（107）に関わる諸問題，すなわち身体と心臓の熱（4, 5, 9, 10, 16, 102, 103, 107, 109, 122, 123, 201, 202），死（5, 6, 48, 89, 173, 122），誕生から老年まで（50, 95, 109, 133, 136），成長（128〜135, 189, 147），性的欲求（90），完全な健康（94），身体の保存（137），身体的効用（138），青白い顔色（134, 200），黄胆汁に関連した鉛色の顔色および黒胆汁（184），胆汁性血液（15, 103, 108, 110, 126, 127, 199, 202），風邪から始まる発熱（200），冷汗（129），震え（118），倦怠感（119），薬（76, 107, 144, 145, 148, 156, 161, 191, 203, 211），特定の匂いへの反応（136），人間と動物の違い（50, 90, 138）などが扱われ，「高邁さという美徳を獲得することが無節操な情念すべてに対する一般的な治療法」（161）として勧められている。

『情念論』はすべての情念はよいとする（211）。しかし，最初の情念だとされる「驚異」（53）は理性の使用の妨げとなるので，そこからできるだけ自由になることが重要だとされる。神を賛美すべきなのは自然の驚異の故にではなく，『省察』の成果を受けて152節と161節で示されているように，心身の合一と自由意志の故になのである。医学思想に導かれてデカルトが最終的に至った境位は，この『情念論』に見るべきなのである。

また，私は本書で端緒をつけた情報源をめぐる研究との関連で，先行する時代に対するデカルトの医学思想の独自性，さらには後代への影響についても研究を行ってきた。

たとえば，私が企画実施したヴァーチャル空間での展覧会「ルネサンスから古典期にかけてのモンスター，イメージの変容，言説の変化（Les monstres de la Renaissance à l'Âge classique, métamorphoses des images, anamorphoses des discours）」はデカルトとその前代のルネサンス期との断絶をはっきりと示すものとなった。この展覧会はBIUMの主催で2004年以来公開されているが，ルネサンスから近

世初頭に至る図像と説明の変化を追うと，モンスター（＝怪異・怪物）は擬人化された自然の戯れとして驚異の対象とされ，医学よりはむしろ神学と結びついていたのが，デカルトがいうように「自然の永遠なる法則」（『方法序説』，モンスターについては『動物の発生についての最初の思索』AT XI, 524 および『テル・ド・ガリマール』版『デカルト全集』II-2 巻，184 頁の翻訳と訳注を参照）のうちに位置づけられ，発生上のモンスター（＝奇形）として理解されていく過程が明らかとなる。そうした医学の非神学化の流れのなかにデカルトの医学思想はある。

　しかし，デカルトの新たな科学観，医学観はその形而上学思想とは切り離され，まずはレギウスのユトレヒト大学に，続いてライデン大学に受け継がれる。デカルトの『序説』『屈折光学』が 1641 年以降レギウスの展開する医学思想に影響を与えたことは，レギウスの『生理学すなわち健康の認識（*Physiologia sive cognitio sanitatis*)』にうかがえる。それがライデンに受け継がれ，1660 年代に提出されたシルウィウス（Franciscus de le Boë Sylvius）の『討論集（*Disputationes*)』といった学位論文，1662 年刊のパドヴァで学位を取得した解剖学・外科学教授ファン・ホルネ（Johannes Van Horne, 1621–1670）の『小宇宙（*Mikrokosmos*)』が登場することになる。ホルネの著は，その題名にもかかわらず，大宇宙と小宇宙の照応や太陽と心臓の照応といったことはいっさい語っていない。こうしたライデンにおけるデカルト主義については，BIUS で私が調査し，2016 年 8 月に同図書館で開催された展覧会「ヨハンネス・ファン・ホルネとマルテン・ザーゲモーレンの筋肉学（La myologie de Johannes Van Horne et Marten Sagemolen)」が大きな意義をもつものだった。そこで紹介したドイツ人の画家ザーゲモーレン（1620 頃–1669）は，大解剖学図作成を計画していたレギウスの教えを受けた後にライデンに移り，ファン・ホルネの指導の下，機械論的生理学の立場からの解剖図を作成した。それは公表されることはなかったものの，ファ

ブリキウスの仕事の重要性を再確認させるだけではなく，筋肉と骨の接合を正確に再現し，身体の運動の条件を明示する斬新さをもつ仕事だった。ライデンではこうしたデカルト派医学の影響は，すばらしい図版をもつ 1662 年の『人間論』のスホイル（Florent Schuyl）によるラテン語訳（*De Homine*）の刊行まで続く。

しかし，そうした血液循環の流れの方向の理解に資する図版は 1664 年のクレルスリエによるフランス語版『人間論』には登場しない。クレルスリエはデカルトの『人間論』と『人体の記述』が当時の解剖学者たちから抵抗を受けることを心配し，後者のタイトルも『胎児形成論（*Traité de la formation du fœtus*）』に変更していた。そのフランス語版に附せられたラ・フォルジュ（Louis De La Forge）の「考察（Remarques）」も同様な意図に貫かれている。血液循環論への抵抗は当時なおきわめて大きかったのである。

『人体の記述』はデカルトがストックホルムまで草稿をもっていったのに対して，『人間論』の方は何部か写しをとらせた後，廃棄されている。デカルトの医学思想は『人間論』に始まり，ハーヴィの血液循環説を知った衝撃の後に登場した『方法序説』第 5 部から『省察』『哲学の原理』を経て，『情念論』と『人体の記述』に至るまで，発展し続けていた。そのことを十分に理解する必要がある。それとともに，その思想の同時代・後代への影響に関してはクレルスリエとラ・フォルジュによるフランス語版『人間論』の登場によって，内容が矮小化され，デカルトの医学思想の革新的意義が十分認められないという結果をもたらしてきたこともまた見るべきなのである。

2024 年 10 月

アニー・ビトボル゠エスペリエス

訳者あとがき

　本書は Annie Bitbol-Hespériès, *Le principe de vie chez Descartes*, 1990, Paris, Librairie philosophique J. Vrin の全訳に，今回の日本語訳に際して執筆された日本語版のための「あとがき」を附したものである。哲学関係の出版で知られるヴランの有名な「哲学史叢書（Bibliothèque d'histoire de la philosophie）」の一冊であり，デカルトの医学思想研究における「先駆的で，いまや古典的な著作」(*Descartes L'Homme*, présentation, notes, chronologie et bibliographie par Delphine Antoine-Mahut, 2018, GF Flammarion, Paris, p. 531) と評されている。たしかに，そう評したリヨン高等師範学校の近世哲学史教授のアントワーヌ＝マユをはじめ，近年高まっているデカルトやデカルト派における医学生理学思想への研究関心を本書が先導してきたことに間違いはない。

　本書は出版の前年にストゥナンス（公開審査）が行われた学位論文を基にしている。いうまでもなく，フランスにおけるデカルト哲学研究は19世紀以来の長い歴史をもち，その蓄積は膨大である。日本語版「あとがき」で詳しく述べられているように，1980年代にはデカルト研究では「医学」が，「音楽」とともにわずかに残る未開拓の分野であり，しかも音楽が予約済みであったこともあって，唯一残る研究テーマともいえるものだった。長い研究の蓄積のなかから研究テーマが自ずと決まり，過去の研究を踏まえながら，研究史に新たな一歩を加えるべく本書は生まれた。これは勝義の哲学史研究の専門書に他ならない。

本書は3部構成をとっている。デカルトが生命現象と生命の原理の問題に対してどのような関心をもっていたのかを明らかにする第I部，デカルトにおいて生命の原理たる心臓の熱が運動の理論とどのように関係するのかを一方ではヒポクラテス全集・アリストテレス・ガレノス・トマスと，他方ではハーヴィとの対比で明らかにする第II部，そしてもっぱら血液循環の問題を扱い，精緻なハーヴィ研究でもある第III部という構成である。いずれも設定された問題が幅広い文献の精査を背景に分析され，その密度の高い分析の全体を通してデカルトの医学生理学思想がもっていた革新性が明らかにされている。

　17世紀において新哲学と称されていたデカルトの医学生理学思想の新しさについては，本書が処々で指摘しているように，従来，用語の点で伝統的な用語や類似の表現が用いられていたこともあって見損なわれてきた。医学生理学分野の伝統思想に対してデカルトがもたらした断絶の解明が本書の大きな課題であった。その課題との関連で，デカルトの特に解剖学的な情報源が，ジルソンの先行研究（「デカルト，ハーヴィとスコラ」）のようにスコラではなく，ファブリキウス以下のルネサンス期の解剖学の伝統に求められ，特にボアンの『解剖劇場』が果たした決定的な役割が解明されることになった。

　今回日本語訳を作るにあたっては，「凡例」に示したデカルト関係のものをはじめとして，さまざまな既訳書の恩恵を被った。記して感謝したい。訳語に関しては最後まで定まりかねるところがあったが，そのうち二つの言葉については触れておきたい。まず，esprits animauxに関してはおおよそ「動物精気」と訳し，部分的に「動物〔霊魂〕精気」という苦しい訳語を選択した。かつて，日本のデカルト研究の先達の一人である野田又夫氏は『情念論』の訳註で，「デカルトは，意識作用をまったく非物質的な精神の作用であると考えるから，ガレノスにおける「精神精気」spiritus animalesは，デカ

ルトでは意識作用の主体という意味をまったく失ってしまい，感覚神経と運動神経とを流れる流体にすぎず，それだけでは意識を交えない反射的行動（つまり「人間的」ではない「動物的」行動）のみの説明原理となっている。それで，spiritus animales を「動物精気」と訳すのは，ガレノスの原義からいうと誤訳であるが，デカルト説そのものからいえばむしろ適訳なのである」（『デカルト』世界の名著 22，野田又夫責任編集，中央公論社，1967，419頁）と述べていたが，その指摘に従ったことになる。もちろん，この言葉をめぐる複雑な事情については，本書でも，特に第 II 部第 2 章 213 頁以下や第 III 部第 2 章後半で，触れられている。しかし，上に触れたように伝統的な用語や類似表現が用いられることによってデカルトの医学思想の革新性が見損なわれてきた点を本書が処々で指摘していることを考えると，基本的には「動物精気」と訳す方が良いと判断した。同様な理由から，一見逆説的に思えるかもしれないが，âme には一貫して「霊魂」の語をあてることにした。

本書以降の著者の業績については日本語版「あとがき」でも触れられているが，それも含め，簡単に紹介しておく。

本書以外に単著としては，

- *René Descartes et la médecine*, Seuil, 1999.

デカルトのテキストの校訂・註解としては，

- *René Descartes Le Monde, L'Homme*, introduction de Annie Bitbol-Hespériès et Jean-Pierre Verdel, Seuil, 1996.
- *Œuvres complètes* de Descartes, tome III, Tel Gallimard, 2009.
- *Œuvres complètes* de Descartes, tome II–2, Tel Gallimard, 2023.
- *Œuvres de Descartes*, la collection de la Pléiade, tome I (*L'Homme*), tome II (*La Description du corps humain,*

"Descartes à Stockholm". Gallimard, 2024.

日本語版への参加としては,
- 『デカルト 医学論集』山田弘明・安西なつめ・澤井直・坂井建雄・香川知晶・竹田扇 訳・解説, A. ビトボル=エスペリエス序, 法政大学出版局, 2017。
- アドリアン・バイエ『デカルトの生涯［校訂完訳版］』上・下, 山田弘明・香川知晶・小沢明也・今井悠介訳, アニー・ビトボル=エスペリエス緒論・註解, 2022。（なお同書には, ビトボル=エスペリエス博士の校訂・註解によるフランス語の新版, Adrien Bailler, *La Vie de Monsieur Descartes*, Introduction et note de Annie Bitbol-Hespériès, Les Belles Lettres, Paris, 2022 も刊行されている）

その他, 主な論文集等への寄稿を年代順に掲げておく。
- "Connaissance de l'homme, connaissance de Dieu," in *La question de l'homme de Descartes à Malebranche*, *Les Études philosophiques*, 1996.
- "La médecine et l'union dans la *Méditation sixième*," in D. Kolenik-Antoine (éd.), *Union et distinction de l'âme et du corps, lectures de la VIe Méditation*, Paris, Kimé, 1998.
- "Descartes, Harvey et la médecine de la Renaissance," in Emmanuel Faye (ed.), *Descartes et la Renaissance*, H. Champion, 1999.
- "Cartesian Physiology," in Stephen Gaukroger, John Schuster and John Sutton (eds.), *Descartes' Natural Philosophy*, Routledge, 2000.
- "Descartes face à la mélancolie de la Princesse Elisabeth," in *Une philosophie dans l'histoire, hommages à Raymond Klibansk*,

Canada, Presse de l'Univerté de Laval, 2000.
- "Conjoined Twins and the Limits of our Reason," in Charles T. Wolfe (ed.), *Monsters and Philosophy*, King's College Press, University of London, 2005.
- "Hobbes, Descartes et la métaphysique," in Dominique Weber (ed.), *Hobbes, Descartes et la métaphysique*, Vrin, 2005.
- "Monsters, Nature and Generation in the Early Modern Period: The Emergence of Medical Thought," in Justin E. H. Smith (ed.), *The Problem of Animal Generation in Modern Philosophy*, Cambridge University Press, 2006.
- "Ravaisson et la philosophie de la médecine," in Michel Bitbol et Jean Gayon (éd.), *L'épistémologie française, 1830-1970*, P.U.F., 2006.
- "*L'Anthropologie cartésienne* et la médecine," *Actes* dans le numéro de la *Revue Philosophique de la France et de l'étranger* (Juillet-septembre 2007, N°3), 2007.
- "La vie et les modèles mécaniques dans la médecine du dix-septième siècle. Descartes face à la tradition médicale et aux découvertes de William Harvey," in Françoise Monnoyeur (éd.), *Questions vitales, vie biologique, vie psychique*, Paris, Kimé, 2009.
- "The Primacy of *L'Homme* in the 1664 Parisian Edition by Clerselier," Delphine Antoine-Mahut and Stephen Gaukroger (eds.), Descartes' *Treatise on Man* and its Reception, Springer, 2014.
- "Sur quelques *errata* dans les textes biomédicaux de Descartes, *Œuvres de Descartes*, AT X," *Bulletin cartésien XLIV*, Liminaire II, *Archives de Philosophie*, 78, Janvier-Mars 2015.
- "De Vésale à Descartes, le cœur, la vie, in réunies par

Jacqueline Vons," *Actes des Journées Vésale,* 2016.（http://www.biusante.parisdescartes.fr/histoire/vesale/）
- "Une source des textes biomédicaux latins de Descartes, AT XI : les *Observationes* de Johannes Schenck," *Bulletin cartésien XLVI,* Liminaire III, *Archives de Philosophie,* 80, 2017.
- "Du *Traité de L'Homme* à *La Description du corps humain* : la physiologie des *Passions de l'âme*," in Giulia Belgioioso et Vincent Carraud（éd.）, *Les* Passions de l'âme *et leur réception philosophique,* Brepols, 2020.
- "Des gravures de Descartes dans l'édition parisienne de *L'Homme* en 1664?," *Bulletin Cartésien L, Archives de Philosophie,* 2021.
- "Le moment cartésien de la leçon d'anatomie : la myologie du dessinateur Sagemolen pour l'anatomiste van Horne, Leyde, 1654–1660," *Bulletin cartésien LI, Archives de Philosophie,* 85, 2022.
- "De *L'Homme* au *Discours de la méthode* et à la *Dioptrique* : Descartes face à l'anatomie du cerveau, et Débats anatomiques relatifs aux cœurs et aux cerveaux et questions philosophiques depuis la rédaction de *L'Homme* jusqu'aux publications posthumes," in Fabrizio Baldassarri（ed.）, *Descartes and Medicine, Problems, Responses and Survival of a Cartesian Discipline,* Brepols, 2023.

なお，ここにあげた論考のいくつかも含め，多くの論考がネット上で公開されている。Annie Bitbol-Hespériès を academia.edu で検索してみてほしい。

また，ビトボル゠エスペリエス博士が企画実施したバーチャル空間での展覧会として重要なものに，次の2つがある。

訳者あとがき

- 2004, *Les monstres de la Renaissance à l'Âge classique, métamorphoses des images, anamorphoses des discours*, BIUM, https://www.biusante.parisdescartes.fr/monstres/
- 2022, *Les dessins inédits prévus pour l'Atlas anatomique de Van Horne et Sagemolen ou Fabricius ab Aquapendente* redivivus *: de Padoue à Leyde, la question du mouvement, de son enseignement et de sa représentation*, Paris : Université Paris Cité. https://doi.org/10.53480/van-horne.d8819d

　ビトボル＝エスペリエス博士（『デカルト 医学論集』の「あとがき」に交流の一端を記したように，気分的にはアニーさんとお呼びするのがふさわしいのだが）には，今回の翻訳でも最後までさまざまな質問にいつも迅速に回答していただいた。新たに執筆いただいた日本版への「あとがき」は分量の点から大幅に短縮せざるをえなかったことをお詫びするともに，長年のご厚誼に感謝の言葉を捧げておきたい。また，『デカルト 医学論集』のときと同じく（否，それ以上に）ご心配をおかけし，ご高配にあずかった法政大学出版局の郷間雅俊編集部長にはこころからお礼を申し上げたい。本書が，同じく郷間さんによって世に出していただいた『デカルト 医学論集』の確かな導き手となることを願っている。

　なお，本訳書はJSPS科研費基金 21K00008 の成果の一部である。

2024 年 12 月

香川知晶

人名索引

主な医師，科学者の名前は，研究者を除いて，生没年を附した。医師に関しては活動した場所を括弧内に示した。

デカルトの書簡の相手は翻訳者や編者と同様に，個人的な関係がある場合を除いて，索引にはあげていない。

イタリックの数字は脚注内に登場する頁を指す。

ア 行

アヴェロエス（Averroes, Ibn Rushd, 1126–1198）　*230*, *231*

アウグスティヌス（Augustinus）　4–6, *8*, *33*, 293

アグリッパ（Heinrich Cornelius Agrippa）　*10–11*, *32*, *36*, *62*

アダン（Charles Adam）　*19*, *30*, *38*, *56*, *110*, 283, 284

アラン（Fernand Hallyn）　*172*

アリストテレス（Aristoteles）　35, 39, *40*, 44–47, 51, *52*, 53–55, 57–58, 63, 65–66, 74, 81–82, 85, 88, 90, 95, 116, 118, 120–21, 125–26, *127*, 137, *138*, 139, 141–43, 153–64, *165*, 166–68, *169*, 170–72, 174–88, *189*, *190*, 192–95, *196*, 198–99, 201–02, *203*, 204, *205*, 208, 211, 213, 216–20, 226, 228, 229–36, 238–41, *242*, 243–44, *245*, 246–47, 250, 254, *255*, 260–61, 266, *288*, 299, 308

アルキエ（Ferdinand Alquié）　*31*, *38*, *43*, *61*, *90*, 118–19, *132*, *192*, *287*

イエイツ（Frances Amelia Yates）　*11*, *93*, *306*

ウェイル（Ernst Weil）　*306*

ヴェサリウス（Andreas Vesalius, 1514–1564）フランドルの医師・解剖学者（ルーヴァン，ボローニャ，パドヴァ，ピサ，マドリッド）　4, 36, *40*, 42, *53*, 79, 85, 134, *192*, *198*, *202*, *204*, 211, *216*, 230, 248, *249*, 251, *276*, 278, 279, 282, 284, *286*, 288, 289, 292, *305*, 308–09

ヴェルベーク（Gérard Verbeke）　4, 5, *293*

ヴュサン（Raymond Vieussens, 1641–1715）フランスの解剖学者（モンペリエ）　86

エラシストラトス（Erasistratus, 320?–250?）ギリシアの医師（アレキサンドリア）　205, *206*

オーバンク（Pierre Aubenque）　137, *138*, *156*, *157*, *159*, *162*

オナイアンズ（Richard Broxton Onians）　4

オマリー（Charles Donald O'Malley）　227, 248, 288–89

カ行

カーター (Richard Burnet Carter) 24, 284
カッシーラー (Ernst Cassirer) *173*
カネー (Pierre-Alain Cahné) 23, *296*
ガリレイ (Galileo Galilei) *18*, 157
カルダーノ (Gerolamo Cardano, 1501–1576) イタリアの医師（スコットランドで医師，天文学者をしたのち，パヴィアで医学部教授） *173*
ガレノス (Claudius Galenus, 129 ou 131–201) ギリシア人の医師（ペルガモ，ローマ） *4*, 13, 35, *40*, *52*, 53, 54, 57, *65*, 74, 77, 78, 81, 85, 88, 91, *92*, 95, *104*, 118, *120*, *134*, 137, 142, *148*, *187*, 188, 189, 197–219, 226, 228, 229–32, 236–40, 242–49, *251*, 258, 260, 262, 266, 271, 273, 276, 278, *279*, 280, 285, *291*, 293, 308
カンギレム (Georges Canguilhem) *17*, *56*, 59, 105–07, 109, *179*, *200*, 284, *288*
カンパネッラ (Thomas Campanella, 1568–1639) 7, *8*, 32, *33*, *36*, 299
グイエ (Henri Gouhier) *31*, *36*, *37*
クーザン (Victor Cousin) 24
グナンシア (Pierre Guenancia) *279*
グリーン (Marjorie Grene) *112*
グリマルディ (Nicolas Grimaldi) *191*
グルメク (Mirko Dražen Grmek) 51, 118
クロンビー (Alistair Cameron Crombie) *91*, *92*, *213*, 301
ケインズ (sir Geoffrey Keynes) 227
ケプラー (Johannes Kepler, 1571–1630) 13, 36, 38, 62, 96, 97, 99, 100, 149, *172*, *282*
コイター (Voicher Coiter) オランダの医師・解剖学者 219
コーアン (Gustave Cohen) *40*
コルドモワ (Cordemoy) 22, 84
コロンボ (Realdo Colombo, 1516?–1559) イタリアの医師・解剖学者（クレモーナ，パドヴァ） 219, 230, 249, 251

サ行

サン＝ジェルマン (Bertrand de Saint-Germain) 24
ジェファーソン (Geoffrey Jefferson) *36*, 54
シモン (Gérard Simon) *96–97*, 99
シモン (M. Jules Simon) *190*, *296*
シャンジュー (Jean-Pierre Changeux) 301
シュヴァレ (Catherine Chevalley) *36*, *38*, *99*, *100*, *282*
ショヴォワ (Louis Chauvois) 24, *25*, *256*, *258*, *262*
ジョルジュ＝ベルティエ (Auguste Georges-Berthier) *60*, *61*, *269*, *283*, 284, *287*
シルヴィウス (Sylvius, フランソワ・ド・ラ・ボエ François de la Boë, 1614–1672) フランス出身でライデンに住んだ医師・解剖学者 *285*
シルヴィウス（ジャック）(Jacques Sylvius, Dubois, 1478–1555) フランスの医師，解剖学者（パリ） *285*

ジルソン（Etienne Gilson）　*6*, *8*, 12, 22, 23, *33*, 37, *39*, *49*, *56*, 59, *61*, *62*, *64*, 82, 85, *95*, *112*, 117, 118, *120*, *127*, 133, *135*, *138*, 141, *146*, *148*, *154*, *155*, *190*, *195*, 268, *269*, 272, 284, 303

シンガー（Charles Singer）　*53*, *78*, *104*, *181*, *202*, *279*

スーク（Achille Souques）　*40*, *278*

スミス（John Smith, 1630–1679）　オックスフォード，ロンドンで医師　*227*

セナ（Jean-Baptiste Sénac, 1693–1770）　フランスの医師（パリ）　*87*, 130

セルヴェ（Michel Servet, 1509 ou 1511–1553）　スペインの医師・神学者　247-48, *249*

ソルビエール（Sorbière）　42-43

タ行

ダランベール（Charles Daremberg）　25, *54*, *95*, *188*, *200-03*, *205*, 208, *210-12*, 214-16, *238*, 243, 272, 278, *291*

ダランベール（Jean d'Alembert）　86

チェザルピーノ（Andrea Cesalpino, 1519–1603）　イタリアの医師・生理学者・博物学者（ピサ，ローマ）　*181*, *187*, 243-44, 249-51, *303*

ディオニ（Pierre Dionis, 1650–1718）　フランスの外科医・解剖学者（パリ）　266-68

ディドロ（Denis Diderot）　86

デイバス（Allen George Debus）　*48*, *256*

デモクリトス（Democritus, Démocrite）　159, 162

デュエム（Pierre Duhem）　*225*

デュミニル（Marie-Paule Duminil）　*142*, 143, *151*, *226*, *231*, 232, *239*

テルナー（Richard Toellner）　*48*, 52, *61*, *270*

ドウベル（Clifford Dobell）　*108*

トゥルヌフォール（Joseph Pitton de Tournefort, 1656–1708）　*303*

トマス・アクィナス（Thomas Aquinas）　13, *133*, *135*, 192, 193-97, *230*

トレヴィラヌス（Gottfried Treviranus）　*17*

ドレフュス＝ル・フォワイエ（Henri Dreyfus-Le Foyer）　271, 284

ハ行

ハーヴィ（William Harvey, 1578–1657）　英国の医師・生理学者（ロンドン）　5, *12*, 13, 21, *22*, 36, 160-64, 66, 73, 76-78, 83, 85, 86, 96, 105, 110, 114, 116, 117, 122, 125, 126, 134, 136, *141*, 149, *150*, 151, 172, 179, 181, 187, 189, *193*, *198*, *199*, *201*, 208-10, 213, 220, 225-31, *234*, 237, 240, 243-47, *249*, *250*, 251, 252, 253-64, 266, 268-70, 275, 291, 297, 301, 303, 304, *306*, 309

パージェル（Walter Pagel）　*48*, *92*, *193*, *195*, 249-50, *255*

バイエ（Adrien Baillet）　*46*, *49*, *174*, *263*, *264*

パタン（Charles Patin, ギの息子,

1633–1698) フランスの医師（パリ，次にパドヴァ）　225, *268*
パタン（Gui (Guy) Patin, 1600?–1672）　フランスの医師（パリ）　*225, 268,* 309
バッソン（Sébastien Basson, 伝記的事実についてはほとんど知られていない）　北フランスのポンタ゠ムソンで学んだ医学博士で，その著『自然哲学（*Philosophia naturalis*）』は1621年ジュネーヴで刊行された　38, *39*
パラケルスス（Theophrastus Bombast von Hohenheim, dit Paracelsus, 1493–1541）　医師・錬金術師，チュービンゲン・ストラスブール・バーゼル各大学教授の後，ヨーロッパ中部を彷徨　*173*
バリエティ（Maurice Bariéty）&クリー（Charles Coury）　25, *26*
パリジャーノ（パリザーヌス, Emilio Parigiano, Parisanus, 1567–1643）　イタリアの解剖学者（ヴェネツィア）　*263*
ハリス（Charles Reginard Schiller Harris）　*142, 143,* 226
パンタール（René Pintard）　*230*
ビシャ（François Xavier Bichat, 1771–1802）　フランスの医師・生物学者（パリ）　*107*
ヒポクラテス（Hippocrates, 460?–377? ou 356?）　ギリシアの医師（コス島）および『ヒポクラテス全集』を執筆した医師たち　13, 35, 74, 88, *137*, 141–53, *164, 165, 182, 198,* 202, *206, 213, 214,* 216, *217,* 225, 226, 228, 229–34, 238–40, 242, 243, 246, 247, 285, 308
ビル（Simon Byl）　167, 171
ファブリキウス（Hieronymus Fabricius, Girolamo Fabrizi d'Acquapendente, 1533–1619）　イタリアの医師・解剖学者（パドヴァ）　36, 56–57, 79, 85, *106*, 125, 179, 186, 189, 192, 217–18, 230, 251–52, 258, 290–91, 303, 307, *308, 309*
ファロッピオ（Gabriele Falloppio, 1523–1562）　イタリアの解剖学者・外科医（パドヴァ）　205, 230, *282, 308*
ファン・ヘルモント（Jean-Baptiste Van Helmont, 1577–1644）　フランドルの医師，化学者（ルーヴァン）　91–94
フィチーノ（Marsilio Ficino）　10, *32, 36, 305,* 306
ブーイエ（Francisque Bouillier）　*10, 48, 300*
フーコー（Michel Foucault）　61
フーシェ・ド・カレイユ（Foucher de Careil）　*19,* 283, 303, *309*
フェルネル（Jean-François Fernel, 1497–1558）　フランスの医師・数学者・天文学者（パリ）　36, 54–57, 62, 66, 81, 85, 91, 97, 99, 117, 126, 134, 148, 170, 172, 188, 192, 220, *291,* 297, 303
フラッド（Robert Fludd, 1574–1637）　医師（ロンドン）　7, 62, *172, 173, 255, 256,* 306, 307
プラトン（Platon）　4, 7, *39*, 44–47, 53, 159, 166, 171, *175*, 199, *200*, 202, *235*, 238, 240, *241, 305*

フランク（Robert G. Frank Jr.）　*228*
ブリー（Johann Theodor de Bry, 1561–1623）　306–08, *309*
プリムローズ（プリメロシウス, James Primerose, Primerosius, 1592–1659）　英国の医師（オックスフォード）　263
プレンピウス（Vopiscus-Fornatus Plempius, ou Plemp, 1601–1661）　医師（アムステルダム）　18, 21, *33*, *35*, *36*, 40, *51*, 55, 64–66, 72, 83–85, 91, 102, 109, *110*, 112–16, 118–22, *123*, 128, *129*, 134, *159*, *160*, 182, 183, 198, *206*, 208, *209*, 213, *220*, 263, *264*, 302
フロモンドゥス（Libert Fromondus, ou Froidmont）　21, 65, 113, 128, *129*
ベイサッド（Jean-Marie Beyssade）　*27*, *32*, *132*, *287*, *293*
ベイヨン（Henry Peter Bayon）　*226*, *227*
ベークマン（Isaac Beeckman, 1588–1637）　オランダの医師で科学者　27, 37, *39*
ペケ（Jean Pecquet, 1622–1674）　フランスの医師・解剖学者・生理学者（パリ）　*79*
ペルグラン（Pierre Pellegrin）　*165*, 167
ベルナール（Claude Bernard, 1813–1878）　フランスの医師・生理学者（パリ）　*200*
ヘルメス・トリスメギストゥス（Hermes Trismegistus）　305–06
ヘロフィロス（Herophilus, 340?–300?）　ギリシアの医師・解剖学者（アレキサンドリア）　*78*, 237
ボアン（Caspar (Gaspard) Bauhin, 1560–1624）　スイスの医師・解剖学者・植物学者（バーゼル）。兄のジャン（ヨハンネス, Johannes (Jean) Bauhin, 1541–1613）はスイスの医師（リヨン, モンペリエ）　*4*, 36, 56–57, *74*, 75, 79, 81, *82*, 85, 110, 137, *166*, *169*, *179*, 187, 189, *205*, *216*, 252, 261, 276–86, 289, 291–93, 303–09
ボイル（Robert Boyle, 1627–1691）　252
ボシュエ（Bossuet）　189, *190*, 294, 296
ホッブズ（Thomas Hobbes）　294–96
ホフマン（Caspar Hofmann, 1572–1648）　医学部教授（スイスのアルフドルフ）　243, 244, *245*
ボルドゥ（Théophile de Bordeu, 1722–1776）　フランスの医師（モンペリエ, パリ）　*107*
ボワロー（Nicolas Boileau）　266

マ 行

マリオン（Jean-Luc Marion）　*9*, *38*, *100*, *131*, 154, *155*
マルトホーフ（Robert P. Multhauf）　*92*
マルピーギ（Marcello Malpighi, 1628–1694）　イタリアの医師・解剖学者（ボローニャ, ピサ, メッシーナ, ローマ）　*61*, 84, *107*, 254, 258
マルブランシュ（Nicolas Malebranche）　21, 22, 79, 84, 267, 294–96

人名索引　　351

マレー（Etienne Jules Marey, 1853–1904）　フランスの医師・生理学者（パリ）　*75*, *259*

ミケリ（Gianni Micheli）　24, *100*, *101*, *284*

メイヨー（Pierre-Noël Mayaud, S. J.）　*135*

メナール（Pierre Mesnard）　*19*, *20*, *22*, 23, *81*, 126, *142*, *284*, *285*, *287*, *303*

メネトリエ（Pierre Eugène Ménétrier）　*165*, *182*

メルセンヌ（Marin Mersenne）　7, *9*, *12*, 19, *20*, *21*, 26, 28, *29*, *31*, *32*, *36*, 37–39, 41, 42, *49*, 50, *52*, 60, 72, *74*, 83, *85*, 92, 93, *100*, 109, *111*, 116, *120*, 126, *127*, 129, *130*, *133*, *134*, *139*, 154, *155*, *173*, *174*, *187*, *191*, *218*, *219*, *220*, *230*, *246*, *263*, *269*, 275, *278*, 280, 282, 285, *286*, *287*, 289, *306*, 307, 309

モア（Henry More, Morus）　10, *11*, 32, *33*, *34*, *36*, 49, 130, *138*, 189, 294, 296, 299

モノワイエ（Jean-Maurice Monnoyer）　52, *86*, *285*, *291*

モリエール（Jean-Baptiste Poquelin, dit Molière）　21, 266, *267*, 299, *300*

モロー（Joseph Moreau）　*174–75*

モンディーノ・デ・ルッツィ（Mondino de Luzzi, 1265?–1326）　イタリアの医師・解剖学者（ボローニャ）　*181*

ヤ 行

ユアール（Pierre Huart）とアンボ＝

ユアール（Marie-José Imbault-Huart）　*279*

ラ 行

ラ・フォルジュ（Louis de La Forge）　*19*, *22*, *279*

ラ・フォンテーヌ（Jean de La Fontaine）　266

ライプニッツ（Gottfried Wilhelm Leibniz）　*19*, *108*, 133, *190*, *283*, 303

ラヴォアジエ（Antoine-Laurent Lavoisier, 1743–1794）　フランスの化学者・生理学者（パリ）　302

ラブレー（François Rabelais, 1494–1553）　医師（リヨン）　*173–74*

ラマルク（Jean-Baptiste de Monet Lamarck, 1744–1829）　フランスの博物学者　*17*

リアール（Louis Liard）　18, 210

リオラン（子）（Jean Riolan, le fils, 1577–1657）　医学部教授（パリ）　8, *9*, *74*, 80, 81, 110, 158, *161*, 188, *204*, *205*, *234*, *259*, 264, *265*, 297, 304, 305

リオラン（父）（Jean Riolan, le père, 1539–1606）　医学部教授（パリ）　55, *66*, 126, 134

リトレ（Emile Littré）　*143–47*, *149–51*, 152, *153*, *164*, *217*, 226, *239*, 246, *247*

リバウィウス（André (Andreas) Libavius, 1540–1616）　92–93

リンデボーム（Gerrit Arie Lindeboom）　24, 51, *127*, 284

ル・ブロン（Jean-Marie Le Blond, S.

J.) 156, 158, *160*, *165*, *299*
ルイ（Pierre Louis） 5, *47*, 53, *127*, *139*, *163*, *164*, *169*, *176*, *182*, *204*, *217*, *218*, *242*
ルジュンヌ（Jérôme Lejeune） 119
ルノーブル（Robert Lenoble） 3, 7, *173*, *174*
レイビン（Coleman Berley Rabin） 53, *202*
レヴィス（Geneviève Lewis） 33, *130*, 135（ロディス＝レヴィスも参照）
レーウェンフック（Antoine van Leeuwenhoek, 1632–1723） *108*
レギウス（Regius, ou Henri de Roy, 1598–1679） 医学・植物学特別教授（ユトレヒト） 21, *32*, *35*, *75*, 84, *133*, *134*, *263*, 281, *285*
ロジェ（Jacques Roger） *19*, 23, *108*, 266, 268, *309*
ロス（David Ross） *299*
ロスタン（Jean Rostand） 24, *25*
ロディス＝レヴィス（Geneviève Rodis-Lewis） 7, *19*, *21*, 23, *32*, *33*, *37*, *39*, *40*, *42*, *79*, *134*, *136*, *155*, *271*, *280*（レヴィスも参照）

人名索引　353

《叢書・ウニベルシタス　1178》
デカルトにおける生命の原理

2025 年 1 月 31 日　初版第 1 刷発行

アニー・ビトボル＝エスペリエス
香川知晶 訳
発行所　一般財団法人　法政大学出版局
〒102-0071 東京都千代田区富士見 2-17-1
電話 03(5214)5540 振替 00160-6-95814
印刷：三和印刷　製本：誠製本
© 2025 Hosei University Press

Printed in Japan

ISBN978-4-588-01178-8

著　者

アニー・ビトボル゠エスペリエス
（Annie Bitbol-Hespériès）

1950 年生まれ。パリ大学デカルト研究所所員（membre du Centre d'Études Cartésiennes, Sorbonne Université）。1990 年に本書を刊行後，1996 年には『宇宙論』『人間論』の校訂版（*René Descartes Le Monde, L'Homme*, Paris, Le Seuil）刊行。2004 年には「大学間保健図書館（BIUS, Bibliothèque interuniversitaire de Santé）」のサイトでネット上の展覧会「モンスター，ルネサンスから近世へ（*Les monstres de la Renaissance à l'Âge classique*）」を監修。この間，デカルトの医学生理学関係を中心とする論文を多数発表してきているが，最近の仕事としては，バイエ『デカルトの生涯（*La Vie de Monsieur Descartes*）』の校訂註釈版（Les Belles Lettres, Encre marine, 2022），新しいデカルト『全集（*Œuvres complètes*）』の医学関係のテクスト全体の校訂・註釈（Tel Gallimard, tome II-2, 2023），新しいプレイヤード版デカルト『著作集（*Œuvres*）』2 巻本（La Pléiade, Gallimard, 2024）の『方法序説』第 5 部，『人間論』，『人体の記述』，『ストックホルム文書』の校訂註解などがある。なお日本語の『デカルト 医学論集』（法政大学出版局，2017），バイエ『デカルトの生涯』（全 2 巻，工作舎，2022）には序文・註解で参加している。

訳　者

香川知晶（かがわ・ちあき）

1951 年生。筑波大学大学院哲学・思想研究科博士課程修了。山梨大学名誉教授。専門はフランス哲学・応用倫理学。著書：『死ぬ権利──カレン・クインラン事件と生命倫理の転回』（勁草書房），『命は誰のものか　増補改訂版』（ディスカヴァー・トゥエンティワン），共編著：『生命倫理の源流』（岩波書店），『メタバイオエシックスの構築へ』（NTT 出版），共著：『エピステモロジーの現在』（慶應義塾大学出版会），『「いのちの思想」を掘りおこす』（岩波書店），『尊厳と生存』（法政大学出版局），共訳書：『デカルト 医学論集』（法政大学出版局）ほか。

───── 叢書・ウニベルシタスより ─────
(表示価格は税別です)

1092 スポーツの文化史　古代オリンピックから21世紀まで
　　　W. ベーリンガー／髙木葉子訳　　　　　　　　　　　　　6200円
1093 理性の病理　批判理論の歴史と現在
　　　A. ホネット／出口・宮本・日暮・片上・長澤訳　　　　　3800円
1094 ハイデガー＝レーヴィット往復書簡　1919–1973
　　　A. デンカー編／後藤嘉也・小松恵一訳　　　　　　　　　4000円
1095 神性と経験　ディンカ人の宗教
　　　G. リーンハート／出口顯監訳／坂井信三・佐々木重洋訳　7300円
1096 遺産の概念
　　　J.-P. バブロン，A. シャステル／中津海裕子・湯浅茉衣訳　2800円
1097 ヨーロッパ憲法論
　　　J. ハーバーマス／三島憲一・速水淑子訳　　　　　　　　2800円
1098 オーストリア文学の社会史　かつての大国の文化
　　　W. クリークレーダー／斎藤成夫訳　　　　　　　　　　 7000円
1099 ベニカルロの夜会　スペインの戦争についての対話
　　　M. アサーニャ／深澤安博訳　　　　　　　　　　　　　3800円
1100 ラカン　反哲学3 セミネール 1994–1995
　　　A. バディウ／V. ピノー校訂／原和之訳　　　　　　　　3600円
1101 フューチャビリティー　不能の時代と可能性の地平
　　　F. ベラルディ（ビフォ）／杉村昌昭訳　　　　　　　　　3600円
1102 アメリカのニーチェ　ある偶像をめぐる物語
　　　J. ラトナー＝ローゼンハーゲン／岸正樹訳　　　　　　　5800円
1103 セザンヌ＝ゾラ往復書簡　1858–1887
　　　H. ミトラン校訂・解説・注／吉田典子・高橋愛訳　　　　5400円
1104 新しい思考
　　　F. ローゼンツヴァイク／村岡晋一・田中直美編訳　　　　4800円
1105 批判について　解放の社会学概説
　　　L. ボルタンスキー／小田切祐詞訳　　　　　　　　　　 3800円

――――― 叢書・ウニベルシタスより ―――――
(表示価格は税別です)

1106	告発と誘惑　ジャン゠ジャック・ルソー論 J. スタロバンスキー／浜名優美・井上櫻子訳	4200円
1107	殺人区画　大量虐殺の精神性 A. デ・スワーン／大平章訳	4800円
1108	国家に抗するデモクラシー M. アバンスール／松葉類・山下雄大訳	3400円
1109	イシスのヴェール　自然概念の歴史をめぐるエッセー P. アド／小黒和子訳	5000円
1110	生の肯定　ニーチェによるニヒリズムの克服 B. レジンスター／岡村俊史・竹内綱史・新名隆志訳	5400円
1111	世界の終わりの後で　黙示録的理性批判 M. フッセル／西山・伊藤・伊藤・横田訳	4500円
1112	中世ヨーロッパの文化 H. クラインシュミット／藤原保明訳	7800円
1113	カオス・領土・芸術　ドゥルーズと大地のフレーミング E. グロス／檜垣立哉監訳, 小倉・佐古・瀧本訳	2600円
1114	自由の哲学　カントの実践理性批判 O. ヘッフェ／品川哲彦・竹山重光・平出喜代恵訳	5200円
1115	世界の他化　ラディカルな美学のために B. マンチェフ／横田祐美子・井岡詩子訳	3700円
1116	偶発事の存在論　破壊的可塑性についての試論 C. マラブー／鈴木智之訳	2800円
1117	平等をめざす, バブーフの陰謀 F. ブォナローティ／田中正人訳	8200円
1118	帝国の島々　漂着者, 食人種, 征服幻想 R. ウィーバー゠ハイタワー／本橋哲也訳	4800円
1119	ダーウィン以後の美学　芸術の起源と機能の複合性 W. メニングハウス／伊藤秀一訳	3600円

—— 叢書・ウニベルシタスより ——
(表示価格は税別です)

1120	アウグストゥス　虚像と実像 B. レヴィック／マクリン富佐訳	6300円
1121	普遍的価値を求める　中国現代思想の新潮流 許紀霖／中島隆博・王前・及川淳子・徐行・藤井嘉章訳	3800円
1122	肥満男子の身体表象　アウグスティヌスからベーブ・ルースまで S. L. ギルマン／小川公代・小澤央訳	3800円
1123	自然と精神／出会いと決断　ある医師の回想 V. v. ヴァイツゼカー／木村敏・丸橋裕監訳	7500円
1124	理性の構成　カント実践哲学の探究 O. オニール／加藤泰史監訳	5400円
1125	崇高の分析論　カント『判断力批判』についての講義録 J.-F. リオタール／星野太訳	3600円
1126	暴力　手すりなき思考 R. J. バーンスタイン／齋藤元紀監訳	4200円
1127	プルーストとシーニュ〈新訳〉 G. ドゥルーズ／宇野邦一訳	3000円
1128	ミクロ政治学 F. ガタリ, S. ロルニク／杉村昌昭・村澤真保呂訳	5400円
1129	ドレフュス事件　真実と伝説 A. パジェス／吉田典子・高橋愛訳	3400円
1131	哲学の 25 年　体系的な再構成 E. フェルスター／三重野・佐々木・池松・岡崎・岩田訳	5600円
1132	社会主義の理念　現代化の試み A. ホネット／日暮雅夫・三崎和志訳	3200円
1133	抹消された快楽　クリトリスと思考 C. マラブー／西山雄二・横田祐美子訳	2400円
1134	述語づけと発生　シェリング『諸世界時代』の形而上学 W. ホグレーベ／浅沼光樹・加藤紫苑訳	3200円

―――― 叢書・ウニベルシタスより ――――
(表示価格は税別です)

1135 資本はすべての人間を嫌悪する
　　　M. ラッツァラート／杉村昌昭訳　　　　　　　　　3200円

1136 病い、内なる破局
　　　C. マラン／鈴木智之訳　　　　　　　　　　　　2800円

1137 パスカルと聖アウグスティヌス　上・下
　　　Ph. セリエ／道躰滋穂子訳　　　　　　　　　　13500円

1138 生き方としての哲学
　　　P. アド／小黒和子訳　　　　　　　　　　　　　3000円

1139 イメージは殺すことができるか
　　　M.-J. モンザン／澤田直・黒木秀房訳　　　　　　2200円

1140 民主主義が科学を必要とする理由
　　　H. コリンズ, R. エヴァンズ／鈴木俊洋訳　　　　2800円

1141 アンファンタン　七つの顔を持つ預言者
　　　J.-P. アレム／小杉隆芳訳　　　　　　　　　　　3300円

1142 名誉の起源　他三篇
　　　B. マンデヴィル／壽里竜訳　　　　　　　　　　4800円

1143 エクリチュールと差異〈改訳版〉
　　　J. デリダ／谷口博史訳　　　　　　　　　　　　5400円

1144 幸福の追求　ハリウッドの再婚喜劇
　　　S. カヴェル／石原陽一郎訳　　　　　　　　　　4300円

1145 創られたサン＝キュロット　革命期パリへの眼差し
　　　H. ブルスティン／田中正人訳　　　　　　　　　3600円

1146 メタファー学のパラダイム
　　　H. ブルーメンベルク／村井則夫訳　　　　　　　3800円

1147 カントと人権
　　　R. モサイェビ編／石田京子・舟場保之監訳　　　6000円

1148 狂気・言語・文学
　　　M. フーコー／阿部崇・福田美雪訳　　　　　　　3800円

―――― 叢書・ウニベルシタスより ――――
（表示価格は税別です）

1149	カウンターセックス宣言 P. B. プレシアド／藤本一勇訳	2800円
1150	人種契約 Ch. W. ミルズ／杉村昌昭・松田正貴訳	2700円
1151	政治的身体とその〈残りもの〉 J. ロゴザンスキー／松葉祥一編訳，本間義啓訳	3800円
1152	基本権　生存・豊かさ・合衆国の外交政策 H. シュー／馬渕浩二訳	4200円
1153	自由の権利　民主的人倫の要綱 A. ホネット／水上・大河内・宮本・日暮訳	7200円
1154	ラーラ　愛と死の狭間に M. J. デ・ラーラ／安倍三﨑訳	2700円
1155	知識・無知・ミステリー E. モラン／杉村昌昭訳	3000円
1156	耐え難き現在に革命を！ M. ラッツァラート／杉村昌昭訳	4500円
1157	魂を失った都　ウィーン 1938 年 M. フリュッゲ／浅野洋訳	5000円
1158	ユダヤ人の自己憎悪 Th. レッシング／田島正行訳	4000円
1159	断絶 C. マラン／鈴木智之訳	3200円
1160	逆境の中の尊厳概念　困難な時代の人権 S. ベンハビブ／加藤泰史監訳	4800円
1161	ニューロ　新しい脳科学と心のマネジメント N. ローズ，J. M. アビ゠ラシェド／檜垣立哉監訳	5200円
1162	テスト・ジャンキー P. B. プレシアド／藤本一勇訳	4000円

———— 叢書・ウニベルシタスより ————
(表示価格は税別です)

1163	文学的絶対　ドイツ・ロマン主義の文学理論 Ph. ラクー=ラバルト, J.-L. ナンシー／柿並・大久保・加藤訳	6000円
1164	解釈学入門 H. ダンナー／山﨑高哉監訳／高根・弘田・田中訳	2700円
1165	19世紀イタリア・フランス音楽史 F. デッラ・セータ／園田みどり訳	5400円
1167	レヴィナスの論理 J.-F. リオタール／松葉類訳	3300円
1168	古くて新しい国　ユダヤ人国家の物語 Th. ヘルツル／村山雅人訳	4000円
1169	アラブの女性解放論 Q. アミーン／岡崎弘樹・後藤絵美訳	3200円
1170	正義と徳を求めて　実践理性の構成主義的説明 O. オニール／髙宮正貴・鈴木宏・櫛桁祐哉訳	4200円
1172	〈ベル・エポック〉の真実の歴史 D. カリファ／寺本敬子訳	4000円
1173	ロベスピエール　創られた怪物 J.-C. マルタン／田中正人訳	5000円
1174	近代世界における死 T. ウォルター／堀江宗正訳	5000円
1175	詩の畝　フィリップ・ベックを読みながら J. ランシエール／髙山花子訳	2700円
1176	イスラームにおける女性とジェンダー〈増補版〉 L. アハメド／林正雄・岡真理ほか訳／後藤絵美解説	4700円
1177	ダーウィンの隠された素顔　人間の動物性とは何か P. ジュヴァンタン／杉村昌昭訳	3600円
1178	デカルトにおける生命の原理 A. ビトボル=エスペリエス／香川知晶訳	4400円